中华当代学术著作辑要

# 中国市场经济发展研究

刘伟 等著

商务印书馆
The Commercial Press
创于1897

**图书在版编目(CIP)数据**

中国市场经济发展研究:市场化进程与经济增长和结构演进/刘伟等著.—北京:商务印书馆,2024
(中华当代学术著作辑要)
ISBN 978-7-100-23216-6

Ⅰ.①中… Ⅱ.①刘… Ⅲ.①中国经济—市场经济—经济发展—研究 Ⅳ.①F123.9

中国国家版本馆 CIP 数据核字(2023)第 220513 号

中华当代学术著作辑要
**中国市场经济发展研究**
——市场化进程与经济增长和结构演进
刘 伟 等著

商 务 印 书 馆 出 版
(北京王府井大街36号 邮政编码100710)
商 务 印 书 馆 发 行
北京市十月印刷有限公司印刷
ISBN 978-7-100-23216-6

2024年6月第1版 开本710×1000 1/16
2024年6月北京第1次印刷 印张25½
定价:148.00元

# 中华当代学术著作辑要

# 出 版 说 明

学术升降，代有沉浮。中华学术，继近现代大量吸纳西学、涤荡本土体系以来，至上世纪八十年代，因重开国门，迎来了学术发展的又一个高峰期。在中西文化的相互激荡之下，中华大地集中迸发出学术创新、思想创新、文化创新的强大力量，产生了一大批卓有影响的学术成果。这些出自新一代学人的著作，充分体现了当代学术精神，不仅与中国近现代学术成就先后辉映，也成为激荡未来社会发展的文化力量。

为展现改革开放以来中国学术所取得的标志性成就，我馆组织出版"中华当代学术著作辑要"，旨在系统整理当代学人的学术成果，展现当代中国学术的演进与突破，更立足于向世界展示中华学人立足本土、独立思考的思想结晶与学术智慧，使其不仅并立于世界学术之林，更成为滋养中国乃至人类文明的宝贵资源。

"中华当代学术著作辑要"主要收录改革开放以来中国大陆学者、兼及港澳台地区和海外华人学者的原创名著，涵盖语言、文学、历史、哲学、政治、经济、法律、社会学和文艺理论等众多学科。丛书选目遵循优中选精的原则，所收须为立意高远、见解独到，在相关学科领域具有重要影响的专著或论文集；须经历时间的积淀，具有定评，且侧重于首次出版十年以上的著作；须在当时具有广泛的学术影响，并至今仍富于生命力。

自 1897 年始创起，本馆以"昌明教育、开启民智"为己任，近年又确立了"服务教育，引领学术，担当文化，激动潮流"的出版宗旨，继上世纪八十年代以来系统出版"汉译世界学术名著丛书"后,近期又有"中华现代学术名著丛书"等大型学术经典丛书陆续推出,"中华当代学术著作辑要"为又一重要接续,冀彼此间相互辉映,促成域外经典、中华现代与当代经典的聚首,全景式展示世界学术发展的整体脉络。尤其寄望于这套丛书的出版,不仅仅服务于当下学术,更成为引领未来学术的基础,并让经典激发思想,激荡社会,推动文明滚滚向前。

商务印书馆编辑部

2016 年 1 月

# 前　　言

从 1978 年至 2008 年，我国的改革开放伟大事业已经进行了 30 年。在这 30 年里经济增长水平、经济结构、市场经济体制都发生了极为深刻的变化。那么，经过 30 年的改革，我国经济增长水平以及经济结构发生了哪些显著的变化？这些变化与改革开放所带来的制度变迁之间具有怎样的内在联系？应当以怎样的历史价值取向和方法去评价市场经济改革的成效？应该以什么样的标准去评价中国经济的市场化进程和经济发展方式？也就是说，中国改革开放的伟大制度变革，使中国的社会经济发展的制度方式发生了怎样的变化？这种制度变化本身又具有怎样的特征？制度变迁是否或怎样推动了社会经济增长？这种经济增长是否建立在效率提升的基础上？或者说，改革是否推动了经济增长的空前加速，同时这种增长有无真正的发展意义和可持续能力。进而改革的历史正义性和进步性，能否从解放和发展中国社会生产力的意义上得到证明？展望未来，哪些因素是推动中国经济的长期可持续增长的主要力量呢？总之，如何认识和评价中国的社会主义市场化进程，中国社会主义市场化进程中的经济增长水平、经济结构的变化和经济效率提升间的相互关系怎样？是本书所关注的核心命题。或者说，从经济增长和经济发展，从经济规模扩张和经济质态改进，从经济速度加快和经济效率提升的角度去认识和分析经济体制改革的合理性和进步性，同时也由此进一步去揭示对体制改革深入的历史要求，是本书所研究的基本问题。围绕这一核心命题，本书分以下三篇内容探讨了中国市场经济的发展。

第一篇:中国社会主义市场经济改革进程特征及价值判断标准。

首先,本篇探讨了改革成效的价值判断。伴随着改革的历史进程,中国经济发生了极为深刻的变化:一方面现代化的进展和人民生活水平的提高获得了前所未有的成就;另一方面社会进程的种种矛盾也更为复杂和尖锐。因而对于改革就难免有争议,至少在对改革的共识上会产生严重的困难:要不要继续改革?以何种历史价值标准评价已经发生的改革?以怎样的历史价值观推动改革?等等,都成为人们普遍关注的,同时又是社会发展亟须解决的问题。本书研究的成果对此进行了理论层面的研究和回答。

其次,本篇从理论上系统地阐释了对于制度变迁正义性、进步性的争辩焦点,分别从价值理论和不同的市场经济哲学观的分歧及对立中,考察了经济理论上对于应不应当建立市场体制、怎样建立市场体制的价值取向分歧。

再其次,本篇探讨了关于中国市场化进程和经济发展方式的评价。中国经济发展达到了怎样的历史阶段,这一阶段具有怎样的突出特点?衡量一国社会经济发展究竟达到了怎样的水平,一直是一个存有争议的问题。本书根据经济数量和经济质态这两类基本指标,对我国经济发展所达到的水平加以判断,认为纵向地看,我国目前经济处于工业化加速时期;横向地看,我国目前略高于世界下中等收入的发展中国家的平均水平。在此基础上,本书总结和提炼出了经过30年的改革开放和经济发展后这一阶段的突出特点。从所有制结构调整、资源配置方式的变化、技术创新和制度演进等几个方面,运用实证方法对中国经济发展的转型特点进行了总结。

最后,本篇分析了关于要素市场化进程与经济增长的相互关系。中国现阶段的市场化进程突出的特点在于加速要素市场化,而劳动和资本这两个基本增长要素中,对于发展中国家来说,资本要素更为稀缺,因而提高资本要素的效率更具发展意义。所以,资本要素的市场化就显得更为重要。从我国的现实来看,不仅要素市场化水平远远落后于商品市场化水平,而且在要素市场化进程中,资本要素的市场化水平更低于劳动要素市场化水平。本书对中国以银行金融机构为主体的改革路径进行了全面而深入的揭示,提出了一系列有针对性的改革建议,并且从实证的角度对资本市场及其融资方式的变革对实际经济增长的影响进行了经验研究。

第二篇:中国社会主义市场化进程中经济增长的周期和总量调控。

首先,本篇探讨了中国经济增长的长期战略目标及可能面临的问题。改革开放以来,中国保持了长期高速经济增长。2002 年,中国提出了在 20 年里使 GDP 再翻两番的新的长期经济增长目标,到 2007 年又提出到 2020 年实现人均 GDP 翻两番的目标。本书从中国经济与东亚经济比较、居民可支配收入、中国未来经济增长对中国国际经济地位的影响等方面,对中国长期经济增长的可能、趋势、增长速度及可能遇到的问题进行分析研究。揭示了决定中国长期发展目标的系列问题,如城市化问题、生产能力短期过剩和长期不足的矛盾、能源和环境约束问题、教育和科技发展问题等。

其次,本篇分析了体制转轨中的经济周期性波动的特点。随着市场化程度的不断加深,经济周期规律也开始在中国发挥作用,宏观调控的一个重要任务就是通过反周期操作,减少这种经济周期对经济增长的负面影响。本书对中国经济周期的表现、数量特征、形成机制进行了研究,并指出了在现阶段应如何根据中国经济活动的特点来进行宏观决策。由于我国工业化和市场化推进的历史进程等多方面的发展性因素及体制性因素的影响,我国现阶段经济增长中的失衡具有一系列新的复杂性,本书系统揭示了引起经济波动的主要因素。

最后,本篇分析并评价了体制转轨中的宏观经济政策效应。本书对改革开放以来我国宏观经济运行中矛盾的复杂性进行了系统分析,对阶段性的宏观政策使用的效果进行了评估,并且揭示了决定和影响宏观政策工具使用效果的影响因素。在我国现阶段的经济发展与体制改革的历史背景下,宏观经济失衡产生了一系列新特点,相应的宏观经济政策也产生了一系列新的特点,需求管理的局限性日益显现,对供给管理的要求愈加明显。本书提出并论证了在新的发展阶段从需求管理向供给管理过渡的论断,对市场经济条件下的供给管理进行了全新的论证,并结合当前宏观经济形势提出了经过论证的政策建议。

第三篇:中国社会主义市场化进程中结构变化和增长的效率。

首先,本篇分别从量和质的层面分析改革开放以来中国经济结构的演进路径。从产业结构高度的视角来看,1998 年之后工业化的进程进入加速期,至 2006 年,中国的工业化进程已走完了 1/3 多一点。这里分析了改革开放以来中国产业结构变化的主要影响因素。另外也分别从三个角度研究产业结构变迁对经济效率提升的意义。这些研究表明,在改革开放以来的 30 年中,虽然产业结构变迁对中国经济增长的贡献一度十分显著,但是随着市场化程度的提高,产业结构变迁对经济增长的贡献呈现不断降低的趋势,逐渐让位于技术进步。尤其在 1998 年之后,我国经济增长模式已经越来越体现出了其自身的可持续性。

其次,本篇实证分析了产业结构、所有制结构和地区结构与中国经济增长的相互关系。这里通过实证分析研究了产业结构、所有制结构与中国经济增长的相关性。运用中国改革开放以来的经验数据,实证地考察以市场制度为体制变迁目标的改革对资源配置起到的作用。试图说明,在现有的生产技术条件下,市场制度应体现什么样的价值取向,才能通过市场调整出合理的经济结构。通过模型对中国经济的产业结构、所有制结构以及产业结构和所有制结构之间的互动影响进行实证分析,发现从产业结构或所有制结构单方面地对经济结构进行调整,都无法使经济结构达到一种合理的状态,并且发现通过市场调整经济结构时,市场制度的价值取向将起到关键的作用。

最后,本篇分别从要素生产率(劳动生产率、全要素生产率)和投入产出效率两个角度分析了改革开放以来中国经济增长中效率的提升及其对经济增长的影响。这里将技术进步和产业结构变迁从要素生产率中分解出来,实证度量了产业结构变迁对中国经济增长的贡献,并将其与技术进步的贡献相比较。实证研究表明,在改革开放以来的30年中,虽然产业结构变迁对中国经济增长的贡献一度十分显著,但是随着市场化程度的提高,产业结构变迁对经济增长的贡献呈现不断降低的趋势,逐渐让位于技术进步,即产业结构变迁所体现的市场化的力量将逐步让位于技术进步的力量。此外,研究也发现,结构变迁效应的减弱并不表明市场化改革的收益将会消失,某些发展和体制的因素仍然阻碍着资源配置效率进一步提高,从这个层面来看,我国完善市场机制的工作仍然任重而道远。此外,本篇利用历年的投入产出数据,对中国1992年以来中间消耗水平的变化趋势进行了分析。通过三大产业部门直接消耗系数矩阵和中间需求消耗矩阵时间序列研究了技术进步、产业结构变动及价格变化对整个国民经济中间消耗水平的影响。研究表明,在这一时期,技术进步对降低国民经济中间消耗的水平和改善经济增长效率做出了贡献,但由于价格关系的改变和中间消耗水平较高的部门比重增加,用现行价格反映的整个国民经济的中间消耗率反而是上升的。要改变这一趋势,保持我国的可持续发展,提高各部门的投入产出效率要和产业结构的调整和升级结合起来。

总之,本书的基本逻辑是:首先对我国经济改革带来的制度变化做出本质性的分析,同时特别讨论带来制度演进的改革本身发生的突出历史变化,从体制变化和改革本身特点的分析中,明确认识制度变迁的历史价值取向,即历史唯物主义的发展标准。然后,根据这种历史唯物主义判断社会生产关系变化正义性、进步性的基本价值标准,分析中国制度变迁中的经济增长,包括经济增长的速度和增长过程中总量失衡的特殊性,同时考察针对中国社会主义市场经济体制改革进程中的总量失衡进行宏观调控的特殊性,进而认识市场化转轨的增长和均衡。再进一步,则是深入考察这种增长过程中的有效性和带来的质态提升,通常人们对中国改革中的经济增长的速度和规模扩张的程度怀疑较少,也就是说在较大程度上承认改革带来了增长,但对是否实现了有效发展的确存在较多质疑,本书则根据中国的经验(1978—2008 年),一方面分析了中国经济增长的同时产生的结构高度的演进,同时考察了结构变化形成的结构效益;另一方面从要素生产率和投入产出效率两个方面论证效率提升对中国经济增长的作用。在上述考察的基础上,本书对中国的经济增长和发展的体制动因做出剖析,并由此,对中国经济发展方式的变化和实现可持续发展提出体制变迁的要求。

本书的主要贡献或者说较为突出的具有新意之处在于以下几个方面。(1)从价值理论层面上揭示了经济理论争辩制度变迁正义性的基本动因,并从分析中国改革历史进程的特点中明确判断改革进步性的价值标准,从而回答了为什么制度变迁过程中总是伴随着对经济学基本理论、范畴的争辩,尤其是价值理论的争辩?为什么制度变迁需要从价值论的方面予以支持?(2)增长的制度变迁的动因应当如何解释?中国的经济增长经验对制度与增长之间的相互关系给出了怎样的特殊说明?体制转型中的总量失衡有哪些特殊性,针对这些特殊性,在总需求与总供给管理上有怎样的特殊性,注意总供给管理对转轨社会有怎样的意义,同时又有怎样的体制要求?这些问题的回答,不仅深化了对中国改革发展经验的认识,而且更重要的是依据中国经验对宏观经济理论做出了有特点的讨论。(3)最为重要的是关于中国的增长是否建立在效率提升基础上,因而是否具有可持续性?本书不仅从产业结构质态演进和要素效率及投入产出效率等方面对中国的经济增长的效率特征进行了实证分析,而且特别考察了这种效率提升背后的体制改革的动因,进而对改革的必要和合理性做出了更为深刻的论证。正是这种对经济增长结构效率和全要素效率的强调,在宏观分析中,除考虑总需求外,特别强调了供给分析,并从总需求与总供给的总量和结构均衡要求出发,对宏观经济调控方式、政策倾向以及相应的微观基础的市场机制和秩序做出了进一步的阐释。

本书是教育部哲学社会科学研究重大课题攻关项目"中国市场经济发展研究"(项目批准号:03JZD0011)的最终成果。刘伟是该课题首席专家,主要成员有许宪春、孙祁祥、黄桂田、林双林、王跃生、刘怡、李绍荣、蔡志洲、苏剑、张辉等。作为阶段性的成果,围绕"中国市场经济发展"这一基本问题,近些年出版专著4部,此外先后在《经济研究》《中国社会科学》《中国工业经济研究》《金融研究》《北京大学学报(哲学社会科学版)》《管理世界》《经济学动态》和《经济科学》等刊物上发表了34篇学术论文。其中,课题首席专家刘伟教授第一署名的论文为11篇,专著1部。

本书主要是在刘伟教授2002年至2008年独立完成的研究成果和与黄桂田、蔡志洲、李绍荣、苏剑和张辉等合作完成的研究成果之上的提炼,也是这7年研究成果的系统化和深化。

刘伟

2008 年 7 月

# 目　　录

# 第一篇 中国社会主义市场经济改革进程特征及价值判断标准

本篇共设六章,首先,讨论中国经济改革的历史实践的进展及其特征,讨论改革带来制度变化的同时本身发生的历史演变,并从这种制度变迁和改革演变的过程分析中讨论改革的价值取向及其分歧(第一章)。然后,讨论经济理论对于制度变迁,特别是对于以市场经济为目标的体制改革和价值取向的争辩(第二章)。进而,在从实践和理论两方面对改革的价值取向展开分析的基础上,考察改革对于中国经济发展方式带来的深刻变化,并且指出这种经济发展方式的变化与中国经济增长和发展之间的内在联系,或者说分析对于中国经济增长的来自发展方式变化方面的动因解释,以在方法论上明确论证改革正义性的基本依据(第三章)。最后,(第四章至第六章)着重分析中国现阶段市场化进程中的重点——资本要素的市场化,包括直接融资的市场化和间接融资的市场化进程。

# 第一章　应当以怎样的历史价值
# 取向认识和推动改革<sup>*</sup>

　　伴随着改革的历史进程,中国经济发生了极为深刻的变化:一方面,现代化的进展和人民生活水平的提高获得了前所未有的成就;另一方面,社会进程的种种矛盾也更为复杂和尖锐。因而对于改革就难免有争议,至少在对改革的共识上会产生严重的困难:要不要继续改革?以何种历史价值标准评价已经发生的改革?以怎样的历史价值观推动改革?等等,都成为人们普遍关注的,同时又是社会发展亟须解决的问题。

## 一、改革带来的社会经济变化及改革本身的历史性变化

### (一)改革带来的社会经济变化集中体现在我国的体制变迁和　　经济发展两个方面

　　就体制变迁而言,经过了 30 年的改革开放,市场机制已经基本上替代计划体制成为中国资源配置的主要机制,价格信号也已经取代数量信号成为引导资源配置的主要信号。尽管这其中尚存在严重的无序

---

　　* 本章的内容曾作为课题的阶段性成果发表在《经济学动态》2006 年第 5 期,后被《新华文摘》2006 年第 16 期转载。

和不公平竞争等问题,尽管人们对中国市场化进展的具体程度的量上的判断还存在不同的认识,但承认市场机制对计划体制地位的根本性替代是普遍的共识①。同时,人们也普遍承认,中国市场化的速度在所有转轨国家的比较当中,是较快的,尤其是与俄罗斯经济转型比较,一般认为中国市场化指数或经济自由化指数高于俄罗斯;在国际贸易实践上,承认中国为市场经济国地位的国家已超过 70 个②。

就经济发展而言,中国经济改革空前地促进了中国的经济发展,无论是经济增长的数量指标还是经济结构变化的质量指标,无论是经济发展程度还是社会发展水平,无论是绝对指标的进展还是相对指标的提升,改革开放以来中国社会经济的进步是前所未有的。GDP 水平无论是总量还是人均,较改革开放以前的水平都增长了 10 多倍,按可比口径计年均增长率达到 9.8% 以上。农业就业比重从改革开放初期的80% 降至目前的 43% 左右。城乡居民家庭消费结构中的食品支出比重(恩格尔系数)从改革开放初期的贫困状态(高于 60%),经过温饱(50% 以上),进入了小康(40% 以上)。这一系列深刻变化,在中国的经济发展史上的确是空前的,在发展速度上,即使放在世界经济发展史的比较当中看,也是罕见的。

其实,要取得对改革的社会共识,首先必须回答的问题是:承不承认改革空前地推动了中国的社会经济发展? 中国的社会经济进步是不

①　国内学者关于中国市场化进展程度的研究成果很丰富,如卢中原等(1993),江晓薇等(1995),原国家计委课题组(1996),顾海兵(1997),常修泽、高明华(1998),樊纲等(2001),陈宗胜等(1999),北京师范大学经济与资源管理研究所(2003)。

②　在美国传统经济研究会和加拿大弗雷泽研究所的报告中,中国市场化的进展速度以及经济自由化程度均排在俄罗斯之前,包括在世界银行的相关分析中,中国市场化的速度在转轨国家中也是名列前茅的。在加拿大弗雷泽研究所 2000 年提出的《世界经济自由度报告》(*Economic Freedom of the World:2000 Annual Report*)中,中国列第 101 位,俄罗斯为第 116 位,在美国传统基金会发表的《经济自由度指标 2003 年报告》(*2003 Index of Economic Frecdom*)中,中国列第 121 位,俄罗斯列第 131 位。

是与改革开放有着极为深刻的内在历史逻辑联系？社会经济发展是不是体制改革历史的进步性的最为重要或最为根本的证明？中国经济发展和改革中产生的一系列矛盾和问题能不能从根本上否定改革开放的历史进步性？改革发展中出现的矛盾和问题主要是市场化本身造成的，还是主要由市场化不够深入、市场机制不够完善所导致？中国社会经济发展面临的矛盾和问题的客观存在，是否定和批判以往改革的理由，还是进一步对未来改革深化提出的新的要求？这些问题的回答，在原则上都应按照历史唯物主义的基本方法，从改革开放所带来的社会变化的历史事实出发来发现和解释。

经过 30 年的改革历程，我们或许能够对我国改革进程的突出特点加以概括，那么，以下几个方面的特点是十分突出的。（1）中国的改革在基本宗旨和体制目标上是寻求以社会主义公有制为主体基础上的多种所有制共同发展的基本制度与市场作为配置资源的基础性力量的资源配置方式的统一，即中国特色的社会主义市场经济。可以说中国改革进程的真正困难，同时也是改革的根本特征，恰恰在于这种力图统一生产资料公有制与市场机制的创造上，这一创造既是对传统的西方经济学传统教条的突破，也是对马克思主义经济学否定公有制与市场相互统一的传统的发展；既是对以西方价值标准所规范的所谓"华盛顿共识"的根本价值取向的批判，也是社会主义经济改革的真正困难所在。（2）中国的改革在基本方式和进程上是遵循渐进式的原则，而不是采取西方学者所倡导的"休克疗法"，这种"渐进式"的改革并不仅仅是价格改革或其他某项具体的改革采取了逐渐推进的方式，而是全方位地采取渐进原则：在二元经济特征下显著的城乡差异突出的条件下，采取由农村逐渐向城市转移的全面改革；在企业与政府同时面临重要体制缺陷的条件下，采取首先以企业改革为核心然后逐渐向政府改革和社会保障体制改革等方面转移改革核心的方式；在企业改革过程中从以国有企业改革为主逐渐向非国有企业制度创新和改革转移；在企业改革与价格改革两个相互联系但又有所区别的方面，从价格改革为重点逐渐向企业改革特别是企业产权改革为重点转移，并且再进一步向两方面同时推进改革转变；在改革所处理的经济关系的重大调整上，从分配关系调整的改革逐渐向生产关系的本质领域，尤其是产权关系方面深入；在开放进程中，从沿海地带逐渐向内地深入；尤其突出的是在价格改革上从"双轨制"向全面市场定价推进。总的来说在改革方式上是从最迫切需要改革的方面入手、从局部入手、从相对容易取得共识的领域入手，逐渐深入并全面展开。(3)中国改革的基本逻辑和根本目标是基于发展的要求并推动发展，如果说改革作为制度变迁属于生产关系的变革，那么，根据马克思历史唯物主义的基本原理，生产关系的性质及其运动从根本上来说取决于社会生产力的性质和发展要求，中国的改革从一开始就明确以解放和发展中国社会生产力为根本目的，明确"发展是硬道理"和"发展是第一要务"，也就是说全部改革在根本上服从发展的要求，改革的目标和进程应根据发展的要求，改革的成效应经过发展的检验。

### (二)改革历史进程赋予改革新的特征

改革是历史的，那么，经过30年的改革进程，改革本身发生了怎样的历史性变化？或者说历史进程赋予了改革怎样的新特征？

1.改革的核心或改革成败的关键是否为企业改革，尤其是国有企业改革转变为政府改革，尤其是中央政府职能的转变？

改革开放伊始，我们明确提出，新时期的改革开放是以搞活企业，特别是国有企业改革为核心，这一改革核心的明确与中国以往的体制调整所处理的核心问题根本不同。但经过1978年以来的改革历程，还能说中国改革的关键或核心命题是企业改革，尤其是国有企业改革吗？

应当说,伴随着非国有化的进展①,国有企业资产比重持续下降,在国民经济中的地位和作用已发生了根本的变化,因此,改革深入的关键与其说是企业,尤其是国有企业改革,还不如说更为关键的是政府,尤其是中央政府的改革,包括政府职能的转变及政策传导机制的转变等。

　　以企业改革为核心,尤其是以国有企业改革为全部改革的核心环节,在改革开始进行的时候,既具有重大的变革意义,同时也是当时历史条件的规定。早在 1978 年进入改革开放新时期之前,计划经济时代的中国也曾有过若干次较大的经济体制调整,但所处理的基本问题是中央政府与地方政府间的相互关系,并未真正从制度上触及企业,更未以企业改革为主要内容。之所以如此,重要原因在于,在我国传统计划经济体制形成过程中,虽然以苏联斯大林模式为范例,但基于不同的国情,我们并未完全按照斯大林模式来建立我国的计划经济体制,其中重要的一点便在于,我们并未像苏联那样强调中央的垂直集中管理,即所谓"部门主义"或"条条管理",而是在强调中央垂直管理的同时,贯彻发挥中央和地方两方面积极性的"两条腿走路"的方针,在中央集中计划的前提下,各级地方政府拥有相当一部分权力,即所谓"条块结合"。因而,一方面相对于传统斯大林模式更有利于调动地方政府的积极性,相比较而言更具活力;但另一方面是我国计划经济体制长期存在"条块之争"的矛盾,协调这一矛盾相应地成为计划经济体制下历次体制调整的主要任务,企业改革不可能被关注。与以往不同,中共 1978 年底召开的十一届三中全会提出的改革目标,从一开始就明确了企业改革在整个经济改革中的不可或缺的地位,提出"现在我国经济管理体制的一个严重缺点是权力过于集中,应该有领导地大胆下放,让地方和

---

　　① 据最近的经济普查,国有工商业企业资本占企业总资本的比重已由改革开放初期近 90% 降至 2004 年的 48% 左右。

工农企业在国家统一计划的指导下有更多的经营管理自主权;应该着手大力精减各级经济行政机构,把它们的大部分职权转交给企业性的专业公司或联合公司"①。正是将企业改革作为整个经济改革的重要内容,使得新时期的体制改革无论是在深度上还是在广度上,均是以往体制调整所不可比拟的。

经过30年的改革,国有企业改革经历了几个重要的阶段。第一阶段是自1978年中共十一届三中全会召开至1992年中共十四大的召开,这一阶段国有企业改革的基本内容是"简政放权,放权让利",先后采取各种措施扩大企业管理权限,并采取利润留成、利改税、承包制等多种方式扩大企业利益并规范企业与政府之间的利益分配格局。第二阶段是自1992年中共十四大召开至2002年中共十六大的召开,这一阶段国有企业改革的突出特点和主要内容在于以下几个方面。首先,既然中共十四大已明确建立社会主义市场经济体制是我国经济体制改革的目标,那么,国有企业改革便要系统地、自觉地围绕如何适应社会主义市场经济的要求展开,这样国有企业改革的主要内容便从一般的管理权限扩大,从分配关系的调整,转移到产权制度改革,转移到所有制关系的改革,因而,对国有企业,尤其是大型和特大型国有企业的现代企业制度改造成为重要的任务,特别是1993年召开的中共十四届三中全会,对这种现代企业制度的特征和在中国进行现代企业制度建设的基本原则做出了明确概括,指出"产权清晰,权责明确,政企分开,管理科学"是我国国有企业进行现代企业制度改革的基本制度特征。②其次,既然明确了社会主义市场经济体制是公有制为主体、多种所有制经济共同发展为基本所有制基础,那么,就不仅需要发展各种非公经

---

① 引自《中国共产党第十一届中央委员会第三次全体会议公报》。

② 引自《中国共产党第十四届中央委员会第三次全体会议公报》。

济,同时在国有企业改革中,特别是对相当大的一部分竞争性领域的中小国有企业,就可以也需要进行非国有的改造,即所谓"抓大放小"。中共十五大报告对中国社会主义市场经济的所有制基础做出了系统的阐释。第三阶段是 2002 年中共十六大的召开至今,这一阶段国有企业改革的基本内容是,一方面在推进国有企业现代企业制度,特别是企业产权制度改革的基础上,推进国有企业的公司治理结构的改造和建设,进行规范的适应市场要求和国际开放经济要求的股份制建设;另一方面在强调国有经济对整个国民经济控制力的基础上贯彻国有经济"有进有退、有所为有所不为"的原则(中共十三届四中全会通过的《中共中央关于国有企业改革和发展若干重大问题的决定》),在推动国有经济战略性转移的过程中加速中小国有企业的所有制改造,对整个国有经济和国有企业分布进行战略性结构调整。

此外,对大型和特大型国有企业进行现代企业制度改造和公司治理结构建设的同时,推动国有企业的产业组织完善,在相对明确国有资产出资人权益主体并分级行使出资人权利的同时,推动了国有企业的重组和兼并,改善了产业组织状况,提高了市场竞争力和市场竞争的有效性。

伴随国有企业本身改革的深入,国有企业面临的经济运行环境也发生了显著变化。第一,除石油、铁路、航空、电力、钢铁、汽车等为数不多的行业还保留部分指令性计划外,绝大多数国有企业已被推入市场,市场价格信号已成为调节包括国有企业在内的整个社会经济运行的主要信号,市场竞争机制已开始成为调节企业行为的基本机制。第二,非国有经济的迅速成长和对外开放度的不断提高,尤其是加入世贸之后,对国有企业形成越来越大的市场竞争压力。第三,财税体制经过利改税、包税制、分税制,再到对新税制的改革和调整,在税赋制度上,不仅国有企业的体制性优惠不再存在,而且其体制性负担已成为影响其竞争力的重要因素。第四,伴随国有企业改革从简政放权到企业承包,从股份制改造到抓大放小的现代企业制度建设和非国有的改造,政府对国有企业的行政直接干预逐渐减弱。第五,入世和资本流入量的增大,不仅加剧了外资在中国国内市场上与国有企业的竞争,而且进一步把国有企业推进国际竞争之中。第六,从拨改贷到债转股,从直接融资市场的发育到间接融资市场的培育,从中央银行的独立到商业性银行体系的构建,从政策性银行的分立到多类股份制银行的兴建,国有企业的投融资体制和方式发生了深刻的变化,其投融资的市场条件逐渐完善,市场约束力度逐渐加强。

当然,国有企业改革直到目前仍然存在一系列亟待进一步处理的难题。首先,如何真正有效地实现国有企业的政企分离,使之真正首先接受市场的经济性质的规则所约束,而不是首先接受超经济的行政的规则约束,也就是说如何把政企分离与政资分离科学地统一起来? 其次,如何真正有效地构建国有企业的治理结构,使国有企业在权力、责任、利益诸方面真正形成有效的制约同时又不乏充分的激励?

但是,经过30年的改革,相对于改革初期而言,在整个经济改革中,国有企业改革的地位已经历史性发生着变化,对于我国社会主义市场经济体制建设和改革进程来说,政府职能的转变以及政府对国民经济宏观调控机制和方式的变化,越来越成为制约和决定市场化改革深入的关键所在;社会共同保障体制包括教育、医疗、养老、失业保险等方面的社会制度的建立和完善,越来越成为社会制度变迁中的突出矛盾。甚至也可以说,国有企业改革在整个经济改革中的地位不仅历史性发生了变化,全部改革的核心命题不仅从国有企业改革逐渐向政府、社会改革转移,而且国有企业改革面临的新问题的有效解决,也在相当大的程度上依靠政府职能的转变和政府调控机制的改革,尤其是公共财政体制和货币政策体制的改革,依靠社会保障制度和市场环境的完善。

2. 改革的基本内容是否由构建社会主义市场经济体系为主转变为完善市场经济秩序为主？

经济改革的基本任务是以市场经济体制替代计划经济体制成为配置资源的基本体制，以价格信号替代数量信号成为配置资源的主要信号。因此，改革以价格改革为先导，以市场行为主体制度（企业制度）改革为首要，是改革的历史必然①。经过几十年的改革，可以说到目前，尽管对于中国的市场经济进展程度仍有认识上的分歧，但承认市场机制已替代了计划机制在国民经济中的地位已成为普遍的共识。如果说在几十年的改革过程中，从配置资源的支配力量上，从市场机制的作用范围上，市场已替代计划的支配地位；如果说在现代经济生活中，市场机制即使作为主要的资源配置力量，也不可能存在完全的市场经济，总会存在市场失灵的领域，因而市场化进度总是有限度的；那么，市场竞争的公平程度、有序水准的提高，或者说市场经济的质量建设则绝非几十年时间便可以从根本上实现的，更是无止境的。因此，经过几十年的市场化推进，我国以社会主义市场机制为体制目标的改革进程，已进入由数量建设为主，即以拓宽市场机制作用空间为主，转变为以质量建设为主，即以提升市场化竞争的公平与有效性为主。市场机制的质量提升，说到底是市场秩序的建设和不断完善。首先是市场竞争的主体秩序，主体秩序回答的问题是"谁在竞争"，其实质是企业产权制度；其次是市场竞争的交易秩序，交易秩序回答的问题是"怎样竞争"，其实质是价格决定制度；主体秩序与交易秩序的统一构成市场经济的内在竞争机制。对应于内在竞争机制，市场经济外在的环境秩序建设同样不可或缺。首先是市场经济的法治秩序，即在法律制度和法治过程中

① 尽管价格改革与企业改革孰为主要存在争论，但培育市场内在竞争机制作为改革的首要任务是人们普遍的共识。

如何对市场竞争机制和秩序加以保护的制度安排,毕竟市场经济是法治经济,因为市场经济在内容上是贯彻法权,在形式上采取普遍的契约;其次是市场经济的道德秩序,即在道德精神上如何支持市场经济文明,毕竟市场经济是信用经济,因而以诚信为核心的道德秩序是市场经济文明进程的客观要求;法治秩序和道德秩序的统一,构成市场经济最为首要和基本的外在秩序。显然,社会经济的内在竞争秩序和外在环境秩序的建设都是极为漫长的历史过程(刘伟,1993)。

从以市场机制的数量建设、规模构造为重点逐渐转向以市场机制的质量建设、秩序完善为重点,需要认识我国市场经济秩序建设的历史特点:

(1)我国经济的双重转轨,使市场经济秩序建设面临的矛盾更为尖锐。在资本主义发达国家历史上,通常是先进行商业革命,然后推动产业革命,即先在体制上实现市场化,然后以市场机制为制度条件完成工业化。当代其他经济转型国家,又通常是先完成了工业化,然后进行体制上市场化的转型,即在传统计划经济体制下已实现了工业化,然后在工业化发展基础上,以改革来推动体制上的市场化。总之,是将工业化和市场化在历史时间上区分开来,分别处理。我国则不然,我们在实现工业化的同时,推进市场化,即在经济发展模式发生急剧变化的同时,经济体制也发生了深刻的变革。这种发展模式和体制模式双重转轨并行,已给我们的市场化进程带来一系列特殊的矛盾,一方面,工业化的迅速深入及相应的经济结构的深刻变化所产生的社会矛盾要求经济制度秩序必须迅速完善,以提高处理发展矛盾的制度能力,同时,却又可能由于种种制度变迁滞后于经济发展的要求而产生种种混乱和无序。另一方面,体制改革、市场化进程带来工业化进展和生产力解放,同时,改革激发出的种种利益冲突以及由此产生的社会不稳定性,却又可能严重破坏工业化和发展的历史逻辑进程。在这种"双重转轨"的特殊历史过程中,如何根据经济发展的历史要求,有效、有序地推进市场经济秩序的建设,构成我国社会主义市场经济秩序建设的重要特殊性。

(2)企业制度改造和市场价格体制改革同时推进,使市场秩序的历史进程更具不确定性,在经济发展史上,几乎所有的市场化都是在资本私有制基础上展开的,包括第二次世界大战后的联邦德国和日本,采取全面放弃价格管制大力推进市场的变革,也是以既存的资本主义私有制为基本制度基础的,这些国家的价格体制转轨,是以已经具备资本私有制基础上的自由企业制度为前提,或者说,这些国家在推进市场交易秩序(价格制度)改革时,其交易主体秩序(企业产权制度)是清晰的、既定的,而我国则不然,我国的市场化进程是同时推动企业产权制度和市场价格制度的改革,我国的市场交易秩序建设并不存在清晰的、明确的现代企业制度基础,不能不同时处理市场主体秩序和交易秩序两方面的问题,尤其是主体秩序的混乱和交易秩序的混乱相互交织、相互作用时,对市场秩序的建设造成的破坏更为严重。一方面,如何在公有制为主体多种所有制经济共同发展的基本制度基础上构建社会主义市场经济所要求的现代企业产权制度及相应的公司治理结构,这本身就是需要深入探索特别是实践的难题,在企业产权制度不明确的条件下,市场主体的行为很难真正在产权制度上受到市场规划的硬约束,因而放开价格的结果往往不会是收敛的,而是发散的,放开价格在制度上不具备趋向均衡的可能;另一方面,转轨中的市场价格秩序的混乱,在相当大的程度上可以从市场主体秩序的混乱上得到解释,包括市场准入上的不公平和制度歧视进而导致竞争不充分和垄断定价,进入市场的主体资质和产权责任能力不具备,从而导致市场价格混乱和不负责任的放纵等,都与主体秩序的混乱有深刻联系。此外,市场交易秩序的混乱,不仅使得企业难以遵循市场规则展开公平竞争,而且会出现一定意义上的"逆选择"现象,即把努力遵循市场规划的企业逐出市场,从而使市场主体秩序更加混乱。

（3）如何统一市场经济内在竞争秩序和外在社会环境秩序建设，是我国市场经济建设必须处理的又一特殊命题。在经济史上，市场化进程同时要求社会推动民主化、法治化以及相应的社会精神变革，包括多种思想解放和宗教改革等，实际上都是为市场化进程创造必要的社会条件，市场经济的外在社会环境秩序的基本内容是市场经济的法治秩序和道德秩序。就我国现阶段的法治秩序而言，最为突出的问题在于两方面，一方面，由于经济生活的急剧变化，加之法律制度建设本身特有的稳定性和相对于经济生活变化的滞后性，法治建设在转轨过程中在许多方面滞后于经济改革的经济方式的变化，从而在经济秩序上形成一些方面的"无法可依"状况。这种"无法可依"的现象即使在发达国家也会存在，由于社会经济发展和科学技术的进步等多方面的因素，法治秩序上的建设难以完全适应社会发展，特别是难以完全适应经济发展的要求。在我国由于社会处于双重转轨的过程中，法治秩序的建设不能不同时面对经济发展和体制变迁两方面的挑战。另一方面，法治秩序建设不仅要保证法律制度的供给，使社会生活有法可循，更重要的是法治精神的培育，即遵法守法的自觉精神的培育，否则便会出现普遍的"有法不依"。这种"有法不依"的法治精神的缺乏，对市场经济法治秩序的瓦解更为深刻。我国具有几千年的封建传统，真正的社会主义市场经济建设不过30多年的历史，法治精神的培育还需要漫长的历史过程，这种法治精神培育的历史滞后性，不能不给我国市场经济秩序建设带来严重的困难，并且极大地提高市场经济秩序建设的社会成本。就我国市场经济道德秩序建设而言，最为突出的矛盾在于"失信"的严重。市场经济的道德秩序的核心是"诚信"，因为市场经济本身是建立在信用关系基础上的信用经济，脱离"诚信"，道德秩序将产生混乱，作为信用经济的市场经济的秩序便难以形成。通常认为，在传统自然经济社会,其道德秩序的核心是"忠诚",在现代市场经济社会,其道德秩序的核心是"诚信",而在制度转轨过程中,最易于出现的是道德"无政府状态",即伴随传统经济的变革,"忠诚"准则开始失效,而由于市场经济发育需要漫长的历史时期,加之社会道德转型本身就有其滞后性,所以与市场经济相适应的以"诚信"为核心的道德秩序尚未真正确立,进而可能形成人们相互间既无"忠诚",也无"诚信",在社会道德秩序上产生严重的"放纵"。并不是说我国目前已进入道德"无政府状态",而是说作为处于转轨中的我国,面对已经发生的严重的"失信"现象,我们必须特别重视市场经济的道德秩序建设。市场经济的法治秩序和道德秩序有着深刻的联系,依法治国与以德治国存在内在统一性,一方面,市场经济道德秩序是法治秩序建设的社会精神基础,尤其是社会法治精神的培育直接构成法治秩序的重要内容;另一方面,法治秩序是对道德无政府状态的重要约束,在法制制度上使败德失信行为必须承担相应的代价,也是对败德行为的有力制约,市场经济道德秩序的建设不仅需要引导人们"不愿骗",而且要使人们"不敢骗"。

3. 改革历史进程的重点是否由产品市场化转变为要素市场化?

我国的市场化进展速度是较为迅速的,但进一步分析可以发现,在30年的时间里,我国市场化进展的重点是商品市场化,包括投资品市场化和消费品的市场化。如果以如何定价来作为判断是否市场化的基本标准,那么,可以说中国到目前商品市场化程度已经相当充分了,90%以上的商品种类的价格决定已是市场定价,而不再由政府行政定价,这与改革开放初期相比较,可以说是根本性的变化。问题的根本在于,市场化更为重要的内容在于要素市场化,包括劳动、资本、土地等要素的市场化,而要素市场化所需要的制度变革要远远深刻于商品市场化。从我国的改革进程来看,在各类要素市场发育中,劳动市场化速度相对较快,无论是农村劳动力还是城镇劳动力,绝大部分的工资报酬

（价格）由市场决定,政府行政性决定工资水平的比例已经很低,尽管
我国劳动力市场竞争的公平性、有序性、有效性还亟待提高。相对而
言,我国资本市场化程度较低,无论是直接融资市场还是间接融资市
场,发育速度均较为迟缓。就直接融资市场发育来看,一是规模小,工
商企业资本形成中来自直接融资市场的不足 5%,二是秩序乱,中国股
市投机性过强已成不争的事实;就间接融资市场发育来看,一是价格
（利率）决定基本上仍由政府行政管制,而不是市场定价,二是国有金
融资本居绝对统治地位。因而,中国市场化进程面临的突出矛盾在于
如何加速和深化资本市场化,尽管利率控制开始有所放松,在银行体制
改革上也取得了相当显著的进展。与资本市场化相比较,我国土地要
素市场化程度更低,包括城市土地和农村耕地,无论是在产权制度上,
还是在交易制度上;无论是在价格决定上,还是在法律制度上,土地要
素市场化配置的条件还远远不具备。要素市场化发育的滞后,是我国
以社会主义市场经济体制为基本目标的改革进程深化的突出矛盾,从
根本上制约着我国的市场化。

　　改革本身的历史性变化(这里没有涉及改革面临的客观经济发展
基础和各方面社会环境的变化),要求改革,无论是在改革的方式上,
还是在改革的动力上,抑或是在改革的重点和范围上,都必须历史地深
化。任何停滞,任何对改革深化的否定,都是我国社会发展历史进程所
不能允许的。

## 二、对改革评价标准的多元化及对改革要求的复杂化

　　伴随社会经济发展,伴随经济改革本身的历史变化,社会经济发展
对体制改革不断提出新的要求,体制改革本身也形成一系列新的特点,
因而,人们对于改革的评价标准以及要求,客观上也会更为多元化、复

杂化,社会对改革绩效的价值判断标准开始由较为单一明确的标准向更为全面系统的综合标准转变。改革伊始,所需要解决的社会发展矛盾相对明确,生产力发展的要求也相对清晰,还未曾解决温饱的中国社会,最为迫切的要求是解决温饱,因此,发展特别是经济发展以及相应带来生产力的解放和人们生活水平的改善成为最为直接,也最具说服力的判断改革的基本标准。但经过多年的改革发展,社会经济已由贫困状态穿越了温饱,进入了小康,与此同时,社会发展的矛盾更为复杂,发展不均衡带来的社会问题更为尖锐,公平与效率的相互关系应当如何认识和处理更具不确定性,社会不同利益群体对于社会变革的要求分歧更为深刻。因而,社会对于改革的评价标准日益综合化,对深化改革的目标要求日益多元化。如何在这种评价标准综合化,目标要求多元化的历史变化中深化改革,是我们面临的新的历史性命题。

现阶段,人们对于改革的评价标准,至少可以归纳为三类,第一类是制度性标准,即以一定的制度性质特征去判断改革的历史价值取向,去考察改革的历史进步性质;第二类是发展性标准,即以制度变迁对于社会发展,尤其是对社会经济发展产生的影响作为衡量和判断改革历史正义标准;第三类是利益性标准,即以改革所产生的利益增进及利益结构关系的变化作为衡量和判断改革进步性质的标准。上述三类评价标准并不是相互割裂的,而是存在深刻的内在联系,通常人们在评价改革时,也是力图从上述三类标准的统一中出发的。但在具体分析和判断改革的价值取向时,往往总是强调不同的侧面,从而导致对改革的判断标准产生差异。

从制度性标准出发判断改革的方向和性质,并以制度性标准的要求来规范改革,有其历史的客观必要性。因为我们的改革是以建立社会主义市场经济为目标,所以改革所推动的制度演进首先要保持社会主义的方向,所建立的经济制度,必须具有社会主义社会的基本性质。

坚持改革的社会主义方向,这不仅是中国共产党人领导的改革开放事业的信仰追求,也是中国历史证明的客观趋势。问题在于两方面:一方面,什么是社会主义?至少到目前在科学社会主义发展的理论和实践中,仍是有待探讨的命题,因此,如果是从抽象的教条出发,从既定的理论出发,从简单归纳出的所谓基本制度特征出发,寻求社会主义的性质、特征,并以此来作为衡量改革是否正确,是否正义,是否进步的标准,那就可能从根本上窒息改革。社会主义事业首先是我们的伟大实践,而改革本身正是创造社会主义伟大实践的重要历史方式。另一方面,社会主义事业与中国的命运如此紧密的历史结合,表明社会主义道路符合中国历史发展的要求,但同时也表明,只有真正有效解决中国社会发展矛盾和问题的制度才是中国特色的社会主义,中国特色社会主义制度不应是脱离中国实际的抽象教条,而应是包含一切有助于中国现代化事业发展的制度安排和工具手段。因此,不能孤立地、静止地以制度本身的特征作为判断改革的特征,因为一切制度的进步性本身也还有待实践的证明。不能简单地说只有社会主义才能发展中国,而应树立只有发展中国才是社会主义的观念。

从发展性标准出发来评价改革,有其历史的合理性。因为从历史唯物主义的基本观点出发,改革作为社会生产关系的变革,检验其是否进步,是否成功,根本在于视其是否能真正有效地推动社会生产力的发展,并在社会生产力解放和发展的基础上,推动整个社会文明的进步。正是在这个意义上,邓小平同志在1992年"南方谈话"中说"发展才是硬道理",因为这是历史唯物主义的根本道理。说到底,制度变迁的历史进步性,不是依靠制度自身的特性去证明,而是依靠制度变迁带来的社会生产力发展和解放的成果来证明。但同样,问题也在于两方面:一方面,发展命题本身存在如何发展的问题,增长命题本身也存在增长方式命题,也就是说,发展背后存在发展观和增长方式的问题,而科学的发展观和有效的增长方式的选择，与其说是技术创新问题，还不如说是制度创新的问题，科学的发展观不是人们的主观愿望，而应是具有社会经济、政治、文化制度保障的发展道路；有效的经济增长方式不是一般技术进步的必然，而是具有竞争性的制度创新的结果。另一方面，即使实现了有效的社会经济发展，也还存在如何在社会各方面分配发展成果问题。分配命题与发展命题有深刻的联系，但又是不同的命题，就发展命题本身来说，要求制度变迁为发展带来效率提升的制度条件，而就分配命题来说，就不仅存在如何分配更有利于效率提高的问题，而且同时存在如何分配才更公平、更合理的问题。所以，简单机械地以发展作为衡量改革的标准，脱离与制度创新相联系的效率标准，脱离与发展成果分配相联系的社会公平标准，孤立单纯地以发展，尤其是以一定时期内的经济发展指标的变化作为改革进步性的证明，有其局限性。

从利益性标准出发来判断改革的合理性、公正性，有其社会的必然性。因为社会总是利益关系的集合，现实中的人们对于制度变化的价值判断，首先是视其对自身的利益产生怎样的影响。但问题在于，如果人们是从各自不同的局部利益出发去判断改革的进步性，并以此去要求改革，那就很可能使改革脱离社会发展的根本利益要求，并且对改革进步性质的判断产生极大的基于自身利益要求的分歧。但如果从社会根本利益出发作为判断改革的标准，那就存在一个如何认识社会根本利益，谁来代表社会根本利益的问题。如果说以利益性标准作为衡量改革进步性的标准，那么，这个利益必须是社会根本利益，而这种社会根本利益必须同时是大多数人的利益，而不是少数人的局部个别利益，也只有这种大多数人的利益有效增进，才可能使公平与效率的统一具备可能。但问题在于，社会根本利益怎样识别，怎样体现，怎样保证？尤其是怎样保证其不为个别私利所侵蚀？这需要社会一系列的经济、政治、文化、行政、法律、新闻等制度保障，绝不仅仅是单纯的利益分配机制问题。因而,单纯从利益分配关系上判断改革的公正合理性,是难以给出正确的答案的,从个别局部利益出发评价改革总体进程,更难以做出合理的解释。

所以说,上述三类判断标准,各有其必要性、合理性、必然性,但如果孤立片面地运用其中一类标准,都难免有其局限,或者说难以真正科学地揭示改革的历史价值取向,尤其是如果将不同类别的判断标准对立起来,更无从对改革的进步性做出有说服力的剖析。必须把各类标准有机统一起来,这种统一不仅仅是理论分析的需要,而且更重要的是出自中国改革发展历史进展的需要。但是,同样必须强调的是,这种统一不是把各种标准简单机械地罗列起来,而应是一种有机的结构,在这种结构中,不同类的标准应有不同的地位。至少在上述三类标准中,发展,特别是生产力的解放和发展应当具有最为基本的和不可或缺的地位,虽然单纯运用发展,特别是生产力发展标准作为判断改革进步合理性的标准有其局限性,但否认生产力发展对制度变迁进步合理性证明的根本性地位也是不能成立的,因为制度标准意义上的历史进步性,最为根本的要依赖生产力发展去证实,利益性标准意义上的历史合理性,最为基础的要依靠生产力发展去支持。

## 三、收入分配的公平命题与改革的合理性

改革促进了发展,尤其是提高了经济发展水平及效率,这一点人们能够取得共识,也可以被中国多年来的实践证实,但伴随着改革开放的进展,我国收入分配的差距在扩大同样是不争的事实,在促进发展和提升效率的同时,社会收入分配公平目标的受损,成为人们对改革的价值取向有所怀疑、有所争论的主要原因之一。

收入分配公平目标至少包含两方面的意义,一方面公平(Fair)是

指一种权利,是指具有法权性质的事先机会面前的平等权利;另一方面,公平又包含平等或均等(Equality)意义,均等是指一种事实,是指在事后结果上的水平均等。在社会发展进程当中,公平目标的实现,既包含了事先公平的法权意义上的公平,也包含事后事实上的均等目标的逐渐实现,只是在不同的历史条件下,对这两方面公平目标的强调及实现程度会有所不同。对于转轨的社会而言,就市场化进展与收入分配的相互关系来说,存在事先的机会不平等意义上的不公平,重要的原因在于市场化不够深入,不够完善,因而导致法权规则难以贯彻,存在较多的特权并以各种方式垄断机会或不公平竞争,从而形成收入水平上的差距扩大;而事后的事实的不均等意义上的不公平,重要的原因则与市场化有着深刻的联系,因为越是强调市场竞争的效率提升,在一定条件下,事后的不均等便越突出,所谓收入分配上的公平与效率难以兼得,指的主要是这种事后的收入分配均等目标与竞争性的效率目标间的冲突,而不是指事先的机会均等与效率目标的冲突。事先的机会面前的公平与效率目标是一致的,关键在于市场机制的完善和竞争的充分。复杂的是事后的事实结果上的收入分配均等目标与效率目标间的关系,过于强调事实上的均等,可能泯灭人们的竞争性从而降低效率,但事实上的差距过大,不仅损害公平目标,而且还会导致一系列社会矛盾的尖锐化,进而严重影响效率。也就是说,事实上的收入差距的扩大并不必然带来效率提升,如俄罗斯改革的前几年里,基尼系数翻了三番,到 1993 年达到 0.5,但同期经济却严重停滞和衰退(Kolodko,1999)。而进入 2001 年后,基尼系数降到 0.4 以下,但同期经济增长开始加速(Soubbotina,2004;Moriguchi,2008)。又如第二次世界大战后的日本,从 20 世纪 60 年代至 80 年代,日本的基尼系数是逐渐下降的,但同时,又正是日本经济持续高速增长的时期。

从我国的改革发展历史进程来看,在改革初期,体制上,我们是从计划经济等级制基础出发,向市场机制转型;发展上,我们是从极为落后同时又是强调平均主义的普遍贫困的状态向工业化加速的经济起飞转型,加之我国具有 2000 多年的封建传统,因此,改革的重要任务是强调事先的公平,打破等级及特权,鼓励平等竞争,以尽快提升效率,尽快摆脱贫困,所以,"效率优先、兼顾公平",机会公平为首要,结果均等为兼顾。那么,伴随我国改革发展的深入,在现阶段的发展水平和体制条件下,是否到了更强调公平,尤其是更强调事后的结果上的均等目标,而将效率或事先公平的目标放在次要的时代呢?

必须承认,伴随我国经济的持续高速增长,我国社会收入分配的差距事实上在扩大。首先,城乡居民间的收入差距在扩大,尤其是进入 20 世纪 90 年代以来,1990 年城镇居民人均可支配收入是农村居民人均纯收入的 2.2 倍,而到 2003 年,则是 3.23 倍,差距扩大的倍数高达 50%左右①。其次,不同阶层的收入差距在扩大,据国家统计局城调队对 5 万个左右的家庭抽样调查所获数据,1991 年城镇居民中最高收入组与最低收入组人均可支配收入相差 4.2 倍,但到 2004 年,则扩大到 8.87 倍,7 年间翻了一番(国家统计局,2004、2005)。据国家统计局有关课题组研究,我国 2005 年城乡居民的基尼系数已达 0.45,超出了通常所说的安全线水平,不仅显著高于当代资本福利国家,如挪威、瑞典等(基尼系数在 0.2—0.3),而且高于当代发达资本主义国家水平,如英、美、法(基尼系数在 0.3—0.4)等(北京大学中国国民经济核算与经济增长研究中心,2006)。

那么,改革开放以来我国收入分配差距扩大的主要原因到底是什么? 归结起来,主要有以下四个方面的原因:

———————————

① 农村居民纯收入与城镇居民可支配收入存在差别,因而不能直接比较,但各自的增长速度相互间是可以比较的,数据参见国家统计局(2004、2005)。

第一,发展性原因,即经济发展的不均衡所导致的收入分配的失衡加剧,尤其发展中国家的经济二元性,是其发展失衡的重要表现,我国现阶段收入分配差距扩大的深刻原因也在于发展二元性的强化。据统计测算,我国各地区人均 GDP 水平高低与各地区城市化率(城镇人口占总人口比率)高度相关(相关系数高达 0.9140)①,城市化率越高的地区,经济发展速度和水平相应也越高,因而城乡差距的扩大成为收入差距扩大的重要发展性原因。若仅看城镇居民的基尼系数,目前只是0.32 左右,不仅处于正常水平线,而且与 20 世纪 90 年代的 0.30 相比,十几年来也并未显著增大;若仅看农村居民的基尼系数,目前仅为0.35 左右,与前些年的 0.34 相比,也无多大程度的提高,并且还处在正常的安全水平之内;但若将城乡混为统一整体,全社会的基尼系数目前则已达到 0.45,显然超过了安全线(刘伟,2005)。这表明我国收入分配差距的扩大,重要原因在于城乡发展差距的扩大,在于发展的二元性加深。

第二,增长性原因,即在经济增长过程中不同的要素对于经济增长贡献作用提高速度和程度不同,导致收入分配中不同要素所有者的收入增长的速度及程度不同。并且,越是市场化深入,越是强调市场竞争,强调效率,便越是需要在收入分配上承认市场竞争中的差别,尤其是在市场经济体制下,要素参与分配,因此不同要素所有者的收入分配差距便与不同要素在竞争中的效率差异直接联系起来。我们曾通过柯布-道格拉斯生产函数对改革开放 20 年(1978—1998 年)中国经济增长中各种生产要素的相互关系进行分析,发现伴随着我国市场化及非国有化程度提高,劳动和资本这两个基本要素的效率明显上升,在同样

---

① 各地区的 GDP 水平数据引自国家统计局(2004),各地区人口数及其城乡构成根据第五次全国人口普查数据,以这两个指标的 2000 年横截面数据计算,相关系数达到0.9140。

的投入下对经济增长的贡献程度不断提高。但相比而言,制度变化对资本要素的影响程度显著大于对劳动要素的影响程度(据测算,两者相差900多倍),也就是说,中国的改革对资本和劳动的效率提升都产生了影响,但资本的效率提高程度以及相应的资本对经济增长的贡献增长程度远远高于劳动(刘伟、李绍荣,2001)。所以,若收入分配与要素的贡献直接相联系,那么,资本要素的掌握者所获收入的增长速度相应地就要数百倍地高于劳动要素的收入增长,因而必然扩大收入分配的差距。这种差距的扩大既是增长中贡献不同的必然,也是市场化的必然;既是增长中要素效率提升不均衡的必然,也是市场体制性转型进程深化的必然。

第三,体制变迁性原因,即在体制转型过程中,在不同方面和不同领域,市场化的进展程度及完善程度不同,因而市场竞争的充分性、公平性不同,事先机会均等程度不同,相应的特权对法权的排斥,垄断对竞争的否定,权钱交易以及各种腐败的产生,必然扩大转轨过程中的收入分配差距。从一定意义上可以说,这种收入差距的扩大是市场化进展不够深入和完善所致,包括与市场经济文明要求相适应的法治制度等的不完善,而不是市场化所致,不是市场化的必然。这是事先机会不均等所导致的事后事实上的收入分配差距扩大。

第四,收入结构性原因,即伴随改革开放,人们的收入来源越来越多元化,除劳动外,人们的资产性收入日益提高;除一般体力劳动外,人们的人力资本投入形成的差异日益成为收入差别的重要原因;此外,风险性收入、经营性收入等都开始成为不同社会阶层收入差距扩大的重要根源。其中特别是伴随所有制改革,伴随民营资本的积累,伴随国有企业的产权制度改造,资产性及投资性收入越来越成为社会高收入阶层的重要收入基础,并且所占比重还在逐渐上升,不像发达国家资产性收入所占比重已进入相对稳定时期。目前,中国不同阶层之间的资产占有差距日益扩大。据最新的经济普查,工商企业资本中国有资本的比重已从近90%降至48.1%,个人资本已从不足1%上升至28%,达到5.1万亿元〔《第一次全国经济普查主要数据公报(第一号)》〕。特别需要指出的是,在改革初期,我国社会成员相互间在资产(本)占有上几乎是无差异的,也就是说,资本占有的差异只是在改革开放以后形成的。不像欧美,甚至不同于南美等地的传统,基于大种植园发展基础上的南美大地产主世代相袭,并附之法律上的长子继承,到当代,大资产者的资产与一般社会成员差距不仅巨大,而且是世代相袭,社会成员在相当大的程度上能够予以承认和尊重,至少由此引发的社会矛盾不像想象的那样尖锐。而我国在短短的20多年里,人们相互间的资产占有从基本无差异迅速扩大到目前的状况,易于引发社会矛盾和摩擦的加剧,况且我国的传统又是基于棉花、水稻文明的小农经济,加之诸子分割继承和土地兼并及不断地均分,大资产占有与大量失去资产的社会成员的对立历来是社会冲突的重要根源。

可见,形成我国现阶段收入差距扩大的原因是多方面的。对于不同原因形成的收入差距扩大,应当采取不同方式加以处理。其一,源于发展不均衡(城乡差距)带来的收入差距扩大,解决的根本途径在于提高农村发展水平,加快城市化速度,发展不均衡所导致的收入差距,只能以加快发展、提高发展的均衡协调性来克服,任何牺牲发展或损害发展的做法,都会从根本上损害收入分配平等目标的实现。其二,源于增长性因素(不同要求对增长贡献程度提高速度差异)形成的收入差距,是基于效率差异,基于事先机会均等的市场竞争的必然,在不否定效率优先,强调以效率提高作为主要增长动力的增长方式根本转变过程中,不能以损害事先公平进而降低效率为代价,来提高事后分配结果上的均等程度。否则,不仅与中国社会经济发展历史客观要求相冲突,而且与社会主义市场经济体制目标的根本要求相矛盾。市场有效竞争中形成的事后收入分配差距扩大的矛盾,难以通过市场竞争机制本身去解决,而应通过非市场的力量,特别是政府来处理。其三,源于体制性因素(市场化进展程度和完善程度的差异)形成的收入差距,是由事先机会不均等所致,从理论上说,关键要认识到,这是市场化不足不完善所致,而不是市场化的必然。从实践上,重要的在于两方面,一方面是深化并完善市场化竞争,包括产权制度和价格制度的改革,包括商品市场和要素市场培育,包括企业和政府的改革等;另一方面是加强并完善法制秩序,包括加快法律制度建设的进程和质量,包括法律的权威和法治精神的弘扬等。其四,对于资产性差异所形成的收入差距扩大,关键在于两方面,一是从理论和实践上必须科学有效地处理公有制为主体的所有制结构与市场机制之间的关系;二是必须进一步加强政府在社会分配公平和均等目标实现上的作用,以提高社会各方面的和谐程度。

# 第二章　经济理论对制度变迁正义性争辩的焦点：价值论的反思和两种经济哲学观的对立<sup>*</sup>

一定历史条件下的制度变革是不是进步的，是不是公正和文明的进展？这是极富争议的重要命题，对这一问题的回答涉及的是基本的历史价值取向和基本的阶级立场以及相应的根本利益要求，对这一命题的经济学理论的系统回答和最为深刻的阐释，体现在经济学的价值理论上，之所以对制度深刻变革的种种争辩往往最终总是回归到价值理论的基本问题和范畴上来，原因就在于此。即使在价值取向上承认在一定历史条件下市场经济制度是公正、进步、正义、有效的，那么市场经济制度的秩序安排遵循怎样的经济哲学观也是存在深刻分歧的问题，几乎所有承认市场经济历史存在的经济学者和理论，在经济哲学观上，即在市场经济秩序的价值取向上，都可以分属于对立的两种立场，即经济自由主义和理性干预主义。也就是说，如果说价值论的争辩更多的是围绕市场制度在人类制度演进史上有怎样的进步性和正义性展开争辩，即回答要不要采取市场经济制度的文明形式。那么围绕市场经济秩序两种不同的经济哲学观则是回答：怎样建设市场经济制度，或者说回答在实践市场经济制度文明过程中采取哪种价值取向。

---

　　* 本章的基本观点曾发表于《经济理论与经济管理》2003 年第 5 期，《新华文摘》2003 年第 9 期转载。

# 一、价值理论与制度变迁正义性的争辩

价值范畴首先并不是作为经济学范畴存在的,但却在经济学中具有极为特殊的意义。任何一种经济理论或任何一位经济学家,都有自己独特的或恪守的价值论,并以此作为其全部学说的最为坚定的基石。价值理论所透视的历史价值取向是一种经济学说历史观的最本质的展现,经济学中不同阵营的根本对立,重要的不仅在于其具体的经济分析工具和方法上的差异,更重要的在于其分析背后的价值观的不同,一定的经济学分析和证明不过是对一定历史价值观的经济学解释。正因为如此,经济学才真正具有历史的科学意义。为自己所从属的阶级,为本阶级所代表的社会生产方式存在和发展的历史必要性、合理性、正义性、和谐性进行经济学上的证明,这是价值理论的实质所在。也正因为如此,经济学研究价值理论才具有真正的动因。

## (一)为什么劳动价值论曾在西方经济思想史上长期占据主流

在经济思想史上,西方学者关于价值论的认识,或者说不同价值论的主流地位的更替是沿着这样的线索展开的:先是以劳动价值论为主流,古典经济学所提出的劳动价值论支持西方经济学长达一个世纪之久,在第一次产业革命前后成为主流价值论;而后是效用价值论成为主流,以 1871 年边际革命为标志,此前以客观效用价值论为主流,此后则以主观效用价值论为主流;再后来是以马歇尔的均衡价值-价格论为主流,即在综合主观、客观效用论的基础上,实现了价格论对价值论的替代;此后进入 20 世纪的西方学者则是在马歇尔以价格论替代价值论的基础上,对均衡价格理论的进一步补充和发展。

之所以在资本主义第一次产业革命前后的一百多年里,以古典经济学为代表的劳动价值论能够成为主流价值理论,根本原因在于两个方面。

第一,第一次产业革命前后,资本主义生产方式作为历史上新兴的生产方式,资产阶级作为新兴生产方式的代表,其在历史上的统治地位尚未稳定,人类历史发展是否能够真正承认资本主义社会,资本主义生产方式能否占据统治地位,或者说,资本主义制度应不应当替代封建制度,都还是有待证明的命题。因此,作为资产阶级意识形态的代表,包括经济学家、哲学家、法学家、社会学家、历史学家等在内,时代以及其所属阶级的利益,要求他们从各个方面,以不同的方法和不同的学术语言、逻辑,去证明同一个命题,即证明资本主义社会的必然性和合理性。那么,经济学家是如何通过经济学的分析来证明这一命题的呢? 由此,价值论便成为那一时代的经济学中的基本问题。因为,从经济哲学意义上说,要证明资本主义生产方式的必要性和合理性,必须证明这种生产方式有无哲学意义上的价值,有价值才有必然性。从经济学意义上来说,要证明资本主义生产方式的必然与合理,必须证明这种生产方式是否公正,从经济学来看,如何证明这种公正性呢? 因为资本主义生产方式是交换的市场社会(或称市民社会),它贯彻的是法权原则,而不是特权准则,这种法权准则在经济生活中是如何体现的呢? 它是通过在商品、价格、货币、买卖、市场面前人人平等,即通过贯彻等价交换的原则来体现公平的。也就是说,资本主义市场社会是等价交换的社会,因而是公正的社会。但是,什么是等价交换,等价的价又是根据什么来决定的,怎么衡量交换是等价的呢? 这就不能不涉及价格决定问题,价格由什么决定,等价交换的基础是什么? 由此,价值问题便成为人们关注的热点,人们发现等价交换背后存在一种决定价格的力量,而这个力量本质上便是价值。即是说,在第一次产业革命前后,资产阶级经济学者之所以关注价值问题,根本目的是要从经济理论上证明资本主义社会的历史必然性和合理性,因为那个时代资本主义生产方式并未稳定地取得统治地位,还需要为其存在、发展的历史必要性加以论证。在经济学家看来,资本主义社会是合理的,因为它公正;为什么说它公正呢?因为它平等;为什么说它平等呢?因为它贯彻等价交换的法权规则;为什么说它是等价交换呢?因为价格是由价值决定的,等量的价值决定着交换中的价格相等。所以,价值论的讨论便与证明资本主义生产方式的正义性紧密联系在一起,成为那一时代的经济学的热点命题,证明资本主义生产方式合理性的历史迫切需要,使得价值论在经济学中有了特别重要的意义。

第二,资本主义第一次产业革命时代,是自由竞争的时代,总体上资产阶级是有其历史进步性的,资产阶级为取得其所代表的资本主义生产方式的统治地位,面临的最主要的敌对力量是封建地主阶级,而不是无产阶级,反而要联合无产阶级共同对抗封建地主阶级,这种联合实际上是以资本雇佣劳动的生产方式去根本否定封建主义社会生产方式。因而,在资产阶级经济学家的价值论中就不能不对无产者存在的合理性,不能不对无产阶级活动的合理性给予部分的承认,这种承认的最为集中的体现便是承认劳动创造价值,正因为价值的源泉是劳动,所以一切劳动,包括无产者的雇佣劳动都是有价值的活动,因而是正义的。当然,当时资产阶级学者对无产者劳动的正义性的承认仍是有保留的,甚至是矛盾的,这种矛盾性同样也体现在其价值论中,如斯密在提出劳动价值论的同时,在进一步讨论价值构成时,又背离了劳动价值论,主张价值是由工资、利润和地租三种收入构成,实际上这是收入价值论(斯密教条)。之所以在古典经济学的价值论中存在这一矛盾,是因为如果彻底贯彻劳动价值论,那么,资本所获得的利润以及土地主所获得的地租便都是劳动创造的,因而资本和土地私有制存在的合理性和正义性便会受到怀疑,资产阶级学者无论如何不会把无产者劳动的正义性、合理性置于资本占有的正义性、合理性之上,所以在提出劳动价值论的同时，又提出三种收入决定价值论。但是，毕竟那一时代资产阶级的主要敌人是封建地主阶级，所以，资产阶级经济学家在承认地租的存在但又否定其正义性的同时（比如把地租视为地主对劳动者和资本的盘剥，视为工资和平均利润之外的一项加价，是凭借对土地所有权的垄断获得的一部分超额利润等，都透露出他们对地主的鄙视），不能不对无产者的劳动给予更多的肯定，不能不对劳动的正义性给予更多的承认，这种肯定和承认集中体现在他们所提出的劳动价值论中。可见，这一时代的资产阶级经济学家之所以提出劳动价值论，根本目的也在于为资本雇佣劳动制度的正义性、合理性加以证明。特别需要指出的是，古典经济学家提出劳动价值论的根本目的包括对劳动的合理性、正义性的考虑，但主要并不是证明这一点，而是要证明资本主义社会的等价交换的合理性、公正性，只是为了说明等价交换及其所依赖的根据，才进一步提出劳动价值论。同样，也必须说明，劳动价值论在这一时期能够成为主流价值论，其中也的确包含了对劳动的正义性的相当程度的肯定，因为在此之前，在古希腊和古罗马时代，劳动价值论和效用价值论虽都有所萌芽，并且在漫长的历史时期，甚至包括整个中世纪，劳动价值论和效用价值论思想萌芽一直共存，但古希腊的罗马，经济生活是从属于政治和美学利益的，研究经济问题不仅是粗糙的，而且是为了解决更重要的伦理和法律问题，并无经济目的，就整个时代而言，当劳动主要是奴隶的活动时，是不可能被视作正义的和尊贵的，虽然当时就有思想家感觉到劳动与价值存在某种联系，但劳动本身并不被视为"高尚"的有价值的活动。至于中世纪神学家的认识，他们虽然对价值问题有所关注，但并不是也不可能建立专门的经济理论体系，他们只是要阐释据称是来自上帝安排的要求人们必须遵守的行为准则，他们视财富的积累是一种罪恶，崇尚基于财产共有的经济制度，赞赏自然经济的农业，有保留地宽容制造业，严厉谴责商业，因而，对资本以及与资本和制造业大生产相联系的雇佣劳动的正义性是不可能真正予以承认的。而在古典经济学的倡导下,劳动价值论成为主流,这既是对资本主义生产方式的历史产生和发展的回应,也是对产业革命带来的社会化大生产的回应(晏智杰,2001)。

总之,西方古典经济学提出劳动价值论,并且劳动价值论之所以在资本主义第一次产业革命前后的长达一个世纪之久的时期里,成为主流的价值论,根本原因是出于证明资本主义生产方式的公正性、正义性的需要,因为那个时代的资本主义发展需要为其取得稳定统治地位而进行申辩,资本主义在当时还尚未真正稳固。

### (二)为什么发生了效用价值论对劳动价值论主流地位的替代,并进一步以价格论取代了价值论

我们先来考察西方经济学主流价值论为何从劳动价值论转向客观效用价值论。生产费用价值论、生产要素价值论、生产成本价值论等都可以归结为客观效用价值论。应当说,这种客观效用价值论发端于古典经济学家斯密。从一定意义上可以说,斯密的价值论包括了社会生产成本价值论的基本思想,后来的资产阶级学者,正是循着这一思想逐渐发展出生产费用价值论。斯密提出了劳动价值论,同时又提出了三种收入决定价值论。这两种相互矛盾的价值论在斯密的学术体系中是如何统一的呢? 在斯密看来,无论是劳动,还是利润、工资、地租三种收入,都是成本,正是这种成本决定并构成商品的价值。不同的是在历史的不同阶段,如在原始阶段,构成商品价值的主要成本是劳动,因此说劳动创造价值,但在后来的资本发展阶段,构成商品价值的成本则包括工资、利润和地租三种收入,因而这三种收入同时构成商品价值的源泉。他认为到资本发展的一定阶段,劳动价值论便要让位于收入决定价值论。斯密这种成本价值论当然存在一系列理论上的深刻矛盾,尤

其是难以解释收入决定论与劳动价值论之间的矛盾，混淆了价值创造和价值分配的关系。同时，按其收入决定价值论，把全部价值分解为三种收入，也就难以解释生产资料价值部分的客观存在（这也是斯密难以提出再生产理论的重要原因）。更为重要的在于，斯密的收入决定价值论包含了对资本和地租存在的合法性、合理性的论证，这是其阶级属性所决定的。如果按其劳动价值论的观点，地租和利润是对劳动所创造的价值的剥削，因而也就不存在公正性；如果根据其收入价值论，则不仅体现了对地主阶级的妥协，承认地租存在的合理、合法性，而且特别论证了资本获得利润的正义性，因为利润、地租既然和工资一样，都构成价值的组成，都是价值的源泉，从价值论上看就都有其相同的公正性。显然，斯密的这种成本（收入）价值论之所以提出，根本目的是为资本的存在，为资本存在的合理性、正义性进行论证（亚当·斯密，1972）。

劳动价值论的主流地位让位于生产费用（成本）价值论的直接动因，是李嘉图学派的破产。李嘉图继斯密之后，将古典经济学提出的劳动价值论推到了资产阶级学者所能够达到的极致。李嘉图认为，价值的源泉在于劳动，效用和生产要素并不决定商品的价值，尤其是资本和土地等自然条件，只能影响使用价值的生产，但却不影响价值创造，不构成价值源泉，价值的源泉是唯一的，即人类劳动。李嘉图坚持一元劳动价值论，论证了地租不过是对劳动创造的价值的剥削，进而指出了工业资本社会与封建社会的对立，为反封建提供了有力的经济学理论根据。但他的一元劳动价值论中也同时包含了资本与劳动的对立，因为如果价值的唯一源泉是劳动，那么，资本所获利润无疑也是对劳动创造的价值的剥削，显然，这不是作为资产阶级意识形态代表的李嘉图的本意，李嘉图不仅要反封建，更要为资本主义的历史合理性、必然性进行论证。这样，李嘉图学说便不能不面临一个根本矛盾：坚持劳动价值论固然有利于反封建，但同时意味着否定资本本身的合理性，承认资本获得利润的合理性,便意味着要放弃或根本动摇劳动价值论。再加之,从理论本身来说,李嘉图把价值源泉归结为唯一的活劳动,但对资本主义经济现实中价格与价值背离的实际现象,特别是对一些耗费活劳动大体相当,但由于种种因素所导致的价格大相径庭的现象,李嘉图难以做出令人信服的解释。以至于李嘉图的追随者们,一方面出于为资本合理性论证的阶级本能,另一方面出于解释价格与价值背离的理论需要,不得不将死劳动,尤其是作为劳动创造的价值的积累——资本,也作为创造价值的源泉,甚至把自然力的作用也作为创造价值的源泉,从而导致李嘉图学派的破产。李嘉图学派的解体直接导致了主流价值论从劳动价值论向生产成本价值论的转变(李嘉图,1962)。

生产成本价值论自19世纪初由法国经济学家萨伊系统地提出,到40年代最终替代了劳动价值论的主流位置,后来约翰·穆勒又对生产成本价值论做出了完整的表述。萨伊的价值论是生产要素论、供求论、生产费用论和效用论的混合,但其基础是要素论和效用论。在萨伊看来,价值即效用,创造价值就是创造效用。而作为效用的价值是如何创造出来的呢? 萨伊认为价值(效用)是劳动、资本、自然(土地)三要素共同的创造,就价值创造而言,资本和土地与劳动一样,都具有生产性(萨伊,1963)。后来约翰·穆勒对生产成本价值论又做出了完整表述(约翰·穆勒,1991)。至此,在西方正统的经济学中便不再存在劳动价值论,而是由生产成本价值论取代了其主流地位。

可见,在西方经济思想史上,生产成本价值论对劳动价值论的替代,或者说,之所以发生主流价值论从劳动价值论向客观效用价值论的转变,最根本的原因在于,资产阶级经济学家为论证资本存在的合理性、必要性、正义性的需要。

下面我们再来考察为什么在西方经济思想史上,客观效用价值论的主流位置又被主观效用价值论所替代。提出主观效用价值论的学者很多，各自的论证方式也有所不同，但其核心思想在于，把价值归结为效用，但强调这种效用不是客观的物的效用，而是对人的欲望满足程度的效用，而这种欲望及满足程度又被归结为人对物的效用的主观评价和感受，从而把商品价值的本质归结为人的主观评价，价值不再是一种客观存在，而是一种人的主观感受。这样，不仅形成与劳动价值论的对立，而且形成与客观效用价值论的对立。

主观效用价值论思想的最初提出，在理论背景上也是基于李嘉图劳动价值论的解体，不过在李嘉图劳动价值论解体之后，首先发展并且完善起来的是客观效用价值论，主观效用价值论尚处于提出阶段，1871年边际革命之后主观效用价值论上升为主流，替代了客观效用价值论的位置。主观效用价值论的最主要的分析方法即是边际分析，也就是说，价值是由人在主观上对满足其欲望程度的评价决定，但随着人的欲望不断地满足，同样的物带给人的满足程度，在主观感受上是不同的，存在一个满足效用程度递减的规律，因此，决定价值大小的主观评价不是一般的主观感受，而是边际效用，即最后一个增加量给人带来的满足程度。

为什么会发生主观效用价值论对客观效用价值论主流地位的取代呢？最根本的原因在于客观效用价值论难以解释并支持 19 世纪后期以来的资本主义发展。19 世纪后期，资本主义生产方式的统治地位已经较为稳固，而且资本主义方式本身固有的种种制度矛盾也已开始尖锐，特别是经历了几次大的经济危机之后，人们发现资本主义生产方式也并非是和谐的，大量生产过剩的经济危机的反复出现，使得人们不仅怀疑客观效用价值论所主张的生产自然创造需求，因而供求会自然均衡的主张，而且进一步怀疑资本主义制度是否是和谐的合宜的制度。这就要求资产阶级经济学家必须从理论上论证资本主义制度是不是一种合宜和谐的制度，怎样才能使资本主义制度实现均衡和谐？因此，他们对需求问题，对需求与供给的均衡问题便不能不给予特别的关注。

相应地,在价值理论的研究上,自然便把人的欲望以及欲望的满足程度提到极为重要的位置,甚至归结为价值的本质。目的是要说明资本主义生产方式是有价值的,是正义的合宜的,因为它能在最大程度上满足人的欲望,并通过满足人的欲望使整个社会经济生活达到和谐均衡的状态。可见,边际革命以及由此而形成的主观效用价值论对客观效用价值论主流地位的替代,根本动因也还是出于论证资本主义制度合理性的需要。

但是,边际效用价值论取得主流地位时间不长,很快其主流地位便被马歇尔的英国新古典综合价值论所取代。如前所述,马歇尔的价值论是对客观效用价值论和主观效用价值论的综合。这种综合之所以可能,最根本的原因在于无论是资产阶级学者的劳动价值论、客观效用价值论,还是主观效用价值论,本质上都是为资本主义制度的正义性申辩的,之所以发生主流地位转换,也是根据资本主义社会发展的历史需要,更充分更有效地解释资本主义制度的合理性。这种学说的阶级性和使命,使之有可能被加以综合。当然,之所以能够被综合还包括它们在理论的某些共同点和分析方法上的某些共同处。

马歇尔提出的综合价值论的本质是以价格论替代了价值论。可以说,自马歇尔之后,西方经济学的主流不再关注真正原来意义上的价值论,而是关注均衡价格论,马歇尔本人提出的是局部均衡价格,而后的当代西方经济学者在此基础上进一步讨论了一般均衡价格问题,关注的热点是:什么是均衡价格,如何去发现均衡价格。

为什么有这种从价值论向价格论的转变呢?直接的理论原因当然源于马歇尔的综合分析,但更为深刻的历史原因则在于,19世纪末20世纪初的资本主义生产方式已经牢固地取得了统治地位,相比较而言,论证这种制度的合理性、正义性,进而为这种制度的确立并取得统治地位做理论上的争辩已无更大的意义,因为它的统治早已成为历史,更为重要的是要论证如何运用资本主义生产方式，如何运用资本主义市场机制，才能够使经济资源配置更有效。因此，重要的问题不再是价值命题，不再是讨论资本主义有没有价值，不再是讨论资本主义社会哪些活动创造价值，资本存在的合理性、正义性不需要更多的理论证明，所以也就不需要特别阐释资本是否创造价值，不需要通过论证资本与价值源泉的关系去证明资本的正义和存在的必然。重要的是怎样保证资本主义制度有效和谐地运行，实现资源有效配置，从而证明其制度的有效和优越，而这种有效和谐的运行状态，恰恰是被概括为均衡的状态，所以怎样去发现均衡的位置，怎样逼近均衡状态，便成为西方经济学的根本任务，由此，均衡价格的讨论替代了价值论的讨论。这种替代，实际上是从回答为什么要选择资本主义制度，向回答怎样运用资本主义制度的转换。

可见，西方经济思想上，从古典经济学的劳动价值论到效用价值论，从客观效用价值论到主观效用价值论，从效用价值论到综合的价值-价格论，其主流地位演变的根本逻辑线索，是遵从为资本主义制度的合理性、公正性、正义性、有效性、和谐性论证的需要。这便是西方经济学研究价值论的根本使命所在。据此，我们可以说，一切经济学，一切经济学家研究价值理论，根本目的都在于为其所代表的阶级以及所要求的生产方式的历史必然性和正义性申辩。价值理论的深刻和对立之尖锐的根本原因源于此，价值理论在经济学中的重要也源于此。西方经济学的价值论的使命如此，马克思的价值论使命同样如此，我们创造和构建适应社会主义市场经济历史要求的价值论，同样应以承担这一使命为基本出发点。

### （三）马克思的劳动价值论究竟要说明什么

马克思劳动价值论的实质在于把价值归结为人与人的社会关系并将这种社会关系视为历史运动的结果。

　　马克思的劳动价值论是在对英国古典经济学的劳动价值论批判的基础上,继承并发展起来的。马克思劳动价值论建立的时期,也正是英国古典经济学劳动价值论解体,进而西方经济学中占主流的价值论从劳动价值论向生产成本价值论转变的时期。马克思在批判地继承发展古典经济学劳动价值论的同时,对生产成本价值论(客观效用价值论)给予了深刻的批判,马克思的价值论正是在这种继承批判中形成的,而这种继承批判的基本出发点,在于马克思坚持价值是人与人的社会历史关系,而不是人与物之间的效用关系。

　　从马克思的劳动价值论来看,他是怎样论证价值的本质是人与人的社会关系的呢? 其一,马克思严格区分了价值和使用价值,认为商品虽然是价值和使用价值的对立统一,但经济学只在使用价值作为价值的物质承担者的范围内关注使用价值,此外,经济学不研究使用价值,即不研究物的效用。这就在价值论中彻底排除了人与物的关系。这一点,古典经济学者已经提出,但远不如马克思彻底。其二,马克思严格区分了价值和交换价值(价格),这是马克思对古典经济学劳动价值论的重要发展。古典经济学的劳动价值论,包括斯密和李嘉图,都混淆了交换价值和价值,因此只关注相互交换的比例(交换价值)的高低,但却无从发现在交换价值背后的决定性的实体是什么。其三,马克思科学地论证了价值的源泉,而这正是古典经济学所困惑的。马克思创造了劳动二重性学说,劳动二重性学说对于马克思的劳动价值论具有特殊的意义。古典经济学把劳动仅仅视为具体劳动,并没有从各种不同方式的具体劳动中抽象出抽象的社会一般劳动,因此,在坚持劳动价值论,并把劳动作为价值源泉时,难以区分劳动对于使用价值和价值的不同关系,从而难以把价值源泉唯一地归结为劳动。更为重要的是,具体劳动反映的是人与自然间的物质关系,是人运用劳动工具作用于劳动对象的具体过程,而社会一般的抽象劳动,才真正反映人们劳动的社会性质和历史形式。抽象劳动作为具体劳动的社会化的一般的还原，即去掉劳动的具体形式，还原为共同的抽象劳动，这一过程本身既是理论的抽象，也是现实的社会化的过程。把各自不同的具体劳动还原抽象为社会一般劳动，这种还原和抽象本质上是人们彼此承认劳动，也是个别的劳动被社会承认的过程，具体劳动生产的物的效用，要具有价值，必须经过社会承认并经过社会将其劳动抽象为社会一般劳动的过程。价值是一种社会关系，也是一种社会关系的运动过程，这是马克思劳动二重性学说的要义。其四，马克思在抽象劳动基础上，进一步提出了价值量的决定——社会必要劳动时间范畴。价值量的决定既不是个别劳动时间决定，也不是如李嘉图所说的最坏的生产条件下耗费的劳动时间决定，而是社会必要劳动时间，即社会平均和必要的劳动时间决定。这表明，在马克思价值论中，有无价值，有多少价值，不是个别劳动决定的，而是社会决定的，个别劳动在多大程度上被社会承认，个别劳动时间在多大程度上符合社会必要劳动时间的要求，都是社会的过程，因而价值本身是人与人的社会关系，而不是人与具体物的个别的关系。[①]　其五，马克思分析了商品的价值形式和货币的起源及本质，而这一点也是古典经济学所忽略的。本质上，价值形式和货币的起源及发展的过程，是社会历史的过程，是人们经济关系及经济制度历史变化的体现。马克思价值形式和货币起源及本质的分析，正是从这种经济制度演变发展中揭示人们相互经济关系运动的变化，价值以及价值形式，交换以及货币等，不过是人们经济关系在一定社会历史条件下采取的特定的历史方式。

　　但是，价值虽然是劳动创造的，是人与人之间的社会经济关系，在

---

　　① 马克思在讨论价值决定时，是假定总供给和总需求是相等的，因此，社会必要劳动时间不包括需求的约束，只是从生产条件上讨论的一种平均化。进入总量分析之后，马克思又对"社会必要劳动"赋予了新的含义，指出社会必要包含社会总需求承认的含义。正因为如此，经济思想史才产生了马克思价值向生产价格转型问题的大论战。

现象上却表现为物与物的关系,而且表现为物对人的支配,商品生产者的生产取决于他们的私人劳动能否转化为社会必要劳动,能否实现私人产品向货币的转换,而这一转换过程又是自发的社会化的,而不是商品生产者本身主观可以预料和控制的。于是,商品货币在人的面前便有了神秘性,有了事先的不可预知性,人们不能不对商品货币关系的运动产生迷信,即产生商品货币拜物教。也就是说,在商品生产和交换过程中,人们之间的经济关系的必然性和内在逻辑性,是通过自发的、偶然的、人们不可知的外在物与物的关系运动来实现。本来是人们之间的社会经济关系,本来是人的劳动创造了价值,商品货币不过是人类经济关系在一定社会历史条件下采取的运动方式,但在商品货币拜物教面前,人类本身的活动却反过来受物与物关系的支配。这是一种异化,是一种扭曲。马克思商品货币拜物教学说正是对这种异化和扭曲的深刻批判,通过这种批判,马克思进一步深刻揭示了商品价值的本质及价值形式的运动实质,不过是人的社会经济关系的运动。

马克思把价值归结为人们社会经济关系的历史运动,通过这种归结要告诉人们什么呢? 最主要的,即在价值观上要告诉人们两方面:一方面,价值是劳动创造的,劳动是价值的唯一源泉,因此一切不劳而获,无论是通过资本私有还是通过土地私有占有价值都是对劳动的盘剥,尽管这一点的证明和科学分析是在马克思的剩余价值论中展开的,但在这里,劳动价值论已深刻地揭示了劳动与资本的对立,揭示了资本剥削的非正义性、非合理性,因为一切死劳动都不创造价值,也正因为如此,劳动价值论不仅成为剩余价值论的经济理论基础,而且成为剩余价值论的伦理价值观的基础;另一方面,马克思在价值观上告诉人们,人类劳动的社会性质采取自发的人本身不能控制的、异化的形式实现,本来是人类劳动生产的,但却表现为人不能支配却反而受其支配的方式,人类劳动要通过交换来间接地证明其价值,这本身就是人的经济活动的某种异化,是不合理的。之所以有这种历史的扭曲,是因为存在私有制,在社会分工条件下的私有制割断了人们生产的直接社会联系,人们生产的社会性表现为迂回间接的外在过程,要克服这种异化,最根本的在于消灭私有制,一切与私有制直接相联系的商品价值、货币、交换关系都是一种历史的扭曲,因而从发展趋势上,从人类理想社会的价值取向上,最终都是要取消的,所以,马克思的劳动价值论在价值观上所昭示的是对商品关系和市场交换的根本否定。上述两方面是马克思劳动价值论分析的根本目的所在,也是我们研究其价值论必须牢牢把握的。

### (四)马克思的劳动价值论遇到了怎样的历史性挑战

1. 公有制与市场经济能否统一,或者说,以公有制为主体的社会,其主体经济本身可不可能成为市场经济?

中国社会主义市场经济的建设,是困难的也是重要的,不在于把社会主义社会存在的非公有制经济纳入市场机制,而在于把占主体地位的公有制经济纳入市场经济,否则,市场机制对于占主体的经济构成难以真正起约束作用,整个社会经济就不称其为市场经济。但是,如果严格按照马克思劳动价值论的逻辑,公有制的社会是根本不可能称其为市场经济社会的。事实上,一定社会的所有制与资源配置方式之间的确存在深刻的内在联系,财产制度是资源配置方式选择的制度前提及根本动因,而资源配置方式则是一定的社会财产制度的运动形式和利益实现方式。

马克思的劳动价值论的逻辑线索是这样的:从商品这一最为普遍的现象出发,分析什么是商品?商品是使用价值和价值的对立统一,没有这一矛盾,产品就不成为商品。那么,为什么产品成为商品,成为使用价值与价值的对立统一体呢?因为生产商品的劳动过程的性质有了历史的变化,劳动过程成为具体劳动与抽象劳动的对立统一,具体劳动形成使用价值,抽象劳动形成价值,正是劳动过程的这种特殊矛盾性,使劳动的结果成为使用价值与价值的矛盾统一体。那么,为什么劳动过程成为具体劳动与抽象劳动的对立统一的过程?因为社会生产过程中的主要矛盾发生变化,生产的私人性和生产的社会性的对立统一成为社会经济中的基本矛盾,生产的私人性使得实现生产的劳动过程总是具体的个别的劳动过程,而生产的社会性又要求实现生产的劳动具有一般的社会必要劳动的性质,要求个别劳动必须从一开始就是为社会并最终须经社会承认。那么,为什么社会生产的矛盾以及由此规定的生产的性质会发生这样的变化,为什么生产具有私人性与社会性的矛盾?因为人类社会经济发展中的基本制度条件伴随生产力的发展发生了变化,出现了社会分工制度和生产资料私有制,私有制使得人们的生产总是私人的并且是为私人利益进行的,但社会分工又要求人们必须相互交换产品,要求私人生产必须具有为他人提供产品的社会性,因而,社会生产成为私人性与社会性的对立统一矛盾运动的过程。马克思的劳动价值论正是通过这种矛盾的逻辑分析,揭示商品价值作为人与人的社会关系是如何制度性地历史发生并运动的。价值范畴之所以产生,最为深刻的原因在于私有制的产生,在这里思想的逻辑和历史的逻辑是一致的。如果我们把马克思劳动价值论分析的最为根本的历史逻辑基础——私有制抽去,替之以公有制,那么,构成商品关系的一系列特殊矛盾是否还能成立?也正是在这个意义上,可以说,马克思的劳动价值论的逻辑,是把商品、市场经济范畴与私有制联系为一体,并在根本上否定了公有制与商品关系和市场经济统一的可能。

对于社会主义经济改革的理论和实践探索来说,不能不同时面对两个传统教条,一个是来自西方经济学的教条。全部西方经济学,无论是自古典经济学以来的思想发展史,还是当代活跃着的各个学派,无论相互间存在多少分歧,但在把商品、货币、市场经济与私有制,特别是与资本主义私有制直接联系起来这一点上是一致的，即在他们看来，市场经济关系只能在资本私有制下才可能存在和发展，任何取消私有制的社会都不可能存在市场。另一个是来自马克思的传统。在马克思那里，商品货币市场等经济关系，不过是资本私有制度采取的一定运动形式，是私有制的产物，取消私有制便意味着取消商品、货币、市场关系。因此，公有制与商品、货币、价值、市场等制度是根本对立的，马克思的劳动价值论分析的逻辑彻底否定了公有制与市场有机统一的历史可能。

　　社会主义公有制社会的实践者最初也是遵循这一传统，将市场与社会主义公有制对立起来，在公有制下根本否定商品、货币关系，否定市场机制。但却为此付出了极其高昂的代价。实践使人们认识到改革传统体制，努力进行公有制基础上培育市场机制的探索是历史的选择。可以说，各国改革的实践，最初并在相当长的时期里，都是围绕如何统一公有制与市场机制这一历史命题展开的，但直至如今，这一命题并未真正得以解决，我国虽然明确提出并坚持以社会主义市场经济为改革目标，即在公有制为主体的制度前提下使市场成为配置资源的基础性力量，统一公有制与市场经济，但一方面对于这一选择在经济理论上还需深入分析和探讨，另一方面更重要的是还有待于实践探索和证明。在公有制社会建立市场经济，这是马克思劳动价值论否定的，而又是我们目前要实践的历史性难题。苏联、南斯拉夫等斯大林模式的计划经济国家以及后来的俄罗斯，关于经济改革的理论和实践相当长的时期里都是围绕如何统一公有制，特别是统一国有制与市场机制这一命题展开的，但他们提出的种种理论、方案在实践中均未能实现财产制度公有性质与资源配置市场化要求之间的统一，最终，为获得市场效率，为使市场机制成为配置资源的基本方式，纷纷放弃了公有制，使改革在性质上发生了根本的转变。

　　然而，我国社会主义经济建设的理论和实践，要处理的根本性历史难题,恰恰在于统一以公有制为主体的财产制度与以市场机制为基础的资源配置方式。这是人类历史上从未真正解决的问题,也是马克思经济理论特别是马克思的价值论根本否定的命题。如果我们教条地坚持马克思劳动价值论的观点,机械地恪守马克思劳动价值论的逻辑,那就意味着我们在理论上同样否定公有制与市场经济统一的历史可能,显然这样的理论是不能支持中国社会主义市场经济伟大实践的。

2.公有制为主体的社会应不应该以市场机制作为配置资源的基础,或者说应不应当肯定市场经济在社会主义社会的历史进步性和正义性?

价值论是一种经济学的分析,但更是一种历史价值取向,它要说明的根本问题,是从经济学的角度去论证一定的社会生产方式的历史公正性或非公正性。马克思提出的价值理论,广义地说,包括劳动价值论和剩余价值论两部分。马克思通过其劳动价值论学说,不仅揭示出资本与劳动的对立,而且否定了一切存在私有制和存在市场的社会的公正性。因为马克思的劳动价值论认为,一切商品、货币、价值、市场关系都是人类劳动的异化,人类劳动的社会性要通过市场交换范畴曲折地表现并支配和统治人们的经济活动,这是对人类劳动的扭曲和颠倒,是不合理的,不符合人类社会发展的历史理想。所以,在未来公有制的理想社会,人与人之间的社会性不需要交换、商品、货币、价值、市场等插手其间。马克思通过其剩余价值论批判资本主义并否定资本主义社会的合理性、公正性,认为在资本主义雇佣劳动条件下,劳动力成为商品,进而有了剩余价值和资本对剩余价值的剥削,所以,资本社会在根本上是不正义的。

因此,马克思的劳动价值论不仅从根本上否定了公有制社会存在市场关系的可能,而且在价值观上彻底否定了公有制社会存在市场关系的合理性和正义性。但是我国的社会主义经济改革和发展实践,恰恰要统一社会主义公有制与市场经济机制,处理这一前无古人的历史性命题,我们不仅要在实践上回答可不可能统一的问题,同时必须在理论上回答应不应该统一的问题。显然,在这里马克思的劳动价值论与我们的实践产生了冲突。

改革开放的总体体制目标,是建立在公有制为主体,多种所有制经济长期共同发展基础上的市场经济机制。从理论上说,从开始将社会主义公有制与市场经济相对立的传统对立论到逐渐接受社会主义经济是计划经济为主、市场调节为辅的主辅论,再到社会主义有计划的商品经济中计划经济与市场调节相互作用的结合论,直到中共十四大明确提出改革的目标就是建立社会主义市场经济体制,我们对公有制社会的市场经济存在的历史必然性的认识是伴随改革实践越来越明确的。从实践上来说,改革开放30年来,中国经济体制的市场化速度在所有的转轨国家中,是属于较快的,据世界银行曾做过的一项测算,全部体制转轨国家在20世纪90年代中期市场化指数平均值为4.4,而中国为5.5,高出平均值1.1。中国无论是在商品市场化,还是在劳动力市场化方面都取得了极大的进展。在相对进展迟缓的资本市场化方面,虽然由于国际国内种种原因,资本市场化成为极为复杂的命题,但在我国改革开放实践中已取得许多实质性进展,包括直接融资(股市)市场从无到有;中央银行独立,国有专业银行体系构建,股份制银行的发展;金融服务市场的逐渐开放;利率的逐渐市场性浮动,等等。可以说,到21世纪初,市场机制已经替代计划机制,成为我国资源配置中起基础性作用的力量,尽管在市场秩序的完善方面还有相当艰巨的历史任务。与这种市场化进程相应,我国所有制结构发生着深刻的变化,国有企业资产比重从改革初期的87%左右降至2002年的40%以下,私有经济资产从开始不到1%,升至2002年的7%左右;在国民生产总值中,国有经济由原来的70%左右下降至不足30%,私有经济则由微不足道上升为

20%以上,其余为混合经济(占30%左右)和外资(刘伟,2003)。与这种资源配置方式市场化、社会所有制结构多元化相适应,收入分配发生了重大变化,一是伴随着市场竞争地区间、企业间、城乡间、阶层间收入分配差距扩大;二是资本所有权以及经营资本的能力本身成为收入的合法来源,从而使收入分配方式发生了深刻的变化;三是在利益关系越来越复杂的条件下,个人收入分配中的公平与效率的矛盾如何处理变得越来越复杂;等等。

在公有制为主体的社会主义社会经济中,资源配置方式市场化,所有制结构多元化,分配方式多样化,这一系列的制度变迁是不是正义的,是不是文明的进步? 这是包括经济学在内的各人文社会科学学科必须予以回答的问题。正因为如此,价值论问题在经济学中又重新成为人们讨论的热点。因为价值论回答的正是一定的生产方式及其变迁的历史合理性及公正性问题。但是,如果我们机械地沿用马克思的价值论,逻辑的结论便是否定引入市场机制改革的历史公正性及合理性。因此,我们必须从实践出发,在坚持马克思主义科学的分析方法的基础上,发展并探索新的价值论,以在理论上支持社会主义市场经济的实践。这既是马克思劳动价值论在价值观上面临的历史性挑战,更是需要我们处理和创造的崭新命题。

## 二、两种对立的市场经济哲学观与市场化价值取向的分歧

### (一)两种不同的市场经济哲学观

在人类市场经济的思想史和实践史上,围绕怎样构建市场经济制度始终存在两种不同的哲学观,或者说两种不同的价值取向,即以经济自由主义为基础的市场自发竞争机制论和以理性主义为基础的国家干

预机制论。这两种观点，一种强调市场主体的独立性、市场的自发性、竞争的自由性、交易的自愿性；另一种则强调对市场经济的总体干预，强调国家作为国民经济总体协调者对分散的市场行为加以调控，特别强调对市场竞争自发性、自由性的匡正和约束。经济自由主义认为，市场经济自发形成的秩序，具有对分散的市场活动及所产生的多种结果进行自动协调的功能，在这种自发秩序的自动协调下，市场分散竞争行为能够趋向于总体的和谐，或者说趋于均衡，越是在市场制度上保障市场行为主体的权利，保障其竞争的自由，市场经济竞争便越具活力和效率，同时在总体上也越具自动趋于均衡的可能，经济越可能保持效率与有序的统一，对市场机制的这种自发协调功能和市场竞争的这种自由自愿性质的任何破坏和否定，都将导致资源配置的损失，既破坏效率也破坏和谐，任何超经济、超市场的否定市场自发性和竞争自由性的干预，都将产生比市场本身缺陷带来的更为严重的损失。国家理性干预理论则认为，依靠市场本身自由、自发的竞争经济是难以达到均衡状态的，必须为分散的市场竞争者提供明确的准则，并通过一系列国家的力量和政府的手段，来规范市场竞争者分散的行为。

从 15 世纪下半叶开始至今，在西方经济思想关于市场经济哲学观的争论中，大致经历了五个阶段。第一阶段是从 15 世纪重商主义国家干预理论的兴起到 18 世纪古典经济学市场经济自由主义哲学观的确立。这一阶段是古典经济自由主义哲学观战胜封建专制理论和重商主义的国家干预政策主张的过程。第二阶段是 19 世纪下半叶开始的对英国古典经济学的经济自由主义观念的初步怀疑和批判，即 19 世纪下半叶德国历史学派和美国制度经济学派以其对国家力量的偏好，以对国家、政府在法律、政策、舆论等制度设计和安排上作用的强调，反思和批评古典经济学经济自由主义的市场自发竞争论。第三阶段是 20 世纪 20 年代末的大危机下，大萧条出现，使得市场失灵论开始流行，其结果是在美国罗斯福新政的实践支持下,以凯恩斯经济学为代表的国家干预论的确立。第四阶段是 20 世纪 70 年代中后期开始流行的国家失灵论,特别是在"滞胀"等经济现象日益严重的情况下,一方面人们对凯恩斯主义进行全面反思,另一方面以新自由主义对资本主义市场机制进行新的透视,使经济自由主义在新的历史条件下得以重新活跃。第五阶段即以现阶段美国金融危机引发全球经济危机为标志,人们对市场自由自发竞争的局限以及由此引发的矛盾进行重新思考,为克服这场自 20 世纪以来最为严重的经济危机,各国不仅自身而且在国际范围之内前所未有地在政策上强化了政府的干预,也预示着在经济理论上对新经济自由主义的前所未有的深刻反思和对国家干预理论的空前强调。

### (二)两种不同市场经济哲学观争辩的历史动因

古典经济学强调经济自由主义历史动因是明确的,作为以反封建为基本革命目的的资产阶级,在其推翻封建生产方式的过程中,当然要以平等对抗等级,法权对抗特权。因而,经济自由主义构成古典经济学的根本哲学观,构成古典经济学家对全部经济学理论的要义和资本主义生产方式的深刻理解。就经济学理论而言,古典经济学的经济自由论不仅是反封建的,同时也旨在否定先前的法国重商主义的国家干预的理论和政策,从而为自由竞争的资本主义生产方式确立更为牢固的地位。因此,古典经济学认为:首先,市场经济制度是自发的,是出于个体的人的天性要求的,因而是自然的永恒,经济生活是由客观自然规律所统治的,而不是由集权者的独断所能改变的,市场经济的自发自由竞争最深刻的基础在于人的天然权利,包括个人不可剥夺的天然享有财产的权利、个人从事劳动的权利、个人追逐私利的权利等。显然,这种主张既是针对封建专制,也是针对重商主义烦琐的国家干预政策的。

其次,市场竞争越是自发自由的竞争,越可能实现公正,尤其是保证交易条件的公平性,一方面,财富不像重商主义认为的那样主要源于流通而是源于生产,因此古典经济学反对商业欺诈,反对只卖不买或只买不卖去追求交易的繁荣、追求竞争的充分;另一方面,交易公正性的根本在于价格公正,而价格公正的制度条件在于竞争的自由和充分,所以越是自由自发的,也就越是公正的。最后,市场竞争越是自由自发,越是具有效率。因为自由竞争能够使分散的自发的个体更具创造性,同时越是自由竞争,自由独立的权利本身会约束个体分散的行为,权利越明确,责任也就越清晰,进而会形成具有创造性的个体行为在总体结果上的和谐。正如亚当·斯密所说,这种市场竞争的自然秩序作为一个自由体系,具有自发实现人类经济活动平衡的功能,这一功能就犹如一只看不见的手,促使每一个人在努力追求个人目的的实现的同时,实现着并非属于他原来意图的目的(亚当·斯密,1974)。显然,古典经济学的经济自由主义,强调的是竞争的自发自由性、竞争的充分性和相应的公正性、竞争的有效性和在此基础上的和谐性。经济史的动因则在于否定封建生产方式和重商主义的政策主张。

19世纪下半叶由德国历史学派和美国制度学派开始对古典经济自由主义的市场观进行初步的反思和批评。这种反思和批评是在两方面的背景下展开的,一方面是经济发展史的根据。古典经济学产生于当时资本主义制度和社会生产力最为发达的英国,当时的英国经济发展,既不需要国家的干预和保护,也不存在来自其他国家强有力的竞争,不需要借助国家和政府的力量来支持其民族经济发展。而19世纪中叶和下半叶的德国、美国则不同,他们当时相对于英、法,在资本主义世界中属于落后国家,如果放任自由竞争,其民族资本的竞争力远不如英国,甚至落后于法国,所以不能依靠市场自发自由的竞争实现其发展目标,需要国家对民族资本经济的保护和支持,从而在其经济思想上就表现出对经济自由主义的怀疑,同时对国家干预的必要予以了特别的关注,正因为如此,最初提出以国家出面来维持经济秩序的所谓"国家经济学"产生于德国。[①] 另一方面是基于对人性的不同理解。古典经济学的自由主义市场观是建立在对人的行为理性假设前提下的,即认为人作为经济人,会自觉地接受客观经济条件的约束,并在这种约束下,努力追求个人目标实现程度的最大化,在这种理性的驱动下,分散的个人行为最终会自动趋于总体的和谐和结果上的收敛,进而创造出自由和效率、竞争的均衡。而历史学派和制度学派对人性却有不同的理解,他们更注重人的非理性方面,认为既然人存在非理性,那么市场竞争机制就不能依靠人的理性自发地实现,而必须集中社会理智的力量,依靠国家的力量以法律和制度的方式确立相应的秩序,作为外在的强制力量,作为凌驾于市场分散竞争之上的总体规则,来规定和约束个人的分散行为。正是在上述两方面的经济史背景和哲学思想背景下,他们对古典经济学的经济自由主义提出了批判,指出:第一,人的行为不是理性的受客观自然规律约束的自发行为,而是受精神意志支配的,因此不存在合乎客观规律的自然秩序,秩序的形成只能靠意志,即集中社会的理性,而这种社会理性的集中便是"国家意志",而国家意志的实现依靠法律和权力制度。第二,只有通过国家权力和制度,个人利益和国家利益才能得到均衡发展,私人经济原则和国家经济原则是不同的,而且是难以自动协调的,必须依靠国家的力量,使个人利益服从国家利益,使个体目标收敛于总体目标,国民经济才可能协调发展。第三,个人的能力大部分源于所处的社会制度和环境,没有一定的社会制度和环境,个人无论怎样勤奋、节俭、富有创造能力和智慧,都不可能取

---

① 在思想史上一般认为,最初提出"国家经济学"的是德国早期历史学派创始人弗里德里希·李斯特,其代表作为《政治经济学的国民体系》(李斯特,1961)。

得重大成就,而这种制度和环境必须也只能依靠国家力量建立(弗里德里希·李斯特,1961)。当然,历史学派强调依靠国家意志和权力来构建市场秩序,并不是对私人利益和自由的根本否定,而是在此基础上提出一种协调国家利益和个人利益的原则。事实上他们特别强调自由精神的基础在于私有制,在他们看来,技术和商业会不断地在国家间和地区间转移,驱逐它们的总是专制,吸引他们的总是自由,而这种自由精神需要有制度保证,而制度保障的关键在于对私有制的确认和保护,私有制是人类社会精神发展最有力的杠杆,没有私有制的社会就会变得毫无生气,同时也失去了个性的多样性和发展。而要有效地保护私有制,又只有依靠国家力量,因此当分散的个人利益与国家利益冲突时,个人经济利益应服从国家总体利益(陈岱孙等,1981)。

但国家意志理性干预市场的理论真正成为主导思想和政策主张,是 20 世纪 30 年代以后的事情,这里存在两方面背景,一方面是经济史的背景,20 世纪 30 年代前后资本主义世界出现了前所未有的大萧条,这就首先要求人们采取各种政策和方式摆脱萧条,人们发现若要摆脱萧条,依靠市场自由竞争和自发行为是难以奏效的,必须引入政府的干预以克服市场失灵和局限,因而"罗斯福新政"在美国被系统地提出并付诸实施。另一方面则是经济思想史的背景,基于大萧条的现实,人们在经济理论上不能不对传统的"看不见的手"发生怀疑,对经济自由主义的市场观发生怀疑,进而提出对传统经济自由主义经济学的革命,相应地,"凯恩斯革命"便历史地发生了。凯恩斯革命集中体现在三个方面:一是经济学研究对象和方法的革命,即宏观经济学的产生,使经济学的研究从古典的微观行为分析拓展到总量分析;二是经济行为假设和原则的革命,即投资报酬递减法则,消费效用递减法则和灵活偏好的存在等三大心理法则的论证,使有效需求不足的结论否定了传统的供求自动趋于均衡的观点;三是经济政策倾向的革命,即针对市场机制下有效需求不足的常态,提出政府主动运用财政和货币政策,特别是运用财政政策系统干预经济,刺激需求的主张使经济学中政府政策倾向从传统的"守夜人"的角色转变为积极主动干预的角色。

到20世纪70年代之后,从经济史来看,凯恩斯主义的经济理论和政策遇到了难以解决的问题,自20世纪50年代起,凯恩斯主义刚开始流行的时候,对其有效性的怀疑便已产生,70年代后出现的经济"滞胀"等新难题,更进一步促使人们坚定了这种怀疑。人们看到,在存在市场失灵的同时,同样也存在"国家失灵",因为:第一,政府行为的动机并不必然代表全社会的利益要求,政府行为当事人的利益也是在社会利益关系中确立下来的,也未必高尚,依靠政府来建立市场机制和竞争秩序未必公正;第二,依靠国家来建立市场机制和竞争秩序并不具备充分的信息根据,市场信息的高度分散性使国家要及时全部占有存在技术上的困难,而且信息获取要付出代价,不是随时可得的自由品,因而,通过市场自发地横向传递信息或许比通过国家自觉地纵向传递信息更有效;第三,依靠国家建立市场秩序,客观上存在"投票悖论",或者难以达成一致,或者难以做到公正;第四,国家直接举办企业和工程,其效率是低的,因为国有企业难以遵循边际成本等于边际收益这一基本市场竞争原则。基于凯恩斯主义失灵的历史事实,在逐渐流行开来的"国家失灵论"基础上,经济自由主义的市场观开始重新活跃,各种以经济自由主义为哲学基础的经济学派和学说开始流行,诸如现代货币主义、合理预期主义、公共选择学派、产权经济理论等。

而2007年以来发生了席卷整个西方世界的空前深刻的金融危机及相应的全球经济危机,一方面,在政策实践上,包括美国在内的各国政府纷纷出台了空前强劲的政府干预措施,以克服或缓解市场机制失灵带来的经济失衡和严重衰退。尤其是自20世纪70年代以来,由于普遍放松政府对市场的监管,从而市场过度竞争、过度失衡、过度泡沫、过度投机等现象大量发生,同时持续的放松监管和不断降低进入市场的效率条件和竞争能力要求的宏观经济政策,特别是持续放松银根降低利率以刺激需求的货币政策,在扩大市场经济交易规模、刺激市场需求来提高经济增长速度的同时,不断降低了经济质量和企业的赢利及竞争力,在成本不断上升及相应的真实利率不得不提高时,大量以往在低利率水平要求下能生存甚至有利可图的企业和项目,就会变得难以生存,从而形成大量泡沫经济现象,这种泡沫在金融衍生工具及相应市场交易的影响下,对经济会产生极大的乘数效应,从而极大地加剧了经济扭曲和失衡。事实上,这次危机是西方世界自 20 世纪 70 年代以来经济自由主义基础上的宏观经济政策形成的矛盾的总爆发,这就使得人们不得不重新反思经济自由主义市场观的理论和政策的合理性及有效性。另一方面,在理论变革上,如何从经济理论,特别是从宏观经济学和制度分析层面剖析此次全球危机的根源,并从这种剖析中寻求理论上的出路？这意味着新经济自由主义的市场观和具有经济自由主义哲学倾向的各种经济学说,遇到了前所未有的挑战,迎接这场挑战,或许意味着经济理论的又一次大的变革,或许意味着在经济自由主义和国家干预主义两种不同的市场经济观之间的又一次尖锐争辩。

需要提出的是,在西方经济思想史和经济发展史上,这两种不同的市场经济哲学观的对立和分歧无论怎样展开,在这两点上是一致的:第一,无论哪种经济哲学观,都是以承认资本私有制和市场竞争机制作为基本制度为前提的,都不否认私有和竞争,不否认市场和自由,只是在如何更好更有效地实现资本私有制和市场竞争效用的方式和机制安排上产生了分歧,一个更注重个体的权利和市场的自发,一个更强调总体的协调和政府的自觉;第二,在两种不同的市场经济观的争辩中,无论在任何时期,哪种市场经济观略占上风或主流,都是出于更为有效地解决处理资本主义市场经济运行和社会经济发展中的主要矛盾需要,或者说,在思想史上不同市场经济观主导地位的交替变化,不过是资本主义社会经济发展中突出矛盾的变化在制度安排上的一定反映。这也是两种不同市场经济哲学观长期争论并轮流执掌主流地位的根本经济动因。

### (三)我国经济改革进程中的市场经济观选择

我国的社会主义市场经济建设,既是在开放中引进和学习西方发达国家经济发展先进技术及经验的过程,也是在改革中批判和借鉴其市场经济制度的过程。但就我们自身的特点而言,以下几方面是值得特别强调的。第一,我国的社会主义市场经济体制是在以公有制为主体、多种所有制经济长期共同发展的基本制度基础上的市场经济,而不是简单地建立在资本主义私有制基础上的市场经济,中国特色的社会主义市场经济的最根本的制度特色集中体现于此,中国的社会主义市场经济的根本困难也集中于此。所以,我们市场化进程的市场价值观,与西方经济学中的任何阵营,包括经济自由主义和国家干预主义两大阵营,都有着根本的不同,因为他们都是以承认资本私有制为制度基础的。第二,社会主义市场经济这一命题本身,就包含着对国家宏观调控与市场自由竞争相互间有机统一的深刻要求,"社会主义"本身就强调着"社会"总体,"市场经济"则明确配置资源的基础性力量在于市场竞争。因此,我国的社会主义市场经济体制,不是国家作为总体,作为社会的根本利益的集中,与市场、与分散的市场主体之间根本的机械的对立和割裂,而是一种有机的内在的统一整体。"社会主义市场经济"命题是对宏观经济均衡增长的经济体制的崭新概括,无论是从西方经济思想还是从马克思主义经济理论进展来看,"社会主义市场经济"都是对政府与市场相互关系的全新诠释,尽管这种诠释还刚刚开始,还有待更长时期更艰苦的探索,但中国的社会主义市场经济的改革实践的确是伟大的历史创造。第三,社会主义市场经济这一命题,不仅包含着在体制上,在政府与市场的相互关系上保障实现经济均衡的要求,而且包含着对均衡增长和发展带来的福利公正合理地加以分配的要求。使广大社会成员合理公平有效地享受发展带来的利益。

### (四)应当重视现阶段全球经济危机对我国经济体制改革的冲击

从美国房地产市场危机到美国金融危机乃至全球经济危机,对我国经济增长的影响越来越广泛和深刻,尤其是在我国经济本身多年内需增长不足,特别是消费需求增长相对乏力的条件下,全球经济衰退对我国的影响作用便更加显著,因而日益引起政府、企业和居民高度关注。政府采取的对抗危机、遏制增长速度急剧下降的宏观经济政策速度越来越快、力度越来越大,包括财政政策和货币政策、需求管理政策和供给管理政策、宏观经济干预与微观经济干预等,对经济的干预政策的强度和系统性也极大地得到提高和强化。在全球危机面前及深刻的国际经济背景下,几乎所有的西方国家都在空前地加强政府对市场的干预。那么,这种经济史的背景对我国经济体制改革会产生怎样的影响? 尤其是在改革开放进行了30年的关键时期,我们对这一问题应有足够的重视,即是说,我们不仅要关注危机对中国经济增长的影响,而且更应关注其对中国经济改革的影响。

问题主要在于两方面,一方面,全球经济危机的确表明西方资本主义市场机制在配置资源和实现均衡增长上的制度局限,表明其政府宏观调控的局限,表明其市场失灵的深刻性,表明国家和政府对市场失灵进行干预的必要性,但由此能动摇和否定我国经济改革的市场化目标导向吗? 另一方面,尽管我国以市场化为目标导向的改革不过30年历程,尤其是明确提出以社会主义市场经济为改革的体制目标,不过是1992年党召开十四大之后的事情,但是市场化是否过度?

　　对于第一方面的问题,笔者想答案应当是否定的,从经济发展史来看,包括中外经济史已经充分地表明,市场经济文明是配置资源相对最为有效的方式,尽管资本主义市场机制作为一种历史的生产方式,存在一系列极为深刻和尖锐的矛盾,但这种历史文明带来的社会进步和文明进展,是此前一切人类社会制度无可比拟的;尽管中国以市场经济机制为目标导向的 30 多年的改革进程存在许多深刻的冲突和有待进一步处理的矛盾,但这段时间里中国社会取得的发展,尤其是社会发展赖以成立的基础社会经济和生产力的发展,在中国历史上是空前的。

　　对于第二方面的问题,或许更复杂,但总体上也应是否定的。在我国改革开放 30 年的进程中,的确有些领域和方面存在过度市场化的倾向,但这种过度倾向与其说是市场化进展过度,还不如说是在不应当市场化的领域推进了市场化,在不应当运用市场手段去处理的矛盾和利益关系的领域引入了市场方式,而在更多的存在问题和矛盾的方面,其重要原因与其说是市场化所导致,还不如说是市场化进程不够充分、不够深入、不够完善所导致。因为总的来说,中国社会主义市场经济体制改革的进程还远未完成。从改革核心环节来看,虽然已经开始从企业改革特别是国有企业改革为核心环节逐渐向政府和社会公共制度改革方面转移,但企业改革的根本命题仍有待深入处理,包括国有企业的产权改造和公司治理结构的改善,包括非国有企业的制度建设和公平竞争条件的创造等,同时政府职能的转变和宏观调控方式的改革,以及相应的社会公共体制的改革也亟待深入。从改革的主要任务来看,虽然商品市场化已基本实现并逐渐转向要素市场化的改革,但商品市场化中交易条件的不公平竞争问题,对非国有企业的制度歧视问题以及产业组织上的垄断问题,都有待处理。同时,要素市场化面临的矛盾更为艰难,劳动力市场化中的体制性歧视、资本市场化的欠深化、土地市场化的制度缺失等,都还有待改革的推进。从改革的主要难点来看,虽然市场机制在作用程度上已经取代了传统计划经济的地位,市场化进程的主要阻力已不再是传统计划体制的力量,市场化的主要难点已经从市场机制作用的规模扩展逐渐转移到市场机制的质量提升方面,但市场机制的结构仍极不完备,并且在各种国内外矛盾的作用下,存在相当大的体制"复归"可能,同时更重要的是,市场机制的公正性和质量的有效性尚需提高,包括市场机制的主体秩序、交易秩序、法治秩序、道德秩序等方面的培育,仍需极为漫长的历史过程。

因此,必须高度重视全球经济危机冲击下对我国体制改革可能发生的影响,必须看到,从长期发展来说,要真正实现我国经济可持续发展,必须努力转变经济发展方式,发展方式转变的根本是使增长从主要依靠要素投入量扩大真正转变到主要依靠要素效率提高,并使社会成员公平地分享效率提升带来的利益,从而保证效率的持续提升,为此就要依靠创新,包括技术创新和制度创新,尤其是制度创新,毕竟制度重于技术。而制度创新的根本在于深化改革,深化改革的基本目标是构建和完善社会主义市场经济体制,其中科学地、历史地处理政府与市场间的相互关系是极为重要的命题。希望全球经济危机的冲击不会动摇和含混社会主义市场经济改革的方向和原则,而是使之更深入、更科学、更清醒、更有效。

# 第三章 经济发展和改革的历史性变化与发展方式的根本转变<sup>*</sup>

我国经济发展和经济改革进展到新的历史阶段,向我们提出了一系列特殊的发展命题和改革命题。处理这种特殊的命题,重要的在于转变经济增长方式,经济增长方式的转变首先在于技术创新,而技术创新的根本又在于制度创新。技术创新和制度创新推动下的经济增长方式的转变,关键是使效率提高成为增长的首要动力。以效率为持续增长的首要动力,需要处理的重要矛盾是收入分配差距的扩大,因为在一定条件下,效率与公平之间往往会存在深刻的矛盾。对于收入分配差距的扩大则应根据不同的原因,采取不同的相应的措施,目的在于更妥善地协调公平与效率的关系。本章的目的在于指出,制度变迁是社会经济发展方式变化的根本动力,而社会经济发展方式的变化成效如何,最基本的检验标准应在于其推动社会生产力的发展和解放程度。

## 一、中国经济发展达到了怎样的历史阶段,这一阶段具有怎样的突出特点

衡量一国社会经济发展究竟达到了怎样的水平,一直是一个存有

---

* 本章写作的基本时间立足点为 2005 年。本章的基本内容曾作为课题阶段性成果发表在《经济研究》2006 年第 1 期,后由《新华文摘》2006 年第 7 期转载。

争议的问题。但无论存在怎样的分歧,就衡量经济发展水平而言,两类经济指标是不可或缺的,一类是以 GDP 为核心的经济数量指标,包括 GDP 总量和人均水平、GDP 的增长速度以及按不变价格计量的扩张程度等;另一类是以经济结构指标为核心的经济质量指标,包括产业结构、区域结构、就业结构、投入产出关系等。以 GDP 为核心的经济数量指标直接体现着经济数量上的增长和规模的扩张,因而具有显著的增长意义。但增长不同于发展,重要的区别在于发展必须体现出结构性的经济质态的转变,而结构变化则是长期的,是由于技术创新和制度创新才相应发生的转变。单纯的增长可以在技术不变、制度不变,进而效率不变的情况下依靠要素投入量的增加,在经济结构不变的条件下,实现产出量的增长,但这种增长不同于发展,发展一定是结构质态上的演进(刘伟,1995)。

　　如果根据经济数量和经济质态这两类基本指标衡量,对我国经济发展所达到的水平加以判断,大体上可以说,纵向看,2005 年我国经济处于工业化加速时期,横向看,我国略高于世界下中等收入的发展中国家的平均水平。根据最近公布的经济普查数据,到 2004 年末我国 GDP 现价总量为 159 878 亿元,按官方汇率折算为美元为 19 317 亿美元,占当年全球 GDP 的 4.4%①,在世界上排在第六位;人均 GDP 水平在 1 500 美元左右(人口增长接近 2001—2004 年平均自然增长率 6.4‰),这一人均水平略高于当代世界下中等收入发展中国家的平均水平。从经济质量指标来看,尤其是从劳动力就业结构变化状态来看,我国现阶段农业劳动力占总的劳动力比重在 47% 左右,这一水平从发展程度上看也是略高于当代世界下中等收入发展中国家的平均水平

---

　　①　国家统计局李德水 2005 年 12 月 20 日在国务院新闻办公室举行的新闻发布会上的报告,参见 2005 年 11 月 21 日《人民日报》。

(54%)。可见,无论是从经济数量还是从经济质量指标上看,总的来说我国目前经济发展正处于由下中等收入发展中国家向中等收入发展中国家平均水准过渡的状态,而这一阶段经济发展所处理的基本问题是实现以工业化为主要内容的现代化,实现工业化加速发展(北京大学中国国民经济核算与经济增长研究中心,2005)。

那么,处于这一阶段上的经济发展具有哪些突出的特点?

(1)进入工业化加速期的社会经济通常意味着经济进入了一个相当长的持续高速增长期,从工业化发达国家的经济史上看如此,从当代新兴工业化国家的现实看也是如此。就我国的实践而言,从1978年至2005年平均经济增长率保持在9.8%以上的水平,已经持续了近30年的高速增长,如果没有极为特殊的国际国内不可控制的社会政治、经济、文化、军事、自然意外发生,从经济增长的可能性来说,至少到2030年之前,中国年均经济增长率保持在7.2%以上是十分现实的(预计2001—2010年平均在7.5%—8.5%,2011—2020年平均为6.5%—7.5%,2021—2030年平均为6%—7%),这意味着到2030年前的20多年里,中国经济仍将保持高速增长,中国经济正处在一个长达50多年的持续高速增长的中间时期。按照这一增长趋势,到2010年,按不变价格计算,同时考虑到人口自然增长水平(预计"十一五"期间为8.8‰),我国人均GDP水平将比2000年增长1倍,将超过当代中等收入的发展中国家的平均水平;到2020年,将比2000年人均水平增加约4倍,实现全面建设小康社会的发展目标,大体上达到当代世界上中等收入的发展中国家的平均水平;到2030年,则将比2000年人均GDP水平增加10倍,相当于当代世界高收入的发展中国家水平,即成为当代新兴工业化国家,完成以工业化为基本内容的现代化;再持续发展下去,我国将作为后工业时代的经济,到21世纪中叶进入中等发达国家的行列。我国经济正处于高速增长中,由于高速持续增长必然会产生一系列高速增长的矛盾,而高速增长中产生的矛盾,也只能以持续高速发展加以解决。

(2)工业化加速时期,是国民经济结构急剧变化的时期。从经济史来看,各国工业化加速时期是技术结构、就业结构、产业结构、区域结构、收入结构、市场组织结构等变化最为急速的时期,一方面,工业制造业的增长速度会急剧加快,带动整个国民经济结构质态产生深刻变化,传统产业,尤其是第一产业,在产业相对劳动生产率不断提高而市场需求规模相对缩小的条件下,在国民经济中的比重迅速而又持续地下降,形成极为严重的"三农"问题,特别是对于我国来说,在不长的时期里,工业化加速形成了几亿农业劳动力转移的压力,仅改革开放30年来,我国从农业中转移出来的劳动力就已超过2亿,同时直至目前相对于农业生产需要而言,至少还有1.5亿农业劳动力有待转移;另一方面,工业化加速进展到一定程度,工业化本身将从一般加工工业为主向劳动对象工业和劳动资料工业为主深化,因而重工和重化工倾向日益突出,由此提出的资本问题、技术问题、资源问题、环境问题、资本对劳动的排斥问题等都会进一步尖锐,现阶段我国在理论与实践上关于要不要重工化和怎样推进重工业化的争论便是这一系列矛盾尖锐化的反映。此外,在工业化加速和市场化深入时期,第三产业的地位如何;怎样处理第三产业发展与第二产业的关系;如何处理第三产业发展与市场化的关系;如何完善第三产业内部结构,处理好第三产业中的传统服务部门与现代服务产业的结构关系;第三产业的发展在多大程度上具有直接的推动经济增长的意义,在多大程度上具有直接推动市场化的意义。这些问题都是在工业化加速时期必须面对的结构性命题(刘伟、杨云龙,1992)。本来结构变化是在长期中逐渐发生的,但在工业化加速期,这种长期中发生的变化却可以在较短的时期形成,从而使得社会矛盾更为尖锐,因为在长期里发生的结构变化以及由此带来的社会阶层结构、收入结构、利益结构的变化,社会可以在较长的时期中逐渐适应并做出相应调整,但若在短期里迅速形成深刻的结构变化,社会往往难以适应。从经济史来看,工业化加速时期是结构变化值最高的时期,各国工业化加速时期之所以同时是发展过程中矛盾最为尖锐的时期,与这种结构性原因是有极为深刻的联系的。

(3)工业化加速时期,同时社会发展成本迅速上升的时期。就经济方面而言,从微观的资源配置角度来看,工业化加速往往是对资源的消耗迅速上升时期,整个经济发展会越来越受到资源的严重约束,以我国的情况看,1990年以来,十几年的时间,我国经济对主要矿产资源的对外依存度已从5%上升至50%以上。尤其是在技术进步和管理科学方面有所滞后,投入产出的效率提升缓慢,对资源的消耗比必然进一步上升,从而增大发展的成本,以我国的能源弹性系数为例(能源消耗增长率/GDP增长率),1991—2000年为0.2,而2001—2004年达到1.29,其中2004年更是高达1.6(张卓元,2005)。

从宏观的经济运行和调控来看,在工业化加速时期,一方面,宏观经济总量失衡将表现出一系列新的复杂性,失衡往往并非简单地表现为总需求大于或小于总供给的总量矛盾,而同时伴随着一系列与通常的经济逻辑相悖的结构性矛盾,从我国目前的宏观经济失衡来看,既不能说是总需求大于总供给,因而不能说反通货膨胀是首要的宏观政策目标;但也难以说是总供给大于总需求,因而又不能说扩张就业是首要的宏观政策目标。现阶段我国宏观经济失衡至少存在三大悖论,即市场总需求增长乏力的同时固定资产投资需求增加过快,物价水平上升的同时人们对于通货膨胀的预期值很高,经济增长速度相对于前期恢复程度显著的同时失业率反而继续攀升(刘伟,2005)。这就使得宏观经济政策既难以扩张,又难以紧缩,从而增大了克服宏观经济失衡的困难。另一方面,在工业化加速时期,也是宏观经济目标实现过程中困难不断加大的时期,无论是反通货膨胀目标,还是缓解失业率目标,都会遇到一系列新的阻力。就反通货膨胀而言,低收入的发展中国家通货膨胀率很低,这主要是由发展速度低,同时市场化和经济货币化程度低等原因所致,但一旦进入下中等收入发展阶段,由于工业化和市场化的加速,通货膨胀率便显著上升,从第二次世界大战后的经济发展史看,进入这一阶段的发展中国家通货膨胀率平均达到两位数,高的年份平均达到 30%以上;进入上中等收入发展阶段,平均通货膨胀率更高,比下中等收入阶段平均高出 1 倍以上,高的年份上中等收入发展中国家平均通货膨胀率达到 60%以上,只有到高收入发展阶段,即成为新兴工业化国家,完成二元经济转型之后,通货膨胀率才又回落到 1 位数之内,整个过程呈现出倒"U"字形①。就反失业而言,工业化加速时期,一方面由于技术进步的加快,失业与空位并存的矛盾进一步尖锐,另一方面由于市场化的深入,以往大量的隐性失业变为显性失业。以我国为例,在 20 世纪 80 年代中期,我国经济每增长 1 个百分点,相应带来的新增就业岗位 240 多万个,而到现在,GDP 每增长 1 个百分点,新带来的就业机会只有 100 万个。

毫无疑问,这种微观上和宏观上的矛盾及困难的加剧,会极大地提高经济发展的成本。并且,这里还没有完全包括其他社会成本,如工业化加速时期的公平与效率的矛盾加剧、发展与环境的冲突严重、失业与空位并存的突出等,都会加剧这一时期实现发展的困难。

## 二、以改革推动发展的根本在于通过改革<br>开放转变经济发展方式

处理我国改革发展新时期所面临的一系列发展性难题和体制性矛

---

① 世界银行(1989)曾以 20 世纪 60 年代至 80 年代的各国统计数据为样本,阐释了经济发展史上的这一趋势。

盾,发展方式的转变具有根本性意义。因为,解决发展的难题和改革的难题,关键在于使我国的经济增长和发展由主要依靠要素投入量的扩大转变为主要依靠效率的提高。就发展而言,无论是保持经济持续高速增长,还是缓解高速增长中结构性矛盾;无论是提高发展效益,还是降低发展成本,根本都取决于效率的提高,取决于增长方式的转变。而改革的最终目的也在于通过深化社会主义市场经济体制进程,推动经济发展。改革与发展间的内在统一,根本在于通过改革,从体制上促进发展命题的有效处理,通过改革,从体制上推动增长方式的根本转变,使效率提高具有必要的体制条件。

发展方式的转变首先涉及的是技术创新,尤其是自主创新能力的提升问题,没有技术进步和技术创新,根本不可能提高增长的效率,不可能实现经济增长方式的转变。但技术创新与其说是技术问题,还不如说是制度问题,从一定的社会意义上可以说,技术创新能力的提升是以社会制度创新能力提升为基本制度前提和保障的。

从资源配置方式上看,制度创新的实质是社会主义市场经济体制的完善,效率的提高关键在于竞争性的要素市场的发育。一方面,从市场经济的内在竞争机制上看,市场主体秩序,尤其是在产权制度上对企业的硬约束,在产权主体和界区上的明确性;市场交易秩序,尤其是价格秩序上的公正、公平性;这些对于企业技术创新有着至关重要的意义。另一方面,从市场经济的外部环境上看,法治秩序,尤其是对知识产权的法律保护;道德秩序,尤其是对创新的诚信支持;这些对于企业创新能力的提升有着极为深刻的社会意义。从我国的经济发展历史来看,提高技术创新能力,转变经济增长方式,实现以效率提升为主拉动经济增长的发展模式,无论是作为理论观点还是作为政策主张由来已久,但为何长期未见成效,关键在于体制上缺乏足够充分的市场竞争力。改革开放以来,我国在高速经济增长过程中,要素效率,特别是资本的效率之所以能够显著提高,重要的原因也在于制度变革,在于市场化的不断深入,要素越是在更大程度上被纳入竞争性市场机制,其竞争性的效率也就相应越高。实证研究表明,制度变迁对于中国经济增长中的要素效率提高起了至关重要作用(刘伟、李绍荣,2001)。

以制度创新推动技术创新,进而实现经济增长方式的根本转变,以解决我国经济发展面临的新的难题。这种历史性的转变,关键在于效率的提升,包括微观上的要素效率,包括经济结构高度演进中的结构性效率,也包括宏观总量运动中的稳定性效率。那么,以效率的不断提升作为首要动力拉动经济持续增长和发展,最为重要的社会约束是什么?对于发展中国家来说,以效率作为首要发展动力,往往难以同时较充分地满足社会收入分配公平目标的要求,因而,以效率为首要拉动经济持续高速增长,重要的社会约束在于,在这一过程中形成的收入分配差距扩大形成的社会矛盾,怎样才能够被有效地控制在社会可容忍的程度之内? 也就是说,增长方式的转变对社会和谐有着极为深刻的要求,效率与公平之间必须建立均衡的关系。

## 三、所有制结构变化与发展方式转变

所有制构成经济发展方式的制度基础,所有制的变化构成经济运行机制变化的最为深刻的根源。我国经济发展方式变化的动因,同样可以从所有制变化上找到制度性的解释。

改革开放以来,我国所有制结构变化的突出特点在于两方面:(1)国有制经济比重持续下降,2004 年全国经济普查资料显示,全部企业法人实收资本中国有资本的比重已由改革初期的近 90%降至 48.1%。但在国有制资产比重下降过程中有两个特点必须指出,一是虽然改革开放以来国有制比重持续下降,但国有制资产的增长速度显著高于传统体制下的国有资产增长,也就是说改革开放促进了国有资产的增长,只不过是国有资产增长速度的提高低于同期非国有资产的增长速度。二是虽然国有制资产比重在下降,但其分布结构仍体现出对国民经济有效的控制力,在国有资产的产业分布上,在社会基础设施锐减,如铁路、航空运输、电信通信、调整公路交通、市政基础设施等方面,可以说95%以上是国有经济控制;在能源动力、原材料生产领域,如电力、石油、钢铁、煤炭等,可以说接近95%为国有经济控制;在国民经济的重要和关键性领域,如汽车制造、金融业等,90%以上由国有经济控制。

(2)非国有制经济,特别是私营经济比重显著上升。在企业法人实收资本中,私人资本份额由改革开放初期的不到1%,上升至现阶段的28%以上。就其分布来看,非国有经济主要集中于一般竞争性领域。最为突出的特点便在于其增长速度快,尤其是从20世纪90年代中后期以来,我国私营企业获得了极为显著的发展,十几年间,私营企业数增长33倍,私营企业注册资本增长52倍,私营企业创造的产值增长近48倍,私营社会消费品零售额增长56倍(中华全国工商业联合会、中华民(私)营经济研究会,2005)。

这种所有制结构的变化,对于我国的经济增长至少产生了以下四方面的影响。

(1)在经济增长上非国有制经济的作用显著上升。第一,在GDP总量上,国有经济部门提供的目前约占25%,私营经济也约占25%,混合经济占30%强,"三资"企业提供的不足20%。第二,在近些年的经济增长率中,非国有经济的贡献占据首要,国有经济在经济增幅中所做贡献近30%,而非国有经济在经济增长率上的贡献则超过70%。

(2)在克服经济增长中的失衡方面,非国有经济的作用日益提升。从控制通货膨胀来看,非国有经济的发展至少从五个方面缓解着通胀的压力:一是非国有经济占绝对主体的农业连续多年稳定发展,对于平抑物价起着极为重要的作用,在我国目前第一产业的增加值中,97%以上是非国有经济的贡献,国有经济的贡献不到3%;二是非国有经济占用的信贷资金相对较少,无论是在规模上还是比重上均大大低于国有经济,同时资金周转速度相对又较快,因而在促使资金总供求和商品总供求的各自平衡和相互平衡中发挥着积极的作用,缓解了总供求矛盾对价格上升的压力;三是非国有经济上缴税金不断增加,所占比重也不断上升,而同时非国有经济对财政的直接依赖度低,尤其是在公共财政转型尚未实现的条件下,非国有经济的发展不是增加财政赤字的原因,反而缓解着财政收支矛盾,进而缓解由于财政赤字增大而形成的通货膨胀压力;四是非国有经济的预算约束较国有经济更为严格,在转轨过程中,市场对其行为的约束力度相对更高,其市场总体效益也相对较高,从而有利于推动经济均衡增长;五是非国有经济的工资水平和福利水平上升一般控制得更为严格,与企业经营状况联系得也更为紧密,因而也在一定程度上缓解了由于工资上升过快形成的成本推进型的通货膨胀压力。

(3)非国有经济对于克服经济失衡作用上升还表现在缓解失业。一方面,非国有经济迅速发展,在经济增长中贡献率越来越高,已经成为拉动经济增长的首要力量,这本身就创造着更多的就业机会。据统计,从20世纪90年代以来十几年间,仅私营企业吸纳的从业人员就增长了12倍。另一方面,由于种种发展性和体制性因素,非国有经济平均吸纳一个就业者所需各项成本显著低于国有经济。据测算,非国有经济吸纳一个就业者所需支出的固定资产投入和工资福利成本,比国有经济低50%左右,这就进一步提高了非国有经济吸纳就业的能力。

(4)所有制结构的变化对于我国经济生产率提升产生了深刻的影响。

如果我们假定资本和劳动要素的产出弹性不变,即要求生产率不变,用我国的省份作为样本单位,以各省份的所有制结构和产业结构数据作为其经济结构特征,通过柯布-道格拉斯生产函数模型来研究我国经济结构的变化对生产力的影响。我们可以得到经济结构对我国经济规模,对要素生产力发生影响的模型,并对这一模型进行回归分析,我们可以得到一个包含经济结构(产业结构和所有制结构)特征的生产函数的估计模型[①]:

$$\hat{Y} = K^{0.68 + 0.038x_1} L^{0.30 + 4.07 \times 10^{-5}x_1} e^{0.91 - 0.52x_2}$$

这一估计模型的经济含义说明,在我国现阶段,产业结构和所有制结构的变化对生产都有深刻影响,但这种影响是不同的;产业结构的变化影响的是经济生产规模,即国民经济的生产可能性曲线,如果在工业化进程中产业结构高度提升,第一产业比重缩小,整个经济的生产可能性曲线会向外移动,也就是国民经济的生产规模将扩大。所有制结构的变化则影响要素效率,从我国的改革实践来看,当非国有制经济比重扩大时,要素的产出弹性,尤其是资本的产出弹性会增大,生产要素的效率会提高。

针对我国现阶段所有制结构变化与经济增长间相互关系的实证研究表明,一方面,假定产业结构不变,但所有制结构发生变化,特别是非国有经济比重超过一定水平(非国有经济创造的增加值占国内生产总值的比重 2001 年即达 62.32%;城镇非国有单位从业人员占城镇从业人员比重 2001 年即达 68.09%[②]),国民经济的生产将表现为规模经济,并且这种规模经济的形成原因,主要是由所有制结构变化带来的,如要素效率的提升,特别是资本效率的提高。另一方面,所有制结构

---

① 具体模型设定、数据来源和模型估计等,可参见刘伟、李绍荣(2004)。
② 资料来源于国家统计局(2002)。

变化对资本和劳动者两类要素的效率影响程度是有很大差异的,运用我国的实际数据进行经济计量分析的结果显示,所有制结构的变化对资本要素的影响程度要显著高于对劳动要素的影响程度(均为900多倍),也就是说,所有制结构这方面的制度变化,主要是提高了资本要素的效率,或者说由此而来的资本效率提高水平略高于劳动要素效率的提高程度。由此便进一步提出了一个问题,如果按照市场竞争原则,即按要素贡献进行收入分配,如果对市场直接初次分配的状态不进行再分配方便的调整,那么,伴随所有制改革以及相应的市场化的深入,资本要素效率提升程度远大于劳动要素效率提升水平,相应的资本要素持有者所获得的报酬水平以及报酬增长幅度就会显著高于劳动要素,即资本的报酬及增长显著高于劳动的收入,从而迅速扩大资本与劳动之间的收入差距,对此必须予以高度注意,或许这也是收入分配平等目标与效率目标相互矛盾运动在我国现阶段的一种体现。

总之,所有制结构的变化是我国社会主义市场经济历史进程的重要内容,而这一制度变迁中的显著特征在于国有制比重持续下降,非国有经济比重持续上升。这一显著特征对于经济的影响,体现在经济总量的增长上,是非国有经济日益成长为带动经济增长和就业的主要力量;体现在经济增长的均衡性上,是促使国民经济更加接受市场硬约束,特别是不断扩大比重的非国有经济接受市场约束的力度更强,从而淡化了集中计划经济下行政性干预所导致的大起大落;体现在微观的要素效率提升上,是推动了资本和劳动要素的提高,特别是推动了资本效率的提高。所以,所有制结构的变化,特别是非国有比重的上升以及相应的市场化水平的加深,使越来越多的要素从以往的行政控制领域转入市场竞争领域,这种制度变化对于非国有经济增长具有特别的解释能力,这种解释能力不仅一般地体现在增长的数量方面,而且更特殊地体现在增长的均衡及效率方面,特别是这种制度变化显著地提高了资本效率,对于资本尤为稀缺的发展中国家来说,通过这种制度变迁以提升资本效率,而不需要通过资本的大量投入的方式来获得经济发展并提高人们生活的绝对水平,应该说是一种有效的方法。但也必须清楚地看到,由此会扩大资本与劳动的收入差距,作为一种持久的发展经济的方式,在追求制度变迁带来要素效率提高目标的同时,必须从各方面注重收入分配的平等目标,在初次分配和再分配中都要注重公平与效率之间的协调。在实现效率提升目标的过程中,真正使全社会,特别是广大劳动者真正享受到发展所带来的利益,这才是社会主义市场经济的本质(刘伟、李绍荣,2001)。

## 四、技术进步与中国经济增长

制度创新解放了生产力,释放了中国经济发展的潜能,使中国的面貌发生了根本性的变化。表3-1列出了改革开放后中国的 GDP、就业人数和固定资产原值以及它们之间的比较。这些时间序列反映出三个趋势:

(1)劳动生产率。如果把劳动生产率定义为平均每个就业者的GDP,我们可以看出,改革开放后,中国的劳动生产率增加得是相当迅速的。2004 年是 1978 年的 5.33 倍。劳动生产率的改善也可以反映在GDP 的劳动弹性时间序列中。在这一时期,各年的劳动弹性数值是递减的,而且显著地小于1,这说明劳动生产率正在不断改善。

(2)投资效率。很明显,投资效率的改善低于劳动效率。从表3-1的最后一栏中可以看出,大多数年份的 GDP 的资本弹性系数大于1,这说明在这些年中投资的效率减少了。而从整体上看,投资效率也是递减的。

表 3 - 1 1978—2004 年中国 GDP、固定资产原值及就业人数情况

| 年份 | GDP | | 就业人数 | | 固定资产原值 | | 劳动生产率(元) | 劳动弹性 | 资本弹性 |
|---|---|---|---|---|---|---|---|---|---|
| | 亿元(1978年价格) | 增长率(%) | (万人) | 增长率(%) | 亿元(1978年价格) | 增长率(%) | | | |
| 1978 | 3 620 | — | 40 152 | — | 8 880 | — | 903 | | |
| 1979 | 3 900 | 7.62 | 41 024 | 2.17 | 10 010 | 12.72 | 951 | 0.29 | 1.67 |
| 1980 | 4 200 | 7.79 | 42 361 | 3.26 | 11 230 | 12.18 | 992 | 0.42 | 1.56 |
| 1981 | 4 420 | 5.19 | 43 725 | 3.22 | 12 360 | 10.07 | 1 011 | 0.62 | 1.94 |
| 1982 | 4 830 | 9.11 | 45 295 | 3.59 | 13 680 | 10.71 | 1 065 | 0.39 | 1.18 |
| 1983 | 5 350 | 10.90 | 46 436 | 2.52 | 15 170 | 10.91 | 1 152 | 0.23 | 1.00 |
| 1984 | 6 160 | 15.19 | 48 197 | 3.79 | 16 980 | 11.90 | 1 279 | 0.25 | 0.78 |
| 1985 | 7 000 | 13.50 | 49 873 | 3.48 | 19 040 | 12.14 | 1 403 | 0.26 | 0.90 |
| 1986 | 7 610 | 8.81 | 51 282 | 2.83 | 21 320 | 11.98 | 1 484 | 0.32 | 1.36 |
| 1987 | 8 500 | 11.60 | 52 783 | 2.93 | 23 890 | 12.05 | 1 609 | 0.25 | 1.04 |
| 1988 | 9 460 | 11.30 | 54 334 | 2.94 | 26 570 | 11.21 | 1 740 | 0.26 | 0.99 |
| 1989 | 9 840 | 4.09 | 55 329 | 1.83 | 28 700 | 8.03 | 1 779 | 0.45 | 1.96 |
| 1990 | 10 220 | 3.86 | 56 740 | 2.53 | 30 988 | 7.97 | | | |
| 1991 | 11 160 | 9.20 | 64 749 | 1.15 | 33 600 | 8.43 | 1 578 | 0.12 | 0.92 |
| 1992 | 12 740 | 14.20 | 66 152 | 1.01 | 36 770 | 9.44 | 1 703 | 0.07 | 0.67 |
| 1993 | 14 520 | 14.00 | 66 808 | 0.99 | 40 680 | 10.64 | 1 926 | 0.07 | 0.76 |
| 1994 | 16 430 | 13.10 | 67 455 | 0.97 | 45 280 | 11.31 | 2 174 | 0.07 | 0.86 |
| 1995 | 18 220 | 10.90 | 68 065 | 0.90 | 50 510 | 11.55 | 2 435 | 0.08 | 1.06 |
| 1996 | 20 040 | 10.00 | 68 950 | 1.30 | 56 300 | 11.45 | 2 676 | 0.13 | 1.14 |
| 1997 | 21 900 | 9.30 | 69 820 | 1.26 | 62 430 | 10.89 | 2 906 | 0.14 | 1.17 |
| 1998 | 23 610 | 7.80 | 70 637 | 1.17 | 69 170 | 10.81 | 3 137 | 0.15 | 1.38 |
| 1999 | 25 410 | 7.60 | 71 394 | 1.07 | 76 400 | 10.45 | 3 343 | 0.14 | 1.38 |
| 2000 | 27 540 | 8.40 | 72 085 | 0.97 | 84 310 | 10.35 | 3 558 | 0.12 | 1.23 |
| 2001 | 29 830 | 8.30 | 73 025 | 1.30 | 93 200 | 10.55 | 3 820 | 0.16 | 1.27 |
| 2002 | 32 540 | 9.10 | 73 740 | 0.98 | 103 310 | 10.84 | 4 084 | 0.11 | 1.19 |
| 2003 | 35 790 | 10.00 | 74 432 | 0.94 | 115 410 | 11.71 | 4 413 | 0.09 | 1.17 |
| 2004 | 39 410 | 10.10 | 75 200 | 1.03 | 129 330 | 12.07 | 4 809 | 0.10 | 1.19 |

资料来源:相关年份的《中国统计年鉴》。

（3）技术进步。技术进步可以从不同的角度来考察,狭义的技术进步指的仅仅是技术创新对生产过程的影响,而索洛定义的广义技术进步(Solow,1957)不仅仅包含技术创新,还包括社会组织、体制创新等多方面的因素。我们利用总量生产函数的方法,来对改革开放后的中国经济增长进行分析。

在中性技术进步假定下,对1978—2004年的真实GDP($Y$)[①]、就业人数($L$)及固定资产原值($K$)[②]（见表3-1）拟合柯布-道格拉斯生产函数

$$Y_t = A_0 e^{\gamma_t} K_t^{\alpha} L_t^{\beta} \quad (3.1)$$

并假定资本$K$的产出弹性系数$\alpha$与劳动$L$的产出弹性系数$\beta$之间满足关系$\alpha+\beta=1$,有:

$$Y = 0.3314 K^{0.9083} L^{0.0917} \quad (3.2)$$

此方程拟合优度为0.99,通过显著性检验。对此方程的经济解释是,在中性技术进步的假设下(即假设增加单位产出时所需要增加的劳动和资本量不变),那么,从1978年到2004年,中国经济增长中资本的贡献明显地大于劳动的贡献,具体来说,每增加一个单位的产出,所需要增加的劳动投入仅需要9%,而增加的资本投资则达到了91%,资本的贡献是劳动贡献的10倍。这也说明了为什么中国的高速经济增长总是伴随着较高的固定资产投资的增长率,另一方面也证明了产权制度的改革对于经济增长具有重要意义。

对比式(3.1)和式(3.2)得:

$$A_0 e^{\gamma_t} = 0.3314 \quad (3.3)$$

假设$A_0=1$,则这一期间的技术进步系数$\gamma=-1.1044$。它反映这

① 按1978年价格计算得出。
② 根据1953年以来基本建设投资、更新改造资金、全社会固定资产投资和1978年以来固定资本形成总额的数据,调整后累计估算,按1978年固定价格计算。

一期间技术进步未对经济增长做出贡献,换句话说,技术进步系数小于0说明在这一期间里,每增加一个单位的产出,所需要的生产要素的投入是递增的。从具体数值上分析,2004年中国的真实GDP比1978年增加了9.88倍,三大产业就业人数增加了87%,而固定资产原值则增加了13.56倍,这说明在中国的经济增长中,劳动效率有了迅速和明显的提高,但单位固定资产的产出却是下降的。这也在某种意义上说明了,中国制度创新所导致的生产力水平的提高,从总体上看,主要依赖的是规模的迅速扩张而不是技术进步,换句话说,经济增长更多地依赖于资本投入量的增加而不是生产要素使用效率的提高。

这一结论和我们的现实感觉是接近的。改革开放后,为了改变落后面貌,中国首先提出了GDP翻两番的经济增长目标。因此,GDP的增长率成为中国及各个地区经济活动的主要任务,而通过什么样的途径实现这一任务,在相当长的一个时期里,并不是我们关注的焦点。从各个地区的发展实践看,要取得较高的GDP增长率,最重要的途径是招商引资,而吸引投资者进行投资的,则是这些地区在生产要素上的比较优势,尤其是劳动、土地、能源等方面的优势。而在这种资金转移过程中实现的技术转移,往往是较发达国家或地区不再先进的技术,这就使得我们在经济增长中,对规模扩张的依赖远远大于对于技术进步的依赖。这样做的优点是可以使我们在较短的时期内获得较快的规模扩张,缺点在于这样的增长方式有可能引发一系列环境、资源等可持续发展的问题。

高速经济增长要求中国在现代化过程中解决一系列发展性难题和体制性矛盾,而要保持中国经济持续、稳定和高速增长,增长方式的转变具有根本性意义。从这个意义上看,解决发展难题和改革难题的关键,在于使中国的经济增长和发展由主要依靠要素投入量的扩大转变为主要依靠效率的提高。就发展而言,无论是保持经济持续高速增长,还是缓解高速增长中的结构性矛盾;无论是提高发展效益,还是降低发展成本,根本都取决于效率的提高,取决于增长方式的转变。增长方式的转变首先涉及的是技术创新,尤其是自主创新能力的提升问题,没有技术进步和技术创新,就不可能提高增长的效率,不可能实现经济增长方式的转变。在市场经济体制中,企业是主要的市场主体,因而,企业不仅仅应该是资源配置的微观主体,而且应该是技术创新的主体。从这一意义上来说,所谓自主创新,是指企业层面的自主创新,不是国家(或政府)为主体的自主创新。当然,从企业个体来说,并不是单个企业所需的所有技术都由各自自主研制开发,部分技术甚至全部技术可以通过市场机制获得,但从整体来说,技术创新必须由企业部门来组织。发达市场经济国家经验表明,技术创新体系中企业部门的确是自主创新主体。《中国科技统计年鉴(2003)》(国家统计局科学技术部,2003)显示,企业部门是科研经费的供给主体,科研经费来源于企业部门的在美国占全部科研经费的 66.2%,来源于政府的占 28.7%,来源于其他的占 5.1%;日本分别为 73%、18.5%、8.5%;德国为 66%、31.5%、2.5%。企业部门也是科研经费的使用主体,在科研经费使用上,美国企业部门占 72.9%,科研机构占 7.6%,大学占 14.9%;日本分别为 73.7%、9.5%、14.5%;德国分别为 70%、13.5%、16.5%。企业的技术水平和技术创新能力,不仅直接决定着企业自身的市场竞争力,而且对由企业构成的各个产业及其国民经济整体的升级起基础性作用。通过企业的自主创新不仅使创新项目直接面向企业及其市场需求,而且所取得的成果可以直接实现产业化。

如果说在技术创新体系中,培育自主创新能力主要是指培育企业的自主创新能力,那么,主要培育哪类企业的自主创新能力?

国际经验显示,核心技术的产生需要大投资、实施长期研发战略。我国以内资为主的相当部分高新技术企业,之所以缺乏核心技术创新能力,一是受企业规模局限,难以形成有规模的研发队伍;二是企业抗风险的能力弱,企业的发展前景不明朗,缺乏长期研发动力;三是资金不足,难以满足核心技术研发的持续资金投入的需要。

严格地讲,从产业组织上看,只有大企业或者说是达到了竞争性市场所要求的规模经济基础上的企业,才能够具有较有力和持续的技术创新能力,因为:第一,只有大企业才具有技术创新所要求的融资能力,而一般的中小企业则不具备,中小企业不仅承担高风险的技术创新项目融资困难,而且维持一般的再生产所需要的融资也相对困难,中小企业融资难的问题不仅发生在我国现阶段,而且是世界普遍性的问题,而持久的技术创新必须有强有力的融资能力。第二,只有大企业或者说在市场上占有相当份额的企业,才可能把高风险的技术创新的成本分散化,即在单位产品销售中分摊很少份额的研发费用比例,现在世界上20个创新型国家研究与开发投入占 GDP 的比例平均在 2% 以上(我国2004 年为 1.35%),之所以有如此高的比例,重要的微观上的原因是体制性地分散了风险,特别是大企业的研发费用虽然绝对规模大,但同时均摊到单位产品中的比例低。企业,尤其是大企业的规模分摊分散了全社会研发的风险。在创新能力较强的社会,通常企业投入研发的费用相当于其市场销售额的 10% 左右,而我国目前最高的如海尔等也只能达到 8%—10%,大多数企业达不到国际通常标准。除了其他原因之外,企业规模小,因而难以分散企业研发高投入的风险是极为重要的原因。第三,只有在大企业,或者说综合实力强的企业才可能使技术创新摆脱产品生命周期的限制,大企业才可能具有较强的反产品生命周期的能力。一般的中小企业之所以缺乏可持续的技术创新能力,重要的原因在于中小企业的生命周期往往与某产品的生命周期高度重合,甚至可以反过来,之所以有这类中小企业的存在和发展,是因为创办人有了这一产品的技术研发和投产,企业的生命周期则是伴随着这一产品的研发、投产和退出的生命周期运动而运动,中小企业本身很难打破这种产品生命周期的约束。大企业则可以凭借融资能力和分散研发风险的优势,使创新突破产品生命周期的局限,以不断的技术创新推动企业的持续发展。

那么,中小企业在技术自主创新过程中具有怎样的作用?(1)中小企业具有更为迅速地将某些相对独立的技术创新成果产品化的功能,尤其是某些社会联系和技术联系并不十分复杂的技术创新,将其迅速地产品化。往往大企业在这方面有其滞后性,无论是从决策上还是从规模效益上,大企业总是存在一些不经济的方面,而中小企业恰恰有这方面的优势,这也是许多中小企业的生产周期与某一技术创新形成的产品周期联系密切的重要原因。在技术进步速度日益提高的现代经济社会,这种由技术创新带来的新产品创新,进而由新产品带来的新的中小企业成长速度越来越快,国际上通常中小企业寿命为3—5年,我国则只有2—3年。(2)中小企业具有更为迅速地将某些技术创新成果社会推广化的功能,尤其是在市场体制较为完备,知识(技术)产权保护较为充分,同时,获得技术专利的经济成本、技术壁垒和交易费用的阻力又是可以承受的条件下,通过授权制造的途径,中小企业能够成为技术创新产品生产扩大和推广的重要力量,这里的关键在于专利市场的完备、知识产权的法律保护充分以及企业在经济上和技术上获得授权的可行性。(3)中小企业具有更为系统地将技术创新在产业组织上专业化的功能,也就是说,尽管大企业是技术创新的主要动力,但围绕核心技术创新所实施的产业链及专业化配套,如果由大企业本身直接来完成,则可能不经济,而通过全社会,甚至全世界范围内的分工体系,主要是中小企业加入产业分工链,则可能更有效益,同时也可能更为专业化。当然,这要求有系统的产业组织结构,同时也必须看到,这种加入产业分工链,但同时又不是核心技术创新源泉的产业分工,最终获得的产业链中的附加值也是很有限的,然而其中的专业化效果是必须承认的。

所以,自主创新的主体应当在于企业,而企业作为创新主体,其核心技术的持续创新能力动力主要在于大企业,中小企业在技术创新中有着不可忽视的作用,但主要并非是核心技术能力的创新。因而如何培育大企业、如何提高大企业的创新能力是我国经济增长方式转变的重要环节。

但技术创新与其说是技术问题,还不如说是制度问题,技术创新能力的提升是以制度创新的能力提升为基本制度前提和保障的。从这个意义上说,中国经济体制改革中的制度创新仍然肩负着艰巨的任务。

从资源配置方式上看,制度创新的实质是社会主义市场经济体制的完善,效率的提高关键在于竞争性的要素市场的发育。一方面,从市场经济的内在竞争机制上看,市场主体秩序(在产权制度上对企业的硬约束、在产权主体和界区上的明确性)和市场交易秩序(价格秩序上的公正、公平性)对于企业技术创新有着至关重要的意义;另一方面,从市场经济的外部环境上看,法治秩序(尤其是对知识产权的法律保护)和道德秩序(尤其是对创新的诚信支持)对于企业创新能力的提升有着极为深刻的社会意义。从中国的经济发展历史来看,提高技术创新能力,转变经济增长方式,实现以效率提升为主拉动经济增长的发展模式,无论是作为理论观点还是作为政策主张由来已久,但为何长期未见成效,关键在于体制上缺乏足够充分的市场竞争力。改革开放以来,一些企业(尤其是民营企业)的要素效率,特别是资本的效率之所以能够显著提高,重要的原因也在于制度变革,在于市场化的不断深入,要素越是在更大程度上被纳入竞争性市场机制,其竞争性的效率也就相应越高。

# 五、经济增长、经济发展与可持续发展

实现持续的高速经济增长,关键在于效率的提升,包括各个时期的增长效率,包括微观上的要素效率,包括经济结构高度演进中的结构性效率,也包括宏观总量运动中的稳定性效率。中国的体制创新始于20世纪80年代分配制度的改革,而改革的目标就是要打破在传统计划体制下的均衡,使中国迅速地摆脱贫困。在那一时期,经济发展就意味着经济增长,但是经济增长和经济发展毕竟是不同的,一般来说,经济增长是总量问题,而经济发展更多的是结构问题,如所有制结构、就业、产业结构、国际收支平衡、收入分配、地区差异等。随着中国经济的迅速增长,发展问题就变得更加复杂,所以和谐社会才会变成中国在21世纪的一个新的主题。从发展的观点看,中国目前的任务是在长期增长后,在新的基础上重建发展均衡。

重建均衡并不意味着放弃经济增长,由于中国过去的起点较低,现在的人均GDP水平也不高,经济增长仍然是中国的一项长期的重要任务。发展问题的解决离不开经济增长。但比过去复杂的是,现在的经济增长面临着更多的发展约束。更进一步,中国的发展还要放在可持续发展的背景下考虑,包括经济、社会和环境的发展。

对经济增长的经济约束来自两个方面的问题:

一是可持续发展问题。进入21世纪以来,随着中国进入加速工业化时期,这种粗放型的规模扩张表现得更为明显。以能源消耗为例,表3-2列出了1990—2004年中国能源的生产、消费与国民经济增长之间的关系。可以看出,1990—2000年,能源的生产和消费弹性系数都在1以下,能源生产、消费的增长速度低于GDP的增长速度,尤其是1997—2000年,由于中国增长较多地依靠高科技产业与新兴第三产业的发展,能源生产和能源消费反而有所下降。但到了 2001 年,随着工业部门增长率的提高,能源生产弹性也迅速提高到 1. 57,此后一直到 2004年都保持在 1.5 以上。同时,能源消费弹性系数也维持在高水平上,在这一阶段,中国经济每增长 1 个百分点,需要 1.5 倍以上更多的能源消耗才能够支撑,显示出中国经济增长对大量能源消耗的依赖。

表 3－2 1990—2004 年中国能源生产和消费弹性系数

| 年份 | 国内生产总值增长率(%) | 能源生产增长率(%) | 能源生产弹性系数 | 能源消费增长率(%) | 能源消费弹性系数 |
|---|---|---|---|---|---|
| 1990 | 3. 8 | 2. 2 | 0. 58 | 1. 8 | 0. 47 |
| 1991 | 9. 2 | 0. 9 | 0. 10 | 5. 1 | 0. 55 |
| 1992 | 14. 2 | 2. 3 | 0. 16 | 5. 2 | 0. 37 |
| 1993 | 14. 0 | 3. 6 | 0. 26 | 6. 3 | 0. 45 |
| 1994 | 13. 1 | 6. 9 | 0. 53 | 5. 8 | 0. 44 |
| 1995 | 10. 9 | 8. 7 | 0. 80 | 6. 9 | 0. 63 |
| 1996 | 10. 0 | 2. 8 | 0. 28 | 5. 9 | 0. 59 |
| 1997 | 9. 3 | −0. 2 | | −0. 8 | |
| 1998 | 7. 8 | −6. 2 | | −4. 1 | |
| 1999 | 7. 6 | −12. 2 | | −1. 6 | |
| 2000 | 8. 4 | −2. 0 | | 0. 1 | 0. 02 |
| 2001 | 8. 3 | 13. 0 | 1. 57 | 3. 5 | 0. 43 |
| 2002 | 9. 1 | 14. 4 | 1. 58 | 9. 9 | 1. 09 |
| 2003 | 10. 0 | 15. 6 | 1. 56 | 15. 3 | 1. 53 |
| 2004 | 10. 1 | 15. 4 | 1. 52 | 15. 2 | 1. 50 |

资料来源:国家统计局(2005)。

　　另一个问题是收入分配问题。对于发展中国家来说,以效率作为首要发展动力,往往难以同时较充分地满足社会收入分配公平目标的要求,因而,以效率为首要拉动经济持续高速增长,重要的社会约束在于,在这一过程中形成的收入分配差距扩大形成的社会矛盾,怎样才能够被有效地控制在社会可容忍的程度之内? 也就是说,增长方式的转变对社会和谐有着极为深刻的要求,效率与公平之间必须建立均衡的关系。而从目前中国的现实情况来看,这种均衡仍然没有达到理想的状态,城乡之间、不同城市之间、不同乡村之间以及城市内部、乡村内部,人们之间的收入差距扩大了。而通过各种政策调整收入分配格局,是中国目前经济发展中应该解决的重要问题。

从大的方面看,实现这种在更高水平上的发展均衡的手段,主要包括加强社会主义民主和法制的建设、改善政府行政效率、完善市场经济体系、强化宏观经济政策(财政政策、货币政策)等。

# 第四章 要素市场化进程与经济增长[*]
## ——中国资本市场对经济增长效率的影响

转变经济发展方式是实现经济持续均衡增长的根本,而经济发展方式的转变重要的在于技术创新和制度创新,其中制度创新又重于技术创新。制度创新的根本便是推进我国社会主义市场经济体制的改革和完善,在现阶段,我国的市场化进程的主要任务已经从商品市场化转移到要素市场化,而在目前的要素市场化进程中,在制约经济增长的两大基本要素,即劳动和资本,显然资本要素市场化更重要,也更为滞后,所以改革要求也更为迫切。相对于土地(自然)等要素市场化来说,资本市场化进程加快更具现实条件和社会发展环境,因而更具现实性。因此,从本章起,本书用三章的篇幅集中探讨我国资本市场化问题,包括直接融资市场的发育与中国经济增长的关系研究,也包括间接融资市场与中国经济增长的研究。分别从直接融资的资本市场化,从间接融资市场行为主体的银行产权制度结构,从间接融资市场上的银行的产业结构和市场结构等方面对中国资本要素市场化进程及现阶段的特点加以剖析,并由此阐释资本要素市场化与我国经济增长的相互作用。

如前所述,中国现阶段的市场化进程突出的特点在于加速要素市

---

* 本章写作的基本时间立足点为 2005 年,本章的基本内容,刘伟、王汝芳以《中国资本市场效率实证分析:直接融资与间接融资效率比较》为题,发表于《金融研究》2006 年第 1 期。

场化,而劳动和资本这两个基本增长要素中,对于发展中国家来说,资本要素更为稀缺,因而提高资本要素的效率更具发展意义。所以,资本要素的市场化就显得更为重要。从我国的现实来看,不仅要素市场化水平远远落后于商品市场化水平,而且在要素市场化进程中,资本要素的市场化水平更低于劳动要素市场化水平。

探索转型时期资本市场效率问题具有非常重要的意义。本章按照资本市场的定义,将中长期信贷市场、股票市场和债券市场都纳入综合考虑,对转型时期我国资本市场效率、资本市场与经济增长的关系进行了系统的分析。通过动态模型实证,发现我国资本市场间接融资(中长期贷款)与固定资产投资的比率的提高对经济影响为负作用,但随着金融改革的深化,其负面影响逐步降低;相对来说,资本市场直接融资与固定资产投资的比率的提高对经济有着积极的作用,且其积极作用越来越明显。为此,建议在推进资本市场的改革和开放中,要不断提高直接融资的比重,建立多层次、多产品的市场体系。

# 一、问题的提出:资本市场融资对于经济增长是否具有重要影响

20世纪90年代以后,随着新金融发展理论研究的深化,经济学家们开始从不同角度对股票市场(资本市场)发展与经济增长的关系给予了深入、系统的研究。这其中代表性的工作主要有昆特和莱文(Demirgüç-Kunt and Levine,1996),阿切和约万诺维奇(Atje and Jo-vanovic,1993),以及莱文和泽尔沃斯(Levine and Zervos,1998)等所做的研究。梅尔(Mayer,1988)从证券市场规模、数量的角度讨论了股票市场的作用,认为股票市场直接融资作用体现在企业的融资结构和证券融资占其总融资的比重上。阿切和约万诺维奇(Atje and Jovanovic,

1993)的研究则揭示了股票市场发展具有双重效应,即增长效应和水平效应。哈里斯(Harris,1997)的实证研究结果表明,股票市场的增长效应并非很强(其值仅相当于阿切和约万诺维奇的一半)。此外,哈里斯还把样本分为发达国家和欠发达国家两组,并发现,对欠发达国家来说,股票市场的增长效应很强;而对发达国家来说,股票市场确实存在一定程度的增长效应。昆特和莱文(Demirgüç-Kunt and Levine,1996)以44个不同收入水平的国家作为样本进行实证研究,从功能的角度研究股票市场与经济增长的关系,在他们看来,股票市场的作用并不体现在股票融资数量上;更主要的是提高了资本的配置效率。他们的结论还暗示着这样一种推论:股票市场对经济增长起作用的前提是存在一个有效的市场,只有有效的市场才能引导资金向效益好的部门流动,促进资源的有效配置。莱文和泽尔沃斯(Levine and Zervos,1998)则将银行这一金融中介纳入了股票市场与经济增长关系的研究,他们利用47个国家1976—1993年有关数据,对股票市场、银行和经济增长三者之间的关系进行了实证检验,并发现银行发展(其衡量指标是银行向企业所提供的贷款占GDP的比率)和股票市场流动性不仅都和同期经济增长率、资本积累率有着很强的正相关关系,而且都是经济增长率、资本积累率的很好的预测指标。

随着资本市场在我国的快速发展以及在经济生活中的作用越来越大,我国学者关于资本市场的研究也在不断深入。国内学者就中国金融发展与经济增长之间的关系也进行了大量检验,他们发现金融发展对经济增长有显著的正向作用(谈儒勇,1999;宾国强,1999;沈坤荣、汪建,2000)。国内的研究主要集中在资本市场的规模、容量和经济增长的数量关系的研究上,关于资本市场中直接融资和间接融资的效率以及它们与经济增长之间的定量关系却没有得到深入的研究;而且有些文章没有区分资本市场与股票市场,有的甚至将股票市场指数看作资本市场本身,在概念认识和研究方法上都存在一定的误区。本章严格按照资本市场的定义,将中长期信贷市场、股票市场和债券市场都纳入综合考虑,对转型时期我国资本市场效率,资本市场与经济增长的关系和存在的问题进行了系统的分析。作为资源配置的场所,资本市场最为重要的两个指标就是融资规模和其本身的规模。因此,本章首先通过资本市场融资额与固定资产投资的比率、资产证券化率两个指标的变化来讨论资本市场效率变化;在此基础上,本章进一步分析了直接融资与间接融资的效率问题。在转型经济研究中真正将市场化分析导入经济增长和发展的分析之中,并首次通过实证的方式对资本市场上直接融资和间接融资的效率进行了比较分析。在模型选择上,本章运用了动态模型-滞后变量模型来进行分析。由于考虑了时间因素的作用,静态分析的问题变成为动态分析。通过阿尔蒙法进行估计,发现在二阶阿尔蒙多项式变换下,滞后期数取到第 2 期,估计结果的经济意义比较合理。说明资本对经济的影响不仅有当期的,还有滞后两期的效应。当然,模型没有事实上也不可能穷尽所有因素,但从计量分析结果来看,判决系数 $R^2$ 达到了 0.997,所有参数估计值在 1% 的置信水平下通过显著性检验,说明估计模型很好地(99.7%)解释了 GDP的增长情况。

　　本章经过研究发现,资本市场融资对经济增长具有重要的影响。由于金融体制转型滞后,目前资本市场间接融资的效率不高,间接融资(中长期贷款)与固定资产投资比率的提高对经济影响为负作用,但随着金融改革的深化,其负面影响逐步降低;而直接融资由于降低了中介成本和交易成本,同时加强了信息披露和公司监督,所以其融资效率还是相对较高,直接融资与固定资产投资比率的提高对经济有着积极的作用,且其积极作用越来越明显。这一发现对资本市场的发展与结构调整具有非常重要的意义。

## 二、模型设定

一个国家的资本存量和劳动力是决定其生产能力的主要要素。在经济学中,一般由柯布-道格拉斯生产函数来表示这种关系,具体形式为:

$$Y = AK^{\alpha}L^{\beta}e^{\varepsilon} \qquad (4.1)$$

其中,$Y$ 为总产出,$K$ 为资本投入,$L$ 为劳动投入,$A$ 为常数项,$\alpha$、$\beta$ 分别表示该国资本和劳动的产出弹性,$\varepsilon$ 是随机扰动项,表示除资本和劳动之外的其他生产因素对生产的影响。上述模型假定了一个国家的资本投入和劳动投入的产出弹性和整个资本边际效率不变。事实上,不同时期,由于各种原因,这些因素是可能发生变化的。考虑资本市场对经济增长(总产出)的影响,模型变为:

$$Y = AK^{\alpha_0+\alpha_1x_1+\alpha_2x_2}L^{\beta_0+\beta_1x_1+\beta_2x_2}e^{\gamma_1x_1+\gamma_2x_2+\varepsilon} \qquad (4.2)$$

其中,$x_1$、$x_2$ 分别为衡量资本市场特征的变量。变量选取既要不失代表性,又要考虑数据的可获取性。

从相关性分析可知,$\ln K$、$\ln L$ 的相关系数达到了 0.966。中国是一个劳动力非常丰富的国家,在这些劳动力中蕴藏着巨大的生产力,而这种生产力的释放有待于劳动力与资本的结合,这意味着更多的资本投入。资本投入的增加将产生大量的就业岗位从而带动劳动投入的增加。从这个意义上讲,中国经济增长的主要动力是资本驱动。资本的积累可以很好地解释劳动力的增长情况①。这并不否认劳动投入在经

---

① 事实上,利用 $K$、$L$、$X_1$ 的观测值对变量 $\ln K$、$\ln L$ 进行最小二乘法的回归估计,可得估计模型:

$$\ln L = 6.18 + 0.448 \ln K + 5.83 X_{11} - 0.51 X_{11}\ln K$$
$$(10.13) \quad (7.72) \quad (4.95) \quad (-5.03)$$

判决系数 $R^2 = 0.935$,$D-W$ 统计量为 1.30,其中括号中的数表示对应参数估计值的 t 统计量。此时模型中的所有参数估计值在 1% 的置信水平下通过显著性检验,即模型中的所有参数都显著不为零。

济增长中的贡献,而是劳动投入的增加是由资本的积累所导致的。鉴于此,在模型中我们去掉劳动投入的因素。

这样,我们考虑的初始模型(不考虑滞后效应模型)可以简化为:

$$Y = AK^{\alpha_0 + \alpha_1 x_1 + \alpha_2 x_2} e^{\gamma_1 x_1 + \gamma_2 x_2 + \varepsilon} \tag{4.3}$$

两边取对数,上式变为:

$$\ln Y = C + \alpha_0 \ln K + \alpha_1 X_1 \ln K + \alpha_2 X_2 \ln K + \gamma_1 X_1 + \gamma_2 X_2 + \varepsilon \tag{4.4}$$

由于时间段内固定资产投资是连续发生的,很显然期末的固定资产投资一定会影响下一期的国内生产总值;而且,由于资本存量是各期固定资产投资减去折旧后的累加概念,当年的产出在某种程度上依赖于过去若干期内投资形成的固定资产。所以,有必要考虑资本存量对国内生产总值的滞后效应-解释变量的滞后效应。

对于模型中被解释变量 $Y$ 没有滞后项,仅有解释变量 $X$ 的当期值及其若干期的滞后值的滞后效应,适用分布滞后模型:

$$Y_t = \alpha + \sum_{i=0}^{s} \beta_i X_{t-i} + \mu_t \tag{4.5}$$

其中,$\beta_0$ 为短期或即期乘数,表示本期 $X$ 变化一单位对 $Y$ 的影响程度;$\beta_i (i = 1, 2, \cdots, s)$ 为动态乘数或延迟系数,表示各滞后期 $X$ 的变动对 $Y$ 影响的大小;$\sum_{i=0}^{s} \beta_i$ 称为长期或均衡乘数,表示 $X$ 变动一个单位,由于滞后效应而形成的对 $Y$ 总影响的大小。这样,我们依据的模型变为:

$$\ln Y = C + \alpha_1 X_1 \ln K + \alpha_2 X_2 \ln K + \beta_0 \ln K + \beta_1 \ln K(-1) + \cdots$$
$$+ \beta_s \ln K(-s) + \gamma_1 X_1 + \gamma_2 X_2 + \varepsilon \tag{4.6}$$

公式(4.6)中 $K(-i)$ 表示滞后 $i$ 期的资本存量,既前 $i$ 年的资本存量。以下我们将对该模型进行回归分析。

## 三、数据来源与模型估计

作为资源配置的场所,资本市场最为重要的两个指标就是融资规模和其本身的规模。首先以 $X_{11}$ 表示资本市场融资与固定资产投资比,即中长期贷款、企业债券与境内股票筹资三者之和除以固定资产投资;$X_{12}$ 表示资产证券化率,即股票市场市值总值与 GDP 的比值。中国证券期货统计年鉴股票发行和筹资的数据最早源于 1987 年,因此我们以 1987—2003 年的相关数据作为样本(下同)。通过这两者的变化来讨论资本重新配置所带来的效率变化。

从 1987—2003 年《中国统计年鉴》中,可以查出各年国内生产总值、中长期贷款、企业债券、境内股票筹资额,固定资产投资额,即可得出 $Y$、$X_{11}$ 和 $X_{12}$ 的观测值。关于资本存量 $K$ 的选取,需要做些特别的说明。我们知道,统计年鉴上公布的固定资本形成总额乃是每年新增加的资本部分,它与当年折旧一起构成了资本存量的差分。因此,需要对资本存量进行测算。国家统计局已与加拿大统计局合作,采用永续盘存法测算了我国国有单位的资本存量,但到 2003 年为止尚未正式对外公布。张军教授(2002[a],2002[b])、邹至庄教授(Chow,1993)和施发启博士(2005)都以 1952 年为基准,利用永续盘存法分别对我国资本存量进行了研究并测算出了具体数据。他们估计资本存量的基本公式都是:

$$K(t) = K(t-1) + I(t) - \delta(t-1) \tag{4.7}$$

其中,$K(t)$ 为 $t$ 年的资本存量,$I(t)$ 为 $t$ 年的资本形成总额,$\delta(t)$ 为 $t$ 年的固定资产折旧。考虑数据的可获取性,本文选取施发启博士测算的 1980—2003 年的资本存量数据作为 $K$ 的观测值。需要特别说明的是,一方面由于我们的模型不是线性的,不同的价格水平将得到不同的结果,也就是说价格的因素将对分析的结果产生误导;另一方面,考察期内投资品的价格上升得很快,各年的投资价值以及固定资产原值的数据是不可比较的,因此,我们分别选取 52 年不变价的国内生产总值和资本存量作为 $Y$ 和 $K$ 的观测值。

对分布滞后模型,人们提出了一系列的修正估计方法,各种方法的基本思想大致相同:都是通过对各滞后变量加权,组成线性合成变量而有目的地减少滞后变量的数目,以缓解多重共线性,保证自由度。由于折旧的存在,滞后期显然是有限的。对于有限期的分布滞后模型,主要有经验加权法、阿尔蒙多项式法两种估计方法。经验加权法需要根据实际问题的特点和实际经验给各滞后变量指定权数,滞后变量按权数线性组合,构成新的变量。由于无法预见资本存量对国内生产总值的时滞期,我们以分布滞后模型的阿尔蒙多项式法进行估计。主要思想是,通过阿尔蒙变换,定义新变量,以减少解释变量个数,然后用最小二乘法(OLS)就这些变量的观测值进行估计。

实证中,发现 $X_{12}$ 系数所对应的统计量不能通过显著性检验,这可能与我国证券市场由股权分置所导致的股票市场市值总值计算不合理或无意义[①]有关。因此,在模型中去掉 $X_{12}$ 再进行估计。取不同的滞后期试算,发现在二阶阿尔蒙多项式变换下,滞后期数取到第 2 期,估计结果的经济意义比较合理。

$$\ln Y = -2.56 - 2.25X_{11} + 0.17X_{11}\ln K + 0.58\ln K \qquad (4.8)$$
$$(-6.80) \quad (-3.14) \quad (2.77) \quad (32.43)$$
$$+ 0.38\ln K(-1) + 0.19\ln K(-2)$$
$$(32.43) \quad (32.43)$$

$R^2 = 0.999$,D-W 统计量为 1.49,其中括号中的数表示对应参数估计值的 t 统计量(下同)。此时模型中的所有参数估计值在 1% 的置信水平下通过显著性检验,即模型中的所有参数都显著不为零,说明公式(4.8)很好地揭示了资本市场融资与经济增长的关系(见表 4-1)。

---

① 目前,我国在计算股票市场市值总值时将非流通股等同于流通股,以流通股股价作为非流通股股价的参考价,我们知道,这是不合理,也是无意义的。

表 4 - 1　指标的选取及说明

| 指标符号 | 指标说明 | 备注 |
|---|---|---|
| $\ln Y$ | GDP 的对数 | |
| $\ln K$ | 资本存量的对数值 | 具体说明见本节"数据来源"部分 |
| $\ln L$ | 就业总量的对数值 | |
| $X_{11}$ | 资本市场融资与固定资产投资比 | (中长期贷款+企业债券+境内股票筹资)/固定资产投资 |
| $X_{12}$ | 资产证券化率 | 股票市场市值总值/GDP |
| $X_{21}$ | 资本市场间接融资与固定资产投资比 | 中长期贷款/固定资产投资 |
| $X_{22}$ | 资本市场直接融资与固定资产投资比 | (企业债券+境内股票筹资)/固定资产投资 |

对于身处多种转型相互交叠影响之下的中国经济而言,也许探讨直接融资和间接融资对经济增长的影响,更加具有现实意义。以下将分别考虑资本市场融资中的间接融资(中长期贷款)与直接融资(企业债券、境内股票筹资)对经济的影响。以 $X_{21}$ 表示资本市场中间接融资与固定资产投资的比值,即中长期贷款除以固定资产投资;$X_{22}$ 表示资本市场中直接融资与固定资产投资的比值,即企业债券与境内股票筹资两者之和除以固定资产投资。通过这两者的变化来讨论资本重新配置所带来的效率变化。

取不同的滞后期试算,发现在二阶阿尔蒙多项式变换下,滞后期数取到第 2 期,估计结果的经济意义比较合理。

$$\ln Y = -4.65X_{21} + 0.38X_{21}\ln K - 28.77X_{22} + 2.73X_{22}\ln K$$
$$(-4.84) \quad (4.67) \quad (-3.01) \quad (3.04)$$
$$+ 0.45\ln K + 0.30\ln K(-1) + 0.15\ln K(-2)$$
$$(176.32)(176.32) \quad (176.32) \tag{4.9}$$

$R^2 = 0.997$,此时模型中的所有参数估计值在 1% 的置信水平下通过显著性检验,即模型中的所有参数都显著不为零,说明公式(4.9)很好地揭示了直接融资、间接融资与经济增长的关系。

# 四、回归分析结果

从以上的回归分析结果看,模型较好的说明了中国 1987 年到 2003 年资本市场在经济增长中所起的作用,决定系数调整后的 $R^2$ 达到了 0.99 以上。

对公式(4.8)和公式(4.9)进一步分析,还可以得到一些有意义的结果。公式(4.8)和公式(4.9)可分别变为下式:

$$\ln Y = -2.56 - 2.25X_{11} + (0.58 + 0.17X_{11})\ln K$$
$$+ 0.38\ln K(-1) + 0.19\ln K(-2) \qquad (4.10)$$

$$\ln Y = -4.65X_{21} - 28.77X_{22} + (0.45 + 0.38X_{21} + 2.73X_{22})\ln K$$
$$+ 0.30\ln K(-1) + 0.15\ln K(-2) \qquad (4.11)$$

从公式(4.10)和公式(4.11)可以看出,资本对经济的影响不仅有当期的,还有滞后的,其影响逐年递减,第三年后对经济的影响将降为零。

为了更直观地了解直接融资和间接融资对经济的影响,需要将公式(4.9)做些变换。公式(4.9)可以变为:

$$\ln Y = (0.38\ln K - 4.65)X_{21} + (2.73\ln K - 28.77)X_{22}$$
$$+ [0.45\ln K + 0.30\ln K(-1) + 0.15\ln K(-2)] \qquad (4.12)$$

从公式(4.12)可以看出,间接融资占比 $X_{21}$ 和直接融资占比 $X_{22}$ 无论是在 $K$ 的指数上还是在 e 的指数上符号都相同,只是数值的大小有所差别;也就是说两者的作用有相似性,间接融资和直接融资相互有替代效应,相对而言,直接融资占比 $X_{22}$ 比间接融资占比 $X_{21}$ 对经济的影响程度更为激烈些。将(4.12)式分别关于 $X_{21}$、$X_{22}$ 求偏导,可得:

$$\frac{\partial Y}{\partial X_{21}} = (0.38\ln K - 4.65)Y \equiv BY \qquad (4.13)$$

$$\frac{\partial Y}{\partial X_{22}} = (2.73\ln K - 28.77)Y \equiv CY \qquad (4.14)$$

间接融资占比 $X_{21}$ 和直接融资占比 $X_{22}$ 对经济的影响因子分别为 $B = (0.38\ln K - 4.65)$ 和 $C = (2.73\ln K - 28.77)$。

当资本存量较小时,影响因子 $B$ 和 $C$ 都为负值,间接融资占比 $X_{21}$ 和直接融资占比 $X_{22}$ 的提高对资本边际效率乃至经济总量都起负面作用;随着资本存量的增加,影响因子 $B$ 和 $C$ 的值都相应增加,间接融资占比 $X_{21}$ 和直接融资占比 $X_{22}$ 的负面作用都逐渐降低,正面作用相应增加。资本存量增加到一定程度,直接融资占比的影响因子 $C$ 和间接融资占比影响因子 $B$ 的值都会相继变正,此时直接融资占比和间接融资占比的提高会对资本边际效率乃至经济总量将起积极作用,两者的增加会加速整个经济的增长。对经济作用而言,直接融资占比比间接融资占比起积极的正面作用的临界点(即导致两个比率对经济的影响由负面影响转为积极作用的 $K$ 值)要低些。表 4-2 列出了 1987 年到 2003 年的间接融资占比影响因子 $B$ 和直接融资占比的影响因子 $C$。

**表 4-2 直接融资、间接融资占比及其影响因子**

| 年份 | 间接融资与固定资产投资比 | 间接融资占比影响因子 | 直接融资与固定资产投资比 | 直接融资占比影响因子 |
|------|------|------|------|------|
| 1987 | 0.339 | -0.784 | 0.025 | 0.005 |
| 1988 | 0.328 | -0.750 | 0.029 | 0.252 |
| 1989 | 0.403 | -0.719 | 0.035 | 0.474 |
| 1990 | 0.497 | -0.691 | 0.044 | 0.672 |
| 1991 | 0.544 | -0.664 | 0.060 | 0.865 |
| 1992 | 0.486 | -0.636 | 0.113 | 1.068 |
| 1993 | 0.398 | -0.599 | 0.085 | 1.332 |
| 1994 | 0.456 | -0.562 | 0.048 | 1.601 |
| 1995 | 0.534 | -0.523 | 0.038 | 1.877 |

（续表）

| 年份 | 间接融资与固定资产投资比 | 间接融资占比影响因子 | 直接融资与固定资产投资比 | 直接融资占比影响因子 |
|------|------|------|------|------|
| 1996 | 0.553 | −0.487 | 0.041 | 2.139 |
| 1997 | 0.620 | −0.454 | 0.058 | 2.377 |
| 1998 | 0.729 | −0.422 | 0.052 | 2.601 |
| 1999 | 0.803 | −0.394 | 0.056 | 2.806 |
| 2000 | 0.849 | −0.367 | 0.073 | 2.999 |
| 2001 | 1.054 | −0.338 | 0.070 | 3.211 |
| 2002 | 1.118 | −0.306 | 0.054 | 3.437 |
| 2003 | 1.141 | −0.270 | 0.045 | 3.695 |

1. 当间接融资占比 $X_{21}$ 和直接融资占比 $X_{22}$ 对经济的影响因子 $B$、$C$ 为负值，即 $\dfrac{\partial Y}{\partial X_{21}}$、$\dfrac{\partial Y}{\partial X_{22}}$ 都小于零时（此时，$\ln K < 10.53$），两者的提高对资本边际效率和经济总量都有负面作用。$X_{21}$ 提高 1 个百分点，经济总量减少 $(4.65-0.38\ln K)$ 个百分点；$X_{22}$ 提高 1 个百分点，经济总量减少 $(28.77-2.73\ln K)$ 个百分点。

2. 当间接融资占比 $X_{21}$ 的影响因子 $B$ 为负而直接融资占比 $X_{22}$ 的影响因子 $C$ 为零，即 $\dfrac{\partial Y}{\partial X_{21}}$ 小于零、$\dfrac{\partial Y}{\partial X_{22}}$ 等于零时（此时，$\ln K = 10.53$），直接融资占比的提高则对资本边际效率和经济总量没有任何作用；间接融资占比的提高对资本边际效率和经济总量都有负面作用，$X_{21}$ 提高 1 个百分点，经济总量减少 0.65 个百分点。

3. 当间接融资占比 $X_{21}$ 的影响因子 $B$ 为负而直接融资占比 $X_{22}$ 的影响因子 $C$ 为正，即 $\dfrac{\partial Y}{\partial X_{21}}$ 小于零、$\dfrac{\partial Y}{\partial X_{22}}$ 大于零时（此时，$10.53 < \ln K < 12.24$），间接融资占比的提高对资本边际效率和经济总量都有负面作用，$X_{21}$ 提高 1 个百分点，经济总量减少 $(4.65-0.38\ln K)$ 个百分点；与此相反，直接融资占比的提高则对资本边际效率和经济总量有积极作

用,$X_{22}$ 提高 1 个百分点,经济总量增加 $(2.73\ln K - 28.77)$ 个百分点。

4. 当间接融资占比 $X_{21}$ 的影响因子 $B$ 为零而直接融资占比 $X_{22}$ 的影响因子 $C$ 为正,即 $\dfrac{\partial Y}{\partial X_{21}}$ 等于零、$\dfrac{\partial Y}{\partial X_{22}}$ 大于零时( 此时,$\ln K = 12.24$ ),间接融资占比的提高对资本边际效率和经济总量都没有任何作用;而直接融资占比的提高则对资本边际效率和经济总量有积极作用,$X_{22}$ 提高 1 个百分点,经济总量增加 4.65 个百分点。

5. 当间接融资占比 $X_{21}$ 的影响因子 $B$ 和直接融资占比 $X_{22}$ 的影响因子 $C$ 都为正,即 $\dfrac{\partial Y}{\partial X_{21}}$、$\dfrac{\partial Y}{\partial X_{22}}$ 大于零时( 此时,$\ln K > 12.24$ ),间接融资占比和直接融资占比的提高对资本边际效率和经济总量都积极作用。$X_{21}$ 提高 1 个百分点,经济总量增加 $(0.38\ln K - 4.65)$ 个百分点;$X_{22}$ 提高 1 个百分点,经济总量增加 $(2.73\ln K - 28.77)$ 个百分点。

以上分析结果可以说明,资本市场融资对经济增长具有重要的影响。从表 4－2 可以看出,估计期间间接融资占比影响因子为负值,但其负面影响逐渐降低;相反,直接融资占比影响因子在估计期间都为正值,且其积极作用逐年上升。因此,资本市场间接融资(中长期贷款)与固定资产投资比率的提高对经济影响为负作用,但随着金融改革的深化,其负面影响逐步降低;而资本市场直接融资与固定资产投资比率的提高对经济有着积极的作用,且其积极作用越来越明显。总的来说,间接融资的比率大大高于直接融资,导致整个资本市场融资与固定资产投资比率的提高对经济综合影响为负作用。

随着我国直接融资的发展,其对投资效率改善起到了积极的作用。虽然我国股票市场的高换手率和高投机性使股票市场的资源配置功能并没有得到很好发挥,与国外相比,上市公司资金使用效率也不是很高,但由于直接融资体制相对于间接融资降低了中介成本和交易成本,同时加强了信息披露和公司监督,所以其融资效率还是相对较高,对经济增长和资本边际效率的提高也起到了积极的作用。

　　资本在大多数生产领域仍是最稀缺的生产要素,发展资本市场是建立要素市场中的核心内容。我国资本市场在改革以来取得了令人瞩目的成绩,上市公司数逐年上升,投资者不断增加,但从总体上看,以银行体系的间接融资为主,直接融资比例偏低。同时资本市场还不够成熟、规范,存在市场结构单一、层次少、投资品种不足等问题,需要推进资本市场的改革和开放,不断提高直接融资的比重,注重建立多层次(较高、较低层次)、多产品(股票、债券和衍生金融产品)的市场体系。

　　与间接融资相比,直接融资不仅有利于资源配置效率的提高,还有利于分散融资风险,有效地避免风险向银行系统集中,从而降低整个社会的风险。

# 第五章　要素市场化进程与经济增长<sup>*</sup>

## ——中国银行业改革的侧重点:产权结构还是市场结构

在现代技术不断改变着银行运作机制、主要发达国家的银行业的行业结构进一步向集中化发展、各个银行在努力追求规模经济和范围经济效应的背景下,中国银行业保持一定程度的集中率是符合国际银行业发展趋势的。中国银行业的主要问题是国有银行产权结构单一问题,而不是行业集中的问题。从行业结构的角度为突破口的改革将可能导致中国经济的震荡。正是因为中国银行业的资产与市场份额集中于带病的国有商业银行,改革的侧重点就不能以行业结构的调整为起点,而是相反,要充分利用加入 WTO 后的有限的过渡期,在国有银行的市场份额发生显著萎缩之前,坚决地进行国有商业银行的产权改革,努力避免潜在金融风险的总爆发。

在 20 世纪 90 年代,国际范围内银行间的并购风潮使得银行业的行业结构发生着显著的变化,一方面体现在主要市场经济国家银行业的金融机构数目显著下降,银行业的集中度上升。另一方面体现在单个银行的规模显著扩张。银行间的并购往往发生在大银行间,也就是 90 年代银行并购显现出的一个新的特点就是所谓的"强强联合"。例

　　* 本章写作的基本时间立足点为 2001 年,本章内容作为课题阶段性成果,刘伟、黄桂田以《中国银行业改革的侧重点:产权结构还是市场结构》为题,发表于《经济研究》2002 年第 8 期。

如 1996 年的东京银行与三菱银行并购、大通银行与化学银行并购；1997 年的瑞士银行与瑞士联合银行并购；1998 年的花旗银行与旅行者集团合并成全球最大的金融服务企业、全美排名第五的美洲银行与排名第三的国民银行合并、第一银行与第一芝加哥银行合并；等等。这些并购活动所体现出的一个鲜明的事实是，银行业的规模具有不断扩大的趋势。

面对现实经济活动过程中出现的这种新变化，经济理论尤其是产业组织理论必须提供理论层面的解释。对于中国的经济理论学者来说，这更是一个具有现实意义的需要提炼出鲜明政策含义的课题，因为中国银行业的改革正处在关键阶段。

近年来，部分学者从行业结构的角度对中国的银行业存在的主要问题进行了理论或实证层面的研究，例如，于良春等运用哈佛学派的 SCP 范式即"结构-行为-绩效"分析范式对中国银行业的行业结构进行了统计分析，所得出的基本结论是，中国银行业存在高度集中和国有银行垄断低效率问题，因而放松行业进入管制是解决问题的条件（于良春、鞠源，1999；焦瑾璞，2001）。问题是：第一，认为国有银行是垄断者，并且盈利能力却显著低于非垄断者的股份制银行，这里就似乎存在一个基本的逻辑矛盾，SCP 范式的基本推论是行业的一定程度集中率导致拥有势力的企业为追求自身利益最大化实施策略性行为，在实现垄断利润的同时降低了全行业的整体绩效和社会福利，并不是指垄断导致垄断者的低效率，如果是这样，企业为什么有动力追求市场势力呢？第二，SCP 框架是否具有一般性的解释意义？由此揭示出的问题是否成为中国银行业存在的主要问题？易纲与赵先信的分析虽然没有使用 SCP 框架，但分析的内容属于中国银行业的行业结构问题，他们对国际银行业的行业集中趋势提出了批评，认为银行规模与银行的效率不是正相关的，认为中国银行业存在的主要问题也包括行业结构问题,尽快放松行业准入制度也是属于他们的主要政策建议之一(易纲、赵先信,2001)。林毅夫、李永军(2001)则从银行机构的规模与非金融性企业的规模非对称性角度对中国的银行业的行业结构与中小企业融资冲突问题进行了讨论,认为中国银行业过于集中的一个突出表现是中小型银行发展不足,金融资产过度集中于大银行,不利于中小企业的融资,其政策建议也是集中在放松行业准入上。总之,现有的有代表性的论述大都从中国银行业的结构为切入点,并且大多将行业结构问题视作是中国银行业存在的主要问题。

虽然相当部分学者(包括上述学者)提出产权结构单一问题是属于中国银行业存在的主要问题之一,但也是从行业结构调整的角度提出政策建议的,例如通过引入非国有银行,形成整个行业的产权多元化格局。我们认为,通过股份制改造国有银行的产权结构与通过引入非国有银行改造中国整个银行业的产权结构是两种不同的改革方案,其面对的风险是完全有别的。

不论是在资产规模、信贷规模、经营网点的分布,还是在贷款对象方面,中国银行业的确呈现出鲜明的集中型的行业结构特征。不仅中国银行业的金融资产高度集中于效率不足的国有银行,而且信贷资金的投向也高度集中于缺乏效率的国有企业,导致信贷资金配置低效率,这几乎是人所共知的现实。问题在于,从行业结构的角度提出命题是否准确?因为从产业组织的角度提出问题,至少需要回答两个方面的疑问:第一,从一般的意义上讲,银行业的集中是否就一定是低效率的?第二,目前中国银行业的集中与一般意义的银行业的集中是否属于同一性质?中国的银行业目前面对的主要问题是行业集中问题还是其他问题?

如果不分清问题的性质,可能会导致两个方面的混乱:

第一,以中国这种非正常时期的个案,推出的仅仅具有个案意义的

结论,很容易将此看作是具有普遍意义的一般性的理论结论,导致理论
研究的大忌——以偏概全。例如,由于历史的、体制的原因,目前中国
银行业的资产和信贷业务主要集中在没有完全商业化的四大国有银
行,而一般市场经济国家的银行业,其商业银行主要是私有银行(主要
是股份制银行),如果出现行业集中,其意义与中国目前的状况是完全
不同的。因而,中国目前的银行业的集中与一般市场经济国家银行业
的集中不是属于同一层面上的问题。

　　第二,如果坚守逻辑一致性的推理,从行业集中度的角度解释并提
炼结论,很容易推导出错误的政策含义。例如,从一般意义上,如果说
银行业的集中一定会带来低绩效,那么,就是属于政府要加强干预的问
题,或者对现有的大银行实施强制性分拆,或者放松行业准入制度引入
竞争主体,达到稀释大银行市场份额的目标,如此等等。然而,中国银
行业虽然需要通过行业准入制度的改革,引入更多的竞争主体,形成具
有多元化产权结构的、大中小银行构成的、适应中国经济发展需要的齐
全的行业体系,但是,中国银行业目前存在和面对的最突出的问题,并
不是通过这种显得相对简单的放松行业准入制度、引入多种竞争主体
就能够解决的。

　　从银行业的风险特点及其对国民经济的重大影响来看,中国银行
业的储蓄资产高度集中于"带病的"、严重缺乏"对外"竞争力的、潜存
着巨大信用风险的国有银行,在近期盲目地放松行业准入,大规模地引
进来自境内尤其是境外的竞争主体,虽然能够尽快地解决所谓的市场
高度集中、银行结构不齐全的问题,但是,也有可能因国有银行市场份
额的稀释,其潜在问题的总爆发而导致整个国民经济出现灾乱性的后
果。中国国有商业银行累积起来的潜在的系列问题到目前为止之所以
没有显性化,主要是靠得天独厚的巨大的存贷流量支撑着。因而,虽然
客观地存在许多问题,但是,中国金融资产高度集中于国有商业银行这

一独特条件,使得国有商业银行累积起来的潜在的系列问题甚至致命的问题没有实质性的总爆发,是因为巨大的存贷流量保证了决定银行生死命运的流动性没有出问题。

按照中国政府的承诺,对外放松银行业的行业准入,在五年后的不长久的未来,中国银行业的行业结构将会出现重大变化,因而,中国银行业的结构变化只是时间问题,并且已经确定了时间表,现在的关键问题是,现有的国有银行在行业结构经历重新洗牌的痛苦之前,在有限的时间内如何有效解决根本性的问题,极力避免因国有银行潜在的风险总爆发,引起的国民经济的大动荡。

本章认为,银行业有别于其他产业,SCP 分析框架很容易引起政策误导。在现代电子技术广泛渗透到银行体制并引起银行业系统变革的情况下,一定程度的行业集中和银行机构的规模扩张,不仅不会降低绩效,而且能够产生规模经济效应和范围经济效益。根据国际银行业的变动特点和近年来发展起来的理论解释,中国银行业的行业结构变动虽然不能避免,但仍然要保持一定程度的集中率。过度分散的行业结构不利于经济绩效的提高。中国银行业目前的主要问题是国有银行的产权结构问题。在行业结构发生重大变化之前的有限时间内,集中解决产权问题及其相关的制度问题是当务之急。

# 一、SCP 分析范式不适用于银行业

"结构-行为-绩效"即 SCP 分析框架,源于 20 世纪 30 年代张伯伦(Chamberlin,1933)的垄断竞争理论和由梅森(Edward S. Mason)、贝恩(Joe S. Bain)、凯尔森(C. Kaysen)、麦克尔(J. W. Mckie)、麦克海姆(J. Markham)等人以案例形式对若干行业的市场结构的经验研究,后来由贝恩、谢勒(Scherer,1970)的贡献成型于20世纪70年代初。[①] SCP范式的创建者及其支持者大多属于哈佛大学的经济学者,因而,学界通常将结构主义分析框架称为产业组织理论的哈佛学派。

产业组织理论在最初之所以注重市场结构分析,甚至将市场结构与市场绩效直接挂钩,主要是基于自亚当·斯密以来的这样一个基本理念,只有竞争才能产生效率,实现资源的最优配置。任何市场势力都会导致市场效率的偏离。然而,到20世纪30年代初,张伯伦的垄断竞争理论揭示出,现实的市场结构并不是充分竞争型的,而属于不完全竞争状态。因为假定市场结构与企业行为、市场绩效之间存在因果关系,所以,产业经济学从开始就关注市场结构,以市场结构的分析为起点。在贝恩等人富有创建性的工作,形成SCP分析框架后,运用经验分析方法研究产业组织问题一度成为主流。20世纪60年代中后期,随着经济计量学方法的广泛运用、电子计算机和经济计量学软件的迅速发展,在SCP框架下进行数据处理和回归分析,几乎成为产业组织问题研究的时尚。这一分析框架也构成反托拉斯实践的基础,在反托拉斯的司法实践中,一般也是以企业占有的市场份额的大小作为考察其是否具有市场势力的指标。

问题的关键在于,市场结构、企业行为与市场绩效之间是否存在逻辑因果关系? 企业的绝对规模与企业的市场势力一定是正相关的吗? 企业相对占优的市场份额能否表明它一定具有相对优势的市场决定

---

① 1959年,贝恩教授(Bain,1959)在前期研究的基础上,出版了《产业组织》(*Industrial Organnization*)一书。该书被认为是第一本系统的现代产业组织经济学的经典著作,标志着产业经济学作为一个相对独立的理论体系的形成。该书出版后的20余年中,成为许多大学经济学专业的教科书或主要教学参考文献。贝恩的产业组织理论体系的基本逻辑是从市场结构推断市场绩效,创立了"结构—绩效"范式。后来,谢勒(Scherer,1970)出版了《产业市场结构和经济绩效》(*Industrial Market Structure and Econornic Performance*)一书,在贝恩的基础上提出了"结构—行为—绩效"三段范式即SCP分析框架。

权？如果一个行业的销售额集中在少数几家企业手中，能证明就一定存在行业垄断力量和经济上的低绩效和无绩效吗？

SCP 框架没有提供答案。因而，自 20 世纪 60 年代后期起，施蒂格勒（J. Stigler）、威廉姆森（O. E. Williamson）、德姆塞茨（H. Demsetz）、波斯纳（R. Posner）、麦吉（Y. Mcgee）等学者对当时被奉为正统的结构主义分析框架进行了激烈抨击。在他们看来，SCP 分析框架至少存在两个方面的重大缺陷：

第一，SCP 框架主要运用经验统计和回归分析方法，所用的资料可能不具有一般性。并且缺乏理论基础和理论逻辑的一致性。

第二，政策含义不准确。他们认为，反垄断的人为政策以是否影响竞争为目标是不对的，而应以是否影响效率为标准，竞争程度与效率之间并不一定具有正相关关系。

在他们看来，问题的关键是市场的集中及其定价的结果是否提高了效率，而不是像哈佛学派那样只看是否损害了竞争。一定程度的市场集中未必反竞争，高利润率并不一定是反竞争定价的结果，而完全可能是高效率的结果。绩效或行为决定了结构，而不是相反。

他们继承了芝加哥学派的价格理论传统，运用经济学新的理论分析框架，如交易费用经济学、信息经济学、博弈论等，重新构筑了产业组织研究的理论体系。例如，以威廉姆森为代表的交易费用理论分析框架认为，考虑到市场契约的不完全性、资产的专用性、机会主义行为等决定的交易费用的存在，规模经济与范围经济就不是属于正统的新古典意义的成本概念，企业及其市场绩效的衡量标准也需进行调整，企业的规模扩张（包括纵向一体化）、行业一定程度的集中率并不一定是背离绩效原则的，相反，可能是提高企业绩效、进而提升整个行业绩效的前提条件（奥利弗·E. 威廉姆森，1999）。

产业组织理论新的分析框架及其理论含义对美国反托拉斯活动

及政府管制政策产生了深远影响。在里根政府时期,不但有许多芝加哥学派的经济学家或赞成其思想的经济学家成为司法部的顾问,而且有的还担任了联邦贸易委员会主席、司法部反托拉斯局局长或最高上诉法院法官等要职。在这些人影响下,美国司法部于 1982 年颁布了新的兼并准则。该准则偏重用效率原则来指导反托拉斯诉讼,放宽了判定商业活动反竞争的标准。美国的立法、司法和执法机构对兼并活动采取了 20 世纪以来最为放任的立场。这也是美国在 20 世纪 90 年代掀起较前四次并购浪潮规模更大、范围更广的重要条件。

当然,威廉姆森等人的研究是以一般竞争性行业的研究为出发点的,那么,SCP 分析范式是否适合于银行业的绩效分析?

按照 SCP 范式,银行业的市场结构涉及两个方面的因素,即银行的数量和单个银行的规模。银行业的市场结构影响银行的市场行为,最终决定银行业的市场绩效。按 SCP 范式的逻辑推论,少数大银行占有的市场份额越多,市场集中率就越高,越有可能导致银行的垄断行为,就意味着资源配置的非效率、社会福利的下降。与此相反,低集中率的银行市场结构,属于大量的银行平均分享市场份额,这种状态将使市场更接近于完全竞争状态。按完全竞争理论,银行业在这样的结构下将产生高的市场绩效。那么,银行业的结构与市场绩效间是否存在这样的逻辑联系呢?

银行业在很多方面不同于一般生产性和流通性行业,在市场结构与行业绩效的关系上也存在很大的不同。如果说 SCP 框架在分析一般生产性和流通性行业存在很多缺陷的话,SCP 框架更不能用于银行业的结构与绩效的分析。

1. 关于银行业的集中率与市场价格

事先需要说明的是,当今不论是哪个市场国家的银行业,都不存在独家垄断的行业结构,银行业基本属于寡头竞争行业结构。即使是属于寡头结构,是否会导致严重偏离竞争性均衡价格的寡头垄断定价呢?这在经济学的众多寡头竞争模型中,尤其是经典的古诺模型、伯特兰模型中得不到理论支持。

为了分析的方便,我们只考察分业制度下的银行机构的主要业务。分业制度下的商业银行主要业务是一般商业银行业务即存款、贷款和结算、票据贴现等;有的还从事部分投资银行业务(限于发行金融债券,代理发行、兑付、承销政府债券,买卖政府债券等)、部分保险业务(限于代理保险业务)等;还有的从事外汇业务、国际银团贷款等。因而,在分业制度条件下,所谓银行的市场价格主要体现在两个方面,一是存、贷价格即存款利率和贷款利率;二是中间业务收费价格。我们主要考察存、贷利率与市场集中率的相关性。

按 SCP 范式,银行业的集中率将导致拥有市场势力的银行将贷款利率控制在高水平,并且对存款人支付比低集中率条件下更低的市场存储利率。部分学者的研究结果是支持这一论点的,认为集中率高的银行业,不仅会影响存贷利率,而且银行利润与集中率正相关。而有的学者提出了“有效结构理论”,按这一理论,一些银行拥有大的市场份额主要是因为它们具有高效率,因为他们取得这样的市场份额本身就证明它们比其他份额小的银行提供的服务成本更低,所以越是市场份额大的银行,成本效率越高,收益也越大。因而,两方面的看法都存在(Miller and VanHoose,1993)。我们认为,后一种判断可能更符合实际。

在非市场化利率条件下,中央银行决定利率水平,因而,在非市场化利率制度中,所有的银行不论规模的大小和市场份额的高低,都是价格(利率)的接受者,而不是利率的决定者,因而,市场结构不是影响市场价格(利率水平)的因素。

在利率市场化条件下,各个商业银行当然有权决定存贷利率,但是,它们各自的定价行为严格受到至少四个方面的约束:一是市场竞争约束,也就是银行之间存贷竞争约束。二是非银行融资体系的竞争约束,主要是资本市场和直接融资的约束。三是非银行企业的利润率的约束,人为抬高利率水平,直接导致借贷者的资金使用成本上升,从而导致整个国民经济受到负面影响。四是中央政府宏观经济政策及其中央银行的货币政策的约束。不论中央银行的中间目标是选择利率目标,还是选择货币供应量目标,利率水平是任何一个市场经济国家中央银行关注的主要对象。利率是影响一个国家宏观经济走向的重要因素,也是一国政府进行宏观经济调控的主要杠杆之一,因而,一国的银行业即使存在一定的集中度,拥有相当市场份额的银行也不容易控制价格(利率),更不可能明目张胆地实施寡头勾结,达成利率联盟。

货币银行学假定均衡的市场利率水平由信贷资金的供给和需求决定,这一假定排除了银行的共谋和利率操纵行为。在里特等人(Ritter and Silber,1991)看来,这一假定的可信度在于,"任何一个人、一个机构或一个团体组织在他的国家可以凭借市场势力任意地操纵利率水平是不可想象的"。

总之,只要不存在独家垄断,银行业的行业结构与市场价格没有必然的联系。

2. 关于银行业的集中率与社会福利净损失

是否会产生社会福利净损失或导致多大程度的社会福利净损失,是产业组织理论及其政府管制政策关注的焦点。SCP 范式之所以注重行业结构,是基于这样一种理念,市场集中导致市场势力,而市场势力会导致产量控制进而控制价格,在控制者获得垄断价格的同时导致社会福利净损失(例如垄断模型的几何图形中的两个表示社会净损失的三角形的面积），使得社会资源的配置不能达到最优水平。

那么，银行业的集中率是否会因市场势力导致社会福利净损失？

微观经济学的基本常识是，企业是否具有市场势力，主要表现在是否具有价格控制能力，而控制价格关键是控制产量及其市场供给量，人为地制造市场短缺，从而抬高价格。所谓垄断条件下的社会福利净损失，实际上就是指相对于竞争性市场的均衡产量而言，垄断势力控制的产量低于竞争性均衡产量水平。按此推论，所谓银行业的集中导致社会福利的净损失，就是属于拥有市场势力的银行以抬高利率水平为出发点，减少信贷规模，从而使信贷资金发放量低于竞争性市场信贷量，导致信贷资金的部分闲置。

如果说非银行部门的集中率有可能导致价格水平在产品边际成本曲线之上的产量控制，那么，具有一定市场集中率的银行业则很难实现这种控制。这主要受两个因素的影响：第一，具有一定市场集中率的银行，难以控制市场均衡价格（即利率水平）（前文做过分析）。第二，控制市场供给会急速提升银行成本。一般商业银行的成本可以分为三类（Miller and VanHoose，1993）：一是利息成本（Interest Expenses），即负债业务支出的储蓄存款利息；二是真实的资源费用（Real Resource Expenses），主要是日常运行费用，包括职员薪金、设备投资费用等；三是机会成本（Opportunity Cost）。商业银行的主要市场供给是信贷资金的供给，即发放贷款，而银行信贷资金的主要来源是借入资金即储蓄存款，但存款都具有利息成本，因而，在人为缩小市场供给量（较少贷款规模）而不能实质影响市场价格（利率水平）的条件下，资金存放成本就会显著上升。因而，现实经济生活中银行总存在着超贷的动力，正是如此，各国中央银行为降低商业银行因超贷而导致的信用风险，除银行留足自由准备金外，设立法定准备率制度,用以牵制超贷行为。

当然,并不否认银行在特殊时期存在"惜贷"情形,但这种"惜贷"不是以控制市场为出发点,而是以控制银行的放贷风险为目的的。例如,在两年前部分学者认为国内银行存在"惜贷"行为,如果真是如此,也是由于在通货紧缩状态下尤其是贷款资金到期收回率下降等原因,银行为回避风险而选择不得已的措施。

事实上,主要工业化国家银行业的集中率普遍偏高,但没有导致列宁在 20 世纪初所预示的结果。①

## 二、银行规模与绩效

按传统的竞争理论,行业的低集中率及其数量众多且规模近乎相等的企业构成的行业结构是竞争有效率的。在 20 世纪初期的美国,这一思想也深深渗透到银行业,以为银行部门的竞争效率也是来自市场结构的分散化。但是,这一逻辑越来越显现出它的不合实际。由大量的小银行构成的行业结构与大银行构成的行业结构相比可能更导致竞争的丧失。例如美国的银行业结构与其他发达工业化国家的银行结构显现出很多方面的不同。它的商业银行的数目最多,但银行对国民经济的影响则明显低于其他发达市场经济国家。根据里特和西尔伯(Ritter and Silber,1991)等人的分析,在美国,面对不断变化的经济活动过程,大量的小银行受其规模限制不具备创新能力,也不可能实现成本最优化。它们的存在并不是市场自然进化的结果,而是人为的反分支机构法案使得它们逃避了市场竞争。如果不是相关法案的保护,如

---

① 列宁:《帝国主义是资本主义的最高阶段》,人民出版社 2001 年版,第 23—38 页。

此众多的小型银行的存在是不可想象的。① 美国这样的银行结构,也使得它的经营内容及其对国民经济的影响与其他国家相比也存在显著差异。

　　表5-1、表5-2反映出,虽然美国的商业银行的数量最多、行业集中率低,但银行在国民经济中的参与程度也比其他几个发达国家低。根据有关研究,美国的融资渠道主要是资本市场和各种基金机构提供的融资(例如保险基金),商业银行主要对企业和消费者提供短期的融资服务(Allen and Gale,2001)。面对全球性的银行竞争和大规模经营发展趋势,相当部分的经济学家对美国自20世纪30年代以来的银行管制及其过度分散的银行行业结构进行批评。例如,他们构建的不完全竞争理论分析模型说明传统的竞争理论已经不合时宜。

**表5-1　1993年主要市场经济国家商业银行家数及银行业的集中率**

| 国家 | 商业银行数量(个) | 每家银行服务人数(人) | 按 $C_3$ 计算的集中率(%) | 按1987年银行数计算的集中率(%) |
|------|------|------|------|------|
| 法国 | 425 | 135 365 | 63.6 | 60(C8) |
| 德国 | 330 | 245 379 | 89.5 | 46(C6) |
| 日本 | 150 | 831 760 | 28.3 | 67(C13) |
| 英国 | 491 | 118 328 | 29.1 | 57(C5) |
| 美国 | 10 971 | 23 508 | 13.3 | 21(C5) |

注:截至2001年底,中国有3家政策性银行,商业银行123家(包括4家国有银行、10家股份制银行、109家城市商业银行),190家外资银行机构,1 049家城市信用合作社,38 057家农村信用合作社。根据有关计算(于良春、鞠源,1999),1997年四大国有银行的资产占国内同期全部银行金融资产的93.19%(即按 $C_4$ 计算的集中率)。

$C_3$ 表示按规模排序的前三家大银行的资产占全行业总资产的比重,同理,$C_4$、$C_5$、…表示前4位、前5位大银行的资产总和占全行业总资产的比重。

资料来源:Allen and Gale(2001);Kohn(1994)。

――――――――――

　　① 对美国银行业的行业结构及其经营范围产生实质性影响的两个法案是1927年通过的《麦克法登法案》(The McFadden Act)和1933年的《格拉斯-斯蒂格尔法案》(The Glass-Steagall Act),第一个法案主要内容是阻止商业银行跨州设立分支机构,后者则限制商业银行从事投资银行业务,也就是阻止"混业经营"。

表5-2　1993年主要发达国家商业银行资产在国民经济中的比重

| 国家 | GDP(10亿美元) | 银行资产(BA,10亿美元) | BA/GDP(%) | 股票市场资本市值(EMC,10亿美元) | EMC/GDP(%) |
|---|---|---|---|---|---|
| 美国 | 6 301 | 3 319 | 53 | 5 136 | 82 |
| 英国 | 824 | 2 131 | 259 | 1 152 | 140 |
| 日本 | 4 242 | 6 374 | 150 | 2 999 | 71 |
| 法国 | 1 261 | 1 904 | 151 | 457 | 36 |
| 德国 | 1 924 | 2 919 | 152 | 464 | 24 |

注:1999年中国的 BA/GDP 为 125.8%,EMC/GDP 为 32.3%(易纲、赵先信,
2001)。

资料来源:Allen 和 Gale(2001)。

为什么银行规模与绩效之间具有正相关性?一般从规模经济(Economies of Scale)和范围经济(Economies of Scope)的角度进行解释。银行之所以能够产生规模效益,主要是它的长期平均成本曲线虽然呈U形,但比一般行业可能更为平坦。如图5-1。

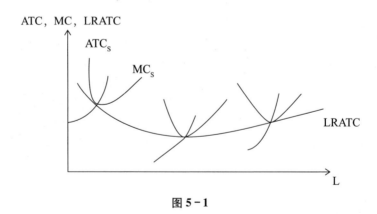

图5-1

银行的成本主要是利息成本(Interest Expenses),即负债业务支出的储蓄存款利息;真实的资源费用(Real Resource Expenses)或运行成本(Operation Cost),主要是日常运行费用,包括职员薪金、设备投资费用等;机会成本(Opportunity Cost)。仅从信息技术的投资与银行的运

行成本来说,大规模的银行可能产生成本节约优势。

导致银行运行成本尽可能低的关键因素是技术因素(Saunders,1994)。运用于银行的现代技术包括计算机系统、视听通信技术、便捷服务技术和其他的网络一体化技术等。现代技术运用可以说正在引起银行业的大变革,技术投资已经成为银行增长幅度最快的投资。例如在美国商业银行花费在 IT 系统的投资逐年增长,其中 1990 年、1991 年每年投资于 IT 的资本额达到 140 亿美元,而这些投资主要集中在大银行,美国最大的 35 个银行在 IT 上的投资占整个商业银行投资的绝对比重。[①]

如果说在传统的以手工操作方式为主的时代,很难说规模和范围的扩充是否能够产生规模经济和范围经济效应的话,那么,在电子信息技术广泛运用于银行运行的时代,大银行不仅在技术投资上占有明显的优势,而且成本节约。

信息技术的运用及其在银行内部的网络化,首先节约了人力资本。一般银行的平均人力资本费用高于其他行业,通过技术对劳动力的替代将大大降低支出。例如银行之间并购的直接动因之一就是削减职员、降低成本。巴伐利亚联合银行与抵押银行合并后就期望未来 5 年内每年节省 10 亿马克的人事业务费用,美洲银行与国民银行的合并计划裁员 5 000—8 000 人,裁减率为 2.7%—4.4%,巴伐利亚联合银行与抵押银行合并计划裁减 7 000 人,裁减率达 18%,瑞士银行与瑞士联合银行合并后计划裁减 9 000—12 000 人(黄金老,1999)。

其次是节约了信息处理成本和代理成本。银行的信息网络化无疑

---

[①] 关于美国大银行在信息技术投资的优势及其银行信息网络的全球化战略的资料参见桑德斯(Saunders,1994)。

便捷了信息收集和处理,并且对数量众多分布广泛的分支机构的管理一体化,必将大大降低代理成本。

现代电子信息技术的运用不仅体现在降低成本上,更重要的是能够扩充银行的服务内容和服务范围。远程收付、电话及其网络收付、自动柜员机、家庭银行、一卡通等等传统银行业务不可能做到的新型业务内容,在今天已经成为各个银行扩充服务内容和范围争取客户的主要手段。电子银行业务的发展不仅能为客户提供快捷、简易、便利的服务,而且可以大大降低成本。与目前银行相关服务的单位成本相比,自动柜员机的成本仅相当于现有相关业务的50%,电话理财及网上银行业务的成本只有传统同类业务的10%。正如英国金融学教授埃德温·H.尼夫(Neave,1998)所说的:"技术的变化已经深深地影响着世界金融机构。这个变化开始于20世纪80年代,扩展于整个90年代,并有迹象表明,将一直继续延伸到下一个10年,计算机和通信成本的下降已经促成金融机构快速地向一体化和国际化方向变化。信息处理要素的普遍化正在改变着人们对传统金融功能的认识,先前传统的金融产业的分割边界已经被弱化或者终结……许多不同的金融业务被计算机更便宜和更便捷地处理……随着有效的信息处理功能的广泛扩散,先前专业化的金融中介机构将合并成多产品和多种服务的金融组织,急速变化的电脑使用和通信环境,促使金融机构通过开发新的技术,快速增加新的产品和新的服务,以便努力保住甚至增加它们的市场份额。"

然而,用现代电子信息技术全面装备和改造银行业务,只有达到一定规模的银行才具备实力和产生绩效(Saunders,1994)。主要是因为所需投资大,必须要有相应的业务量才能摊薄成本,并且这种投资需要一定的时间才能产生效益。表明现代银行技术本身是与规模经济和范围经济直接相关的。

# 三、现阶段①中国银行业的改革重点

中国银行业面对的焦点问题不是国有银行规模过大的问题,也不是行业结构过于集中的问题。在一定意义上,只有保住现有的规模,尤其是保住现有的存贷流量,才能够在较为宽松的环境条件下进行实质性改革。加入WTO后随着外资银行的进入,中国银行业的行业结构一定会发生重大变化,因而,现在的焦点不在于是否需要改变中国银行行业结构,而在于即将到来的银行业市场结构的重新"洗牌",现有的存在问题的国有银行应该怎么办。进一步的问题是,由于国有银行集中了大部分金融资产,它们是否能够在有限的时间内实现机制转换,关系到整个国民经济的安全性。存贷流量规模收缩所导致的国有商业银行潜在问题显性化,将极大地威胁国民经济的稳定和发展。

对于中国加入WTO后中资银行尤其是国有银行将要承受哪些方面的挑战,近年来人们从多角度进行了全面揭示,而这些揭示出的系列潜在问题是否显性化,关键看在5年内尤其是5年后随着外资银行的进入,国有银行的存贷流量是否会发生显著变化,即国有银行的流动性是否会受到实质性影响。经验表明,一般竞争性企业不管潜存着多少内部问题,企业的负债率有多高,只要企业有一定的现金流量作为支撑,就可以借助于卯吃寅粮的手段掩盖许多问题,如果现金流量出现急剧的收缩,企业累积起来的潜存的系列问题就会立即显化,并进入负效应放大和扩散阶段。

我国国有银行存在的系列问题集中反映在两个相互关联的问题上:一是资本充足率低,根据有关资料显示,截至2002年3月,国有银

---

① "现阶段"指截至2002年。

行平均资本充足率离8%的标准还有很大距离;二是不良贷款比例高。也就是"一低一高"问题。而这"一低一高"问题的相互交织,是银行作为信用机构的主要缺陷,说得严重些是属于银行的致命缺陷。因为这个"一低一高"与银行的支付危机、流动性困境只是一纸之隔,如果稍有风吹草动,支付危机问题的爆发就难以避免。

随着央行公布的银行业开放日程表中承诺内容的逐项履行,外资银行的进入使得国有银行的存贷流量规模的收缩是不可避免的,它们不仅冲击国有银行的存贷规模,而且冲击国有银行的存贷质量,进而影响国有银行的流动性,最终影响国有银行的支付问题显性化。如果说人们在事前所认识的国有银行可能受到冲击的方面,在运行中和事后均具有不确定性的话,那么,对国有银行在存贷流量上产生冲击是毫无怀疑的,通过存贷流量的冲击进而冲击国有银行潜存的实质性问题的爆发,对这种传递效应应该保持高度的警惕。

因而,如果将5年时间作为一个约束条件,在这个有限的过渡期内,我国银行业的改革已经进入到倒计时的读秒阶段,只有采取一揽子改革措施,才能将潜存的主要问题在潜在的状态尽可能地解决,尤其是通过制度变迁,实质性地转换机制,才能承受住WTO的挑战。

国有商业银行存在的问题是系统性的,但核心是产权结构问题。从银行的资本金充足率来说,实质是产权结构单一问题,由此决定着资本金的补充渠道单一。因为银行的资本金充足率作为一种比例,一个因变量,受两个基本变量相对变化的影响,一是相对于储蓄的负债规模及其变化;二是自有资本金的规模及其变化。为了保证资本金充足率,人为地压低或限制负债规模,显然是违背银行经营之道的常理的。因而,随负债规模的扩充,保证一定比例的资本金充足率,就要使银行的资本金可以根据负债的变化而变化。而资本金的补充无外乎有这样几种途径:一是所有者资本金的直接追加和新增所有者的投资;二是利润转新增资本金；三是财政无偿拨付；四是银行直接发债券。如此而已。而我国国有商业银行现有的资本金补充渠道受现有制度的制约，资本金补充渠道太单一。因为现有的所有者拿不出钱来增加投入，现有的单一的国有银行产权结构还不存在新投资者的投入；盈利能力弱制约了利润转资本的途径；银行直接发债券用以补充资本金据说巴塞尔协议是不容许的。那么，现有的主要渠道是财政直接拨付，或者通过国债间接拨付，而面对四大国有银行庞大的资产总量，靠财政支持是难以为继的。

中国国有银行在运行机制及其效率上的种种问题，也是由单一的国有产权结构决定的。

将进入中国银行业的外资银行，一定是大规模的银行，也一定是在体制上有效率的银行。全球经济一体化进程中的银行之间的竞争，深层次的竞争是体制竞争、运行机制的竞争。对于中国现有的国有银行体制，只有进行实质性的产权结构调整，才能形成有效的激励机制，留住现有的人才，有足够的吸引力引进高质量的人才；才能形成健全的内部治理结构和有效的内部约束机制，降低经营风险。

面对国有银行巨大的国有资产存量和存在问题的系统性，通过股份制改造实现彻底的非国有化是不现实的，保持国家的控股地位是必然选择。问题的关键不在于是否国家控股，而在于通过股份制改造，其他的投资主体是否能够形成对控股方的牵制力，进而形成有效的银行治理结构。因而，在引入一般个人投资主体和国有法人投资主体的同时，关键要引入有经济实力且规范运作的民营投资主体及其境外投资主体。因为分散的个人投资主体及其国有法人主体并不能产生对国有控股方的实质性牵制作用。引入有实力的民营经济主体和必要的境外投资主体，一方面能够保持国有商业银行在产权多元化后国家的控制股地位，另一方面能够改善单一产权结构条件下的银行治理结构及其运作机制。

　　运用 SCP 框架对银行业的结构分析及其政策含义存在显著的缺陷,不仅不能在理论上证明分散化、小规模与行业绩效存在一定的正相关性,而且也不符合国际银行业的变动趋势。在现代技术不断改变着银行机构的经营方式和运作机制的条件下,主要发达国家的银行业的行业结构进一步向集中化发展,各个银行为追求规模经济和范围经济效应,进而提高国际范围的竞争力,在展开规模竞赛。由于历史和体制的原因,中国银行业的资产与市场份额集中于国有商业银行,虽然如此,但改革的侧重点不能以行业结构的调整为突破口,而是相反,要充分利用加入 WTO 后的有限的过渡期,在中国银行业的行业结构发生显著变化和国有银行的市场份额发生显著萎缩之前,坚决地进行国有商业银行的产权改革。倒闭一个大型或特大型的国有企业与倒闭一个国有银行,对国民经济的负面影响是不能同日而语的。

# 第六章　要素市场化进程与经济增长[*]
## ——中国银行业的集中、竞争与绩效

各国金融资产配置方式不同,银行业的产业组织结构也存在鲜明的差异。与传统的完全竞争理论和传统的产业组织理论的逻辑推论及其倡导的理想境界可能完全相反,由大规模银行组成的具有相对集中的产业组织结构,相对于由小银行组成的相对分散的行业结构可能更具有竞争性。中国银行业偏高的集中率并不是影响行业竞争程度的原因,而主要在于现有的国有银行不能完全商业化,致使在政策层面难以撤除银行业的差别国民待遇。因而,加紧国有银行的体制改革,是解决问题的关键。

## 一、引言

针对中国银行业存在的结构问题,学术界提出了多种不同的改革思路,部分学者将产业组织结构调整放在首位,认为解决行业过度集中问题(金融资产过度集中于四大国有商业银行)是关键。而我们认为,在产业组织结构调整与产权结构调整两者间,后者比前者更为关键(刘伟、黄桂田,2002)。进一步的问题是,什么样的行业组织结构有利

---

　　* 本章写作的基本时间立足点为 2002 年,本章的基本内容,刘伟、黄桂田曾以《银行业的集中、竞争与绩效》为题,发表于《经济研究》2003 年第 11 期。

于强化竞争机制？如何提高我国银行业的竞争程度、提高竞争效率？

2003 年作为中国银行业进行实质性结构调整的起步年，四大国有商业银行的股份制改造及其上市工作已经提上了议事日程，意味着中国国有银行的产权结构调整将全面展开。与此同时，以新近成立的中国银行业监督管理委员会颁布的"第一号令"——《关于调整银行市场准入管理方式和程序的决定》为标志①，监管层对现有商业银行扩充业务范围的管理方式开始发生变化，意味着现有银行主要凭借市场竞争力扩充分支机构、拓展业务范围的竞争机制开始启动。在监管层没有放松新银行进入条件的情况下，市场竞争机制的强化将可能导致现有商业银行的市场份额发生变化，有实力的银行将不断扩大规模，促进银行业新的集中。

如果说在转轨时期中国银行业的资产和市场份额主要集中于四大国有商业银行，是属于特殊时期的特别现象的话，那么，由市场竞争机制的作用导致的银行业集中是否对竞争和效率发生负面影响？

传统的银行竞争原理来源于传统的产业组织理论。正是基于传统产业组织理论上的认识，美国参议院银行委员会主席威廉·普诺斯米勒（William Proxmire）认为，美国银行数目众多，因而，美国银行业天然地属于竞争有效率的，而每一个其他的主要市场经济国家，只有少数的银行与为数众多的企业配对。在普诺斯米勒看来，到 20 世纪 80 年代由约 12 000 家商业银行组成的美国银行业的组织结构比那些由四五家银行拥有 60% 以上市场份额组成的银行业结构更趋近于传统的产业组织理论所推崇的理想境界。

---

① 2003 年 5 月 29 日颁布并于 2003 年 7 月 1 日始实施的《关于调整银行市场准入管理方式和程序的决定》，对于银行新设分支机构审批权限、新业务审批方式等做了新的调整，取消了最高监管层对中资商业银行在国内保理、银证转账、代理保险、证券公司受托投资托管、信托资产托管、企业年金托管等业务的审批制度；在一定程度上下放对各银行开设分支机构的审批权限。

问题在于,银行业的产业组织绩效能否用非金融行业的产业组织绩效标准来衡量? 实现社会资源最优配置和达到社会福利最大化水平的银行业产业组织结构是否与非金融行业的产业组织结构的要求是一致的? 这是产业组织理论应该解决的问题。

## 二、银行业绩效衡量标准的特殊性

衡量一个产业组织结构绩效,一般是考察该行业的集中程度与利润率水平之间的相关性。例如,在某一行业中,如果第 $i$ 个企业的利润率为 $m_i$:

$$m_i = \frac{s_i}{\varepsilon}$$

其中, $s_i$ 是第 $i$ 个企业的市场份额, $\varepsilon$ 是产品的需求弹性。整个行业的利润率的加权平均,权重为企业的市场份额,那么行业利润率 $M$ 为:

$$M = \sum_{i=1}^{n} m_i s_i = \sum_{i=1}^{n} \frac{s_i^2}{\varepsilon}$$

在单个企业市场份额较小的分散行业结构中,企业的赢利能力将受到限制;在单个企业的市场份额相对大且行业集中程度高的行业,企业赢利能力将处于高水平。

也就是说,一般行业的利润率水平反映该行业的绩效和资源配置效率。一方面,该行业利润率不能为负,否则,该行业缺乏生存和发展能力;另一方面其利润率不能高于社会平均利润率水平之上,否则,可能存在市场势力,导致社会福利水平下降。

然而,银行业的产业组织绩效的判断并不如此简单。因为银行业作为金融中介产业在国民经济中的特殊性,一国银行业动员资金及其配置资金的能量不仅仅是银行业本身的问题,更重要的是直接涉及国民经济的发展状况和整个社会的资源配置效率问题。

因而,考核它的产业组织绩效除了行业利润率指标以外,至少要综合考虑另外两个方面的相关性:一是利润率与银行风险的相关性,二是国民经济整体的安全性和整个国民经济的资源配置效率。

银行部门的稳定性与国民经济的安全性是任何一个市场经济国家关注的焦点问题之一。问题在于,从产业组织的角度,什么样的产业组织结构使得整个行业的生存和发展相对具有稳定性? 一国的银行部门是由为数众多的规模大体相当的中小型银行组成的行业结构即完全竞争理论所要求的行业结构使得整个国民经济更具有安全性,还是相对集中的银行结构更具有安全性? 回答这些问题仅从理论层面的逻辑推理是很难说清楚的。

例如,有些学者认为,由规模大的银行组成的高度集中的银行业可能使国民经济面对的潜在风险更大,因为一个大规模的银行由于与众多部门的众多企业及其居民存在债权债务关系,如果该银行破产,将导致连环引爆效应,使得整个经济陷入灾难性的恐慌之中。按此观点,相对分散的由众多规模较小的银行组成的行业结构更有利于保持整个国民经济的安全性。

然而,在部分学者看来(Allen and Gale,2001),由众多的小规模银行组成的产业组织结构可能带来国民经济的不稳定性。他们认为,银行之间的竞争在很大程度上是生存空间的竞争,也就是市场份额的竞争。他们的模型证明,按照传统的完全竞争理论假设条件,由于完全竞争性市场不存在进入和退出壁垒,随着新银行的不断进入,银行的规模不断变小,小规模的银行为了获得未来的生存空间,使得每一个银行有一种冒险的激励,也就是用高储蓄利率招揽储户,超额放贷。同时证明,在完全竞争状态中的零利润率条件下,小规模银行存在追求正利润的冒险经营动力。而由规模相对大的银行组成的相对集中的银行业,由于各个银行拥有一定的市场份额,反而不敢轻易冒险。

因而,仅从理论推理的角度就存在两种完全不同的观点。

但实际经济活动反映出,分散型银行体系并不一定是安全的。由于各个国家银行业的产业组织结构受到历史的、制度的、资金配置方式等多方面差异性因素的影响,银行业的产业组织结构也存在差异。从主要市场化经济国家来看,除了美国的银行业属于由众多规模较小的银行组成的相对分散的行业结构外,其他发达国家的银行业结构都具有较高的集中率。按资产份额排名前三位大银行资产额计算的集中率,1993 年,法国为 63.6%,德国为 89.5%,日本为 28.3%,英国为 29.1%,而美国仅为 13.3%( Allen and Gale,2001)。并不是说德、法等国因为银行业的产业结构高度集中,大银行在行业结构中占有主导地位,这种高度集中的银行结构就一定是对国民经济的安全性更具有威胁性。反而相反,相对而言,德国在第二次世界大战后,银行业较其他市场化国家表现出了相对高的稳定性。

从银行业的集中度与资源配置效率的相关关系来看,并不是相对分散的银行业产业组织结构就具有更高的资源配置效率。

作为银行业分散型组织结构典型代表的美国,在 1992 年有 11 461 家商业银行,22%的商业银行资产不超过 2 500 万美元;1993 年全美前 10 位大银行的总资产只占全部商业银行资产的 30.8%,当年银行资产只占 GDP 总量的 53%。美国的金融资产集中在金融市场上,资本市场在资金配置及其社会资源配置中占有重要地位,银行在资金和资源配置中不占主导地位,因而,作为相对分散型行业组织结构代表的美国银行业,形式上似乎具有竞争性,但并不能说它的银行业在资源配置中发挥着重要作用。不仅如此,美国银行业在资源配置中的地位在不断下降。美国商业银行的信贷总额占信贷市场的资金的比例从 1974 年最高水平 35%下降到 20 世纪 90 年代初的 22%(因为在美国非商业银行性的金融公司也提供信贷业务），储蓄下降到 15% 左右。美国银行业的不景气也表现在银行的倒闭上，第二次世界大战以后（1945—1981年）是 1945 年前银行倒闭率的 10 倍（Mishkin，1995）。从表 6-1 可以反映美国商业银行在金融资产中的地位。

表 6-1 美国主要融通工具（年末余额）

单位：10 亿美元

| | 1970 年 | 1980 年 | 1990 年 | 1993 年 |
|---|---|---|---|---|
| 公司股票(市值) | 960 | 1 601 | 4 146 | 7 548 |
| 住房抵押贷款(储蓄贷款协会和互助银行提供) | 355 | 1 106 | 2 886 | 3 403 |
| 公司债券 | 167 | 366 | 1 008 | 1 226 |
| 联邦地方债券 | 160 | 407 | 1 653 | 2 260 |
| 州和地方债券 | 146 | 310 | 870 | 1 057 |
| 联邦政府机构债券 | 51 | 193 | 435 | 545 |
| 银行商业贷款 | 152 | 459 | 818 | 781 |
| 消费者贷款(金融公司和商业银行提供) | 134 | 355 | 813 | 858 |
| 商业和农业抵押贷款 | 116 | 352 | 829 | 771 |

资料来源：米什金(Mishkin，1995)。

作为集中型银行产业组织结构典型代表的德国，银行数目不到美国的 1%，但银行资产占 GDP 总量的 15.2%，股票市值只占 GDP 的 24%，相对其他市场经济国家，它的资本市场从金融资产的比例来看，是最低的。也就是说，银行部门在动员和配置资金方面扮演着举足轻重的角色。德国高度集中的银行业并不因此而属于非竞争型的，也不意味着德国因单个银行的大规模导致了国民经济的不安全性，相反，与其他市场化国家相比，在第二次世界大战结束以来，德国金融业和整个国民经济显现出了相对更高的稳定性。德国既是集中型银行产业组织结构的代表，也是全能银行体制的代表，其最大的三个商业银行德意志银行（Deutsche Bank）、德累斯顿银行（Dresdner Bank）和德国商业银行

（Commerz Bank），其服务内容几乎涵盖所有的金融领域，不仅向企业和个人提供各种类型的商业信贷，而且能够向企业投资，并且能够从事商业保险、股票投资等非银行性金融活动。

类似于德国，日本银行业也是属于集中型的产业组织结构。日本的商业银行数目不到美国银行业家数的 1%，但银行业资产占到 GDP 总量的 150%。第二次世界大战前，资本市场与银行在动员和配置金融资产上几乎是不分上下，处于对等的地位，但在战后，银行部门在资金融通上不断上升到支配地位。银行对经济活动的广泛渗透，尤其是对企业的渗透，形成了一种特殊的银-企关系（即"主银行制"）。当然，到 20 世纪 90 年代，日本银行体系出现了严重的信用问题，当然原因是复杂的，最主要的原因是政府"政策诱导性租金"效应及其政府施加的压力导致了银企关系及其信贷机制的严重扭曲（青木昌彦，2001）。日本金融体系出现的问题及其最终演变成 90 年代后期的金融危机，根本原因不在于日本银行业的集中型结构，更主要的原因是政府的过度干预，这是绝大多数学者一致的看法。

总之，不是从理论演绎的角度，而从经验层面显露出的事实证明，分散型的银行业组织结构并不具有绩效优势。

## 三、银行规模与竞争

传统产业组织理论认为，行业的集中率会导致市场势力，而集中率与行业内部的企业规模差异直接相关，行业中前几位大企业规模越大，行业集中程度越高，就越有可能产生市场势力，从而影响竞争效率。

应该认识到，银行业本身的特点决定了不可能达到严格意义的完全竞争型组织状态。根据完全竞争行业依存的严格假设条件：

第一，完全信息条件。但已有的各种信息模型表明，信贷市场是属于不完全信息市场,存在由信息分布的非对称性所导致的逆向选择问题和道德风险问题。

第二,产品的同质性条件。即使是商业银行的主要业务属于存贷业务,但在市场化利率条件下,不同银行因客户的类型不同(存贷数量、存贷时间长短、银行面对的风险程度等)存贷业务也存在差异性。尤其是单个银行是由分布在各个地域的分支机构组成的,不同地域的分支机构面对不同类型的客户资源,决定了它们提供的服务也具有差异性,意味着由不同地域的分支机构组成的商业银行所提供服务是由一揽子不同的服务项目组成的。

第三,厂商规模无差异条件。商业银行组成的分支机构特征和经营的鲜明地域性特点,决定了每个商业银行的总体规模不可能达到无差异水平。

第四,市场均衡定价条件。完全竞争理论模型假定,如果以上三个条件得到满足,那么,处于完全竞争行业的所有厂商不可能影响市场均衡定价机制,所有的厂商都是价格的接受者。但在银行业不可能满足这样的条件。除非一国的银行利率和所有的银行服务属于非市场化的管制定价制度,而在利率市场化和服务价格市场化条件下,银行与客户之间的利率及其他的服务价格除了供求因素的影响,还受到每一笔业务所隐含的风险因素和货币时间价值的影响。

从以上四个方面可以看出,银行业的产业组织结构不可能达到理论意义上的完全竞争组织结构状态。因而,不论是历史上还是现实中,每一国家的银行业其产业组织结构更多的是呈现出"垄断竞争"型行业结构或"寡头竞争"型行业结构特征。

问题在于,银行部门这样的产业组织结构是否产生竞争效率?

我们将"旅游者-陷阱"模型进行修改,证明拥有规模的由广泛分支机构的银行组成的行业结构比无分支机构的规模小的单一银行组成的行业结构更可能产生竞争效率。

(1)单一银行组成的产业组织结构及其绩效特做如下假定条件：

第一，假定某国的银行业是由单一的无分支机构的银行组成，一家银行只有一个营业部，在全国有 $n$ 个这样的规模相当的单一银行分布在 $m$ 个地区。$m$ 个地区平均分布有 $n/m$ 个银行。

第二，假定每一银行提供的服务无差异。银行间不能串通合谋定价。

第三，客户每转换一个银行的成本为 $C$。这种成本包括信息成本、签约成本等，为分析的方便，我们假定这些成本总称为搜寻成本。如果合作，每一客户与每一银行的合作内容相同并且业务量相等。

第四，将客户理解为旅游者，处于经常性的从一个地区到另一个地区的流动状态。

这一假定符合严格的完全竞争型市场结构条件。假定客户处于高度的流动状态，也就是说，客户因为旅游或经营活动的需要，经常从一个地区到另一个地区。进一步严格地假定，客户在离开某一地区后不会再回来。各个银行没有跨地区的分支机构，因而，客户每到一个新的地区就需找一个银行为其提供存贷服务。假定某一客户新到一个地区，客户不知道新到地区各个银行的服务定价（例如利率和其他的服务收费），只是知道价格的一般分布，即同一种服务有几种不同的价格，假定该地区存在两种服务价格，一部分银行收取一种价格，另一部分银行收取另一种价格。

我们首先考虑客户来到的这一地区各个银行收取的价格为完全信息条件下的竞争性价格 $P^C$，在客户存在搜寻成本 $C$ 的情况下，是否会打破这一价格水平。

如果该地区所有的银行($n/m$)中的 $[(n/m)-1]$ 都按 $P^C$ 定价，而一家有偏离价格动机的银行就有可能利用新客户不完全的信息条件而提价。

假定该家银行因为某新客户的到来将收费提高到 $P^* = P^C + \varepsilon$，

$(0<\varepsilon<C)$。该客户面对的问题是,如果不接受该银行的定价 $P^*$ ,去搜寻另一收取 $P^C$ 定价的银行,将要支付搜寻成本 $C$。即使找到另一个定价为 $P^C$ 的银行,客户的总成本为: $P^C+C$。

而 $P^* = P^C + \varepsilon < P^C + C$

理性的客户选择 $P^* = P^C + \varepsilon$ 的定价是合理的,虽然 $P^*>P^C$ 。在此情况下该银行提价成功,其条件是价格增量小于搜寻成本。也就意味着,在提价的情况下,不会降低市场份额。

既然该银行提价成功,其他银行就可仿效该银行将价格都提到 $P^*$ 的水平。

如果该地区所有的银行将价格提高到 $P^*$ ,那么,面对外来的新客户,该银行将价格进一步提高到 $P^{**} = P^* + \varepsilon = P^C + 2\varepsilon$ ,提价的幅度仍然是 $0<\varepsilon<C$ 。正像前一位顾客一样,不幸撞到该银行的顾客再去另一定价为 $P^*$ 的银行是不值得的。

如此这般经过多轮的提价,每次涨价的幅度为 $0<\varepsilon<C$ ,该地区所有的银行将收取垄断价格 $P^m$ 。

在 $P^m$ 价格水平有没有银行有降价而争取客户的动机呢? 如果某一银行降价,其降价幅度至少是 $0<C<\varepsilon$ ,客户才有动力去寻找这一降价的银行。如果该银行的降价能够起到增加市场份额的作用,那么,它就会采取降价策略。在此情况下会引起该地区的银行之间的降价大战,一直将价格降低到 $P^C$ 水平。

然而,如果该地区银行的定价降到这一水平,只要存在搜寻成本 $C$ ,那么就会诱发某一银行像先前的提价效应那样,进行第二轮次的提价战。

这一模型说明,即使在一个地区存在多家规模相当的银行,在信息非对称条件下,只要存在转换成本,银行的定价不可能保持在完全竞争价格水平。

（2）由分支机构组成的大规模银行之间的竞争及其绩效。

与上述假定相反的是，有 $m$ 个地区的某国只有两家大银行，即 $B_1$ 和 $B_2$，但每家银行有 $m$ 个分支机构分布在 $m$ 个地区，即每家银行在每一个地区有一家分行，每一个地区有两个分别属于 $B_1$ 和 $B_2$ 的支行。其他的假设条件与以上（1）的假设相同。

对于每一个客户，一旦选择某家银行，不管他流动到哪一地区，他都可以享受到该行在所在地的分支机构提供的金融服务。在此情况下，任何一家银行提价，都将引起客户转移到另一家银行，尽管存在转换成本 $C$。这是因为：

假定起初两家银行及其分支机构对于同类型的无差异服务收取的价格是 $P^C$，如果 $B_1$ 银行有偏离该定价的动机，将价格定在 $P^* = P^C + \varepsilon$，（$0 < \varepsilon < C$），那么，对于任何一个撞进该银行的任何一个地区分支机构的新客户，都有动力去寻找定价为 $P^C$ 的银行 $B_2$。因为转到 $B_2$ 后虽然要花费转换成本 $C$，但这种花费是一次性的投入，一旦转到 $B_2$ 后，该客户不论到哪个地区，都可按 $P^C$ 的价格享受到 $B_2$ 在当地的分支机构提供的服务。该客户与 $B_2$ 合作次数越多，起初支出的转换成本 $C$ 平均到每次合作中的单位转换成本就越低。不仅如此，如果 $B_1$ 提价，不仅新客户会转到 $B_2$，而且 $B_1$ 的老客户也会转向 $B_2$。

在此情况下，任何偏离 $P^C$ 价格水平的行动将会导致市场份额的严重下降。

从上看出，在信息非对称性条件下，由小银行组成的行业组织结构可能产生效率锁定（Lock-in Effects）机制，而由大银行及其广泛的分支组成的行业组织结构可能产生竞争绩效。

与一般工商企业相比，银行规模则与地域分布的广度有更直接的联系。银行规模不属于"工厂规模"，而更接近于"企业规模"的组织形式。因为任何一国的大银行，都是由分布在不同地区甚至分布在不同

国家的大大小小的分支机构组成的,银行规模大小与其所拥有的分支机构的多少正相关。其主要原因是:

第一,银行面对资源条件的高度分散性和强烈的地域性。银行作为金融中介,吸收社会闲散资金的能量越强,调配资金的能量就越大。社会闲置资金具有强烈的地域分布特征。而银行业内部的竞争,首先是储蓄资源的竞争,需要通过分支机构的当地化,以便捷的服务条件争取拥有闲置资金的潜在储户。

第二,银行面对的需求主体的多样性和分布地域的差异性。在信贷业务上不论是大宗批发业务还是小额零售业务,每一笔在信贷期限的长短、资金需求量的大小以及资金的使用方向上千差万别,尤其是需求方的资信情况千差万别,使得银行的贷放业务也需通过分支机构当地化。当地化的分支机构有利于把握和处理当地借贷方的资信信息,降低银行面对的信贷风险。不仅如此,银行间在贷方业务上也存在激烈的竞争,争取优质客户,需要通过银行的当地化提供便捷、灵活多样、随时随地、动态的跟踪服务。

第三,网络化的分支机构有利于银行更有效率地动员和配置资金。银行可以通过内部分支机构间资金的调度,在实现银行资金使用效率最大化的同时,使得社会资源配置效率相应地得到提高。

## 四、技术创新条件下的银行业集中趋势

如果说在传统技术手段和传统操作规程条件下银行分支机构的网络化及其规模经济特点不太明显的话,那么,在现代技术装备条件下的银行业,其银行规模则成为是否能够适应现代经济发展的关键条件。

传统技术条件下银行业务主要靠人工操作,随着银行规模的扩大,银行的人力费用投入也相应地增大。与其他服务产业一样,自20世纪

60 年代以来,银行的人力资源成本在不断上升,为克服人力资源成本上升带来的行业绩效的下降,用现代快速发展起来的信息技术替代越来越贵的人工操作已经成为一种趋势,并成为银行间展开新的竞争的手段。

不仅如此,现代经济的发展也推动着银行业的技术创新和构建新的网络化,主要是因为:

第一,数字化信息技术在非金融类产业的全面渗透,使得这些产业的经营方式、营销模式、结算方式等几乎所有方面发生着激烈的变革。作为金融服务部门的银行业,仍然采取传统的手工操作方式是远远不能满足需要的。相关产业的技术变革需要银行部门进行相对应的技术创新。通过建立新的操作平台和新的流程与相关产业的操作平台和新的流程对接。只有在相同技术基础上的对接,银行部门才能有新的生存和发展空间。

第二,技术变革所导致的资金流转方式的变化,需要银行的资金配给方式随之发生变化。例如,新技术渗透使得一切经济活动的运转速度不断加快,要求银行在资金融通方面也应适用这种快节奏的变化,在金融工具上实现系列创新。

第三,随着新技术的使用带来的商业模式变化,居民的消费模式及其支付方式也发生了变化。与居民存储、支付方式紧密相关的银行业也要通过技术创新适用这种变化。例如,互联网和网上交易已经成为新的交易方式和新的消费方式的必然趋势,原有的银行服务方式将必须得到根本性的改变。新的交易方式的改变正在压缩银行原有的金融中介地位,要求银行运用新的技术直接渗透到新的交易方式中去,成为新的商业运作模式的有机组成部分。

第四,经济运作模式的转变,无疑加大了传统银行运行方式的经营风险,固有的信息收集和信息处理方式将会放大银行面对的系统性风险。银行只有通过技术创新，建立现代信息收集和处理系统，才能够防范由新技术带来的风险。

第五，非银行金融组织的发展，尤其是资本市场和各种金融公司的发展，使得银行的生存和发展空间将不断受到挤压。非银行金融机构借助于现代技术不断推动新的金融工具产生，使之日益成为替代间接融资方式的手段。随资本市场的进一步扩充和非银行金融中介（各种金融公司、保险公司、各种基金组织等）的进一步发展，传统银行业务将不断缩减，如果不能适应技术的变化导致的对金融服务业服务要求的变化，银行的地位势必日益下降。有的观察家提出，银行地位的下降是不可避免的，主要原因是，企业融资从资本市场的直接融资将日益替代通过银行中介的间接融资方式；居民家庭持有的金融资产由银行储蓄逐步转向其他的资产持有方式。我们认为，未来银行的地位不至于那么令人悲观，因为银行也在与时俱进地创新和改革。

针对新技术革命带来的挑战，银行业面临的竞争压力日益增强，有力地推动了银行部门在国际范围内的调整和创新，主要体现在：

第一，以引进新技术、降低成本、提高竞争力、扩大业务范围等为目的银行间的并购及其规模的拓展活动在全球范围内展开。在现代技术条件下，金融部门的竞争与其说是技术手段的竞争，不如说是规模大小的竞争。因为只有一定的规模，才有能力承担和摊薄创新成本。因而，20世纪90年代以来的银行业并购浪潮，正在改变着各国银行业的产业组织结构，单个银行的规模在不断扩大，行业的集中程度在不断提高。

第二，大规模的银行通过技术创新在强化大宗批发业务的同时，加强了零售业务范围的争夺。银行通过开发在线业务、自动取款业务、电话业务、社区银行、零星小额消费信贷等更快捷、更便利、服务费用更低廉的系列创新性服务内容，赢得小额顾客，争夺市场份额。

第三，20世纪90年代以来，随着主要市场经济国家与时俱进地调

整对银行业的管制政策,银行业务开始从传统的相对单一的业务领域
向全能银行制度条件下的混合业务拓展。激烈的市场竞争促使各金融
机构努力拓宽自己的服务领域和提供便捷的服务手段,各金融机构有
实现相互融合的强烈动机,现代通信和计算机技术的高速发展为这一
融合以及通过融合降低成本提供了技术保障,金融创新的发展为突破
传统商业银行单一业务的经营界限提供了可能。

## 五、中国银行业的集中与竞争机制的形成

主要市场经济国家的经验表明:如果一国的金融资产集中于金融
体系中的非银行部门,那么,银行业的产业组织结构则属于相对分散型
(例如美国);如果金融资产集中于银行系统,那么,银行业的产业组织
结构就属于集中型(例如德国、日本等)。

中国属于典型的集中型银行产业组织结构。从银行金融资产占
GDP 的比重来看,到 2002 年底,全部银行资产占 GDP 的比重约为
258%。这一比例不仅大大超过美国,而且超过德国和日本(国家统计
局,2003)。表明中国银行业在金融资源配置中占主体地位。从银行业
的产业组织结构看,2002 年底中国有 4 家国有银行、3 家政策性银行、
11 家股份制商业银行、110 家城市商业银行、449 家城市信用合作社和
35 500 家农村信用合作社(国家统计局,2003),仅从银行数目与银行
业集中型市场经济国家银行数目比较,银行数量并不低,市场集中程度
并不太高。不论按资产总额,还是按存款额、贷款额计算的集中率,
1999 年底,四大国有银行占 60%以上的市场份额,而按资产份额排名
前三位大银行资产额计算的集中率,1993 年法国为 63.6%,德国高达
89.5%(国家统计局,2000)。

表 6-2 列出了我国四大国有银行的市场份额。应该清楚的是,集

中率本身并不是问题,关键在于四大国有银行集中的金融资产和市场份额不完全是通过市场竞争机制形成的。之所以如此,原因是多方面的,例如,从行业进入时序上,四大国有银行建立或恢复的时间在20世纪70年代末(农行、中行、建行恢复于1979年,工商银行成立于1983年),而11家股份制商业银行成立的时间在20世纪80年代后期和90年代初期,较国有银行晚进入行业近10年。城市商业银行从1996年才开始逐步设立,较国有银行晚近20年。进入时间上的差异必然带来市场份额的差异。整个国民经济的市场化进程尤其是国有企业的市场化进程决定了银行部门的市场化进程。国有企业的融资主要靠国有银行提供,这决定了监管部门自觉或不自觉地对国有银行与其他性质的银行在分支机构的增设和业务内容的拓展上存在政策上的差别待遇。

表6-2 四大国有银行市场份额

(%)

|  | 1996 年 | 1997 年 | 1998 年 | 1999 年 |
|---|---|---|---|---|
| 资产总额 | 66.12 | 62.00 | 63.77 | 64.32 |
| 存款总额 | 61.43 | 62.17 | 63.10 | 63.73 |
| 贷款总额 | 59.28 | 59.83 | 61.94 | 63.20 |

资料来源:根据中国金融学会(2000)计算。

基于前文的分析,银行业高水平的集中率不仅不会损害竞争机制,反而强化竞争程度。对于中国银行业,问题的关键不在于行业集中率偏高,而在于银行业的商业化程度偏低。中国银行业偏高的集中率并不是影响行业竞争程度的原因,主要原因在于现有的国有银行不能完全商业化,在政策层面难以撤除银行业的差别性国民待遇,阻碍了竞争机制的形成。因而,加紧国有银行的体制改革,是解决问题的关键。

# 第二篇　中国社会主义市场化进程中经济增长的周期和总量调控

　　本篇共设五章(第七章至第十一章)。本书的基本指导思想是通过考察经济发展和经济增长与中国社会主义市场经济体制改革之间的内在联系,来证明改革的正义性和进步性,并从中根据社会生产力解放和发展的要求进一步说明对体制改革的要求。因此,在第一篇探讨了我国社会主义市场化进程的特点及理论争辩的基础上,第二篇开始讨论体制改革与中国经济增长的关系。首先,考察了中国经济增长的长期战略目标和实现这一目标面临的挑战,从而进一步明确对于改革的历史要求和深化改革的价值取向(第七章)。然后,分析改革开放以来,特别是近些年来中国经济增长的特点及周期性特征,分析在这种周期性特征中存在的我国宏观经济失衡的复杂性(第八章)。进而,重点考察了我国经济体制改革带来的制度变迁使我国宏观经济政策,包括财政政策和货币政策的传导机制以及政策效应发生了怎样的变化(第九章)。最后,针对我国社会主义市场经济体制改革的特殊体制背景和我国经济发展的特殊阶段性背景，强调了在我国宏观总量调控中，在注重总需求管理的同时，针对需求管理的局限，应当同时注重总供给管理，应当注重供给管理的特殊效果（第十章），并为有效地实施供给管理创造体制条件（第十一章）。

# 第七章　实现中国经济增长的长期战略目标及可能面临的问题[*]

改革开放以来,中国保持了长期高速经济增长。2002 年,中国提出了在 20 年里使 GDP 再翻两番的新的长期经济增长目标,到 2007 年又提出到 2020 年实现人均 GDP 翻两番的目标。本章从中国经济与东亚经济比较、居民可支配收入、中国未来经济增长对中国国际经济地位的影响等方面,对中国长期经济增长的可能、趋势、增长速度及可能遇到的问题进行分析研究。

2002 年,中国的国内生产总值(GDP)突破了 10 万亿元人民币。紧接着,2003 年,中国的人均可支配收入突破了 1 000 美元。这两个数字就为我们的战略目标提供了标志性的起点。如果在 21 世纪初的 20 年里,中国实现了 GDP 再翻两番的战略目标(相当于每年增长 7.2%),那么,到了 2022 年,按照 2002 年固定价格计算的 GDP 将会达到 40 万亿元人民币左右;人均 GDP 将在 3 500 美元左右;人均可支配收入将会突破 2 000 美元[①]。换算到 2020 年的标准,中国的 GDP 总量会在 36 亿元人民币左右,人均可支配收入将会在 2 000 美元以上[②]。

与 1982 年中国第一次提出翻两番的战略目标时不同的是,中国现

---

[*]　本章写作的基本时间立足点为 2003 年,本章的基本内容,刘伟、许宪春、蔡志洲以《从长期发展战略看中国经济增长》为题,作为项目阶段性成果,发表于《管理世界》2004 年第 7 期。

[①]　人均可支配收入的增长和 GDP、人口、居民可支配收入与 GDP 之间的比率有关。

[②]　假设价格水平和汇率不变。

在的经济总量已经在当时的基础上翻了两番,我们是在一个高得多的起点上实现新的目标,不仅在总量而且在人均水平上实现翻两番。我们有实现这一新目标的许多有利条件,但是,也可能有很多因素制约着我们,影响我们实现这一目标。可持续的长期高速经济增长是中国社会和经济发展的必备条件。中国社会和经济生活中众多的矛盾,必须通过经济增长和发展提供的空间来解决。可谓"逆水行舟,不进则退"。对未来长期增长中可能遇到的问题展开的研究,对我们实现新世纪翻两番的战略目标,是至关重要的。也正是为实现这一战略目标,克服其中的困难,才特别需要转变经济发展方式;特别需要深化改革开放;特别需要完善社会主义市场经济制度。本章的目的在于从长期发展及面临的问题出发,强调改革与发展内在统一的必要性。

## 一、挑战东亚模式的经济增长极限理论

从全球经济增长的格局下观察,中国在 20 世纪末发生的高速经济增长不是孤立的。它是 20 世纪下半叶整个亚洲尤其是东亚经济崛起的一个重要组成部分。而从更久远的历史上看,直到 19 世纪上半叶鸦片战争之前,中国从经济总量上看还是全世界最强大的国家,但全球经济由东向西依次兴起的新趋势,改变了世界经济的格局。在此后的长达 200 年的世界近现代经济发展史中,作为文明古国的中国经受重重磨难。在这一过程中,西方的英、法、德等欧洲强国首先通过工业革命迅速崛起,取代中国这一历史悠久的中央帝国成为当时世界上经济最发达的国家;接着,这一趋势继续向西发展,美国成为世界上超级大国,并一直保持这一地位至今;再往后,这一效应继续向西传递,亚洲的经济重新开始繁荣。从这个世界经济发展的大趋势看,即使不发生"文化大革命"和后来的改革开放这些阻碍或者是促进中国生产力发展的

重大事件,在 20 世纪下半叶到 21 世纪上半叶之间,由于各方面因素的作用,中国在世界上重新崛起或迟或早总会发生。20 世纪 70—80 年代之交中国领导人的远见卓识,使中国抓住了的时机,推动了中国的发展。从这一大背景下考察,中国经济的发展和东亚经济的发展是有联系的。

高速经济增长是保持相当长的一个时期并因此改变了一个经济体在国际经济中的地位的经济增长。一个经济落后的国家或者是地区要改变面貌,赶超世界先进水平,就必须经过一个高速经济增长时期。从发展上看,赶超先进水平一般要经过有四个阶段:一是从速度上赶超,二是从总量上赶超,三是从人均水平上赶超,四是在生产要素的使用效率上赶超。这就说明了高速经济增长具有两方面的特征:一是增长速度要高,一般地说,在起步期的增长速度会保持在 10% 左右甚至更高;二是持续时间要长,1958 年中国的 GDP 增长是 21.3%,但 1961 年是 -27.3%,那就称不上是高速经济增长。

第二次世界大战之后,在美国的扶持下,日本首先走上了复兴和高速经济增长的道路,并确立了它在亚洲经济中的主导地位,在国际上成为在欧洲、美国、苏联和东欧集团之后的另一大经济中心。在日本之后,亚洲"四小龙"(韩国、新加坡、中国的台湾地区和香港地区)经济也开始加速,并因此带动了整个东南亚经济的发展。20 世纪 80 年代之后,中国的经济也开始起步,发展速度之快令世人瞩目。在这种背景下,对于东亚经济的研究成为经济学领域的热门课题。

表 7-1 列出的是中国、日本和亚洲"四小龙"到 2000 年的经济增长情况。从表 7-1 中可以看出,日本和亚洲"四小龙"经济的高速增长期都持续了 20 年左右,并且高速增长期内的年平均增长率也都比较接近,即都在 9% 左右,如果将时间区间缩短,我们将会发现,起步期的增长率还要更高。但这些国家和地区在经历了经济高速增长期之后,都

出现了减速的过程,这是一个普遍规律,西方发达的市场经济国家和地区也都经历了类似的发展过程。但不同的国家和地区经济减缓的程度有所不同。日本和韩国、中国香港走出了高速经济增长期后,经济增长速度明显放缓,但新加坡和中国台湾的经济,还保持着7%左右的增长速度。这些国家和地区中,中国香港和新加坡属于都市经济,而日本、韩国和中国台湾则属于区域经济。可以看出,一个国家或地区的规模(人口和经济总量)越大,走出高速增长期后,要保持较高的增长速度也就越困难。这个规律在中国的经济增长中最后也会有所体现。而使一个经济体保持尽可能长时间的高速经济增长,正是各个新兴工业化国家或地区想要实现的目标。

表 7-1 中国、日本、新加坡、韩国、中国香港和中国台湾的经济增长率

| 国家和地区 | 高速增长前期(年份) | GDP增长率(%) | 高速增长期(年份) | GDP增长率(%) | 高速增长后期(年份) | GDP增长率(%) |
|---|---|---|---|---|---|---|
| 中国 | 1952—1978 | 6.15 | 1978—2000 | 9.52 | | |
| 日本 | | | 1955—1973 | 9.22 | 1973—2000 | 2.81 |
| 新加坡 | 1960—1965 | 5.74 | 1965—1984 | 9.86 | 1984—2000 | 7.18 |
| 韩国 | 1953—1962 | 3.84 | 1962—1991 | 8.48 | 1991—2000 | 5.76 |
| 中国香港 | 1966—1968 | 2.61 | 1968—1988 | 8.69 | 1988—2000 | 4.14 |
| 中国台湾 | 1951—1962 | 7.92 | 1962—1987 | 9.48 | 1987—2000 | 6.59 |

注:1. 本表中的中国指中国大陆。2. 表中的中国数据根据国家统计局(2001)中的 GDP 核算资料计算;日本数据根据日本内阁府经济社会综合研究所(www.esri.cao.go.jp)中的不变价 GDP 核算资料计算;新加坡、韩国和中国香港数据根据 IMF(2001,光盘)中相应国家和地区的 GDP 核算资料计算;中国台湾数据根据台湾地区行政机构主计处所(2001)中的国内生产毛额核算资料计算。

1993 年 9 月,世界银行发表了《东亚的奇迹:经济增长和政府政策》(*The East Asian Miracle:Economic Growth and Public Policy*),探讨了东亚奇迹的各种成因。因而使东亚模式成为人们关注的焦点。

一般观点认为,发生东亚奇迹的国家和地区,有以下一些特征:

第一,政府主导型经济体制,经常伴随着一个强有力甚至是专制的政府。

第二,出口导向型的外向型经济发展战略。

第三,以银行为主的间接融资方式。如在韩国和中国台湾的经济发展中,一些大企业通过政府干预形成的银行贷款,在很短的时间里形成了迅速扩张,并在一定的时期内,对国家或地区的经济增长做出了贡献。

第四,以儒家传统文化为特征的企业和社会文化。

第五,发挥后发优势,赶超世界先进水平,实现高速经济增长。

东亚奇迹的发生已经是一个不争的事实,但是对这种奇迹的前途,却有一些相反的观点。有些观点甚至认为,以上引起东亚奇迹的原因,很可能就是影响东亚经济进一步发展的重要因素。美国经济学家保罗·克鲁格曼(Krugman,1994)1994 年发表的《亚洲奇迹的神话》(*The Myth of Asia's Miracle:A Cautionary Fable*)中指出:亚洲新兴工业化国家和地区是"纸老虎",它们的经济增长和 50 年代的苏联一样,过多地依赖大规模的劳动力和大量资金的投入,而非通过提高效率来获得,在这些国家和地区和发达国家和地区之间,技术水平上收敛没有发生,因此,东亚之谜并不存在,亚洲新兴国家和地区的前途也不会像想象得那么乐观。在文章中,他还谈到了中国的经济增长,他认为,中国如果保持7%的经济增长,而美国保持 2.5%的增长,到 2010 年,中国的经济总量将会达到美国的 82%,这无疑会使世界经济的重心发生变化,但并不会像人们所预料的那么大。

亚洲金融危机爆发仿佛是在验证克鲁格曼的预言,引发了国内外学者对东亚模式的重新思考。尤其是亚洲金融危机引起的银行债务危机更引起了人们的重视。由于东亚模式的主要融资方式是政府主导下的间接融资,企业为了获得经营活动的资金,就必须通过政府官员向银行施加压力。在这种情况下,首先产生的现象就是政府官员的腐败。银行不是根据项目的风险和可能的回报来决定贷款,而是根据行政命令来发放贷款,到了一定的阶段,大量的呆账和坏账形成规模,就会对整个经济形成严重的威胁,进而影响经济的进一步增长。这一点,不但在亚洲金融危机中得到了验证,而且在东亚各国以往的历史中也一直在发生。一些经济学家由此得出结论,认为东亚奇迹已经不复存在,进一步的高速经济增长将会遇到重重困难。

而就在这种背景下,中国提出了新的翻两番的战略目标。如果这一目标得以实现,就意味着中国以9%以上的年平均增长速度保持了25年的高速经济增长后,又保持20年左右的高速经济增长,把这一纪录提高到45年。这在世界经济发展史上是前所未有的,也将是对克鲁格曼等人对东亚模式经济增长极限理论的直接否定。这一目标能够实现吗?

我们可以看到,东亚模式的几个基本特征,中国都是具备的:

中国目前的经济管理体制是从计划经济转轨而来,在计划经济条件下,政府对于经济生活的主导作用是至高无上的。现在,各级政府在经济生活中的主导作用仍然非常明显。

外向型经济的发展是中国改革开放后的一大成果,如果没有中国的对外开放,中国经济的高速增长不可想象。

到现在为止,间接融资仍然是中国资本市场上占统治地位的融资方式。各东亚国家在政府主导下发生在融资领域中的现象,或多或少地也存在于我们的经济生活中。

如果说儒家文化对于东亚经济增长产生了重大的影响,那么中国正是这种文化的发源地。

赶超先进的雄心壮志和后发优势是东亚国家和地区经济起飞的重要原因。而在中国,这一特征表现得尤其明显。20世纪90年代初,广东省就制定了赶超亚洲"四小龙"的经济发展计划。中国的"四个现代化"就是在赶超的背景下提出来的。

可以看出,通常总结的东亚国家和地区高速增长的原因,往往也正是使它们的经济增长减速的原因。那么,从这样一个分析逻辑看,中国经济的高速增长期也可能会结束,从此进入亚高速增长或缓慢增长。但是,一个国家和地区的经济增长,往往是一个更为复杂的过程,我们认为,以上几方面的分析,远远还不够对东亚经济做出最后的结论。退一步说,如果这些重要的分析在解释东亚经济增长还有一定的道理的话,那么,在将它们应用于中国长期经济增长的研究时,可能还要考虑对中国经济增长潜力进行更为深入的分析。中国的经济和亚洲新兴工业化经济相比,确实有许多相似之处,但是,也有一些自己的特征。

中国的经济体制虽然还属于政府主导的体制,但是在中国的经济生活中,政府的直接干预是随着体制转轨而逐渐减弱的。银行的间接融资带来的问题也在不断得到解决。

同时,与日本和亚洲"四小龙"不同的是,中国的城市与农村之间、东部与西部之间发展水平存在巨大差距,城市化水平低。中国经济这一梯级分布的特点,使产业结构的调整可能在不同地区间实现。区域经济差异是中国经济增长中的特有的资源;中国与西方发达国家技术上的差距较大,这使得中国可以利用发展中经济的后发优势。

中国拥有超过 13 亿的人口,改善人民生活是一项艰巨的任务,但在另一方面,这意味着中国有潜在的广阔市场,可以通过发展内需扩大需求。

从拥有的自然资源上看,中国也是其他东亚国家所不能比拟的。

因此,直接将东亚的高速经济增长以及它们后来的发展"瓶颈"的因素分析简单地应用于解释中国过去和未来的经济增长,再用东亚模式来证明中国经济增长不能持久,那是缺乏说服力的。改革开放以来,中国经济获得了高速增长,1978—2003 年,年平均经济增长率达到9.36%。这一增长率与日本和亚洲"四小龙"高速增长时期的年平均增长率大致相同。虽然这些国家和地区在经历了经济高速增长期之后，都出现了减速的过程，而且这一普遍规律也有可能在中国重演，但我们认为，由于中国的特殊情况，中国的这一过程可以被延缓，完全有可能保持更长时期的高速经济增长。2003 年，中国经济在经过几年的调整后，重新跨过了 9% 这一高速经济增长的重要标志，从发展趋势看，中国的经济还有可能在一段时间里保持较高增长速度。在进入 21 世纪后，经济增长率可能会有所下调，但如果我们的政策得当，国际环境和资源条件不发生太大变化，仍然能够保持一定速度的高速经济增长。21 世纪的第一个 10 年有可能实现 7.5%—8.5% 的经济增长，第二个10 年则有可能实现 6.5%—7.5% 的经济增长。在这种估计下，我们认为中国在 21 世纪的最初 20 年里，实现翻两番的目标是有可能的，甚至有可能提前实现这一目标。

## 二、从可支配收入看中国经济增长目标

经济增长从根本上说，是人民收入的增长。这也就是几百年前古典政治经济学家们通过"收入"来对国家实力进行比较的原因。当然，一个国家的政府可以通过牺牲人民生活的途径，使它的军事、生产能力比同等收入的国家更为强盛，但从根本上说，一个人均收入水平很低的国家，它在这一方面的努力的收效一定是有限的。所以，通过"收入"或人民生活水平对于一个国家的总体实力的衡量，仍然是经济学中进行动态或静态比较中的一种基本方法。

1978—2003 年改革开放 25 年的成果，就一般老百姓来说，是从他们的现实生活中感受到的。如果我们实现再翻两番的目标，或者说到了 2022 年，中国按 2002 年价格计算的 GDP 总量达到 40 万亿元左右。老百姓的收入和生活会达到一个什么样的水平呢？根据国家统计

局社会科技统计司的估计,那时中国的人口将达到 14.4 亿左右,那么,年人均 GDP 将达到 2.78 万元。

人均 GDP 不会全部进入居民家庭,GDP 中各种初次投入经过各种复杂的分配和再分配过程形成的可支配收入,才是居民从这个经济中获得的收入。虽然居民可支配收入不会全部用于即时消费,一部分人会形成储蓄(如形成银行存款、购买保险或投资证券市场)成为居民的金融资产(而金融机构会把这些款项通过某种方式供其他人或企业使用),剩下的部分才会形成消费。由于有了金融工具,一部分人会把自己的消费推延,另一部分人则可能通过个人信贷将未来的消费提到现在,但一般来说,居民的消费总额会低于居民的可支配收入。但对于一个家庭来说,可支配收入是最重要的,至于在可支配收入中有多大的比重用于消费,那是各个家庭自主的选择。而可支配收入的获得,除了这个家庭的努力之外,还要取决于社会、经济等的多方面的因素。那么,在 2022 年的经济规模下,中国居民的人均可支配收入将会到达一个什么水平呢?

表 7 - 2 列出的是 2002 年人均 GDP 和人均可支配收入。从表中的结果我们可以推算出,2002 年,全国的年人均可支配收入与人均GDP 之比 56.69%。假设 2022 年人均可支配收入和人均 GDP 的比率保持在 2002 年的水平。那么,那一年中国的人均可支配收入应为:2.78 万元×56.69% = 15 758(元)。按月计算的人均可支配收入则为:15 758 元/12 = 1 313(元)。如果有一个 3 口之家(从目前中国的家庭调查的结果看,中国的平均家庭人口正趋近于这一数值,从统计学的观点出发,我们在下文中把它称之为典型家庭),这个典型家庭的月可支配收入将达到 3 939 元。但人均可支配收入和人均 GDP 的比率是有可能发生变化的,如果取这个比率的最大值 1,那么,人均可支配收入就会等于人均 GDP,即按月计算的典型家庭可支配收入为 2.78 万元/

12×3＝6 950(元)。当然,这样的极值是不会取得的。所以,那时的按月计算的一个典型居民家庭的可支配收入,可能是在 3 939 元和 6 950元之间。换句话说,如果我们能够保持中国目前高速经济增长的势头,再假设生活消费的价格总水平保持不变,再考虑人均可支配收入与人均 GDP 的比率间所可能发生的变化,那么到 2022 年,我们国家的典型家庭的收入大致会在 4 000—5 000 元。

表 7-2　2002 年人均 GDP 和人均可支配收入

| | 人口 | | 国内生产总值<br>(亿元) | 人均<br>GDP<br>(元) | 分城乡的人均可支配收入(元) | 可支配收入总额(万元) | 全国人均可支配收入(元) |
|---|---|---|---|---|---|---|---|
| | 年末数<br>(万人) | 占比<br>(%) | | | | | |
| 城镇 | 50 212 | 39.1 | — | — | 7 703 | 38 678 | — |
| 乡村 | 78 241 | 60.9 | — | — | 2 476 | 19 372 | — |
| 合计 | 128 453 | 100.0 | 102 398 | 7 972 | — | 58 050 | 4 519 |

注:1. 表中数据引自《中华人民共和国 2002 年国民经济和社会发展统计公报》。
　　2. 乡村的人均可支配收入为纯收入,口径与可支配收入接近。

4 000—5 000 元的月收入,北京、上海、广州、深圳的很多家庭现在都已经达到了这个水平。他们中的很多人会直观地感觉到这个数值偏低。到了 2022 年,如果还是这个水平,那人民生活的改善不是太慢了吗? 这个问题应该从以下几个方面理解:

首先,到现在为止,就全国平均水平而言,中国目前的人均可支配收入的水平还很低,从表 7-2 的计算结果可以看出,2002 年全国的人均可支配收入的水平只有 4 519 元,月收入只有 376 元,一个典型家庭的月收入为 1 130 元。如果到达 4 000—5 000 元,收入将是现在的 4—5 倍,应该说增长幅度很大。另一方面,中国的城乡人口结构会有较大的变化,现代国家城市化的特征会更加明显。如果实现了工业化,城市人口比重应该达到 80% 以上。这样,生活水平得到提高的将是全国人民而不仅仅是一部分大城市的居民。

其次,典型家庭的 4 000—5 000 元收入,应该是和全国平均的消费水平相对应的。以居住条件为例,按照国家统计局公布的数据,2002年末,全国的平均房价是每平方米 2 300 元左右。而北京、上海、广州、深圳平均房价要比这个水平高得多,一般都在 2 倍以上。而一些中小城镇的房价则又要比全国的平均水平低得多。如果以房价为一个基准数字,那么,只有在平均房价在 2 000 元左右的城市中取得 4 000—5 000 元月收入的家庭,才达到了我们说的 21 世纪头 20 年的生活水平目标。

最后,典型家庭和高收入家庭的含义是不一样的。从统计学意义上看,如果典型家庭的收入达到 5 000 元,那就意味着有一半的家庭的收入高于这一水平。这些家庭的收入是稳定的,具有较好的安全感,收入和支出较为均衡。而这对于提高全社会的消费水平和改善人民生活,都是非常重要的。

## 三、中国未来经济增长及其国际经济地位展望

目前,进行国际比较使用的方法很多,但汇率法仍然是国际间比较时最常用的一种方法。因为汇率本身也反映了一个国家的经济在国际上的地位。世界银行最新资料表明,2000 年,中国按汇率法[①]计算的GDP 为 1.08 万亿美元,超过意大利,跃居世界第六位。表 7-3 列示了按汇率法计算的位于世界前 10 位国家的 GDP 及有关的比重情况。从表 7-3 可以看出,按汇率法计算,中国 GDP 仅占世界 GDP 的 3.4%,

---

① 世界银行按美元计算的各国 GDP 数据采用的是各国最近三年的一种平均汇率,而不是当年汇率,这种平均汇率考虑了美国、英国、法国、德国和日本的汇率变化因素,参见许宪春(1999)。

是美国 GDP 的 10.9%,日本的 23.1%,德国的 57.8%,英国的 76.4%,法国的 84.0%。那么,按汇率法计算的中国 GDP 何时才能赶上和超过这 5 个发达国家?到 21 世纪中叶,中国人均 GDP 处于什么样的水平?

**表 7-3　2000 年按汇率法计算的世界排名前 10 位国家的 GDP 及有关的比重情况**

| 排序 | 国家 | GDP (亿美元) | 各国 GDP/世界 GDP(%) | 中国 GDP/各国 GDP(%) |
|---|---|---|---|---|
| | 世界总计 | 313 369 | | |
| 1 | 美国 | 98 828 | 31.5 | 10.9 |
| 2 | 日本 | 46 771 | 14.9 | 23.1 |
| 3 | 德国 | 18 701 | 6.0 | 57.8 |
| 4 | 英国 | 14 134 | 4.5 | 76.4 |
| 5 | 法国 | 12 863 | 4.1 | 84.0 |
| 6 | 中国 | 10 800 | 3.4 | 100.0 |
| 7 | 意大利 | 10 685 | 3.4 | 101.1 |
| 8 | 加拿大 | 6 895 | 2.2 | 156.6 |
| 9 | 巴西 | 5 876 | 1.9 | 183.8 |
| 10 | 墨西哥 | 5 745 | 1.8 | 188.0 |

注:表中第三列数据取自国家统计局国际统计信息中心(2001),第四列和第五列数据根据第三列数据计算。

　　到目前为止,已有许多经济学家对中国未来的经济增长和在国际上的经济地位问题进行过研究。林毅夫(2000)认为,美国"能长期维持 3% 的增长速度已经是相当不错,而中国经济则可以再维持 30 年左右的 8%—10% 的快速增长。因此,21 世纪中叶前中国经济完全有可能超过美国成为全世界最大、最有实力的经济"。李京文(2000)等人利用系统动力学、投入产出、经济计量三者结合模型对 2000—2050 年 51 年的经济增长情况进行了预测,得出以下基本结论:中国 51 年的经济增长大致可以分为三个阶段,第一阶段是 2000—2010 年,经济增长保持平均 8% 的高速度;第二阶段是 2010—2030 年,经济增长保持在平均 6% 的水平;第三阶段是 2030—2050 年,经济增长维持在平均 4%—

5%的水平上,中国经济规模和实力迈入世界前列。郭道丽(2001)在美国经济增长率一直保持3%,中国经济增长率一直保持8%的假定下,得出了中国GDP将在47年后赶上并超过美国的结论。

在以上研究结果中,由于研究目的不同,李京文只预测了按人民币计算的中国经济总量,没有预测按美元计算的中国经济总量,也没有预测美国及其他发达国家的经济总量,因此没有进行经济总量的具体比较。林毅夫和郭道丽的估计过于乐观,中国经济再维持30年或更长时间8%及以上的快速增长可能性不大。

根据我们对美国、日本、英国、法国和德国这5个发达国家经济增长历史资料、经济增长因素等方面情况的分析和未来情况的判断,我们假定美国未来的经济增长率保持在3%,而其他国家未来经济增长率为2.5%。而中国则从21世纪第一个10年的7.5%开始,每年下降1个百分点,由2050年开始保持在3%。那么,在价格和汇率不变的假定条件下,我们对各国未来的经济增长有以下的估计(见表7-4)。

表7-4　美国、日本、德国、英国、法国和中国未来GDP预测
(按2000年价格和1998年、1999年、2000年
本国货币对美元的三年平均汇率计算)

单位:亿美元

| 年份 | 美国 | 日本 | 德国 | 英国 | 法国 | 中国 |
|------|------|------|------|------|------|------|
| 2001 | 101 793 | 47 940 | 19 169 | 14 487 | 13 185 | 11 610 |
| 2002 | | | 19 648 | 14 849 | 13 515 | 12 481 |
| 2003 | | | 20 139 | 15 220 | 13 853 | 13 417 |
| 2004 | | | 20 642 | 15 601 | 14 199 | 14 423 |
| 2005 | | | 21 158 | 15 991 | 14 554 | 15 505 |
| 2006 | | | 21 687 | 16 391 | | 16 668 |
| 2007 | | | 22 229 | | | 17 918 |
| 2008 | | | 22 785 | | | 19 262 |
| 2009 | | | 23 355 | | | 20 707 |
| 2010 | 132 817 | 59 871 | 23 939 | | | 22 260 |
| 2011 | | | 24 537 | | | 23 707 |

（续表）

| 年份 | 美国 | 日本 | 德国 | 英国 | 法国 | 中国 |
|---|---|---|---|---|---|---|
| 2012 | | | 25 150 | | | 25 248 |
| 2020 | 178 494 | 76 640 | | | | 41 783 |
| 2025 | | 86 711 | | | | 54 609 |
| 2026 | | 88 879 | | | | 57 612 |
| 2029 | | 95 713 | | | | 67 651 |
| 2030 | 239 881 | 98 105 | | | | 71 372 |
| 2040 | 322 381 | 125 583 | | | | 110 839 |
| 2047 | 396 488 | | | | | 141 018 |
| 2048 | 408 382 | | | | | 145 954 |
| 2050 | 433 253 | 160 757 | | | | 156 349 |
| 2055 | | 181 882 | | | | 181 251 |
| 2056 | | 186 429 | | | | 186 689 |
| 2060 | 582 255 | | | | | 210 120 |
| 2100 | 1 899 339 | | | | | 685 420 |

注：按 2000 年不变价格和 1998 年、1999 年、2000 年各国货币对美元的三年平均
汇率预测（汇率法）。

　　将表 7 - 4 中对各国经济增长的预测结果进行比较可知，按 2000
年价格和 1998 年、1999 年、2000 年本国货币对美元的三年平均汇率计
算，中国 GDP 在 2005 年将达到 15 505 亿美元，超过法国（14 554 亿美
元）；在 2006 年将达到 16 668 亿美元，超过英国（16 391 亿美元）；在
2012 年将达到 25 248 亿美元，超过德国（25 150 亿美元）；在 2056 年将
达到 186 689 亿美元，超过日本（186 429 亿美元）。但和美国相比，
2050 年，中国 GDP 为 156 349 亿美元，美国 GDP 为 433 253 亿美元。
那时，中美两国 GDP 的比例由 2000 年的 10.9% 上升到 36.1%，相对差
额①由 89.1% 下降到 63.9%，但绝对差额②由 2000 年的 88 028 亿美元
上升为 276 904 亿美元。如果假定 2051—2100 年中国和美国的经济增长

---

　　① 中美两国 GDP 的相对差额 =（美国 GDP - 中国 GDP）/美国 GDP。

　　② 中美两国 GDP 的绝对差额 =（美国 GDP - 中国 GDP）。

率均为3%,则中美两国 GDP 的相对差额不变,但绝对差额进一步增大。

　　但我们知道,每一个国家的价格都往往随着时间的变化而变化;本币对美元的汇率也不是固定不变的。因此,还有必要考虑在汇率变化的情况下,经济增长对中国未来的国际经济地位的影响。根据东亚新兴国家和地区 20 世纪后半叶实际汇率的变化情况,我们认为未来 50 年里,人民币对美元的实际汇率将是上升的,并且上升的比率不会低于50%。因此,我们做出以下两种假定,第一种假定是,2001—2010 年人民币对美元的实际汇率维持在 1998 年、1999 年和 2000 年三年平均汇率水平,2011—2050 年提高 100%,并且每年增长幅度相同,相当于人民币对美元的实际汇率每 10 年提高 18.92%;第二种假定是,2001—2010 年人民币对美元的实际汇率与第一种假定相同,2011—2050 年上升 200%,并且每年增长幅度也相同。第二种假定的实际汇率增长幅度接近于日本 20 世纪后 40 年的水平,相当于人民币对美元的实际汇率每 10 年提高 31.61%。

　　上述两种假定相当于仍然将 2001—2010 年人民币对美元的汇率固定在 1998 年、1999 年和 2000 年三年平均汇率水平。在这些假定下,中国经济将在 2005 年超过法国、2006 年超过英国、2012 年超过德国的结论不会发生变化。我们只需将中国经济与美国经济和日本经济进行比较即可。

　　为简单起见,在进行中国、日本、美国间的比较时,我们假定日元对美元的汇率不发生变化。表 7-5 列出了这种比较的结果。可以看到,在第一种假定条件下,中国经济将于 2030 年达到 100 935 亿美元,超过日本经济(98 105 亿美元),在 21 世纪中国经济赶不上美国经济;在第二种假定条件下,中国经济将于 2026 年达到 89 405 亿美元,超过日本经济(88 879 亿美元),将于 2048 年达到 414 459 亿美元,超过美国经济(408 382 亿美元)。

表7-5 实际汇率变化条件下的中国未来 GDP 预测

单位:亿美元

| 年份 | GDP | GDP |
|------|------|------|
| 2010 | 22 260 | 22 260 |
| 2020 | 49 689 | 54 990 |
| 2025 | 70 819 | 82 449 |
| 2026 | 76 019 | 89 405 |
| 2029 | 94 029 | 114 001 |
| 2030 | 100 935 | 123 620 |
| 2040 | 186 408 | 252 658 |
| 2047 | 267 749 | 389 594 |
| 2048 | 281 965 | 414 459 |
| 2050 | 312 698 | 469 047 |
| 2060 | 420 240 | 630 360 |
| 2100 | 1 370 839 | 2 056 258 |

注:表中第二列数据根据 2011—2050 年人民币对美元实际汇率上升 100%和表
7-4 数据计算,表中第三列数据根据 2011—2050 年人民币对美元实际汇率
上升 200%和表 7-4 数据计算。

第二种假定是一种过于乐观的假定,20 世纪后 50 年,只有日本、瑞士等极少数国家的本国货币对美元的实际汇率上升了 200%。相对来说,第一种假定实现的可能性比较大些。所以,在 21 世纪中叶之前,中国经济赶上并超过日本经济,成为世界第二经济大国是可能的,但赶上并超过美国经济,成为世界第一经济大国几乎是不可能的,到 21 世纪末赶上并超过美国经济,成为世界第一经济大国的可能性也不大。

根据国家统计局人口社会科技统计司的预测,中国的人口在 2010 年将达到 135 926 万人;2020 年为 143 498 万人;2030 年为 146 956 万人;2040 年为 146 864 万人;2050 年为 143 229 万人。根据表 7-5 和上述数据,可以在汇率不变、2011—2050 年人民币对美元实际汇率分别上升 100%和 200%这三种假定条件下对中国未来人均 GDP 进行预测(见表 7-6)。

### 表7－6 中国未来人均GDP预测

单位:美元

| 年份 | 汇率不变 | 实际汇率上升100% | 实际汇率上升200% |
|---|---|---|---|
| 2010 | 1 638 | 1 638 | 1 638 |
| 2020 | 2 912 | 3 463 | 3 832 |
| 2030 | 4 857 | 6 868 | 8 412 |
| 2040 | 7 547 | 12 693 | 17 204 |
| 2050 | 10 916 | 21 832 | 32 748 |

从表7－6可以看出,在汇率不变的假定下,2050年中国人均GDP达到10 916美元,赶上葡萄牙2000年的水平;在实际汇率上升100%的假定下,达到21 832美元,赶上或接近意大利、澳大利亚和加拿大2000年的水平;在汇率上升200%的假定下,达到32 748美元,接近美国2000年的水平①。根据前一部分论述,汇率上升100%的假定可能性比较大些,因此,2050年中国人均GDP有可能达到2万美元,达到或接近意大利、澳大利亚和加拿大2000年的水平,但很难接近或达到美国2000年的水平。

## 四、实现目标过程中可能遇到的挑战

目标的宏伟是和实现这一目标的难度成正比的。无论是GDP水平还是人民生活水平的提高,从根本上说,是要靠这个社会的生产力保证的。而将生产和消费较好地连接并在这一基础上迅速发展,则是实现这一目标的重要途径。概括地看,中国要实现自己的经济增长战略目标,可能会遇到以下一些重大的挑战:

---

① 根据世界银行最新发布的数据,2000年美国人均GDP为35 046美元,加拿大为22 244美元,澳大利亚为20 738美元,意大利为18 423美元,葡萄牙为10 387美元,参见国家统计局国际统计信息中心(2002)。

第一,城市化问题。

从表 7-2 中可以看到,2002 年中国城镇人口占全国人口的比例为 39.1%,乡村人口所占的比重为 60.9%。从人口上看,仍然是一个以乡村人口为主体的传统社会。但从产业结构来看,2002 年第一产业增加值占 GDP 的比重仅为 14.53%。

当然,第一产业的增加值并不都是由乡村人口生产出来的,城市的现代农业也在从事这一产业的生产。乡村人口从事的主要是农业生产,但也有一部分人口就地(如华西村)或出外(如农民工)从事其他产业的生产。但从总体上看,中国仍然是一个以乡村人口占大多数的国家,较低的农业生产率带来的是广大地区较低的生活水平。由于多年的开发和受自然条件的制约,第一产业的进一步增长受到限制。从长远看,农业人口向城市转移,农业劳动力向非农产业转移将是在工业化过程中必然发生的现象。当年的英国是通过圈地运动完成了工业革命中劳动力结构的调整,那是一个痛苦和血腥的过程。今天我们不可能通过这个方式完成农村劳动力向城市的转移,但是实现劳动力结构的调整并实现城市化这条道路还是要走的。完成工业革命后,中国的农业劳动力的比重应该在 10% 以下,乡村人口占总人口的比重将会在 20% 以下。从这个目标看,中国乡村人口的 40% 将有可能在未来的 20年里转化为城市人口。如果是这样的话,中国的城镇人口就会达到 10亿以上,比 8 个日本或 3 个美国的人口还要多,那么,我们就会遇到一系列的问题,如就业问题和与之相联系的社会保障问题、大城市化的问题、环境问题等。

第二,国民经济发展的长期规划。

在中共十二大上,中国首次提出了翻两番的战略目标。和现在相比,我们当时无论是在对市场经济的理解上还是在对经济宏观调控上都相当缺乏经验。由于我们的转轨和高速经济增长同时发生,而实行的又是一种"摸着石头过河"的转轨,改革过程中的很多变数,在实际中是很难规划的。今天,我们在新的基础上,重新提出翻两番的新的战略目标,优势在于我们经历了经济体制改革和对外开放,已经建立了新的经济体制和现代企业制度;难度在于经历了二三十年的高速经济增长,中国经济的一些潜能已经被释放(如20世纪80年代的农业高速增长就很难再现),一些生产要素价格上的独特优势正在失去,在这种情况下,对未来长期发展的规划就显得特别重要。以大城市化为例,新兴工业化国家的大城市化问题是一个很尖锐的问题。在美国,国家的各种中心是多元化的,比方说,华盛顿是政治中心、纽约是金融中心、底特律是汽车制造中心、好莱坞是电影制作中心、硅谷是电脑和软件中心,等等。而东京、首尔这些城市,往往是一身数任,集各种中心为一体,使城市的负担非常重。在中国未来的城市化进程中,也应该避免大城市的过度膨胀,目前,北京和上海已经有这样的趋势,这正是我们的长期规划中应该尤其重视的问题。

第三,生产能力的短期过剩和长期不足的矛盾。

改革开放后,中国的卖方市场逐渐转变为买方市场。这个市场的一个重要特征,就是生产能力的过剩。在生产能力过剩的情况下,一些企业生产的产品可能会卖不出去,因而导致企业经营困难以至于破产。这些企业的产品并不是没有社会需求,而是缺少有支付能力的社会需求。换句话说,在买方市场的背景下,一方面,从长远看,社会上现存的生产能力肯定是不足的,和人们不断增长的物质文化生活需求存在着矛盾;另一方面,由于受有支付能力的需求的限制,相当一部分企业将经常性地处于生产能力过剩的状态中,面临竞争和经营的强大压力。这就形成了一种经常性的矛盾:许多农村居民还没有用上电视,一些电视机厂生产出来的电视却严重积压;很多城镇居民缺少住房,一些房地产商的房子却卖不出去。

在这里,生产、收入和消费形成一个相互连接的环。生产要发展,就必须有需求尤其是最终需求,而最终需求的增加则取决于居民消费倾向和可支配收入的增加,可支配收入的增加则要求增加生产。问题在于这里的生产、收入和消费是由千千万万个企业进行的,社会分工和协作的发展又使得企业越来越专业化,储蓄和投资行为、政府行为、金融市场等因素又在发生作用,这就使这样一个简单的环变得复杂起来。要使这样一个环运转起来,需要有一个轴心,这个轴心现在我们已经找到了,这就是市场。货币和资金则是这个运转的润滑剂。润滑剂怎样添加,添加多少,就是政府的财政政策、货币政策和产业政策。

短期的生产能力过剩早在马克思所处的时代就已经成为一种周期性的现象,后来的社会主义计划经济就是针对这种现象提出来的。但是在苏联的计划经济条件下,由于作为社会基本单位的企业和个人失去了的主观能动性和创新精神,虽然不再出现过剩,但不足依然存在,而且表现得更为严重。事实已经证明那种体制是缺乏活力的。那么,能否考虑建立一种体制,使这一对矛盾解决得更好一些?

第四,合理的宏观调控的实现。

亚洲金融危机后,中国采取了积极的财政政策,扩大需求,有效地刺激了中国的经济增长。但是我们也知道,自从凯恩斯提出他的宏观经济理论后,财政政策是各国刺激经济、解决过剩的一个重要工具,但也出现过很多失败的案例。中国的财政政策之所以成功,是有它特定的背景的。财政政策只是众多宏观经济政策的一个方面,还应该考虑其他政策的协调应用,例如,在平衡我们上面所说的矛盾时,货币政策、地区政策如何发挥作用。现在经常发生的一种现象是,一种鼓励扩张的经济政策的使用,首先会在经济发达地区发挥作用并促进了这些地区的发展,等到这些地区的经济过热了,政策开始收缩了,欠发达地区的经济却还没有启动或者刚刚启动。它们没有在鼓励扩张时得到多少益处,但却在政策紧缩时受到影响。

第五,能源和环境。

能源问题可能是中国未来经济增长中的主要"瓶颈"。增加的需求和消费如果以能源为代价的话,按照目前的能耗水平,未来的能源消耗对中国来说将会是一个巨大的负担。到2022年时中国那时的家庭数在5亿个左右,如果1/5的家庭拥有家用汽车,那时,家庭汽车的拥有量将会达到1亿辆以上。如果每年更新其中的1/10,中国每年的汽车需求就在1 000万辆以上,这是一个很大的需求。但在另一方面,这里的能源消耗也是惊人的,中国2003年的私人轿车的拥有量为1 000多万辆,原油消耗为2亿多吨,如果有1亿辆家用轿车,原油消耗将在10亿吨以上,占目前国际原油产量(30亿吨)的1/3以上,相当于美国目前的水平。中国2003年的原油消耗已经超过日本,成为世界第二(日本每日消耗543万桶,中国为546万桶,1吨=7.3桶)。而中国目前的原油储量为18亿吨。那时候我们能保证中国的能源供应吗? 我们知道,日本的经济停滞就是从1973年的石油危机开始的。这种情况会不会在中国重演? 国内资源和国际市场能不能满足我们那时的能源需求? 当然,科技革命有可能为我们带来耗能低的产品,在20年间,也可能会开发出新的能源来满足人类的需求。但是无论如何,能源开发和与之相适应的环境保护,应该是我们在实现我们的奋斗目标时应该着重考虑的问题。

第六,经济增长过程中的比较优势。

比较利益是国际经济交往的基础。在世界经济一体化的今天,如果发展中国家具备了一定的基础,如教育水平、基础设施等,又进行了体制创新,就有可能通过它在劳动、土地及原材料等生产要素方面的比较优势获得较快的发展。而发达国家则可以通过在资本、金融、科技等方面的优势,通过和发展中国家的交流,获得比国内更多的利益。在这一发展过程中,新兴工业化国家由于起点较低,经济增长速度可能会快于国际经济合作的另一方的发达国家。日本、韩国等国家都走过这条道路。但随着新兴工业化国家的崛起,甚至转变为发达国家,那么它在生产要素方面的原有的比较优势就会失去,它的货币就会升值,这时,它也必须走发达国家的道路,成为资本、科技等方面输出国,以获得新的发展。日本曾经是世界上劳动力最便宜的国家,但现在它已经成为世界上劳动力最贵的国家之一。从根本上说,要解决这一问题,应该在经济增长过程中逐步解决产业升级的问题,使中国的经济在增长中逐渐由对外吸收能量转化为对外辐射吸收能量。

第七,教育和科技发展。

教育和科技对一个国家的经济发展是至关重要的。进一步发展教育尤其是高等教育,关系到整个民族素质和中国整体的国际竞争力的提高,对中国未来20年的经济发展至关重要。应该指出的是,教育和科技的发展(尤其是教育的发展),当然应该动员各方面的资源,但从根本上说,还是需要政府的投入,这样,才能使国民在受教育上有更多的机会。2002年全年,全国出生人口1 647万人,20年后,进入升大学年龄的青年应该是在1 500万左右,如果他们中的一半能够进入大学学习,我们的大学的招生数应该达到750万。2002年我国的普通高等教育本专科招生数是321万,如果要达到这一目标,高等教育招生规模的增长,可以低于GDP的增长。但如果将进入大学学习的比例提高到那时的适龄青年人数的80%,那么,招生数就应该达到1 200万,比起目前的招生数来也要翻两番。如果再考虑其他教育方面的需求,那么,教育方面投入的增长速度,应该高于GDP的增长。

# 第八章　体制转轨中的经济周期
# 特点及宏观调控的复杂性[*]

经济周期是市场经济条件下一种固有的现象,它通过市场的自我完善功能对经济进行调节,以达到经济活动的均衡。调节过程中对资源的重新配置有可能对经济增长造成负面影响。随着市场化程度的不断加深,经济周期规律也开始在中国发挥作用,宏观调控的一个重要任务就是通过反周期操作,减少这种经济周期对经济增长的负面影响。本章对中国经济周期的表现、数量特征、形成机制进行了研究,并指出了在现阶段应如何根据中国经济活动的特点,通过宏观调控来保证国民经济的持续、稳定增长。

## 一、中国经济增长的周期性

改革开放以来,中国经济获得了持续和高速的增长。从 1978 年到 2003 年,25 年间的平均增长率达到 9.34%。对于中国这样一个发展中大国来说,一段相当长时期的、持续的高速增长是非常重要的。在过去了 1/4 个世纪里,正是这种持续的增长迅速地改变了中国贫穷落后的面貌,使中国的综合国力、人民生活和国际地位得到了前所未有的提

　　[*] 本章写作的基本时间立足点为 2004 年,本章内容刘伟、蔡志洲以《经济周期与宏观调控》为题发表于《北京大学学报(哲学社会科学版)》2005 年第 2 期。

升。长期的经济增长是由多个短期的经济增长连接而成的。个别的短期增长不难做到,困难的是长时期地保持这种增长的连续性。典型的例子是中国1958年的"大跃进",那一年我们取得了21.3%的经济增长率,而在1961年我们的经济增长率为-27.3%,出现了明显的大起大落,这种高速经济增长就没有意义。一般来说,一个好的经济增长,就是要在一定的约束条件(如时期、资源配置等)下,达到增长速度的最大化。但是由于各国的条件不同,指导思想的不同,这组约束条件可能存在着差别。即使是已经建立起一组约束条件,如果方法不对,也不一定能在现实生活中实现最优。从国民经济核算的观点看,经济增长的优化目标可以从供给和需求两方面分析。在供给方,就是要通过对于生产要素等社会经济资源的合理配置,达到产出的最大化以及它的连续性;在需求方,则希望在投资、消费等需求相互协调的基础上,实现需求的最大化以及它的连续性。由于种种因素的影响,要完全实现这种最优状态是有困难的,但可以通过种种措施的实施来接近这种最优。改革开放以来,我们追求的经济增长状态,是利用现有的资源,获得尽可能快的长期经济增长。从整体上看,在过去的20多年中,我们的经济增长表现较好。它主要表现在三个方面:一是保持了持续的高速增长。从世界经济发展的历史来看,很少有国家的经济(尤其是大国)能够以这么高的平均发展速度保持这么长时间的增长,这是中国经济增长的最大成就;二是从整体上看,市场化的改革促进了资源配置的优化,尤其是体制创新使经济活动主体本身的潜能得以发挥,由此提高了生产要素的效率;三是有支付能力的需求在稳定增长,拉动了整个国民经济的不断发展。从这个意义上看,中国经济增长的总体状态是接近优化的。但是从局部看,不时也有一些因素在影响着我们偏离这一状态,其中最大的表现就是我们在从计划经济向市场经济转轨的过程中,经济运行过程中所表现出的周期波动,这种波动的幅度有时甚至很大,对经济资源造成了一定的浪费。引发这种经济波动的原因是多方面的,但其中最主要的原因是经济周期的影响。经济周期是市场经济条件下一种固有的现象,它是市场经济内在规律的一种反映。它反映市场经济本身具备的自我完善功能对经济活动的调节,通过经济周期循环往复,不断实现经济活动的均衡。

经济周期是西方经济理论中所着重研究的一个课题。美国经济学家西蒙·库兹涅茨、瑞典经济学家缪尔达尔(Gunnar Myrdal)、英国经济学家哈耶克(Friedrich August Von Hayek)和美国经济学家罗伯特·卢卡斯(Robert Lucas)等人分别因为从经济增长、货币理论、理性预期等不同的角度展开对经济周期的研究,获得了诺贝尔经济学奖。由于经济活动中存在的各种不确定性,在这种自我调节的过程中产生的波动可能会让经济增长付出较大的代价,这就需要通过宏观调控的反周期操作抚平波动,以减轻周期性因素负面作用。因此,加强对于经济周期以及对策的研究,是经济理论研究的重要课题,也是政府宏观调控的基本任务。但由于特殊的背景,中国的经济周期和西方发达的市场经济国家除了有共同的地方外,还存在着自己的特点。改革开放以后,中国经济增长过程中的经济周期,表现出如下一些特征:

第一,随着转轨过程的深入和市场化程度的提高,经济周期规律在经济生活中的作用逐渐加强。

表8-1列出的是自1978年至2004年26年来以GDP反映的经济增长率的情况。从表中可以看出,在不同的年份中,我们的增长率是不同的,增长速度最快的年份为1984年,当年的经济增长率为15.2%,增长率最低的年份为1990年,为3.8%。过高的增长率和过低的增长率都不利于经济发展。

**表 8 - 1 1978—2004 年 GDP 指数**

（按可比价格计算）

| 年份 | 指数（上年＝100） | 年份 | 指数（上年＝100） |
|---|---|---|---|
| 1978 | 111.7 | 1992 | 114.2 |
| 1979 | 107.6 | 1993 | 113.5 |
| 1980 | 107.8 | 1994 | 112.6 |
| 1981 | 105.2 | 1995 | 110.5 |
| 1982 | 109.1 | 1996 | 109.6 |
| 1983 | 110.9 | 1997 | 108.8 |
| 1984 | 115.2 | 1998 | 107.8 |
| 1985 | 113.5 | 1999 | 107.1 |
| 1986 | 108.8 | 2000 | 108.0 |
| 1987 | 111.6 | 2001 | 107.5 |
| 1988 | 111.3 | 2002 | 108.0 |
| 1989 | 104.1 | 2003 | 109.3 |
| 1990 | 103.8 | 2004 | 109.0 |
| 1991 | 109.2 | 平均* | 109.3 |

注：* 不包含 1978 年与 1977 年对比的指数。

资料来源：国家统计局（2004），2004 年数据为国家统计局公布资料。

图 8-1 是根据表 8-1 的数字所描述的自 1978 年以来中国经济增长率变化的情况。它反映出 1978 年后中国经济波浪式前进的过程。在 20 世纪 80 年代以前，中国也有过经济波动，但那主要是计划经济条件下计划安排和执行的问题。80 年代以后，中国经济增长经过了三次大的起伏。

第一次出现在 20 世纪 80 年代的初期，从 1981 年左右开始发动，到 1984 年到达高点，然后逐渐减速，于 1990 年到达最低点，完成了改革开放以后的第一个循环。

第二次出现在 20 世纪 90 年代的初期，从 1991 年开始发动，到 1992 年到达高点，然后逐渐减速，在 1999 年前后到达低点，完成了改革开放后的第二个循环。

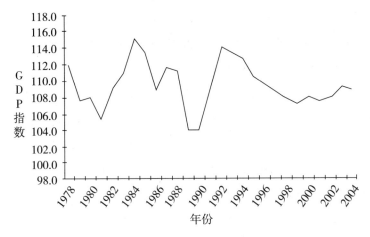

**图 8 - 1　1978—2004 年 GDP 指数变动情况**

第三次出现在 20 世纪初期,也就是我们目前经历的这个新的经济发展时期。它在 2001 年前后表现出加速的特征,到目前为止,仍然在上升通道中运行。

这种起伏反映了中国经济增长过程中的周期性,周期的长度在 10 年左右。正是这种周期导致了中国经济增长的波动。但是波动的幅度是逐渐减弱的。它在一定程度上说明了随着中国的经济发展,政府对于宏观经济的调控水平在不断提高,但其更深层次的原因在于,随着中国转轨过程的推进和市场化程度的不断加深,进行各类经济决策的主体不断分散化。这一点和改革开放初期有重大的差别,当时,国有企业的投资如果不能取得效益,它们的对策大都是继续扩大投资,使投资风险继续发散,而对现在的民营经济和股份制企业来说,它们中的大多数更多地会通过对风险的评估来调整投资活动,在这种情况下,经济活动中的投资风险是逐渐收敛的。这说明市场经济本身的自我调节功能正在发挥越来越大的作用。

第二,经济增长中的周期波动没有影响中国经济高速增长的长期趋势。

从表8-1中可以看出,改革开放以来,中国经济保持长达26年的年均9%以上的平均增长率,这在世界经济发展史上是罕见的。尽管在这一过程中,经济周期的影响使我们在某些时期出现过较大的波动,但是这种波动没有影响中国经济增长的长期趋势。从统计学的观点看,平均指标反映了所观察对象的集中趋势,而在时间序列中,它则反映了观察对象的长期趋势。9%以上的平均增长率的实现证明中国具备高速增长的潜能,改革开放则把这种潜能激发了出来。而经济增长中的周期变动或循环波动,则是在这一高速增长的过程中反映出来的。

第三,在经济增长的周期性变动中,宏观经济的各个分量之间表现出一定的内在联系。

尽管经济增长过程的周期变动会影响到经济生活中的方方面面,但在观察这种变动时,更多的还要从需求方面考察。宏观经济理论中静态分析方法是通过一定的点来说明供需平衡,而在现实生活中,这种平衡往往是通过一系列的点连成的线反映的。由于供给和需求的对应关系,对于总需求及其各个分量的动态考察就成为宏观经济分析的重要工具。在各国的宏观经济分析中,GDP、就业、投资、消费及价格变动是最经常使用的指标。由于中国的就业统计在定义和操作两方面的问题,目前的就业统计数据还不能够适应宏观分析的需要。我们在这里通过 GDP 指数、全社会固定资产投资指数、社会零售商品指数和 GDP 平减指数这四个经济变量来观察过去 25 年来的经济增长。全社会固定资产投资指数反映了投资的增长,社会零售商品指数反映了消费的增长,GDP 平减指数①则反映了全社会的价格水平的整体变动情况。严格地说,全社会固定资产投资总额和反映在 GDP 中的固定资本形成

---

① GDP 平减指数(the Implicit GDP Deflator)是以按现价计算的 GDP 指数与按可比价格计算的 GDP 指数的比值,用以反映整个国民经济的总的价格变动。

总额的概念是有区别的,社会零售商品总额与 GDP 中的最终消费也不尽相同①,但由于我国只在按年度公布支出法 GDP 时,才对其中的最终需求的分量做出估算,在按季度的进度统计中只公布全社会固定资产投资总额与社会零售商品总额数据,因此,在实施宏观调控时,只能通过这两大指标对投资和消费进行类推,虽然在具体数值上有所差别,但反映的趋势仍然是相同的。

　　表 8-2 列出了这四种主要的宏观经济变量在过去 20 多年间的变化情况,而图 8-2 则直观地反映出了这些变化。

表 8-2　20 世纪 80 年代以来四种主要经济变量发展变化趋势

| 年份 | GDP 指数 | | 全社会固定资产投资指数* | | 社会零售商品指数* | | GDP 平减指数 | |
|---|---|---|---|---|---|---|---|---|
| | 数值 | 评价 | 数值 | 评价 | 数值 | 评价 | 数值 | 评价 |
| 1981 | 105.2 | 冷 | 103.0 | 正常 | 107.2 | 正常 | 102.3 | 正常 |
| 1982 | 109.1 | 正常 | 125.6 | 热 | 107.3 | 正常 | 99.8 | 正常 |
| 1983 | 110.9 | 正常 | 114.5 | 正常 | 109.2 | 正常 | 101.1 | 正常 |
| 1984 | 115.2 | 热 | 124.7 | 热 | 114.6 | 热 | 104.9 | 正常 |
| 1985 | 113.5 | 热 | 127.6 | 热 | 117.8 | 热 | 110.1 | 正常 |
| 1986 | 108.8 | 正常 | 115.8 | 正常 | 95.8 | 冷 | 104.6 | 正常 |
| 1987 | 111.6 | 正常 | 113.2 | 正常 | 109.0 | 正常 | 105.1 | 正常 |
| 1988 | 111.3 | 正常 | 105.8 | 正常 | 107.8 | 正常 | 112.1 | 正常 |
| 1989 | 104.1 | 冷 | 78.8 | 冷 | 105.3 | 正常 | 108.8 | 正常 |
| 1990 | 103.8 | 冷 | 100.3 | 冷 | 100.3 | 冷 | 105.7 | 正常 |
| 1991 | 109.2 | 正常 | 113.2 | 正常 | 110.2 | 正常 | 106.7 | 正常 |
| 1992 | 114.2 | 热 | 125.2 | 热 | 110.8 | 正常 | 107.9 | 正常 |
| 1993 | 113.5 | 热 | 127.8 | 热 | 100.1 | 冷 | 114.6 | 热 |
| 1994 | 112.6 | 热 | 118.1 | 正常 | 107.2 | 正常 | 119.9 | 热 |
| 1995 | 110.5 | 正常 | 111.0 | 正常 | 110.4 | 正常 | 113.2 | 热 |
| 1996 | 109.6 | 正常 | 110.4 | 正常 | 113.2 | 正常 | 105.9 | 正常 |
| 1997 | 108.8 | 正常 | 107.0 | 正常 | 109.3 | 正常 | 100.8 | 正常 |

---

① 参见北京大学中国国民经济核算与经济增长研究中心(2004、2005)。

（续表）

| 年份 | GDP 指数 | | 全社会固定资产投资指数* | | 社会零售商品指数* | | GDP 平减指数 | |
|---|---|---|---|---|---|---|---|---|
| | 数值 | 评价 | 数值 | 评价 | 数值 | 评价 | 数值 | 评价 |
| 1998 | 107.8 | 正常 | 114.1 | 正常 | 109.6 | 正常 | 97.6 | 冷 |
| 1999 | 107.1 | 正常 | 105.5 | 正常 | 110.1 | 正常 | 97.8 | 冷 |
| 2000 | 108.0 | 正常 | 109.1 | 正常 | 111.4 | 正常 | 100.9 | 正常 |
| 2001 | 107.5 | 正常 | 112.5 | 正常 | 111.0 | 正常 | 101.2 | 正常 |
| 2002 | 108.0 | 正常 | 116.7 | 正常 | 112.2 | 正常 | 99.8 | 正常 |
| 2003 | 109.3 | 正常 | 124.0 | 正常 | 107.4 | 正常 | 102.0 | 正常 |
| 均值** | 109.5 | | 113.2 | | 108.6 | | 105.3 | |
| 标准差 | 3.05 | | 10.97 | | 4.80 | | 5.73 | |
| 上限 | 112.55 | | 124.17 | | 113.40 | | 111.03 | |
| 下限 | 106.45 | | 102.23 | | 103.80 | | 99.57 | |

注：＊已消除价格变动。

＊＊从统计分析的需要出发，这里的均值是以算术平均数计算的，而通常计算的平均发展速度指标则是通过几何平均数计算的。

资料来源：国家统计局（2004）。其中 GDP 指数为直接引用，其他指数根据相关数据推算而得。

通过对图 8-2 的观察我们可以发现：

（1）固定资产投资是 GDP 的领先指标。在历次经济周期中，固定资产投资指数总是先于 GDP 指数而加速，然后带动其他经济变量。

（2）固定资产加速前期，可能会对消费的增长造成影响，从而降低消费的增长速度，这一点，在 20 世纪 90 年代中期和此轮经济周期中表现得比较明显。

（3）消费是 GDP 的滞后指标。一般地说，在 GDP 的增长和投资的增长进入平缓甚至减速后，消费的增速才会有所提高。

（4）价格总水平的上升通常是和 GDP 增长的加速是同步的，因此，在经济加速初期，虽然消费总额有可能继续保持过去的增长速度，但由于通货膨胀的作用，居民获得的消费增长可能是降低的。这也就是说，在经济加速的初期,居民的福利尤其是中低收入的福利可能会受到一定的影响。

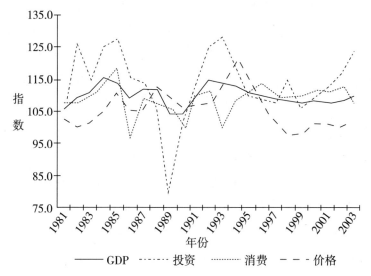

**图 8 - 2　20 世纪 80 年代以来四种主要经济变量发展变化趋势**

(5)当经济景气越过一定的点之后,价格总水平在一定程度上成为领先指标,说明经济增长进入减缓的过程。

当然,由于各个经济周期的背景有所不同,各种宏观经济分量的表现也可能有所不同,如 20 世纪 80 年代的经济周期,消费拉动是一个重要因素。因此,它的投资和消费的发动顺序和以后年份就有所不同。但从整体上看,由于客观经济活动的内在联系,在一般情况下,各种变量在经济周期中的变化顺序还是有一定规律可循的。

在对中国经济增长的长期趋势以及周期变动进行了概括地分析之后,我们还应该更进一步对判断这种周期变动的数量标准进行研究。这一点是非常重要的,在我们目前的宏观经济分析中,对于经济是否过热的标准经常是依赖于分析者的直观感觉而缺乏具体的数量标准,科学的经济决策应该建立在更加精密的数量分析的基础上。在表 8 - 2 中,我们对四组宏观经济变量(1981—2003 年)分别计算了均值和标准差。

在统计学中,平均值反映的是随机变量的集中趋势,而标准差则反映了变量的离散程度。经济增长不可能偏离其内在的趋势过远。从表 8-2 最后 4 行的计算结果中可以看出,20 世纪 80 年代以来,中国的经济增长是相当稳定的,基本上在平均增长率 9.5% 的邻域上波动。在正态分布的假定下①,在 95% 的置信度下,未发生过增长速度在控制区域之外的情况。考虑到经济增长平稳性的要求,我们把控制区域缩减到 1 个标准差,根据中国 20 多年来的经验,经济增长波动的一个标准差为 3.05%(见表 8-2),那么,置信区间的上限和下限为 112.55% 和 106.45%。在这一标准下,23 年中,经济偏冷的年份有 3 个,经济过热的年份有 5 个。而在本轮经济周期中,就整个经济增长而言,还没有出现经济过热。其他的宏观经济变量也可以做类似的分析。

从对几个经济分量的比较中可以看出:从长期趋势上看,在 GDP 增长率、全社会固定资产投资增长率和社会商品零售总额增长率中,消除了价格变动后,固定资产投资总额的增长率最高(13.2%),GDP 增长率次之(9.5%),社会零售商品总额增长率最低(8.6%);而从增长率的波动性来看,固定资产投资最高(10.97%),消费次之(4.80%),而 GDP 为最低(3.05%)。由于 GDP 的波动是固定资产投资和消费波动共同作用的结果,由于固定资产投资的波动和消费的波动并不同步,相互之间有抵消的作用。这种数字特征的研究是有意义的,从 2003 年全社会固定资产投资的增长来看,在消除了价格变动以后,增长率已经达到了 24.0%,已经接近了表 8-2 中计算的 24.19% 上限。从这个标准来看,当年的固定资产投资已经偏快,需要采取一定的宏观经济措施。后来事情的发展就证实了这一点。这正说明了对于经济周期数量特征的研究以及根据这些数

---

① 表中数据为 23 个,接近大样本数量,由此得到分析结果有统计依据。

量特征对宏观经济运行实施反周期调控的必要性。GDP、投资和消费的波动幅度是和它们本身的性质相联系的,这种波动不可能完全消除,但是我们可以通过对 GDP 总量以及它的各个主要分量的观察、研究建立一系列调控标准,在它们的轨迹偏离正常标准的情况下及时地采取调控措施,降低它们的波动程度,以减少经济运行中的非均衡造成的消极影响。

## 二、现阶段﹡中国经济周期的复杂性

由于我国工业化和市场化推进的历史进程等多方面的发展性因素及体制性因素的影响,我国现阶段经济增长中的失衡具有一系列新的复杂性。这种复杂性集中表现在以下三方面。

1. 以 GDP 指数为标志的总的经济增长速度并不过快,但固定资产投资的增速确实过快

在 2003 年经济增长达到 9.3% 之后,2004 年我国经济增长速度仍将保持在 9% 以上,这样的增速是否过快呢? 衡量经济增长速度是否过快的标准,首先应当是经验的,而不是机械的理论假设。基于 1978—2004 年以来我国经济增长的实践,26 年来,我国平均经济增长率在 9.3% 左右。据以上所做的统计分析,我国经济增长波动的一个标准差约 3 个百分点,以此为单位,我国改革开放以来经济增长的正常波动范围应该在 6.3%—12.3%,即在平均数上下 3 个百分点左右的范围内波动。据此,我国现阶段(2003—2004 年)的经济增长也只是达到了改革开放 26 年来的平均水平,处于正常波动区间,预计 2005 年的增长速度在 8%—9%,也仍处在正常波动范围,谈不上过快,也谈不上过慢。

但与之形成对照的是,同期我国固定资产投资的增速的确过快。

---

﹡ "现阶段"指"十五"期间。

20 世纪 80 年代至 2003 年,我国固定资产投资算术平均增速为 13.2%
左右,据上述分析,改革开放以来我国固定资产投资波动的一个标准差
为 11 个百分点左右,也就是说,从我国目前(2004 年)的现实出发,我
国固定资产投资波动在 2.2%—24.2%,均属正常范围(我国固定资产
投资增速的波动性和起伏程度显然高于经济增长速度的波动和起伏程
度)。但事实上,我国 2003 年固定资产投资增幅已接近 24%,2004 年
1—9 月固定资产投资增幅更是达到 28%,已显著高出波动范围的上限
(24.2%)。由此使我国 2001 年至 2004 年钢材等重要的投资品需求和
各种开发型投资需求高涨,同时拉动相关的煤、电、运、油等能源、动力、
运力方面的需求急速上升,形成较为突出的供求矛盾。并且固定资产
投资需求增长过快,达到一定程度会排斥消费需求的增长,据我们测
算,当我国固定资产投资增速超过 23.5%后,每再增加 1 个百分点,相
应地,消费需求增长将减少 0.8 个百分点,进而,在激化投资领域的供
求结构性矛盾的同时,减少总需求。

　　与以往的增长周期不同的是,以往固定资产投资增速过快(或过
慢)基本上是同方向且同步的,而现阶段二者之间却产生了显著的不
同步。这种矛盾的复杂性,不能不使宏观调控政策选择更为困难,至少
难以像以往经济波动时那样,采取总量上全面紧缩或扩张性政策。如
果全面扩张,固定资产投资增速过快的矛盾必然进一步尖锐,使整个国
民经济运行严重失衡;如果总量紧缩,经济增长速度必然下降到 26 年
来的平均速度水平之下,一系列的经济衰退矛盾必然会恶化。

　　2. 以物价总水平为标志的通货膨胀率并不高,但物价结构性上涨
的压力和人们对通货膨胀预期的压力很强

　　自 1993 年开始,采取以抑制总需求、控制通货膨胀为首要目标的
紧缩性宏观经济政策,连续 50 多个月的宏观经济紧缩取得了显著的控
制通货膨胀的成就,自 1997 年 11 月开始,中国的物价总水平开始呈现

负值,此后连续近 30 个月的物价指数负增长。进入 21 世纪的初期,物价水平也只是在空指数上下波动。因此,有人称中国已经由通货膨胀进入了通货紧缩期。从 1998 年下半年开始采取以刺激总需求拉动经济增长为首要目标的积极的财政政策和稳健的货币政策,到 2003 年摆脱了通货紧缩的阴影,物价总水平达到 3%,2004 年预计会接近 5%。应当说,这种物价上涨水平是很低的,据我们的分析,现阶段我国经济增长过程中,物价指数在 6% 以下,经济运行是完全可以承受的,或者说是适度的。原因归纳为以下三个方面:其一,中国的经济发展阶段正处在工业化加速时期,即从下中等收入发展中国家向中等收入发展中国家进展时期,预计到 2010 年将达到中等收入发展中国家(人均 GDP 将超过 3 000 美元),到 2030 年将达到高收入发展中国家水平(人均 GDP 将超过 8 000 美元),成为新兴工业化国家。据世界银行的有关统计,发展中国家在低收入贫国状态时,通货膨胀水平很低,平均在一位数之内,但进入下中等收入阶段再至上中等收入阶段,由于工业化加速,通货膨胀率相当高。在下中等收入至中等收入发展阶段,平均通货膨胀率在 30% 以上;在中等收入到上中等收入发展阶段,平均通货膨胀率更是超出 60% 以上,只有到高收入发展阶段之后,通货膨胀率才回落到一位数之内。我国"十五"和"十一五"期间可以说正处在工业化加速发展中的高通货膨胀期[①]。其二,中国的体制转轨正处于关键

---

　　[①]　按照钱纳里(Chenery,Robinson,and Syrquin,1986)工业化阶段划分标准,从 1985 年开始,我国开始真正进入工业化时期,而从 1998 年开始,我国工业化进程进入加速提升阶段。以 1998 年为界,1978—1998 年产业结构高度年均增长 0.5 个百分点,1998 年之后进入加速工业化时期,年均增长 3.5 个百分点,以这个速度继续发展,中国经济的产业结构高度将在 2024 年达到 1,也就是完成工业化(刘伟、张辉、黄泽华,2008)。根据上述推断,如果把各种不利因素考虑进来,那么我们保守地估计我国在 2030 年完成工业化还是比较妥当的。"十五"和"十一五"期间(2001—2010 年)正是我国从发展中国家下中等收入水平向中等收入水平迈进的阶段,根据世界完成工业化国家或地区的历史经验该阶段平均通货膨胀率一般在 30% 左右,而由中等收入发展中国家水平向高收入发展中国家水平迈进过程中(对应我国 2011—2030 年发展阶段),世界历史平均通货膨胀率为 60% 左右。所以我国无论是当前(2010 年之前),还是未来(2011—2030 年)相当长的一段时间都会受到高通货膨胀率的困扰。

时期,市场化的进程全面加速,市场体制已经成为配置资源的基础性力量,但市场秩序建设仍亟待加强;市场体系已经形成,但重要的要素市场,包括资本市场化和土地市场化的进展严重滞后。在这一体制转型过程中,来自体制变迁性的通货膨胀压力是相当大的,几乎所有的体制转轨国家在市场化加速时期,都经历了较长时期的严重的通货膨胀,就是对于体制变革与通货膨胀相互关系的直接经验式的说明。其三,中国现在正处于高速增长期,一般来说,假定其他条件不变,至少在短期内,经济增长速度越高,对通货膨胀率上升形成的压力越大。据我们的分析,在2000年至2010年的10年里,我国经济增长速度年均在8%—9%;2010年至2020年,平均增长速度将在7%—8%;2020年至2030年,年均增长速度将在6%—7%（北京大学中国国民经济核算与经济增长研究中心,2004）。这种高速增长客观上自然会形成持续较高的通货膨胀压力。基于以上三方面的原因,我国经济面临的通货膨胀压力是相当高的,我们若能够保持在6%左右的通货膨胀,既是均衡的,也是极为不容易的。2004年物价总水平仅在5%左右,应当说,这是十分低的通货膨胀率。从这一通货膨胀率来看,我国当前宏观经济运行中的主要矛盾根本不在于通货膨胀。

　　但是,从结构上看,虽然总的物价水平并不高,甚至可以说仅仅是摆脱了通货紧缩的困扰。可是一方面,与固定资产投资增长过快相联系的重要投资品和能源、动力、运力等价格上升压力很强,其价格指数呈明显的上升趋势;另一方面,与人们生活关系密切的重要的农副产品价格上升幅度显著,粮油、肉类、蛋类、水产品、乳制品等价格上涨幅度均达到两位数。此外,体现居民生活内容的购买住宅消费性支出(统计上列入全社会固定资产投资)水平也在上涨,并且由于需求拉动和供给成本(尤其是土地费用)推进的共同作用,住宅价格在相当长的时期里不存在明显的下降空间。因此,无论是厂商还是居民,对未来通货膨胀的预期值是非常高的,尽管目前实际物价总水平并不高。

这又从一个方面加剧了宏观调控的困难:若采取扩张性的宏观经济政策,结构性物价显著上涨的矛盾极可能迅速形成总量严重失衡,导致野性通货膨胀;若采取紧缩性宏观经济政策,物价总水平目前只是摆脱了通货紧缩的阴影,继续紧缩很可能再陷入通货紧缩的陷阱。

3. 经济增长速度明显回升,但失业率却居高不下

与 1998 年采取扩张性的宏观经济政策初期相比,目前经济增长的速度得到了显著的回升。1998 年我国提出的计划目标是实现不低于 8%的增长率,实际实现的是 7.8%。从 1998 年至 2002 年 5 年时间里,我国年平均经济增长速度为 7.3%。自 2003 年开始增长速度显著回升,至 2004 年已连续 2 年超过 9%以上,可以说,经济增长速度已经回升到改革开放 20 多年以来的平均(正常)速度(9.34%)(国家统计局,2004、2005)。

然而,相应的我国的失业率指标不仅未显著下降,却反而上升。以登记失业率为标志,1998 年我国经济增长速度为 7.8%,相应的登记失业率为 3.8%,而 2003 年经济增长 9.3%,登记失业率却超过 4%,2004 年预计经济增长将继续超过 9%。可登记失业率却极可能达到 4.5%(国家统计局,2005)。原因可能是多方面的,本来若其他条件不变,经济增长速度提升相应失业率应下降,我国现实中存在的这种矛盾状况,根本原因在于经济的工业化和市场化双重转轨的加速。一方面,伴随市场化的深入,以牺牲企业效率为代价来置换就业率提高在体制上越来越不可能,相反,大量以往企事业单位的隐蔽性失业会显性化,减员增效成为必然;另一方面,伴随工业化的深入,资本、技术排斥劳动的趋势会更为明显,20 世纪 80 年代,我国经济增长 1 个百分点,相应新增加的就业岗位约 240 万个,现在则只有 100 多万个(黄全权、齐中熙,2004)。

这种矛盾状况,使我国宏观经济政策选择难度加大。若采取扩张

性政策,经济增长速度已经明显回升,且已达到 20 多年来的平均(正常)速度,继续在总量上扩张,当然有可能超过正常波动的上限,形成以恶性通货膨胀为特征的严重失衡;若采取紧缩性政策,失业率居高不下,且我国又是一个劳动力总量和增量最大的国家,继续紧缩自然会进一步恶化失业状况。

至少上述三方面的宏观经济运行矛盾的复杂性,从不同方面使得我国现阶段的宏观经济政策的选择和事实不能不面临一系列前所未有的矛盾和困难,进而要求宏观调控具有适应新的经济现实的特殊性。

## 三、我国宏观调控措施的特殊性

2004 年,我国采取的一系列宏观调控举措,从政策倾向到实施方式,从传导机制到政策效应,归结起来,主要有以下几个方面的特殊性。

### (一)总量控制与结构调控相结合,突出结构性调控的目标和效应

根据目前经济失衡的复杂性,在宏观调控的政策目标和基本倾向上没有采取简单的总量选择,没有简单地判断总量上是否过快或过冷,而是采取结构差异性调控,即区别对待,有保有压,尽可能避免总量上的"一刀切"。这种结构差别的有保有压主要体现在:第一,不同发展水平和发展速度的地区之间有所区别,比如特别强调了振兴东北老工业基地等;第二,不同产业之间有所区别,在明确指出限制某些产业发展规模的同时(如钢铁、电解铝、水泥、房地产、各类开发区、严重污染行业等),明确提出了鼓励展开积极支持的产业(如电力、石油、煤炭、铁路等基础设施、农业基础建设等);第三,不同企业之间有所区别,根据企业的性质、动能、竞争力状况等,对企业进入不同产业市场,采取了一定的区别对待。

突出政策结构差异性,在一定程度上减缓了总量政策的机械性,但由此提出的问题是:第一,结构性本身是否具有"歧视性"? 第二,结构性所包含的差别是否具有行政性,或者说,只有更多地依靠行政力量才能形成差别? 第三,结构性的"歧视性"特征是否对地方政府与中央政府,企业与政府之间的"谈判能力"构成严重考验,或者说,这种"谈判能力"是否严重影响着宏观调控? 第四,结构性政策本身更多的是供给管理而不是简单的需求管理,从产业结构、区域结构、产业组织结构上进行调控,其效应显现是长期而非短期的,那么,宏观调控主要是总量的还是结构的,主要是总需求还是总供给方面的,主要是短期的还是长期的? 换句话说,长期的结构问题能否通过短期的宏观调控政策加以解决?

## (二)财政政策和货币政策结合运用过程中,货币政策的紧缩效应更为显著

在这一轮宏观结构性的调控中,就紧缩效应而言,货币政策是突出的:一是货币政策启动比较早,实际上在 2003 年春就已经开始启动具有紧缩倾向的货币政策信号,只是由于受"非典"的影响有所停顿,但在 2003 年 9 月份之后,货币政策的紧缩措施是系统的;二是货币政策的谨慎稳健适度收缩的基本态度是明确的,并且是自 2003 年以来始终坚持的,其间并无动摇和反复;三是所采取的具体措施是连续的,同时又是稳健的,每一措施的力度不大,但始终保持紧缩倾向并且保持了连续一致性;四是所运用的政策工具是多样的,包括信贷数量控制政策和利率价格政策等的综合运用。

这甚至给人们一种错觉,似乎中国经济在扩张时主要依靠财政政策,而在紧缩时则主要依靠货币政策。其实,无论是财政还是货币政策,都同时具有扩张和紧缩的功能。

　　一方面,财政和货币政策作为两大宏观经济政策手段,其政策作用的特性是有区别的,在市场经济或者大部分资源由市场机制来配置的条件下,财政政策无论是扩张还是紧缩,实际上只能起到宏观调控的类似"发动机"的作用,也就是引发宏观经济趋向扩张或收缩,而不可能依靠财政政策直接拉动总需求或紧缩总需求,因为无论是财政收入在总的 GDP 中的比重,还是财政支出在总需求中占的份额,都是为数不多的。财政政策的启动效应一定要有货币政策的支持和呼应才能真正实现,因为在国民收入绝大部分进入居民和企业手中而不是进入政府财政的条件下,银行及金融系统在资源配置上的支配作用要显然高于财政,同时,任何扩张和收缩总需求的政策效应的产生,都是以货币量变化为首要条件的。其实,1998 年下半年开始采取扩张性宏观政策,积极的财政政策力度不能说不大,但为什么直到 2002 年之前总需求并未被明显拉动,物价总水平并未真正摆脱通货紧缩的困扰,重要原因在于当时货币政策十分稳健,货币量并未显著增加,而 2003 年以后经济增长速度的显著提升,重要的也在于 2002 年以后,尤其是 2003 年上半年货币供给的迅速增加。所以说,积极的财政政策的扩张效应,实际上是需要货币扩张来支持。相应地,要进行紧缩,重要的也首先需要货币供应上的收缩。

　　另一方面,在这一轮宏观调控的紧缩效应实现过程中,恰逢财政体制进行新一轮改革,这种改革的基本倾向是更为适应市场经济改革深化的要求。从财政支出方面来看,公共财政的改革目标越来越明确,财政政策中性化越来越成为共识,因此,就财政支出政策效应来说,虽然扩张的力度较此前有所减轻,但积极的财政政策方向并未逆转。从财政收入方面来看,1994 年起实行分税制,由包税制下的 33 种税合并调整为 18 种类,并将其区分为国税、地税及共享税三大类,其中国税及共享税中的大部分集中在中央财政,相比较而言,企业的税赋水平较高,同时,在增量上财政收入增长始终显著高于经济增长,因而,经过10年到2004年,中央财政收入的增幅相当大。在这种背景下推进新一轮税制改革,不能不具有明显的减税倾向:从2004年1月起开始实行新的出口退税制度,虽然地方政府要承担部分退税,而不再由中央财政单独退税,因而地方政府利益有所损失,但对出口企业来说,这意味着减税;企业所得税本着内外企业一致的原则,开始酝酿调整,国内企业所得税由以往的33%将大幅下调,逐渐做到内外资企业平等;增值税由生产型向消费型转变,并从东北地区开始试行,实际上增大的企业增值税抵扣部分;等等。减税倾向当然属于扩张性的政策倾向。

所以,在这一轮结构性宏观调控中,就紧缩效应而言,货币政策的作用更为突出,财政和货币政策之间,开始在一定程度上表现出松紧结合的态势。这对于一般情况下的宏观调控来说,既是正常的,也是合理的,一般情况下,宏观调控应尽可能避免货币与财政政策同时"双紧"或同时"双松",以减缓经济周期性和大起大落的程度。

### (三) 各项政策综合运用过程中,土地清理措施起到了关键性的作用

2004年春,由7部委联合组成调查组,分赴全国各地,检查清理土地征用和开发情况,对各类开发区,各类项目占用土地,包括农用土地和城市土地,进行全面清理。这一举措对于控制增长过快的固定资产投资(2003年增幅为26.7%),对于盲目过猛地兴建各类开发区(截至2003年上半年,批出各类开发区占地近3.6万平方公里),起到了极为重要的限制作用。到2004年底,又由这7部委联合组成调查组,对各地清理土地的情况进行再检查,有选择地批准部分开发区的重新启动,有针对性地明确土地征用,同时严厉控制土地的随意开发。

对于遏制固定资产投资增速过快来说,土地清理这一举措起到了两方面的重要作用:一方面,深入影响了相应投资者的投资基本建设流

程,土地被冻结或停止征用,整个投资中的基本建设流程便难以推进;另一方面,深入影响了相应投资者的资金链条,土地产权证停发,同时禁止以土地产权证到银行抵押贷款,事实上就是开发商本身的进入资金门槛提高,要求其具有更高的自有资金比例,进而有效地约束了其投资冲动。

但清理土地的举措本身毫无疑问是政府行政行为,而非市场过程。这一轮宏观经济调控的直接行政性,在相当大的程度上体现在清理土地这一政策措施的运用上。

### (四)地方政府的政策目标和对待贯彻中央宏观经济政策的态度及传导方式发生了重要的变化

在以往的实践中,地方政府有其地方性利益的要求,因而对中央宏观经济政策有不同的理解和态度,但总的来说,地方政府只是中央宏观政策的贯彻者和执行者,而在这一轮宏观调控中,伴随着25年来的体制改革,地方政府在利益目标上,在对待宏观政策的态度上,在实现宏观经济政策的传导机制上,都发生了极为深刻的变化,显著地表现出淡化中央宏观政策作用程度的倾向。

因为:第一,在市场化的条件下,地方政府的经济利益目标与中央政府之间差别越来越大,至少与计划经济相比,市场化越深入,地方政府利益的独立性越强。对中央政府来说,经济稳定和增长均衡的宏观目标实现与否,与地方经济利益并无直接的利益关系,而发展地方经济,增加当地就业,增进当地福利越来越在体制规定上成为地方政府行为目标,这就使得宏观调控政策目标与地方经济利益目标产生冲突。第二,发展地方经济最为有效也最为直接的方法便是鼓励和加快投资,据我们的一项分析,我国现阶段各地方的固定资产投资水平和增速,与当地经济发展水平(GDP水平)及增速高度不相关,也就是说,地方的投资增长,基本上不是直接依赖本地经济发展及积累,而是更大程度地依靠吸收外地资金的进入,即招商引资。这样,即使是经济发展水平完全不同的地区,同样可以实现强烈的投资冲动。宏观经济政策会对各地投资行为产生重要影响,但在招商引资,尤其是大量引进外资拉动投资增长的条件下,其效应会显著淡化。第三,伴随改革的深入,特别是企业改革和市场化的深入,国有企业及国有控股企业比重越来越低,并且大部分集中由中央控制,地方政府掌控的国有企业已经很少,即使有也普遍存在竞争力低下等严重发展和管理方面的问题,因此,地方政府经济赖以存在的基础,越来越以非国有企业为主。在贯彻宏观政策的过程中,中央政府对地方政府,对所掌控的中央所属国有企业,可以直接行政性地提出贯彻、执行政策的要求,而地方政府对所依赖的非国有企业就不可能直接行政性地要求其贯彻政府宏观政策目标,只能是间接的引导。第四,就地方经济发展而言,中央政府和地方政府所面临的直接进入及退出壁垒不同,换句话说,中央政府与地方政府之间是行政关系,而地方政府与当地经济发展之间的联系在很大程度上是市场性的联系。因此,当要求企业进入市场时,中央对地方给出宏观政策信号,而地方政府对投资者不仅要给出明确的政策信号,同时要直接支付代价,为投资者进入本地经济创造基础设施、土地、税赋优惠、能源动力供给、劳动力供给等一系列经济条件,而这些条件的创造,在相当大的程度上是依靠地方政府支出,或者地方财政支出,或者政府贷款支付,在各地的固定资产投资均主要依靠招商引资拉动的条件下,在围绕招商引资展开的地方政府间的竞争越来越激烈的条件下,地方政府这方面支付的成本越来越高。所以,当中央宏观政策要求紧缩,要求各地贯彻紧缩要求,从经济项目中退出时,地方政府往往同时要支付退出的经济成本。正由于中央和地方政府面临的直接退出成本壁垒不同,地方政府对中央的宏观政策的反应及传导效应自然会有所不同。

中央政府和地方政府的政策行为差异的存在,对于市场经济条件下的宏观调控有效性的提高来说,是有益的,宏观经济调控的重要目的就在于淡化经济本身的周期,减轻经济增长过程中的起落幅度,在这一过程中,如果自中央政府到各级地方政府,自各级政府到各类企业,在行为上完全一致(当然这还要首先基于利益一致),且不说在市场经济条件下可不可能,即使可能,对于宏观调控的政策效应来说也必然是十分有害的,因为,各方面高度一致,必然缺乏相互间的博弈,从而也就促使宏观调控政策本身的大起大落,使宏观经济政策效应的起伏程度急剧扩大,在计划经济的高度集权体制下,这种教训是相当深刻的。

## 四、转变增长方式,继续提高宏观调控质量

如果说,2004年是所谓宏观经济调控年,即重点展开宏观经济调控,那么,在宏观调控中暴露出来的一系列深层次问题的解决,则不是短期总量政策能奏效的。也就是说,短期的宏观经济调控政策解决了部分经济增长失衡问题,或缓解了失衡的程度,但总量调控如何深入为结构调控? 实施总需求管理如何同时有效地推进总供给管理? 短期政策效应如何转变为长期的累积性效应? 等等。这些问题的进一步解决,不可能仅仅依靠短期总量的宏观政策,尤其是不能依靠直接行政性的政府干预政策。必须在体制上深入改革,为实现均衡有效持续的高速增长创造条件。从当前的宏观经济运行中的矛盾的复杂性上看,从当前宏观经济调控政策措施的特殊性上看,提高我国宏观经济调控质量,促进经济持续均衡增长,以下几方面的体制创新是极为迫切的。

### (一)必须积极稳妥地推进中国的资本市场化进程

改革开放以来,中国的资本市场化取得了一定的进展,主要包括以

下三个方面。第一,企业产权制度改革的推进,为资本市场化创造着基础性条件,一方面国有企业产权改革和公司治理结构改造逐渐展开,另一方面所有制结构多元化过程中非公有制经济获得了显著成长。第二,直接融资市场自20世纪90年代以来,从无到有,发展较为迅速。第三,金融体制改革为间接融资市场的培育创造着体制条件,包括改革开放以来的央行独立,国有专业银行体系构建,政策性银行分立,各类股份制银行的发育,国有专业(商业)银行的股份制改造,等等。但总的来说,我国资本市场化的进展相对商品市场化和劳动力要素市场化的进展而言,是滞后的。一方面,直接融资市场融资占我国企业资本总额比例过小,目前大约只有4%,而且直接融资市场秩序混乱;另一方面,间接融资市场上的价格(利率)仍属政府行政管制性质,虽然开始有步骤地采取弹性利率,但在间接融资市场上仍是政府直接定价。此外,中国的银行绝大多数是国有性质的,且具有垄断性。

　　资本市场化的严重滞后,至少产生两方面问题:一方面,从微观上看,企业直接融资比例过低,主要依赖银行贷款,而银行信贷资源又是服从于政府行政要求或政策要求,至少难以真正按照资本市场的竞争要求,自然在产生权钱交易、企业寻租的同时,导致对发展中国家来说最为稀缺的资源——资本的配置脱离市场竞争效率原则,亚洲金融危机所暴露出来的政府过多干预下的金融腐败问题,便是这一问题最直接的证明;另一方面,从宏观上看,资本市场化水平低,资本的配置难以真正通过资本市场进行,政府行政性干预必然严重,尤其是在银行本身也为国有垄断的条件下,这就使得运用货币政策进行宏观经济调控具有严重的行政性,这也是当前宏观经济调控货币政策贯彻过程中突出的问题。所以,无论是从提高企业微观效益上,还是从提高宏观调控的总体效益上考虑,我国资本市场化进程的加速以及相应秩序建设的加强,都是我国深化改革极为紧要的任务。

### （二）努力推进我国土地要素的市场化

目前宏观调控中,对土地的清理起到了关键性的作用。之所以能够进行政府自上而下的行政性清理,表明我国土地要素的配置远未市场化,从而为政府行政性配置和行政性改变配置保留了体制基础。从市场经济运行要素来看,资源包括土地资源的配置应当通过市场直接进行,政府制定秩序,维护秩序,同时通过引导市场间接地影响资源配置,而不能或应尽可能减少政府直接配置资源的行为。事实上,如果说我国改革开放以来,要素市场化滞后于商品市场化,资本市场化滞后于劳动力市场化,那么,土地要素的市场化程度还落后于资本市场化,是我国现阶段商品和要素市场化进程中最为迟缓的方面。资本和土地这两方面要素没有或基本没有市场化的经济,很难称之为真正的市场经济。

土地市场化的严重滞后,首先在于其产权的排他性尚未明确,包括在经济上和相关法律上。就城镇土地而言,从法律上讲是国有制,政府通过多种方式出售土地使用权,而事实是真正所有权意义上的主体并不明确,或者说,可能明确但具有强烈的超经济性质,并非纯粹的经济性质的权利,因此,即使通过市场交易,也难以从权力性质上保证遵守市场规则,在很大程度上是由各级政府行政性行使。而且,其中由于历史和现实的、政治和经济的、文化和社会的等多种原因,市场交易摩擦极大,交易成本极高,在很多场合甚至无法交易,或者寻租严重。农村土地从法律上讲是集体所有制,但真正排他性的产权主体并不明确,因而往往被个别人在违背集体利益的前提下出让,集体的土地产权得不到应有的保护,特别是在工业化、城市化过程中,以往偏僻的农村土地由于现代化的进程而升值,但升值的部分却难以落实到农民身上,因为土地产权并不归农户所有,而是国家将集体所有的土地变更为国有,再将国有土地（使用权）出售给投资者,从一定意义上可以说,土地升值部分主要是被国家和投资者享有了。这对于从根本上缩小城乡差别的损害,可能具有历史致命性。

从宏观调控层面上看,土地这一要素配置还未市场化,甚至主要通过政府行政权力配置,意味着政府始终保留着从土地要素配置上全面直接行政干预经济的可能,也就难以使宏观调控真正建立在尊重并运用市场机制的基础上。实际上,土地要素的配置是微观问题,并不是宏观命题,之所以在当前宏观调控中,作为微观的土地要素配置问题的政府干预,能够起到至关重要的宏观经济调控的效应,根本就在于土地并未市场化。因而,要使我国经济真正成为市场经济,使宏观调控真正适应市场经济要求,土地的市场化配置问题必须积极而有序地推进。

### (三)中央与地方政府在机制上的协调

当然,这里所讨论的制度创新主要是就市场化进程中的市场制度培育而言,尚未讨论政府体制,对于有效的宏观调控来说,政府体制的科学及有效性极为重要,市场机制越发达、越要求高效率的政府机制,市场经济机制的发育不能是简单的对政府的替代,在当前的宏观调控中,就政府机制而言,突出的在于中央与地方政府在机制上如何协调的问题。

在市场经济条件下,地方与中央、地方与地方之间的利益目标肯定是有差异的,中央政府行为应集中于宏观经济目标的控制,尽可能不要,至少在体制不应过多地直接干预地方的经济生活,而地方的经济选择应当主要来自当地纳税者或居民的民主要求,不应主要来自于行政上级的指示。当前宏观调控中地方政府行为与中央宏观政策要求之所以存有差异,重要的原因是源于目标上的差异,简单地以中央宏观政策目标要求否定地方政府行为目标,不仅严重损害地方积极性,而且成本高昂;地方政府分散的行为若不收敛,则宏观经济失衡必然更为严重。

关键在于,从体制上必须严格区分中央和地方的不同目标,以及相应的不同权力、利益及责任,就经济生活而言,在体制上重要的是要推进向公共财政制度的转型。公共财政不仅是指财政支出尽可能用于提供公共品,更重要的是指财政收支必须在体制上是公开的、程序的、民主的公共选择过程。如果地方的财政收支基本属地化,并且由当地纳税人民主、公开地选择,那么,中央对地方政府的财政行为就不必也不应更多地干预;同时,中央政府越是集中力量实施宏观目标管理,并通过宏观经济政策引导地方政府行为,地方政府行为越是在体制上具有收敛于宏观目标的可能。当然,中央与地方政府之间关系的协调,不仅仅是财政方面的问题,甚至不仅仅是经济方面的问题,而且还是极为丰富和深刻的社会、政治、文化、行政方面的体制问题。

# 第九章 体制转轨中宏观经济政策作用的特殊性[*]

## 一、体制变迁的历史特殊性与我国宏观调控中货币与财政政策差异[**]

本节讨论我国现阶段宏观经济失衡的复杂性,以及这种复杂性所导致的宏观政策选择上的困难;讨论在宏观政策选择中的突出矛盾,即货币政策与财政政策之间产生的方向性差异;考察协调货币与财政政策的政策效应,提高其克服失衡的政策有效性,需要在政策选择原则上和政策实施方式上等方面做出的调整。

### (一)我国现阶段经济失衡的复杂性及相应的宏观政策选择方向上的困难

1. 我国现阶段宏观经济失衡的突出特征在于不同领域中的失衡表现出严重的反方向性

这种反方向性集中表现在以下五个方面:(1)固定资产投资领域需求增长过快,但同时消费领域需求增长乏力;(2)物价总水平,尤其

---

[*] 本章写作的基本时间立足点为 2007 年初。

[**] 内容的"现阶段"是指 2003 年至 2006 年。本部分内容,刘伟以《我国宏观调控中的货币与财政政策差异分析》发表于《经济学动态》2007 年第 4 期。

是消费品物价水平很低,但同时社会对于未来的通货膨胀预期,尤其是成本推进型通胀压力高;(3)经济增长年均速度较前些年(1998—2002年)的平均7.3%,显著上升至10%以上(2003—2006年),但同时,失业率成倍上升,城镇登记失业率由前些年的2%略高的水平上升至接近5%;(4)经济增长势头强劲,2003年以来保持在年均10%—10.5%的高速度,但同时产品相对过剩及产能过剩的矛盾尖锐;(5)外需(出口)持续高速扩张,进而导致国际收支顺差持续增大的失衡日益严重,但同时内需扩张动力不足(刘伟,2007)。

2. 不同领域中的反方向失衡使总需求意义上的宏观经济管理政策难以从总量上进行方向性选择

根据宏观经济总量失衡的典型状态,无外两种基本情况:一是总需求大于总供给的非均衡,达到一定程度便形成严重的需求拉上的通货膨胀,进而加剧经济中的一系列失衡;二是总需求小于总供给的非均衡,达到一定程度便形成显著的经济不景气,尤其是失业率显著上升。基于这两种典型的总量失衡,从总需求管理意义上的宏观经济政策,包括财政政策和货币政策的政策倾向,可以是两种基本选择,即或者紧缩(如以抑制通货膨胀为首要目标),或者扩张(如以降低失业率为首要目标)。而我国当前的宏观经济失衡表现出深刻的结构性的反方向性,因此简单的同方向的总量政策选择极其困难,对于缓解失衡的有效性也极其有限,同时,若是简单地同方向政策选择还蕴藏着极大的风险。如果说,在"九五"计划期间,受当时的经济发展水平和经济体制条件的规定,我国宏观经济失衡表现为全面的总需求大于总供给,因而整个"九五"期间以控制通货膨胀为首要目标的宏观经济政策,适度紧缩保持不变,有其历史客观性;而在"十五"计划期间,同样受当时的经济发展水平和市场化改革进程的体制背景制约,经济失衡表现为总需求不足,尤其是内需不足、经济不景气及失业率上升,因而以扩大内需为首要目标的扩张性的宏观经济政策在整个"十五"计划期间保持不变,是符合实际需要的。那么,在现阶段,我国的宏观经济政策方向,既难以选择紧缩,也难以选择扩张。若选择紧缩总需求,对于抑制固定资产投资需求增长过快,对于降低通货膨胀压力固然有利,但却会加剧消费需求不足,生产相对过剩以及失业率升高的矛盾。若选择扩张总需求,对扩张内需、缓解失业固然有利,但却可能同时加剧投资需求过热、通货膨胀预期高等方面的失衡。

### (二)两难中的选择原则及财政与货币政策的"松紧搭配"

1.两难选择中的选择原则

通常面临这种两难选择局面时,能够做出的选择有两种:一是在判断一定时期哪方面的失衡矛盾对国民经济均衡增长威胁最为严重的基础上,做出针对性的政策选择,为克服或缓解主要威胁的失衡,宁愿以加剧其他方面的失衡为代价,比如假定现阶段固定资产投资需求增长过快以及通货膨胀压力增长是威胁国民经济均衡的主要矛盾,那么采取紧缩性的宏观措施就成为必要,为此宁愿加剧失业等不景气的矛盾,反之亦然,这里的关键是对宏观经济失衡的主要矛盾做出准确的判断,同时对为克服这一主要威胁,国民经济能够承受的其他方面的失衡程度做出清晰的认识。二是在难以对主要失衡做出明确判断的条件下,在国民经济不同方面,在宏观经济政策上采取"松紧"搭配的原则,即货币政策紧缩的同时,财政政策采取扩张倾向,或者反之,这里的关键在于"松紧"的程度选择以及针对不同时期、不同领域中结构性失衡的特点选择不同的"松紧"结合方式。

2.我国现阶段的货币政策与财政政策的"松紧搭配"效应

我国现阶段财政政策对总需求仍然保持扩张态势,而货币政策则选择紧缩。

　　先看财政政策,就财政支出而言,财政赤字并未减少,只是在 2002 年赤字达到 3 149.5 亿元后,略有减少,但仍连续多年保持在 2 000 亿元以上的规模,并且 2005 年比 2004 年财政赤字规模还有所扩大;在国债上,2002 年国家财政发行的国内债务为 3 228.77 亿元,而到 2005 年已增大到 6 922.87 亿元,翻了一番,显然,财政支出政策仍然保持着刺激需求的态势(国家统计局,2006)。就财政收入政策而言,2004 年以来我国进入新一轮税制调整,新一轮税制调整是在 1994 年分税制改革的基础上,对分税制实施中出现的新问题进行调整和规范,其中最为突出的问题在于分税过程中,中央税收占的比重大,增长速度快,而地方财政收入在税制上税源分散、不稳定,且征缴成本高。到 2005 年,中央税收占全部税收的 52.3%,全国总的地方税收只占总税收的 47.7%,越是基层政府财税困难越严重,在地方财力产生问题的条件下,地方政府对企业的税费要求必然提高,因而加剧企业的税费负担(国家统计局,2006)。所以,自 2004 年提出新一轮税制调整,包含深刻的减税要求,尤其是减轻企业税费负担。第一,开始实行新的出口退税办法,尽管地方政府未必满意(因为原来的出口退税由中央财政退税,新的办法则规定地方政府承担其中 25%),但对出口企业来说等于加速并规范和严肃了出口退税。第二,在所得税方面加以调整,包括上调个人所得税起征点,以及酝酿和制定内外资企业统一所得税率,以往内资企业所得税为 33%,比外资企业高出近 1 倍,为体现公平竞争,内外资企业统一所得税势在必行,对内资企业来说,这种所得税税率的统一,同时意味着所得税大幅下调。第三,在增值税上试行由生产型增值税向消费型增值税转型,这意味着固定资产、技术设施等也如同购进的中间投入一样,进入增值税抵扣部分,对企业,尤其是对资本密集度高的企业来说,无疑是重要的减税措施,并且这种增值税转型已经在东北地区作为振兴东北工业基地的政策之一开始付诸实施。这一系列减税措施表明我国现阶段在财政收入政策上同样采取的是扩张性的财政收入政策。

与扩张性的财政政策相反,近些年来货币政策的基本导向是持续紧缩。由于 2002 年银根的松动,尤其是到 2003 年信贷增长更快,截至 2003 年 6 月 30 日信贷总规模已相当于 2002 年全年放款总额的 130%,而 2002 年的货币供给就已经显著超出了往年的平均增速。考虑到货币政策的时滞性(美国、欧盟通常为 6—18 个月,据测算我国大体为 7—24 个月),中央银行在 2003 年春就拟采取紧缩措施,虽然后来由于受"非典"影响未能实施,但"非典"之后,自 2003 年 9 月起,以提高法定准备金率 1 个百分点为标志,直到 2007 年初,中央银行连续出台紧缩措施。特点在于:第一,保持较长时期的紧缩持续性,自 2003 年 9 月起到 2007 年初,已连续 40 个月抽紧银根;第二,每一具体紧缩措施的力度均不大,大都在小范围内进行调整;第三,综合运用多种货币政策工具,从提高法定准备金率,到严控信贷规模,再到上调利率等,全面收紧。

3. 对于货币政策与财政政策效应方向性差异的评价

第一,在宏观经济总量失衡矛盾运动的主要失衡方向尚不十分清晰的条件下,财政政策和货币政策采取"松紧搭配"的原则,一般来说,有助于经济增长稳定性的提高,能够减缓"双松"或"双紧"带来的经济大幅度震荡。正如前边已谈到的,在总量失衡的基本方向并不十分清楚,尤其是在国民经济不同领域存在较为突出的不同方向的甚至相互矛盾的失衡时,采取"松紧搭配"的原则是较为稳妥且风险较小的选择。能够形成这种货币、财政政策松紧结合的宏观经济政策态势,与我国以市场化为目标的改革开放的进展有着深刻的联系,至少表明传统的行政性集权的国民经济管理方式已经发生了极为深刻的变化。一方面市场化的进程使宏观经济失衡产生了新的特点和新的复杂性;另一方面市场化的进展也要求并推动政府职能及实现职能方式发生深刻的转变,财政职能及体制、货币政策的独立性等方面都发生了深刻的变化,没有这些体制性的变化,难以想象产生"松紧搭配"的政策格局。

第二,我国现阶段财政政策与货币政策效应的方向性差异,在一定程度上具有被动性,而不是充分的主动的政策选择。因为,一方面,这种差异的出现,在体制上尚不是真正建立在公共财政体制和货币政策独立性的基础上,也就是说,财政政策的扩张性选择尚不是以公共财政职能转变和公共选择的民主财政体制为基础的主动选择,而货币政策的紧缩性选择也并非真正建立在央行独立以及相应货币政策独立的基础上。从一定意义上可以说,我国目前的货币与财政政策的方向性差异,既是以市场化改革深入为基础,同时又是市场化进程不够深入的表现。另一方面,这种差异的出现,不仅不是建立在对宏观总量失衡有着较为明确判断的前提下,而且,对失衡的量的程度以及松紧结合的度的把握也缺乏较为准确的认识,因此,现阶段的"松紧搭配"的科学性尚有待进一步提高,否则难以摆脱政策选择上的被动性。

第三,这种货币与财政政策效应方向性差异的产生,从一定意义上表明单纯的总需求管理在我国目前的宏观调控中有很大的局限,也就是说,就我国目前的宏观经济失衡的复杂性而言,若仅仅从总需求管理入手进行调整,货币政策与财政政策的效应在方向上难以协调,尤其是在"货币流动性陷阱"已开始显现的条件下,采取提高利率等收紧银根的政策措施,在相当大的程度上会进一步加剧人们的储蓄倾向,商业银行会面临更大的存贷差压力,流动性过大的矛盾会进一步加剧,消费需求增长乏力的矛盾也可能进一步尖锐。这也表明,在我国目前的宏观经济失衡中,不仅货币政策与财政政策效应在方向性上有差异,而且货币政策在以需求管理为目标的宏观调控中的有效性也已开始降低(刘伟、苏剑,2007)。

4.协调货币与财政政策效应过程中,注重其需求效应的同时不应忽视其供给效应如果单纯就需求管理而言,货币政策与财政政策在我国现阶段的经济失衡的调控中,其总量效应受到很大局限,而且相互间的同方向和同步性也受到严重干扰,因而有必要重视货币、财政政策的供给效应,也就是说强调作为供给管理政策的货币政策和财政政策。

供给管理政策与需求管理政策的突出不同在于,前者针对生产者而后者针对消费者;前者旨在刺激生产者的积极性,后者则重在调节消费者的购买力;前者推动恢复均衡的同时,价格水平与均衡产出的变动呈反方向性变动,而后者则是价格水平与均衡产出呈现同方向性变动。

财政政策通常被视为需求管理政策,但许多财政政策同时也是供给管理政策。一项财政政策主要产生的是需求效应还是供给效应,主要看它针对的是生产者还是消费者,如果一项财政政策针对的是企业,影响的是企业的实际生产成本,包括成本中的税收成本、工资成本、利息成本、原料成本等,那么,这种财政政策也就具有供给管理政策功能。作为供给管理政策的财政政策主要工具包括:(1)税收政策,包括对企业和个人的有关税收的调节,从而影响企业和个人的积极性,影响企业的实际成本和总供给。(2)生产补贴政策,包括对企业的产出和有关要素投入进行的各种补贴,从而降低企业成本。(3)再分配政策,比如转移支付、社保福利政策等,都会影响厂商和个人的积极性及储蓄率,从而影响总供给。尽管财政政策特别是税收政策的需求效应和供给效应哪个显著始终存在争议,但人们还是普遍承认财政政策同时具有需求和供给管理政策效应的。

货币政策也同样具有供给效应。货币政策的主要政策作用目标是调节利率,而利率变动同时具有需求效应和供给效应。比如降低利率一般可以刺激需求,尤其是扩大投资需求,形成一定的总需求效应;但利率同时又是决定资本使用成本的主要因素,利率降低能够降低生产的要素成本,从而使供给曲线右移,形成一定的供给效应。由于利率变动影响的是现有资本使用的成本,而现有资本又是一个多年积累的存量,因而利率变动对企业生产成本的影响作用是显著的。

　　在我国目前的短期总量调节产生宏观经济政策效应方向性矛盾,同时宏观政策的总量需求效应受到局限的条件下,强调供给管理政策,包括重视财政、货币政策的供给效应有着重要的意义。其一,在需求管理的宏观政策总量效应降低的情况下,或者说当总需求管理的政策方向难以选择时,供给管理政策,或者说对宏观经济政策的供给效应的强调,就成为必要的选择。通过财政、货币等政策,在产业、区域、部门之间形成差异性、结构性激励和约束条件,在提高宏观调控的针对性的同时,降低宏观经济政策选择的风险和机会成本。其二,当从需求管理政策角度入手,财政政策与货币政策效应产生方向性差异时,由于需求管理政策工具种类少,相互间出现矛盾时协调空间相对狭窄,而财政和货币政策作为供给管理政策工具相对手段较多,作用方式也灵活多样,因而政策工具之间产生矛盾时,协调也较为容易。其三,作为供给管理政策的财政和货币政策,具有相对更多的地方性特征,在地区之间存在着显著差异的情况下,宏观政策的供给效应更有其特殊价值,因为财政和货币政策作为需求管理政策对于地方政府来说是不能运用的,地方政府不可能以独立的货币政策影响当地需求,运用地方财政政策影响当地需求的作用程度也很微弱,同时,当地财政政策是否能影响当地需求也是很不确定的,实际上我国各地发展的政策手段,大都是以财政政策形式出现的供给管理政策,如税收优惠、低土地价格等。其四,强调财政、货币政策的供给效应可以直接调节收入分配差距过大而形成的公平与效率的矛盾,需求管理政策强调的是需求总量效应,对于收入分配不合理而形成的总量失衡的调节作用有限,而供给管理政策则不然,供给管理政策直接调节的就是生产者、劳动者面临的激励和约束条件,进而影响生产者和劳动者的积极性,以降低成本提高效率,通过影响总供给,使经济趋于均衡。显然,这一点在克服我国现阶段经济失衡中具有极为重要的意义(刘伟、苏剑,2007)。

## 二、体制转轨的特殊背景与宏观调控中货币政策效应的减弱

伴随着我国社会主义市场经济体制改革深入以及相应的货币政策独立性的上升,伴随着我国经济持续高速增长以及宏观经济失衡复杂性的提高,货币政策对于我国经济失衡的调节作用越来越重要,尤其是现阶段宏观调控中货币政策效应的特殊性,更是引起人们高度关注。本节就这一问题展开讨论。特别讨论为何现阶段我国货币政策的紧缩性效应受到严重削弱? 为何在货币政策紧缩效应被削弱的同时存在流动性过剩? 为何在我国上调利率不仅起不到紧缩银根的作用却反而促成经济过热和资产价格泡沫? 怎样才能有效地抑制流动性过剩?

### (一)现阶段我国货币政策的紧缩性效应受到严重削弱

2003 年以来,货币政策紧缩性倾向越来越明确,但其对经济产生的紧缩性效应并不显著。

1. 现实的通缩威胁与潜在的通胀压力并存,使货币政策作为总量政策在方向和作用程度的选择上均产生困难

如果考虑到统计误差,进而以物价总水平上涨率低于 2% 作为出现通缩的迹象,那么自 1997 年 11 月起至 2007 年,已有近 10 年的时间,我国的物价总水平低迷,或者说具有通缩的迹象(严格意义上的通货紧缩应当有两个负增长,一是物价总水平的负增长,二是经济增长率的负增长。若出现物价总水平的负增长,则可以说已经出现通缩的迹象)。从 1997 年 11 月起直至 2006 年底,除去 2003 年和 2004 年两年时间

我国物价总水平超过 2%，分别达到 3% 和 3.9%，略高于通缩迹象标准（2%）外，其余时间的物价水平均处于负物价、零物价的通缩阴影下。①

与这种长期低迷的价格水平相适应，我们经济失衡中受通缩因素困扰而形成的衰退现象日益严重。（1）从工商业企业存货来看，总体规模较大且不断上升，产品及产能过剩的矛盾日渐显现。（2）虽然经济增长保持高速，但失业率成倍提高。2003 年以来，我国连续多年经济增长率超过 10%，显著高于 1998 年至 2002 年的平均 7.3% 的速度，失业率却大幅度上升，从 2002 年的 500 多万人增至 2006 年的 1 000 多万人，城镇失业率从 2.3% 上升至 4.1%。2003 年以来每年在 4% 以上，最高时达到 4.3%，提高近 1 倍。②

但另一方面，潜在通胀的压力日益增大。其一，从厂商来看，近年来许多重要的资源、能源型上游投入品价格在固定资产投资需求快速增长的拉动下，已经有较大幅度的价格上涨，自 2003 年以来，我国固定资产投资的价格上升幅度均显著高于同期物价总水平上涨幅度，从而使得下游一般消费品工业生产的成本相应增大，形成强大的未来消费品价格上升的成本推动力。一旦市场需求有所松动，即转化为价格上升。其二，从消费者来看，由于种种原因，消费者所感受到的物价与物价指数所统计的物价水平会产生偏差，在我国目前的现实中，消费者实际感受到的或者说与消费实际生活关系更为密切的购买支出的价格上升水平，显著高于物价统计指数。一是食品支出价格上升幅度大，而这项支出占居民消费价格指数（CPI）构成的 1/3；二是住房支出价格上升幅度大，而这项支出并未统计在居民消费价格指数中，购买住房的支出是计入社会固定资产投资中，但它对消费者的价格预期却产生极大影

①　参见相关年份的《中国统计年鉴》和《2006 年国民经济和社会发展统计公报》。

②　参见相关年份的《中国统计年鉴》和劳动和社会保障部及统计局发布的《2006 年度劳动和社会保障事业发展统计公报》。

响;三是教育投资和医疗费用的支出,人们对于这方面体制变化的预期不确定,因而对其收费水平的预期具有较大不确定性,由此也提高人们的通胀预期值。其三,由于市场经济体制本身的不完善,也由于转轨中政府职能转变和相应的制度改革滞后,我国经济增长中,许多对于环境的破坏,对于基础设施的破坏性使用,对于自然资源的破坏性开采,等等,均未或者通过市场机制形成相关企业的现期成本,或者通过政府机制形成相关企业的必要补偿性支出,这就使经济增长过程中表现出来的成本低于其真实的增长代价,而这些低于真实增长成本的部分,在目前未进入价格,在未来必然会进入价格,必然会要求社会以更大的代价予以补偿,从而会大大提高未来的增长成本。

以上宏观经济失衡的特殊复杂性,使货币政策的选择产生严重的困难,即使货币政策采取紧缩性选择,其紧缩力度也受到限制。通缩的现实威胁使得紧缩性的货币政策选择只能是渐进的微调,这在一定程度上制约着货币政策作用程度。

2.持续扩张的固定资产投资需求,使得货币政策的紧缩性目标实现遇到严重困难

2003 年以来,我国固定资产投资除 2006 年接近 24%外,其余大都在 26%以上。显然,相对于我国现实经验标准来说,固定资产投资增速是过快了[①]。

原因是多方面的。第一,是源于经济发展阶段的客观性。从我国经济发展的数量水平看,以人均 GDP 为标志,我国人均 GDP 达到2 000 美元左右(按 1∶7.8 的美元兑人民币汇率折算),相当于当代世界平均水平(人均 8 000 美元)的 1/4,与当代发展中国家相比,我国的水平与当代中等偏低收入水平的发展中国家的平均水平很接近(2005

---

① 参见北京大学中国国民经济核算与经济增长研究中心(2007)。

年末下中等收入发展中国家人均 GDP 为 1 746 美元,我国为 1 740 美元)。从我国目前经济发展的质态状况看,以农业劳动力比重为标志,我国农业劳动力就业比重已经由 1978 年的近 80% 降到 2006 年的 45% 左右,与当代下中等收入发展中国家的平均值也最为相似。因此,总体上说,我国是处在工业化加速时期。也就是说,虽然我国经历了自 1978 年至 2006 年以来 28 年的年均 9.6% 以上的高速增长,虽然这一持续高速增长使我国经济发生了深刻的变化,但并不像其他新兴工业化国家那样,经过 20 多年的高速增长后大都完成了工业化,我国由于经济二元性更强,尤其是由于存在广大的传统农业劳动力,尽管同样实现了 20 多年的高速增长,但距离完成以工业化为内容的现代化目标仍有很大差距,仍处在工业化加速阶段,即一般加工工业和一般制造业的工业化已实现,正朝着重工化和重化工化阶段深入。而这一阶段的一个突出特征便在于固定资产投资增长率相对其他发展阶段较高。日本、韩国、新加坡、中国台湾等国家和地区在工业化加速时期固定资产投资增长率均显著高于其他发展阶段,有些年份甚至超过 30%。客观地说,处在工业化加速阶段的经济发展对基础产业、先行资本产业、重工重化工等能源、材料工业的需求迅速扩张,而这些产业的突出特点在于资本密集度高,所以相应拉动固定资产投资增长率增大,进而使整个国民经济增长对投资需求的依赖度相对提升。与当代发达市场经济国相比,若经济增长 10 个百分点,其中由投资需求增长拉动的在我国占 4—5 个百分点,在国外则占 2—3 个百分点。可见我国现阶段经济增长中投资需求的贡献度显著高于国外水平。这种现象的发生是否由经济发展战略和政策上发生某些偏差所致,有待进一步研究,但不能否认,工业化加速阶段固定资产投资需求增长率相对较高是具有客观性的趋势,这在客观上就会抵消货币政策对固定资产投资需求增长过快的抑制效应。

　　第二,固定资产投资需求增长过快的另一原因在于地方政府的投资冲动。改革开放的历史进程使地方政府在经济方面的责、权、利的独立性不断提高。从某种意义上看,地方政府越来越成为地方经济发展的"剩余"索取者和控制者,因此,地方政府行为目标越来越接近企业行为目标。如果说企业行为目标是赢利最大化,那么,地方政府则越来越以追求地方财政收入最大化为重要目标,这就使地方政府不能不具有强烈的投资扩张冲动,因为收入最大化目标的实现首先必须依赖地方经济的快速发展。但问题在于,地方政府的这种投资冲动如何才能转变为现实?关键不在于地方政府具有加快发展的冲动,而在于地方政府可以不受自身能力的约束而实现这种冲动。那么,这种超越自身经济能力约束实现快速发展的可能又是怎样实现的呢?首先,不可能依靠地方财政投资,对于财政能力而言,中国地方政府根本不可能也不应当成为当地经济发展的投资主体,即使是基础设施建设和公共财政职能的履行,在很多地方也难以承担,甚至有些地方财政支付相关人员工资都有困难。其次,不可能直接依靠商业银行信贷投资,因为从体制上来说,我国的金融体制对货币和资本的控制基本上是国有金融机构垄断基础上的垂直控制,金融业资本总额中 80% 以上属于国有,非国有的银行和金融机构,如农村信用合作社和民营资本组建而成的股份制商业银行(如民生银行)等,其行为也被严格纳入政府管制体系之内,银行及金融机构在体制上与地方经济之间并无内在的联系,再加之直接为地方经济服务的中小金融中介发展缓慢,因而形成金融机制与地方经济之间体制性分割,难以直接兼容,从而使得当地经济发展速度与当地储蓄能力,与当地的投资增长率三者之间高度不相关。本来在市场经济条件下这三者应当是高度正相关的,而在我国,由于在体制上割断了银行与地方政府的直接联系,各地方经济发展速度与当地的储蓄能力高度不相关,投资的增长并不取决于当地储蓄转化为投资的能力。那么,各地的经济增长主要依靠什么力量来推动? 主要依靠招商引资。也就是由地方财政担保,以基础设施建设和投资环境改造等为基本项目向银行贷款,而后再以改善的投资环境和基础条件为依托,以财税和服务等方面的优惠为吸引,进行招商引资。招商引资本身就使得地方经济增长及相应的投资扩张可以大大超越本身的经济能力约束。这表明,地方经济发展的投资冲动受银行的约束强度并不大,地方政府对银行提高存贷款利率等紧缩措施的敏感性很低,地方政府对紧缩性货币政策并不敏感,收紧银根对地方政府投资冲动的约束作用并不显著。这在一定程度上削弱了货币政策的紧缩效应。

### (二) 货币政策紧缩效应降低与流动性过剩并存构成我国目前*宏观经济失衡的突出矛盾

如果货币政策的紧缩性效应被严重削弱,如果紧缩性货币政策对投资需求过快增长以及总需求扩张的抑制作用被抵消,如果经济仍保持高度增长并且总需求持续扩张,那么,不应当产生严重的流动性过剩。

从理论上来说,流动性过剩的判断标准在于货币供给是否远大于货币需求,经验指标是观察银行、企业、个人是否有大量闲置资金,即银行是否存在巨额超额准备金,因而存在寻贷冲动,企业和个人是否以现金存款的形式持有大量财富,有意寻求投资机会,但有困难。直观地看,在银行与企业之间,如果总体上是银行求企业,就是流动性过剩,反之则为流动性不足;若是互有所求,则意味着大体均衡(弗里德曼等,2001)。按常理,我国目前经济高速扩张,应当是以总需求活跃,特别是投资需求活跃为前提,而我国的财政政策继续扩张,货币虽然在紧缩,但其紧缩效应受到严重的削弱,尤其是对固定资产投资需求增长过快

---

　　* "目前"指截至2007年。

的抑制作用被极大抵消，因而，经济中对货币的需求应当极为旺盛，在银根同时抽紧的条件下，应当发生的是流动性不足，是对货币的需求远远大于货币的供给。但恰相反，我国目前存在严重的流动性过剩。其直接表现，首先，银行存贷差持续增大，到 2007 年 3 月底，我国金融机构存贷差已达 114 662 亿元，而且贷款占存款的比例也在下降，说明存贷差的规模和比率都在扩大，使商业银行的寻贷冲动进一步增强。其次，与之相适应，商业银行超额准备金率显著存在，2006 年末全部金融机构超额准备金率达到 4.78%。2007 年以来虽有所下降，但也仍保持在 3% 左右，尽管央行连续上调法定准备金率，但由于超额准备金的存在，商业银行的准备金率始终高于法定准备金率，上调法定准备金率对商业银行影响不大，央行收紧银根的政策并未改变流动性过剩的事实，不过是使大量过剩流动性滞存于金融机构。最后，流动性过剩说到底是货币供给大于需求。我国广义货币 M2 的增长速度在紧缩性货币政策的作用下得到一定的控制，但绝对增长量并不小，从而形成通货膨胀的压力，但中国现阶段的 M2 并未集中冲击商品市场。一方面，固定资产投资需求虽然增长过快，但其增量尚不可能拉动总需求扩张至足以吸纳过剩流动性的程度，况且在政策上对固定资产投资需求增长速度还在不断加以抑制，增长的 M2 并未反映为投资品市场价格大幅上升；另一方面，消费品市场需求疲软，过剩的流动性也未体现为对消费品市场价格的严重冲击。因而，大量的 M2 被推到资本市场，这也是构成现阶段股市活跃的重要原因。同时，资本市场是通过银行结算的，大量银根被推入资本市场，资本市场又通过银行运作，又进一步使流动性冻结于银行。

　　那么，为什么我国现阶段在持续采取紧缩性货币政策的同时，存在流动性过剩的矛盾呢？首先，国际收支领域中的失衡是构成这一矛盾的重要原因。我国现阶段国际收支失衡的基本特点是在国际收支上收入远大于支出,外资流入远大于资本流出,从而导致外汇储备大幅上升,为维持外汇储备形成的外汇占款居高不下,巨额外汇占款的存在和持续增长,严重削弱了紧缩性货币政策的效应,使得流动性过剩的水平绝对地提升。一方面,对外贸易依存度不断上升的同时,贸易顺差不断增大,到 2006 年末,进出口总额已达 17 607 亿美元,超过 GDP 的 70%,在存在顺差的情况下,外汇储备不断增加,到 2006 年末已达 10 660 亿美元,到 2007 年 3 月国家外汇储备余额为 12 020 亿美元,同比增长 37% 以上,按 2007 年的官方汇率计算,维持此外汇储备需占用人民币近 10 万亿元。2007 年第一季度以来,我国外汇占款以每天 100 亿元人民币以上的增幅扩大,按照我国 2007 年的 M2 乘数,这 100 亿元的基础货币经过放大会变成近 500 亿元的流动性,一年累计下来就是 18 万亿元,是 2007 年 3 月底我国 M2 总量的一半,到 2007 年 3 月,我国央行外汇占款与货币基础的比例已达 123%。如果进一步提高利率,外资的流入将更大。另一方面,在资本项目下,大量的外资流入,进一步加剧了我国国际收支的失衡,截至 2007 年,我国是世界上名列前茅的资本净流入国,2006 年 FDI 达到 700 亿美元。同时,官方汇率对人民币本币的低估,推动大量外资进入中国市场投机,等待人民币迫于国际贸易等方面压力和缓解国际收入顺差过大矛盾需要而升值……这些都极大地提高着外资流入量,而外资流入量过大是我国目前流动性过剩的主要原因。

其次,货币需求相对不足是流动性过剩的又一直接原因。内需不足是对货币需求相对不足的直接原因。尽管我国目前固定资产投资需求增长过快,但由于消费需求增长乏力,总体上内需不足的矛盾仍然存在,从而在高速增长的条件下形成大量剩余储蓄,而在内需不足的条件下,剩余储蓄不能被国内投资和消费需求所吸纳,便只能通过增大出口,扩大贸易顺差来寻求出路,由此又会促使外汇储备增长并使外汇占款增长,从而加剧流动性过剩的矛盾。此外,还有一些微观因素也影响着货币需求,比如,国有企业自有资本比例近些年来大幅提高(1999 年为 34%,2005 年为 55%)。主要原因在于企业利润增大,并且国家股东未要求分红,企业利润留存较多,从而使企业对银行的依赖度降低,对利率的敏感度相对下降,对银行的信贷需求相对减轻。又比如,允许证券公司股票质押,从银行融资等做法,也影响货币乘数,增大货币供给。

最后,我国货币政策的双目标选择也在一定程度上限制着上收流动性的政策效应。从货币政策的目标来看,总产出和就业是货币政策的最终目标,货币供给量和利率是中间目标,这两个中间目标存在因果关系,因此一般在两者中间只选择一个即可,难以同时选择两个。因为选择其中一个目标,另一个目标也就相应内生地决定了,如果同时选择两个目标,相互之间还容易形成互相制约的状况(如美国现在选择的货币政策的中间目标是利率)。我国是选择双重中间目标,货币市场是通过货币需求的变动来实现均衡的,由于货币供给量被央行锁定,那么,在存在流动性过剩的条件下,便只有通过增加货币需求才可能恢复货币市场的均衡。而货币需求的增加,实际上是要求收入增长和财富增加,那么,货币需求的增加或者表现为通货膨胀,或者表现为资产价格上升。而对于通货膨胀的疑虑和资产价格过高的泡沫现象的担心,就使得增加货币需求的政策力度受到极大的限制,而在选择双重中间货币政策目标,因而货币市场均衡只能依靠调节货币需求量来恢复的条件下,在存在流动性过剩的失衡状态下,任何限制货币需求量增长的因素,都同时成为增大流动性过剩矛盾的因素。

### (三)提高利率能否解决我国目前 * 流动性过剩问题

针对我国目前流动性过剩的事实,央行持续采取紧缩措施,包括连

---

* "目前"指截至 2007 年。

续上调法定准备金率和多次上调利率等,问题在于,在我国目前的货币政策结构中,提高利率不仅不能抑制流动性过剩,反而是加大流动性过剩和由此而来的物价上升及资产价格上涨。

就货币政策传导机制而言,一般来说是由中央银行通过调节法定存款准备金率、再贴现率或公开市场操作来调节货币供给量,货币供给量的变动再影响利率,利率的变动影响投资,而投资则通过乘数过程影响总需求,最终影响总产出和就业。在这一传导过程中,总产出和就业是货币政策的最终目标,但由于货币政策的实施到最终目标的实现之间存在一定的时延(如美国、欧盟大体在 6—18 个月。经测算,我国大体在 7—24 个月)(刘伟、李绍荣、李笋雨,2002)。因而在实施货币政策时往往需要确定一个在货币政策实施不久便能观察其变动的中间目标。在上述传导机制中,货币供应量和利率作为货币政策的中间目标较为合适,实际上到目前为止,世界各国基本上都是从这两者中选择货币政策的中间目标。

问题在于,在一个市场经济中,货币供给量和利率的变动之间存在因果关系,因此中间目标只需在二者中任选其一,不必把二者同时选择为中间目标。如果选择货币供给量为中间目标,那么相应地,利率便由货币需求和中央银行选定的货币供给量内生地决定,因而利率也就成为不必也不能再由央行政策选择的了。如果选择利率的中间目标,那么货币供给量就得与之相适应,否则就无法实现这一利率目标。20 世纪 90 年代之前,美国中央银行主要以货币供给量为中间目标,现在则以利率为中间目标,主要是美国的联邦基金利率。美国央行每次设定利率目标之后,便根据这一利率目标以及央行对美经济中货币需求的认识,相应地确定一个能够实现这一利率目标的货币供给量,然后再根据利率水平随后的实际变动对货币供给量进一步微调,以确保利率目标的实现。因此在美国经济中货币市场的均衡是在利率目标被确定后,通过货币供给的调节来实现的(谢平、廖强,1998)。

我国经济则不同,我国的货币政策采用的是双重中间目标,即同时以货币供给量和利率为中间目标。在这种情况下,在货币政策实施后,货币市场向均衡状态的调整过程就更为复杂。假定中央银行同时确定了目标货币供给量和目标利率,同时假定目标利率高于目标货币供给量和货币需求共同决定的均衡利率。此时,由于实际利率(目标利率)高于均衡利率,因此货币市场处于供大于求的失衡状态,即流动性过剩的状态。在这种情况下,由于货币供给量同时被货币政策作为中间目标所锁定,要使货币市场恢复均衡,就不能依靠货币供给的自然调整。但是,既然货币市场处于失衡状态,它就必然存在恢复均衡的要求,那么,此时货币市场如何向均衡状态调整呢?既然存在流动性过剩,那么这些过剩的流动性就会自动寻求出路,其结果:部分流向商品市场,导致商品价格上涨,出现经济过热;而更大部分则流向资产市场,导致资产价格猛涨。这也正是我国近年来的实际状况。随着经济过热的出现,人们收入水平上升,从而消费水平上升,这就导致人们对交易性货币需求增加;而随着资产价格上升,人们的财富总量增加,从而从两个方面增加了货币需求:一方面,财富的增加本身意味着总财富中以货币形式持有的财富额也在增加,另一方面,财富的增加同时也会提升人们的消费水平,从而导致人们对交易性货币需求的增加。这样,在商品价格和资产价格上升的推动下,货币需求会上升,货币供给大于需求的缺口会缩小,流动性过剩得以缓解,直到货币市场恢复均衡。一旦货币市场恢复均衡,经济过热和资产价格上涨的情况也将被克服,因为货币市场恢复均衡是通过资产市场和商品市场价格上升所导致的货币需求的增加来实现的,一旦货币市场恢复均衡,资产市场和商品市场就无须进一步调整。可见,在利率和货币供给量同时被选作货币政策的中间目标时,货币市场是通过货币需求的调整来实现均衡的,由于货币供给被央行政策锁定,在存在流动性过剩的失衡情况下,只有货币需求的增加才能消除货币市场的失衡,而货币需求的增加,必然要求收入水平和财富金额增加,前者的表现是经济过热,后者的表现是资产价格上涨。

如果假定货币市场已经恢复均衡,那么,若中央银行继续提高目标利率会怎样?在利率和货币供给量双重政策目标选择的条件下,利率提高,使货币需求量下降,在货币供给量锁定的条件下,又会出现流动性过剩。这样,上述调整过程便会再次出现,经济将再度过热,资产价格将再次上升,直到由此拉动的货币需求的上升恰好消除流动性为止。因此,在我国目前的情况下,提高利率是无法解决流动性过剩问题的,利率越高,经济过热的程度越严重,资产价格上涨的幅度越大。在利率为唯一的中间目标的情况下,货币市场的均衡是由中央银行调节货币供给量来实现的,因而货币政策本身就使货币市场达到均衡,在这种情况下,提高利率是紧缩性政策,对资产市场是利空的。在利率和货币供给量同时作为中间目标情况下,货币政策本身不能使货币市场趋于均衡,货币市场和均衡是在货币政策实施后,由货币市场的自动调整实现的,即通过经济过热和资产价格上涨所导致的货币需求增加来实现的货币市场均衡,在这种情况下,提高利率是扩张性的政策,对资产市场是利好的①。

### (四)如何解决我国现阶段流动性过剩问题

既然在货币供给量和利率同时选作货币政策中间目标的条件下,提高利率本身并不能克服流动性过剩,在货币供给同时被政策给定的条件下,提高利率反而会直接减少货币需求,使流动性过剩相对更为严

---

①　提高利率虽然会降低投资需求,但在双重中间目标选择下会加剧流动性过剩,而流动性的增加会对商品和资产的需求增大。我国目前过剩的流动性大部分流入资产市场,少部分流入商品市场,所以资产价格上升幅度远大于物价上涨率。

重,从而形成对商品市场和资产市场价格的严重冲击,并通过这种冲击增加货币需求,才可能逐渐使货币市场恢复均衡。因而解决流动性过剩的方法,便只有依靠调节货币供给量了。实际上,流动性过剩本身意味着利率过高,因此应当降低利率,利率降低,货币需求相应上升。从而缓解流动性过剩的矛盾。问题在于,我国目前(2007年6月)的利率水平已经很低了,一年期存款基准利率(3.06%),与消费品价格上涨率基本持平。若不取消利息税则是负利率,所以,降低利率已无空间。

我国目前流动性过剩的直接根源,主要在于外资流入太多,外汇占款大幅上升。因此,要控制我国的流动性,就必须管住外资的流入。否则,央行提高法定准备金率和利率的效果不会好。这就需要调整我国的外资、外汇及国际贸易等方面的政策。

第一,要设法降低贸易顺差。我国目前的外资流入中,大部分是源于贸易顺差。巨额的贸易顺差一方面加强了人民币升值的压力,另一方面也对经济过热构成压力。因而降低贸易顺差既有助于解决流动性过剩问题,也有助于缓解通货膨胀。一方面,可以在兼顾内需不足的约束下,控制出口的过快增长,包括降低出口退税率,甚至征收出口税以及其他限制出口商品过快增长的措施;另一方面,根据国民经济发展要求,努力扩大进口。

第二,逐步降低和取消对外国直接投资的优惠政策。这涉及我国外资政策的重大转变和调整。实际上,在我国目前流动性过剩的情况下,对外资的依赖已经较低,远非20世纪80年代资金和外汇严重稀缺的情形了。目前外资对我国的吸引力主要是技术和管理方面,并且伴随着我国改革开放和经济发展,我国教育及科技进步,参与国际经济及竞争力等均有长足的进展。我国在技术和管理上与发达国家的差距有可能不断缩小,对外资技术的依赖也可以通过技术转让等多种方式获得。此外,对外资的优惠政策本身意味着对本民族的资本歧视,这既不符合我国的国家利益,也不符合 WTO 的基本规则。

第三,鼓励外国直接投资以非金融资本的形式进入我国。鉴于我国在劳动力和市场方面上的优势,即使取消了对外国直接投资的优惠,外国直接投资仍然会大量进入我国,为减轻外国直接投资对我国货币供给的压力,可以制定适当政策,鼓励外商以金融资本以外的形式在我国进行投资。这样不会由此导致流动性的增加,相应也就缓解了我国的通货膨胀压力。比如,可以鼓励外商在国外购买机器设备带入我国,也可以鼓励外商以技术、专利、知识产权等形式入股以提高我国企业技术水平等。

第四,增加短期外资流入的成本,逐步收紧短期外资流入的阀门。短期外资是最容易导致金融不稳定的因素,其投机性对经济稳定具有内在的、必然的威胁。20 世纪 90 年代末亚洲金融危机中韩国的经历就是深刻的教训。因此,必须对短期外资予以严格的管制。虽然这与资本市场逐步开放的全球大趋势有所背离,但资本市场的逐步开放必须在保证经济安全和均衡的条件下进行。

第五,对从经常项目中进入我国的外汇进行严格监管,避免外资以这种方式难以节制地流入我国。在加强资本项目监管的情况下,肯定会形成通过经常项目调入资金的冲动,这就需要对其进行监管。

第六,拓宽我国居民的投资渠道。目前我国居民除股票、房地产、银行存款外,几乎没有其他投资渠道。在银行存款利率过低的情况下,必然导致股票价格和房地产价格大幅上升。因此,可以考虑采用多方面措施拓宽居民投资渠道。比如:首先,鼓励国内居民拥有外国资产,如外国的房地产、股票、债券、企业等;其次,进一步开放国内黄金市场,央行可以考虑用外汇在境外买入黄金,同时向国内居民出售黄金,以回笼部分货币。

第七,适当加快人民币升值的速度。我国目前流动性过剩的重要原因在于人民币升值预期下外资流入过多,迫使央行提供基础货币。因而,适当加快人民币升值,降低并逐渐消除人民币升值预期,是解决问题的重要环节。在确定人民币升值的速度时,应考虑企业尤其是出口企业对人民币升值所形成的成本上升的消化能力。2005 年至 2007 年人民币升值的速度每年平均在 5% 左右①,应当承认,若不考虑流动性过剩的问题,这一速度是相当合适的。因为我国企业通过技术进步、企业改制、调整产品结构、改善管理等方式每年消化 5% 的成本上升还是比较从容的。但如果考虑到流动性过剩的问题,情况就有所不同,人民币升值的速度越慢,我们经历的调整过程就越长,损失也就越大。因此,适当加快人民币升值就是值得考虑的办法之一。央行将银行间即期外汇市场人民币兑美元交易价浮动幅度由 3‰ 扩大至 5‰ 就是具体措施之一。当然,人民币升值不应过快,既要考虑微观上我国企业的承受力,又要考虑宏观上内需不足、失业率居高不下的约束。

---

① 从 2005 年 7 月 21 日,央行宣布人民币对美元汇率一次性升值 2.1%,此后人民币汇率不再钉住单一美元,开始实行浮动汇率制度,2005 年、2006 年、2007 年分别升值 2.56%、3.35%、6.9%,三年平均为 4.3%。

# 第十章 供给管理与我国 现阶段的宏观调控[*]

在我国现阶段[①]的经济发展与体制改革的历史背景下,宏观经济失衡产生了一系列新特点,相应的宏观经济政策也产生了一系列新的特点,需求管理的局限性日益显现,对供给管理的要求愈加明显。

## 一、我国宏观经济失衡的特殊复杂性与 需求管理政策的主要局限

从经济发展来看,现阶段我国经济发展水平已经接近中等收入发展中国家的水平,2005 年世界银行按汇率法人均收入对世界各国进行分类,其中偏低中等收入国的平均国民人均收入为 1 746 美元,我国2005 年已达到 1 740 美元。按通常经济史演进规律,一国进入或接近中等收入发展中国家水平,即意味着两方面经济特征的产生:一方面,进入总量上的高速持续增长期,发展中国家一旦跨越了低收入的"贫困陷阱"之后,若无特殊的危机,经济一般会形成内在的持续增长的动力,形成一个较长期的高速增长,日本及东亚战后新兴工业经济体的经验表明了这一点。日本在 1955—1973 年的 18 年中,年均 GDP 增长率

---

  [*] 本章写作的基本时间立足点为 2006 年,本章基本内容,刘伟、苏剑以《供给管理与我国现阶段的宏观调控》作为课题阶段性成果,曾发表于《经济研究》2007 年第 2 期。

  [①] "现阶段"指 2003—2006 年。

达到9.2%以上,新加坡在1965—1984年近20年中,年均GDP增长率高达9.9%,韩国在1962—1991年近30年中,年均GDP增长率达到8.5%,中国香港在1968—1988年20年中,年均GDP增长率达到8.7%,中国台湾地区在1962—1987年的25年中,年均GDP增长率高达9.5%(刘伟、许宪春、蔡志洲,2004)。我国经济自1978年至2005年27年里年均增长率为9.63%,并且完全有经济上的可能继续保持10—20年的高速增长。另一方面,经济进入这一时期,同时意味着经济结构进入深刻而急剧变化的时期,因为进入或接近中等收入发展中国家平均水平,也就是进入工业化加速时期,工业化加速本身带动整个国民经济结构发生急剧变化,产业结构、区域结构、部门结构、就业结构、总产品结构等都会发生深刻演进。历史上发达国家,如美、英、法、德、日等,在进入工业化加速时期,国民经济中的结构变化速度都显著高于其他发展时期。本来结构变化是技术创新和制度创新的函数,技术、制度创新的长期性使得结构的显著变化具有长期性质,但在工业化加速时期,这种结构变化的长期性会被极大地削弱,从而使得国民经济的失衡,不仅由于总量增长上的持续高速形成的不稳定性而加剧,而且更因为结构急剧转变生成的矛盾而激化(刘伟,1995)。在这种经济发展的历史条件下,我国经济增长中的失衡产生新的特点和新的复杂性,就有其发展上的必然。

从现阶段我国的经济体制转轨来看,经过近30年的改革开放,尽管市场机制的秩序建设仍亟待完善,但市场机制在作用范围上已替代传统的计划机制成为配置资源的基础性力量;尽管要素市场化进程亟待深入,但商品市场化已基本完成;尽管适应市场经济的政府改革仍然相对滞后,但企业改革取得了显著而又深刻的进展;尽管国际社会主要发达国家大都仍未承认我国市场经济国地位,但毕竟已有50多个国家承认我国的市场经济国地位,并且这一数字仍在不断增多。正因为这种体制转轨期的历史摩擦,不仅使我国宏观经济失衡产生体制性特点,而且使宏观经济政策效应产生体制性特征(刘伟,2007)。

这种特殊的经济发展阶段和经济体制转换进程,使得我国宏观经济失衡有着一系列的矛盾特殊性,至少以下五大矛盾是突出的。

(1)固定资产投资需求增长过快,但同时消费需求增长乏力。根据1978—2008年改革开放30年来的经验,我国年均固定资产投资增长率为13.5%左右,如果不发生重大制度和技术变革,我国国民经济能够承受的固定资产投资需求波动幅度为9个百分点,即4.5%—22.5%(围绕13.5%上下各加或减9个百分点)。但我国自2003年至2006年已有4年时间,固定资产投资需求连续显著超出22.5%这一上限,而同时消费需求增势疲软愈加显著,不仅消费品厂商存货水平持续增多,而且消费需求增长对经济增长的贡献率仅为60%左右,显著低于当代国际一般的80%左右的水准。

(2)物价总水平很低,但人们对于未来通货膨胀的预期值很高。据统计,从1997年11月开始至1999年末,我国的物价总水平呈负增长,直到2002年,物价水平大体为零增长,2003年至2004年物价水平开始正增长,但也仅为3%和3.9%的低水平增长,2005年至2006年物价上涨水平又开始回落(国家统计局,2005、2006[b])。在这种条件下,人们不应担心发生严重通胀,至少通货紧缩的威胁更大于通货膨胀。但事实上,人们恰恰在面临严重的通缩威胁的现实时,对通胀产生了很高的预期。从厂商来看,原材料、燃料、动力等上游产品价格已有大幅度上升,固定资产投资品价格上升幅度2003年为4.8%,2004年为11.4%,2005年为8.3%(国家统计局,2004、2005,2006[b]),均显著高于同期消费品价格的上升水平,上游投资品价格显著上升表明下游一般消费品工业生产成本大幅度提高,从而对未来消费品价格上升形成成本推动压力。从消费者来看,对消费品物价上升的感受与我国统计部门对居民消费价格指数(CPI)的统计之间产生了显著分歧,尤其是占CPI权重1/3的食品类支出价格水平上升幅度大,2004年以来尽管连续丰收,但粮价仍然连续以两位数的水平上升。再加上城市住房支出价格水平的迅速上升,以及人们对于未来医疗服务及教育支出价格水平预期的不确定等因素,消费者对未来通胀产生很高的预期。

(3)经济增长速度显著回升,但失业率继续攀升。1998年至2002年,我国GDP增长率年均为7.3%左右,同期城镇登记失业人口为500万人左右,登记失业率在2.3%左右,2003年以来,我国年均经济增长率超过10%,比此前的7.3%高出3个百分点左右,但城镇失业率不仅未相应下降,却反而成倍上升,到2006年6月失业人数已达1 000万人,登记失业率已达4.2%以上(国家统计局,2006ª)。

(4)经济增长势头强劲,但产能过剩矛盾尖锐。2004年以来我国已连续4年经济增长速度超出10%,2006年更达到了10.5%,但同时产品过剩及潜在的产能过剩矛盾日益严峻。从消费品看,商务部2006年调查显示,国内600种主要消费品中,供大于求的商品430种,占71.7%,供求大体平衡的商品170种,占28.3%,供不应求的没有。这表明消费品相对较为普遍的过剩已成事实,若再考虑到我国消费品厂商相当一批开工不足,生产能力较为严重地闲置,那么可以说消费品较普遍的产能过剩业已形成。从投资品看,据商务部2006年对300种主要生产资料市场的调查显示,供过于求的69种,占23%,供求基本平衡的218种,占72.7%,供不应求的只有13种,占4.3%,并且主要集中在能源、有色金属和木材等资源性投资品上(商务部,2006)。表明国民经济在总体上对投资品的需求开始减弱,而同时产出能力仍在扩张,从而促使投资品产能过剩的形成。据统计,我国现阶段钢铁、电解铝、铝合金、焦炭、电石、汽车、铜冶炼等行业的产能过剩矛盾已经很突出,水泥、电力、煤炭、纺织行业也潜藏着产能过剩问题。

（5）外向型经济程度超常提高，但内需不足的困扰日益加剧。物价水平低迷，产品较为普遍过剩，产能过剩矛盾日益呈现，失业率继续构筑，均表明我国内需增长乏力，从而使经济增长不得不更加依赖外需的扩张，使内需与外需增长之间产生显著推移。改革开放以来，我国进出口增长速度年平均保持在两位数以上，事实上，只要我国经济增长率达到10%，相应进出口增长便超过20%，到2006年我国进出口总额已超过1.7万亿美元，外贸依存度已达70%以上，远远高于美国和日本（20%左右）。同时，贸易顺差持续扩大，外汇储备已过万亿美元，国际收支中的失衡进一步加剧，并由此带来一系列新的矛盾。

正是上述五个方面经济失衡的特殊性，使得从总需求管理入手的宏观经济政策产生了一系列的局限性，这种需求管理的宏观经济政策的局限主要体现在以下三个方面。

1.需求的总量政策效应降低，甚至难以就需求管理进行总量政策选择

需求管理上的总量政策选择的基本方向，无外乎扩张和紧缩两种类型，而我国目前的宏观经济失衡不同于以往，在1998年之前，无论是计划体制下还是进入改革过程中，我国经济总体上多数年份是需求大于供给，这种失衡或者表现为短缺（如在计划体制下），或者表现为通胀（如在改革中）；1998年至2002年，我国经济失衡则表现为显著欠景气。在这种总量失衡的方向明确的条件下，需求管理上总量政策的方向也就易于明确，并且也能够在一定时期保持其连续性。比如，1997年召开的中共十五大的报告，针对当时的总需求大于总供给的失衡局面，就明确提出，在整个"九五"计划期间（1996—2000），以治理通货膨胀为首要目标的适度紧缩的宏观经济政策保持不变。而到2002年中共十六大，又针对当时内需相对不足的失衡局面，特别强调，在整个"十五"计划期间（2001—2005），以扩大内需为首要目标的积极的财政

政策、稳健的货币政策保持不变,实际上就是扩张性的宏观政策选择。尽管在不同时期宏观经济失衡的方向不同,但在总的宏观政策的选择方向上是明确的,即或者是总量上的紧缩,或者是总量上的扩张。那么,现阶段我国针对总需求的总量宏观政策应当如何选择呢? 在消费需求低速增长而固定资产需求增长过快,同时物价总水平低,但社会对通胀预期值高的矛盾条件下,若在总量上采取扩张性政策,对缓解失业,活跃低迷的消费需求固然有利,但同时势必加剧已经长期过快增长的固定资产投资需求的进一步扩张,同时也会进一步提高人们对未来通货膨胀的预期值。若在总量上对总需求采取紧缩性宏观政策,对抑制过热的固定资产投资需求和降低人们的通货膨胀预期会有帮助,但在经济增长速度恢复显著,而同时失业率却成倍提高的矛盾条件下,紧缩性的宏观政策会抑制总需求,从而抑制增长速度,很可能使失业状况进一步恶化,紧缩与否也难以抉择。这种总需求上的扩张不能扩张,紧缩难以紧缩的两难选择,表明我国现阶段宏观经济失衡的复杂性,使得总量政策上的需求管理具有极大的局限。

2. 货币政策与财政政策的同步性降低,甚至产生政策效应方向性差异

货币政策与财政政策产生的方向性差异,主要原因在于当前经济失衡的特殊性和体制改革的阶段性。事实上,现阶段我国财政政策对总需求仍然保持扩张态势,而货币政策则采取紧缩选择,这种两大基本宏观经济政策体系选择方向性差异,表明在现阶段复杂的经济失衡面前,从需求管理方面进行宏观经济政策干预,具有了更多的不确定性和更深刻的矛盾,这也是需求管理局限性的重要表现。

先来考察现阶段的财政政策选择方向。就财政支出政策而言,财政赤字并未减少,只是在 2002 年赤字达到 3 149.5 亿元后,略有减少,但仍连续多年保持在 2 000 亿元以上的规模,并且 2005 年比 2004 年财

政赤字规模又有所扩大。在国债方面,2002 年国家财政发行的国内债务为 3 228.77 亿元,而到 2005 年,已经增大到 6 922.87 亿元,翻了一番。可见,无论是从财政赤字的规模上,还是就国债的数量扩张上,财政支出政策仍然保持着刺激需求的势头。就财政收入政策而言,2004年以来我国进入新一轮税制调整,新一轮税制调整是在 1994 年分税制改革的基础上,对 1994 年以来分税制实施中出现的新问题进行规范,其中最为突出的问题在于分税过程中,中央税收占的比重大,增长速度快,而地方财政收入在税制上税源分散、不稳定,且征缴成本高。到2005 年,中央税收占全部税收的 52.3%,全国各地总的地方税收只占总税收的 47.7%,在地方税收财力产生问题的同时,地方政府对企业的税费要求必然提高,因而会加剧企业的税费负担。因此,从 2004 年开始提出新一轮税制调整,包含深刻的减税要求,特别是要减轻企业税费负担。首先,开始实行新的出口退税办法,尽管地方政府未必满意(因为原来的出口退税由中央财政退税,新的办法则规定地方政府承担其中 25%)。但对出口企业来说等于加快并规范、严肃了出口退税。其次,在所得税方面加以调整,包括上调个人所得税起征点,以及酝酿对广大内资企业降低企业所得税率,尤其是以往内资企业所得税为33%,而外资企业所得税低出此税率 50% 左右,为真正体现公平竞争,其趋势必然是内资外资逐渐统一税率,对内资企业来说,这种内外企业所得税率的统一,应当是所得税大幅下降的过程。最后,在增值税上试行由生产型增值税向消费型增值税转型,这种转型意味着固定资产和技术设备也如同购进的中间投入一样,进入增值税抵扣部分,对企业,尤其是对资本密集度高的企业来说,无疑是重要的减税措施,并且这一措施已经在东北地区作为振兴东北工业重地的政策之一开始付诸实施。这一系列减税措施表明我国目前在财政收入政策上同财政支出政策一样,采取的是扩张性的财政收入政策。

再来考察货币政策的导向。近些年来货币政策的基本倾向是持续紧缩。由于 2002 年银根的松动，尤其是到 2003 年上半年信贷增长更快，到 2003 年 6 月 30 日放出去的信贷规模，已经相当于 2002 年全年放款总额的 130%，而 2002 年的货币供给就已经显著超出往年的平均速度（国家统计局，2003、2004、2005）。因而，考虑到货币政策的时滞特征（美国、欧盟通常为 6 个月到 18 个月，我国据测算大体为 7 个月至 24 个月），中央银行在 2003 年春就拟采取紧缩措施，虽然后来由于受 2003 年春的"非典"影响未能实施，但自 2003 年 9 月起，以提高法定准备金率 1 个百分点为标志，直到现在，中央银行连续出台紧缩措施。特点在于：首先，保持较长时期的紧缩持续性，自 2003 年 9 月起到 2007 年 1 月，已连续近 40 个月收紧银根；其次，每一具体措施的紧缩幅度均不大，通常都在小范围内调整；最后，综合运用各种货币政策工具，从提高法定准备金率，到严控信贷规模，再到上调存贷款利率等，全面收紧。

尽管在总量失衡矛盾运动方向尚不十分清晰的条件下，财政政策和货币政策采取"松紧搭配"的原则或许更有助于经济增长稳定性的提高，或许更能够减轻"双松"或"双紧"带来的经济大幅震荡。但我国现阶段财政政策与货币政策效应产生的方向性的差异并不是主动的政策选择，而是被动的无奈，因为：一方面这种差异的出现并不是真正建立在公共财政体制和货币政策独立性的基础上；另一方面，也不是建立在对宏观总量失衡方向有着明确判断的前提下。所以，这种方向性差异本身表明我国现阶段总量失衡的矛盾特殊性，使得若只从总需求管理入手，财政与货币政策之间难以协调。尤其是在"货币流动性陷阱"已开始显现的条件下，提高利率等收紧银根的政策，在相当大的程度上会进一步加重人们的储蓄倾向，商业银行会面临更大的存贷差压力，消费需求增长乏力的状况也可能进一步加剧。这也表明，在特殊的总量失衡中，货币政策在以需求管理为目标的宏观调控中的有效性开始降低。事实上,单纯的总量上的短期需求管理已经难以适应我国宏观经济调控的要求,而应当将需求管理与供给管理结合起来,从而使得总量政策与结构政策,短期调节与长期调节协调起来。

3. 中央政府与地方政府对于宏观经济失衡调控行为产生了周期性差异,使得政府总量上的需求管理政策实施效应程度受到深刻影响

伴随社会主义市场经济体制的建设,中央与地方政府间的相互利益关系以及相互间的机制业已发生深刻的变化,从相当大的程度上可以说,改革开放中地方政府的权、责、利的独立性获得了很大提升,地方政府本身越来越成为当地社会经济发展的剩余索取权和剩余控制权的掌握者。因而,地方政府的行为与中央便产生了显著差异。首先,行为目标不同。中央政府对宏观经济加以调控,其目标在于实现宏观意义上的均衡,既要防止恶性通货膨胀,又要防止严重的衰退;而地方政府的经济行为目标只能是地方经济利益最大化,尤其是地方政府的收入(包含财政收入和非财政性的地方政府各类收入)最大化。其次,进入经济的方式和壁垒不同。中央政府与地方政府之间的联系方式是行政机制,因此,中央政府需要通过地方政府贯彻其对经济调控的扩张政策意图时,可以通过行政方式进行安排,而地方政府作为行政下级也应当服从中央的行政指示,这里对于中央政府的决策来说,是通过行政方式贯彻,若有失误首先付出的是行政决策引发的代价。但地方政府进入经济的方式和面临的壁垒就有所不同,无论是地方政府出自收入最大化目标的冲动,还是出于执行中央加快发展经济的行政指示的需要,发展地方经济首先要加快投资,而投资的基本渠道无外乎两条:一是财政投入,应当说大部分地方政府的财力是不足以支持其投资性要求的,甚至地方财政应当承担的基础建设、公共品生产和公共服务等都难以保证,况且地方政府又不能在财政上以发债的方式进行"增量改革";二是将银行储蓄转化为投资,但由于我国国有专业银行垄断性的金融体

制的"垂直性",再加上地方中小中介金融机构欠发育,我国地方政府的投资增长与地方经济发展水平及相应的地方居民储蓄能力之间高度不相关(北京大学中国国民经济核算与经济增长研究中心,2004),也就是说地方政府难以要求银行等金融机构支持其地方投资。在财政和银行两方面都不能或不会支持其投资活动的条件下,发展地方经济所需要的投资,只有依靠"招商引资"。而地方政府与其所依靠的所要招的商和引的资之间并不是行政上下级的关系,不同于以往政府与国有企业的关系,地方政府不能依靠行政手段指示其进入当地经济,而只能通过市场谈判,吸引其进入。这不仅需要一个谈判过程,而且需要地方政府在改善投资条件等方面做出努力,通常是把这些条件改善作为市政基础设施建设项目,由地方财政担保,向银行贷款融资。

中央政府与地方政府,地方政府与企业之间相互关系和联系机制的变化,使得宏观需求调控中,中央政府与地方政府行为产生了周期性的差异。当中央从总需求角度认为需求不足,经济不景气,需要繁荣经济、增加就业时,中央政府可以通过行政机制要求地方政府加快发展,加快对需求的刺激,但地方政府在这时无论是通过财政还是通过银行,都无力即时扩大投资,因为地方经济发展主要依靠招商引资,而这又需要一个过程。当各地方政府纷纷加大招商引资力度和速度,经过一定时期取得了所要招的商和引的资的信任后,各地纷纷聚集了一批引入的商、资,形成总需求尤其是投资需求的迅速增长,迅速扩张的总需求,又使经济产生了需求过大的失衡,因此,中央政府从宏观总供需均衡目标出发,又要抑制总需求,进而通过行政方式要求各地方政府减缓投资冲动,甚至要求其从已经进入的经济中退出,然而,此时的地方政府已经难以退出了,因为地方政府为招商引资已经进行了大量的投入,这些投入构成了地方政府退出的经济壁垒。显然,改革带来的体制变化和利益格局的改变,也使得单纯从需求方面进行宏观调控产生了严重的局限,至少作为宏观经济政策的决策者和执行者的行为主体,即中央政府和地方政府,对总需求的扩张或抑制的利益冲动及相应的行为周期产生了显著差异,这种周期错落,甚至可以说是周期与反周期的行为差异,对需求管理的效应必然会产生深刻的影响。

可见,至少从以上三个方面看,即从宏观经济政策效应的总量方向性上,从宏观经济政策的基本政策工具上,从宏观经济政策决策和贯彻行为主体上,需求管理政策的局限性越来越明显,我国现阶段的宏观经济失衡的调控目标的实现,需要对宏观调控方式做出重要调整,尤其需要加强供给管理政策在短期调节经济波动方面的应用。

## 二、我国宏观经济失衡的调控与供给管理政策的应用

需求管理政策本身的局限性以及我国经济发展和体制改革双重转轨的特殊性,表明需要引入并重视供给管理。一般而言,供给发生变化,包括生产成本及经济结构等方面的变化,往往是以技术创新和制度创新为前提,即以效率改变为条件,而这种增长方式的变化必然是长时期才可能的,因而,供给管理的政策效应大都更具长期性。在经济思想史上,供给管理政策作为宏观经济政策的组成部分,其地位远不如需求管理政策,其中主要原因在于凯恩斯对需求管理政策的强调,以及在战后需求管理政策推动均衡增长方面取得的成功,从而导致对供给管理政策的忽视。

20世纪70年代出现的“滞胀”对凯恩斯主义经济学的冲击,曾经使人们开始重视供给管理政策,形成所谓“供给学派经济学”,特别强调通过降低税率的方式来刺激经济、增加就业,实现均衡(如“拉弗曲线”所描述的状况)。当时的供给管理政策是被作为需求管理政策的替代物而提出来的,其目的就是应付短期经济波动。在供给学派经济

学家看来,供给管理政策之所以能够对经济进行短期调节,就在于它能够改变包括企业和劳动者在内的生产者所面临的激励。一个经济的资本、劳动力、自然资源、技术等在短期内可能无法发生变化,但生产者的激励却是可以随时变化的。正如供给学派的代表人物拉弗所说:"一旦人们面临的激励发生变化,其行为就会随之改变。正的激励吸引人们做一些事情,而负的激励阻止人们做一些事情。处于这种情境中的政府的作用就在于改变人们面临的激励,从而影响社会行为。"(Laffer,1983)因此,调节生产者面临的激励是短期供给管理政策的核心,而税收政策就是调节激励的最基本的工具。供给学派认为,对于工人来说,面临的激励决定于两个相对价格:工作和闲暇的相对价格和未来消费与现在消费的相对价格(Bartlett and Roth,1983),第一个相对价格决定了工人的劳动积极性,第二个相对价格决定了工人的储蓄积极性。

　　但由于里根政府大量采取供给学派的政策并未取得预期的成功,加之人们对于"滞胀"的理解逐步深入,需求管理政策又重新占据了宏观经济政策体系中的重要地位,供给管理政策在主流宏观经济学的视野中也逐步退出。到了20世纪90年代以后,技术革命带来的产业结构调整和经济全球化所导致的区域经济布局的深刻变化,以及人们对长期经济增长命题的关注程度不断提高,使得产业政策、区域政策以及针对长期总供给的增长政策等成为长期性供给管理政策的主要构成部分,重新引起了人们的关注。正是供给管理政策的长期性特点,使人们对供给管理政策的重视仅限于其对经济的长期影响,而对供给管理政策的短期调节效应没有予以充分承认。事实上,供给管理政策不仅能够,而且经常被运用于调节短期经济波动,只是不被人们关注,或者不被视为供给管理政策,被想当然地看作需求管理政策了。供给管理政策和需求管理政策对均衡的影响是不同的,对价格水平和总产出的影响也不同,区分这两种政策的特点直接影响到对宏观经济形势的预期和对宏观政策效应的判断。我国当前的宏观经济失衡的矛盾复杂性,要求在即使短期调节上,也必须将需求管理政策与供给管理政策有机地结合起来,一般说来,调节短期经济波动经常运用的供给管理政策主要包括货币政策、财政政策、工资政策、原材料和能源价格政策等。

1. 作为调节短期经济波动的供给管理的货币政策效应特点

在传统的宏观经济学理论中,货币政策被视为需求管理政策,实际上,货币政策同时也是供给管理政策,因为它不仅影响总需求,同时也影响总供给。货币政策的主要目的是调节利率,而利率对经济有两方面的影响,它既可以影响总需求,也可以影响总供给,比如降低利率一方面可以影响投资,促使投资需求扩大,从而增大总需求,货币政策在这里起着需求管理政策的作用;另一方面,利率同时也影响资本的使用成本,利率的降低使生产的要素成本降低,从而影响总供给。也就是说,利率的变动同时具有总需求效应和总供给效应。利率的这两种效应都促使均衡产出增加,但对价格水平的影响是不同的,总供给效应使得价格水平下降,而总需求效应使得价格水平上升。价格水平最终是下降还是上升,取决于这两种效应的相对大小。从货币政策的实际作用效果来看,总需求效应一般大于总供给效应,因为总体来说放松银根的货币政策一般会带动价格水平上升。对于既要关注经济增长又要防止严重通货膨胀的我国宏观经济调控而言,关注货币政策的总供给效应便有着特别的重要性。

那么,货币政策的总供给效应①的大小由哪些因素决定呢?货币政策对总供给的影响可以分为三个环节,即货币的变动先是影响利率,

---

① 货币政策影响总供给的渠道不仅仅是利率一种,还有其他渠道,比如由于货币政策给经济带来的不确定性等(Tatom,1983)。

然后利率的变化影响生产成本,再而后生产成本的变动影响总供给。相应地,货币政策的总供给效应程度的大小便取决于这三个环节。其一,货币政策对利率的影响有多大? 在其他因素不变的情况下,货币政策对利率的影响越大,货币政策的总供给效应就越大,而货币政策对利率的影响又取决于货币需求对利率的敏感程度,货币需求对利率越敏感,货币政策对利率的影响就越小,因而,货币政策的总供给效应就越小。其二,利率变动对生产成本的影响程度有多大? 这取决于经济中的总资本存量,总资本存量越大,利率的变动对生产成本的影响就越大。随着我国经济的不断发展,超高储蓄导致快速的资本深化,因而我国经济的资本密集度不断加大,这样就会使货币政策的总供给效应越来越大。其三,生产成本的变动对总供给的影响有多大? 这取决于总供给的价格弹性,总供给的价格弹性越大,给定的生产成本的变动对总供给的影响就越大①,因而,货币政策的总供给效应就越大。那么,在什么情况下,总供给的价格弹性较大呢? 一般而言,一个经济的闲置生产能力越大,总供给的价格弹性越大,因此,当经济处于衰退阶段时,货币政策的总供给效应就较大②。

考虑到货币政策的供给效应后,就能够比较好地解释我国从1997年亚洲金融危机爆发以来的经历。1997年亚洲金融危机爆发后,我国中央银行采取了扩张性的货币政策,M2的增长率每年都在20%以上。按照常理,我国那几年应该有较高的通货膨胀,至少不会出现通货紧缩。但是,那几年的情况却恰恰相反,连续几年通货膨胀率都接近0,

---

① 反映在图形上,即为总供给曲线右移的幅度越大。

② 对于货币政策对总成本的影响,我国已经有人注意到了(只不过这些研究是从需求的角度看待这一效应的)。北京大学中国经济研究中心宏观组(以下简称"宏观组")根据1997年前后中国的实际情况做出了估计。据他们分析,从1996年到1997年,贷款利率下降了5.17个百分点,如果以1995年底金融机构各项贷款余额5万多亿元为基础,这将减少企业利息负担2 400亿元左右。

有的年份甚至出现了负的通货膨胀。这是为什么？我们知道，在这一段时间，我国经济的总需求对利率不敏感，因此货币政策的需求效应很小（苏剑，1998）。但是，经济中存在大量的闲置生产能力，因而货币政策的供给效应较大。这样，在货币政策的供给效应大于需求效应的情况下，就出现了经济增长、物价下跌的局面。

从一定意义上可以说，货币政策的供给效应越大，货币政策对促进均衡的影响作用效应也越大，尤其是通过货币政策的供给效应促进经济增长时，不必像通过货币政策的需求效应拉动经济增长那样，付出较多的通货膨胀的代价。但在宏观经济政策实践中，通常货币政策的需求效应总会超过其供给效应。因而，往往一国宏观经济短期调节中，需要引入更多的供给管理政策时，货币政策的作用相对减弱，特别是国民经济同时关注经济增长和通货膨胀目标，或者说，宏观经济的总量失衡方向难以判断，进而从总需求管理政策上难以进行扩张或紧缩的选择时，不仅需要注重长期，而且需要更为注重短期需求管理与供给管理相互结合时，由于货币政策的总体供给效应相对较弱，其对经济均衡作用受到相当大的限制。我国现阶段的货币政策效应正经受着这种失衡复杂性的检验，从需求管理政策效应来看，自2003年9月以来的货币政策的持续紧缩，不能不受到增长和就业目标的限制，因而在对通货膨胀预期并未产生实质性降低效果的同时，货币紧缩的力度又受增长及就业目标的限制，不能达到有效控制通胀和抑制结构性需求增长过快的程度。从供给管理政策效应来看，现阶段我国货币政策无论是从长期的经济结构调整上（包括区域经济结构调整、产业结构调整等）还是从短期的利率变化对厂商生产成本的普遍影响上，其作用都还是很有限的。所以，在需要注重需求管理政策与供给管理政策结合的复杂的宏观经济失衡环境中，对于货币政策的这种局限，尤其是其在供给政策效应方面的局限性，应当给予高度重视。

2. 作为调节短期经济波动的供给管理的财政政策效应特点

税收政策是供给学派眼中最重要的政策工具。实际上,20 世纪 80 年代供给学派给里根政府开出的政策处方几乎全都是税收政策。

显然,财政政策的供给管理政策效应要高于货币政策,也正因为如此,在供给学派看来,政府要刺激经济,增加就业,最有效的办法便是降低税率。但另一方面,与货币政策相同,财政政策通常也往往被视为是需求管理政策。然而事实上,财政政策同时也具有供给管理政策效应。一定的财政政策是属于供给管理政策还是属于需求管理政策,主要是视其针对生产者,还是针对消费者,针对消费者的财政政策一般属于需求管理政策,针对生产者的财政政策大都属于供给管理政策。作为供给管理政策的财政政策工具影响的是厂商的成本,包括税收成本、工资成本、利息成本、原材料成本等。

税收政策对厂商实际成本有重要的影响,显然调节企业所缴纳的各种税收,如增值税、企业所得税、营业税、进出口税等都可以影响企业的实际生产成本,从而增加总供给。同时,对个人所得税的调节也能够影响总供给,因为,一方面,个人所得税的调节可以影响人们的储蓄,而储蓄又会影响利率,从而影响平均成本变动;另一方面,个人所得税对工人积极性产生影响,从而影响生产效率,相应影响平均成本。此外,对企业的生产补贴也等于政府对企业的支持,降低了生产成本,其机理与减税是相同的。问题在于,税收政策同样影响总需求,比如减税既可以影响总供给,又可以影响总需求,那么,减税到底是对需求的刺激程度大还是对供给的影响程度大? 进而,减税到底是需求管理政策还是供给管理政策? 这一问题从供给学派出现直到目前都还是没有完全解决的争议问题。尽管在对总需求与总供给影响程度大小判断上存在差异,但承认税收政策影响总供给是普遍共同的认识。我国自 1998 年以来一直采取扩张性的财政政策,包括扩张性的财政支出与财政收入政策,这种扩张性的财政政策,一方面对刺激总需求(尤其是扩大内需)有重要作用,但不能忽视其同时作为供给管理政策的效应。1998 年起,从纺织品出口退税率的提高(由 9% 提至 11%),到对企业 20 项行政事业收费取消;1999 年先后进一步提高服装业出口退税率(提高到17%),对房地产业的相关税费予以一定的减免,同时取消对企业的 73项基金收费;2000 年对软件、集成电路等高新技术产业实行税收优惠(宏观组,2005);2003 年针对"非典"冲击,对航空、旅游等行业实行阶段性减税;2004 年以来更是一系列减免税收政策相继出台,包括采取新的出口退税办法,取消农村农业税,大规模取消对农民的缴费项目,试行企业增值税由生产型向消费型的转变,等等。这些措施都对企业实际生产成本发生了重要影响,对提高企业竞争力产生了重要作用,因而从总供给方面推动着中国经济的均衡增长目标实现,在短期调节总量失衡方面,做出了重要贡献。财政政策对总供给的影响通常比货币政策的供给效应显著,因为货币政策本身的供给管理政策效应就低于其需求政策管理效应,同时货币政策难以直接针对经济进行结构性调节,因而对供给影响的程度及深度有限。所以,当宏观经济失衡矛盾复杂,使得从需求方面进行总量调控难以选择,因而需要注重结合供给管理政策时,对财政政策的这种显著的供给管理政策效应要予以特别的重视。

还可以有其他方面的短期供给管理政策工具,比如工资政策,包括工资冻结、工资补贴、降低企业应缴纳的社会保障费用等手段。但这些手段或者难以运用,因为存在工资刚性,工资难以下降;或者由政府对企业工人支付一定的补贴,但这种补贴作用机理与财政政策是同类的;或者作用不大,如降低或取消企业的社会保障费用,对工人现期消费作用不大。又比如原材料和能源价格政策虽然关系到厂商生产成本,但政府在这方面的冻结,或补贴不宜过多,否则长期企业以偏低费用使用资源不利于效率提升。因此,在这里这些方面就不加专门讨论了。

# 三、我国宏观调控中需求管理政策与
# 供给管理政策组合原则

就短期波动的调节而言,若经济失衡的总体方向明确,那么,在需求管理政策与供给管理政策组合过程中,究竟主要运用哪种政策,应当也可以根据总量失衡的方向及相应的宏观经济政策首要目标来选择。如果经济开始是处于充分就业状态,但负的需求冲击导致均衡产出和物价水平下降,那么,可以采取需求管理政策,同时也可以采取供给管理政策,以恢复充分就业状态。但运用不同类型的管理政策恢复充分就业的路径和代价是不同的,供给管理政策的运用在推动恢复充分就业的同时,使价格水平进一步下降,从而增大通货紧缩的压力,对国民经济的总需求可能会产生负面影响,促使经济进入恶性循环。而需求管理政策则在促使恢复充分就业的同时,使价格水平有所提高,从而提升通货膨胀水平,不致下跌过快,促使国民经济的总需求扩张,加快经济恢复速度。因此,在这种条件下,便应更多地采用需求管理政策。若经济开始处于充分就业状态,但负的供给冲击导致经济失衡,均衡产出下降和物价水平上升,同样既可采用需求管理政策,也可采取供给管理政策,以促使经济恢复到充分就业状态。但运用不同类型的政策,其对价格水平的影响也是不同的。运用需求管理政策将使价格水平进一步上升,这意味着在缓解失业的同时,会形成较高的通货膨胀。而运用供给管理政策则会使价格水平向原来的状态复归,也就是说,运用供给管理政策能够在推动充分就业状态恢复的同时,使国民经济避免或减少通货膨胀。因此,在这种条件下,在供给管理与需求管理政策的组合中,应更多地采取供给管理政策。总之,在短期调节中,为实现均衡目标,应尽量用需求管理政策对付需求冲击形成的失衡,用供给管理政策对付供给冲击形成的失衡。虽然运用需求管理政策对付供给冲击形成的失衡，或者运用供给管理政策对付需求冲击形成的失衡，也能促使经济恢复充分就业状态，但都要付出代价，即对经济产生负面影响，这种负面影响主要体现为物价水平的不稳定。我国以往宏观经济失衡，在总量方向上是较为明确的，如在 1998 年之前多为需求大于供给，而在 1998 年至 2002 年则为需求小于供给，因而宏观经济短期调节主要是系统地运用需求管理政策，或者是紧缩总需求或者是扩张总需求。虽然在这一过程中也采用了一些供给管理政策，但在系统性和倚重程度上，均远不及需求管理政策。现阶段我国宏观经济失衡产生了一系列新特点，从而使得需求管理政策的有效性产生了显著的局限，而同时付出的代价日益增大，尤其是在需求总量上是采取扩张还是紧缩，难以选择。因而，也就特别需要强调需求管理与供给管理政策的组合。根据产生失衡的不同原因，从需求与供给不同方面采取不同的宏观管理政策，以促进均衡增长，同时避免或降低物价的不稳定性。

就长期均衡增长而言，供给管理政策的运用具有更为重要的意义。其一，伴随着技术进步速度的加快，当代世界经济的产业结构处在不断变化之中，其变化速度之快，程度之深，均是以往难以比拟的。而我国现阶段经济发展又恰恰处在工业化加速时期，任何一国在经济史上工业化加速时期，突出特征之一，便是产业结构急剧变化，也就是说，产业结构高级化进程空前加快。所以，产业政策对于我国现阶段的发展来说，具有重要意义，而产业政策当然属于供给管理政策。其二，区域经济政策也是供给管理政策中的重要组成部分，作为一个主权国家的一部分，一个地区的政府不可能拥有国家所特有的宏观经济手段，比如，一个地区不可能有独立的货币政策。同时，一个地区政府运用财政政策来影响地区的总需求，其作用是很有限且极不确定的，因为地区政府财政所能影响的只是本地区居民的总需求中的一小部分，地区居民收入在更大程度上并不受地区政府的财政政策影响,况且,即使当地居民需求受到当地政府财政政策影响,在其总需求中到底有多少形成对当地产品的需求,更是很有限和极不确定的,有可能是这一地区政府财政花了钱,但影响的却是其他地区经济。所以,地区政府不可能运用货币政策影响本地经济,同时运用地方财政政策对当地的总需求影响作用也十分微弱,因而,需求管理政策对地区来说是不适用的,而供给管理则有突出的意义。我国是一个区域差异显著的国家,因而,区域经济发展和区域经济结构的变化是实现我国长期可持续发展的重要命题,特别是在总需求管理已形成中央政府与地方政府政策调控行为周期性差异的条件下,供给管理政策对于我国区域经济协调发展来说,就有着极为重要的意义。其三,经济的开放度不断提高和经济全球化的深入,也使得我国长期发展中供给管理政策的重要性不断上升。因为越是在开放条件下,包括商品市场、资本市场的逐渐开放,需求管理政策的效果越会逐渐降低,一国政府需求管理政策刺激出来的总需求很可能不会相应地形成对本国产品的需求。但供给管理政策则不同,供给管理政策直接受益者就是本国主权范围内的相关企业,其中受益最大的当属本国企业,其他国家在此地的居民或企业可能也会享受到本国政府供给管理政策的利益,但相对于本国居民和企业来说,毕竟是第二位的。

总之,在调节经济方面,供给管理政策有其独特的优势和效应,不仅在长期调节中,供给管理政策的作用越来越重要,而且在调节短期经济波动中,供给管理政策也日益不可或缺。无论是在我国经济发展中产业结构演进和区域经济协调以及对外开放提升等长期命题的处理中,还是在我国宏观经济总量失衡复杂性更为深刻背景下的短期调节中,供给管理政策的作用都将越来越重要。如何使需求管理政策与供给管理政策在国民经济发展的长期以及短期调控当中,更有效更科学地协调起来,是我们面临的重要问题。

# 第十一章　供给管理与我国的
# 市场化改革进程<sup>*</sup>

本章的目的在于讨论供给管理政策的短期效应(以下所说的"供给管理政策"即是指短期供给管理政策),讨论我国现阶段短期宏观经济调节中引入供给管理政策的必要性、特殊性;供给管理政策应用对于经济体制的要求,尤其是对市场化进程的要求;以及有哪些在市场经济条件下可供选择的主要供给管理政策工具。

## 一、我国为什么需要引入供给管理政策

需求管理政策指的是那些能够使总需求发生变动的、并且能够由政府特别是中央政府控制的因素;供给管理政策指的是那些能够使总供给发生变动的、并且能够由政府、同样主要是由中央政府控制的因素。

就短期经济波动的调节而言,供给管理政策在我国现阶段同样具有重要意义,事实上,当需求管理政策在克服失衡时产生严重局限,供给政策的短期效应就必须予以特别的强调。因为,一方面,从理论上说,短期供给管理政策有其特点,在短期调节上,供给管理与需求管理政策对经济的影响是不同的:(1)作用对象不同。需求管理政策针对

---

　　* 本章写作的基本时间立足点为 2007 年初,本章的基本内容,刘伟、苏剑以《供给管理与我国的市场化改革进程》为题,发表于《北京大学学报(哲学社会科学版)》2007 年第 5 期。

的是消费者,包括最终消费品的消费者和购买厂房、设备等投资品的企业;而供给管理政策针对的是生产者,包括企业和工人。(2)作用效果不同。同样性质的需求管理和供给管理政策,需求管理政策使得价格水平同方向变动,而供给管理政策使得价格水平反方向变动,面对一定的经济失衡问题,可以采取需求管理政策,也可以采取供给管理政策,还可以采取二者的某种结合,使经济趋于均衡。但这一过程中价格水平的变化是不同的。以经济处于衰退为例,此时需要采取扩张性措施,如果采用需求管理政策,随着总需求的增加,价格水平一般会上升,企业在给定的生产成本下利润上升,进而会增大产出、增加就业;如果采用供给管理政策,随着供给增加,价格水平一般会下降,这时总需求量就会随着价格的下降而增加,于是均衡产出上升,这同样会增加就业。(3)作用方式不同。需求管理政策主要调节购买者的购买力,而供给管理政策主要调节生产者的积极性。供给管理之所以能够对经济进行短期调节,重要的原因就在于它能够改变包括企业和劳动者在内的生产者的积极性,经济中的要素禀赋,包括资本、劳动、资源、技术等的客观禀赋,在短期内难以发生重大变化,因而供给管理政策的作用对象难以针对要素禀赋,但生产者面临的激励却是可以随时变化的,因而可以成为供给管理政策短期调节的作用对象。正如供给学派代表人物拉弗所说:"一旦人们面临的激励发生变化,其行为就会随之改变。正的激励吸引人们做一些事情,而负的激励阻止人们做一些事情。处于这种情境中的政府的作用就在于改变人们面临的激励,从而影响社会行为。"(Laffer,1983)事实上,调节生产者面临的激励是短期供给政策的核心(刘伟、苏剑,2007)。

　　另一方面,从宏观调控实践来说,在短期调节中引入供给管理政策有助于克服我国目前总需求管理政策的局限性:(1)在需求管理政策总量效应降低的情况下,或者说总量政策方向难以选择的情况下,供给管理政策实际上就成为必需的选择。政府可以突出供给管理政策的结构性调控特征,比如在产业之间、区域之间、企业之间、部门行业之间创造结构差异性的激励和竞争条件,从而避免总量选择带来的矛盾激化,使政府宏观调控更具针对性,同时降低宏观调控的成本。(2)政府可以直接控制供给管理政策效果。比如,作为财政政策的税率以及作为货币政策的利率变动,在具有需求效应的同时,也具有供给效应,作为供给管理政策产生的作用,特别是对企业生产成本的影响程度的大小,政府是可以清楚地判断的,因而可以降低宏观经济调控政策作用的不确定性,进而降低宏观调控的风险。(3)供给管理政策的应用更易于协调政策效应之间可能发生的矛盾,尤其是当作为需求管理政策运用的财政政策和货币政策的效应产生方向性差异时,需求管理政策工具比较少,且作用对象也较为笼统,因而在需求管理政策工具之间出现矛盾时,协调的空间相对狭小,而供给管理政策工具种类繁多,作用对象也灵活多样,因而即使政策工具之间出现矛盾,也易于协调。(4)供给管理政策具有总量调控效应的同时,也具有多样的地方性特征,因而,在中央政府与地方政府行为产生周期性差异的条件下更具灵活性,各地具体情况的差异使得中央政府与地方政府在经济周期运动中形成相互博弈的局面,周期与反周期的行为差异显著,从而会削弱需求管理政策的总量效应,也就是说,在这种情况下,需求管理政策的总量特征较强,因而难以适应参差不齐的地方经济,而更具地方特征的供给管理政策相应更具适用性和针对性。事实上我国现阶段各地区发展当地经济的政策手段大都是以财政政策形式出现的供给管理政策,如税收优惠、低土地价格等。(5)供给管理政策可以直接调节收入分配差距过大而形成的效率损失。宏观经济运行中的失衡,从总量上来说相当重要的原因可能产生于收入分配的不合理,比如消费需求增长乏力,除由于投资需求增长过快而挤占了消费需求增长空间外,重要的原因还在于收入分配差距过大,高收入者(储蓄倾向相对低的阶层)收入增长速度快,而更为广泛的社会成员作为中低收入者,尽管其消费倾向相对较高,但收入增长速度慢,这种分配差距的过于扩大,不仅涉及收入分配中的合理性问题,而且会严重影响总量运行的失衡。对于这种失衡的克服,需求管理政策具有较大的局限性,因为需求管理涉及的是需求总量,难以触动社会阶层间的收入分配结构,而供给管理政策恰恰是以激励生产者积极性,调节生产者面临的激励条件为政策作用重心,因而能够综合运用税收等政策工具,从总量和结构上对收入分配做出调节。

## 二、供给管理政策为什么被长期忽视

提到宏观经济政策,人们往往将其等同于需求管理政策,供给管理政策虽然也是宏观经济政策的组成部分,并且也在经济实践中经常被采用,但却总是被人们忽视。究其原因,主要源于三方面:一是体制性原因,即供给管理的运用要求以较为充分和自由的竞争性市场机制作为体制基础,否则,供给管理政策的系统运用很可能促使经济体制导向计划机制,而对计划经济的恐惧,使得人们对供给管理政策产生疑虑。二是理论上的原因,即凯恩斯的偏好。凯恩斯作为现代宏观经济学的创建者,对需求管理的偏爱和强调,以及需求管理政策在战后取得的历史性的成果,奠定了需求管理政策在宏观经济管理中的基础性地位,同时也导致人们对供给管理政策的忽视。三是政策实践的原因,即20世纪80年代初供给学派政策实践的失败。

1. 对计划经济的恐惧及相应对供给管理政策的疑虑

供给管理政策作用的是生产者,因而政府的政策可以直接影响到国民经济生产的微观单位,从而使政策干预的深入和具体程度可能高于需求管理政策,由此导致人们产生一种疑虑,即人们担心系统的供给管理最终会导向计划经济。因而,供给学派的理论和政策倡导者大都特别坚持经济自由主义,大都特别强调把供给管理政策的运用建立在充分自由的市场竞争机制基础上。因为:一方面只有市场体制的健全和完善才能在体制上鼓励竞争,从而加快技术创新,以激励效率;另一方面,只有充分尊重生产者的市场竞争的权利和责任,才能够形成对生产者充分的竞争动力和压力,在体制上形成对生产者足够的刺激和有效的约束。供给管理政策作用的核心恰在于有效地激励和约束生产者,以刺激效率。因此,竞争性的市场机制是供给管理政策能够有效的基本制度前提。脱离市场机制的对生产者行为的政府政策干预,很可能导致资源配置方式的行政化,导致政府对市场的替代,导致生产者竞争动力和压力的减弱,从而使供给管理政策的效率目标难以实现。也就是说,供给管理政策是政府在承认并尊重市场竞争机制的基础上,使市场经济中的真正生产者所面临的市场竞争的激励和约束条件,发生更有利于竞争性效率提升的变化,而不是对市场的否定,更不是对市场竞争中生产者权利和责任的否定。越是强调供给管理政策效率目标的实现,越需要强调市场竞争的自由和充分性。

但若脱离这一体制背景,仅就政策作用的方式和内容而言,计划经济实际上也就是供给管理。因为:(1)计划经济的本质是通过政府计划来直接促进供给的政策体系,计划经济从制度效应上首先是针对社会生产,尤其是直接约束生产者行为,这与供给管理政策以生产者为政策作用对象的特点是相似的。(2)在计划经济中需求是被忽略的,因为一方面,需求的主观性和变化的复杂性,以及需求的分散性和差异性,使得政府即使企图掌握需求状况及其变化,也是一个极为困难且成本极其高昂的事情;另一方面,计划经济否定市场机制作用的客观性,因而自然不需要关注市场需求。在不关注、不尊重需求的经济体中,当生产与消费、供给与需求产生矛盾时,最简单也是成本最低的办法便是以各种票证、指标等数量信号表达出来的配给制,即以政府行政性组织的"排队"来实现低效率下的强制均衡。而这种配给制恰恰也是供给管理政策中的一种,同时,以供给而不是需求作为管理政策的切入点,也正是供给管理的基本方法,这又进一步提高了计划经济与供给管理的相似性。因此,从一定意义上可以说,计划经济是供给管理的极端形态,供给管理使用到极致,甚至是在否定市场经济体制的制度基础上运用供给管理政策,那么也就是计划经济。而计划经济在经济上的低效率是历史已经证明的,在政治上的过于集权也是众所周知的。所以,对计划经济的恐惧,特别是担心供给管理政策的过度引入进而导致对市场自由竞争的削弱和否定,导致人们对供给管理存有疑虑和忽略。

2. 凯恩斯对需求管理的偏爱及相应形成的对供给管理的漠视

现代宏观经济学的创始人凯恩斯在理论和政策上对需求管理政策予以更多的偏爱和强调,并且在战后的发达国家宏观经济调控实践上,凯恩斯的需求管理政策也的确取得了较长时期的成功。这样,在奠定了需求管理政策在宏观经济管理中的基础性正统地位的同时,也形成了对供给管理政策忽视的传统。凯恩斯的理论和政策面对的是大萧条的经济,如何治理大萧条?凯恩斯认为问题的关键在于降低真实工资,而要降低真实工资,有两种方法:一是提高价格,二是降低工资。提高价格需要刺激总需求,属于需求管理政策;而降低工资的目的是降低生产成本,属于供给管理政策。在凯恩斯看来,降低工资会受到工人和工会的反对,社会阻力太大,因此是不可行的。凯恩斯认为,选择社会阻力大的降低工资的供给管理政策是愚蠢的,而通过有伸缩性的需求管理政策来直接刺激总需求,进而降低真实工资,推动经济恢复均衡,则是明智有效的(凯恩斯,1983)。

3. 20世纪80年代供给学派政策在实践上的失败加剧了人们对供给管理的怀疑

到20世纪70年代,"滞胀"的出现使人们对凯恩斯主义经济学产生了怀疑,于是供给管理政策开始引起人们的重视。即所谓西方经济学中的"供给学派经济学革命"(对凯恩斯革命的再革命)。供给学派强调供给管理政策的运用,尤其重视税收政策的作用,强调税收对总供给的影响。供给学派认为,税率的变动会影响人们工作的积极性,当税率提高时,人们的工作积极性逐渐下降,从而总供给下降,因而,政府要刺激经济,增加就业,最好的办法便是降低税率。供给学派理论中著名的"拉弗曲线"就是关于税率与政府收入之间关系的系统表达。

在"滞胀"的冲击下,供给学派在 20 世纪 80 年代初风行一时,美国里根政府接受了供给学派的政策建议。然而,里根政府的这一政策实验并未取得成功,随后,伴随人们对滞胀的理解的进一步深入,在供给管理政策实验失败和经济学对滞胀做出新理解的实践与理论双重背景下,需求管理政策又在宏观经济政策运用中重新占据了主导地位,供给管理相应地逐步退出了人们的视野,在宏观经济学的主流教科书中难以找到供给管理政策的内容,在实践上有些供给管理政策虽然被采取,但也被误认为是需求管理政策。

## 三、在我国系统运用供给管理政策需要创造哪些条件

问题在于,在我国的宏观经济管理中能否引入供给管理政策? 或者说,能否在既不导向计划经济,又适应市场经济的条件下进行供给管理? 答案应当是肯定的。在供给管理中只要能尊重市场经济规律并且适应市场经济特点,供给管理就能在宏观调控,包括长期和短期经济波动的调节中很好地发挥作用。为此,必须努力创造三方面的基本条件:一方面是对供给管理政策进行系统改造,使之能够适应市场经济的特点;第二方面是健全和完善竞争性的市场经济体制,为有效运用供给管

理创造坚实的体制基础；此外，政府必须具备较强的对宏观经济失衡的判断能力。

1.适应市场经济的要求对供给管理政策进行系统改造

所谓系统的改造，主要是指把供给管理政策中与计划经济相似或有可能导向计划经济的因素加以系统纠正，这种纠正至少包含以下四方面的内容：(1)以间接调控代替直接调控，即运用供给管理政策调节激励、约束生产者的条件，并且这种调节是在公平竞争的市场秩序中和政府行为法治化、民主化的规范当中展开，而不是直接干预和否定生产者本身的行为。(2)以价格调节代替数量调节。在计划经济条件下，价格信号即市场的作用被否定，数量信号和配额指标成为经济的主要调节信号和基本方式，而在市场经济条件下，对于资源配置来说市场是基础性的，价格信号是基本的，因此在进行供给管理时应以价格调节为主要手段。当然，这种价格调节不能是直接的价格管制，而是以税收、补贴等形式出现的间接影响生产成本的价格调节方式。在市场经济中，企业拥有产品定价权，政府一般不应直接规定产品价格，而应对产品价格进行间接调控。企业应当在制度上，特别是企业产权制度上具有发现贴切价格信号的动力和能力，也应当面对竞争性市场价格的硬约束。(3)以宏观调控代替微观调控。在市场经济条件下，运用供给管理政策在对企业(生产者)进行调控时，不应直接具体干涉某企业的运营，而应当一方面尽可能使政策针对某一类企业，比如某一行业、某一产业、某一地区，或某种具有相同特征的同类企业；另一方面，尽可能影响这类企业所共同面临的竞争条件和环境，而不是直接影响企业行为本身。也就是说，供给管理政策虽然是针对企业的，但应当尽可能使其"宏观化"和"普遍化"。(4)以法律手段代替行政手段。法律手段的优势在于它包含了政策执行者和政策作用对象之间的互动机制，也就是说，既包含了对政策作用对象(企业)的法律约束，同时也包含了对政策执行者(政府)的法律规范。市场经济条件下运用供给管理政策,重要的条件之一在于规范政府行为,使之规范化、法治化、程序化,否则供给管理很可能导致政府行政集权。而且,任何政策都可能有漏洞,一方面,政府有可能对经济不了解或对经济某些方面缺乏足够的信息,另一方面,个别企业也可能的确面临特殊情况,因而相互之间的互动机制的存在就极为重要。如果说市场经济是法治经济,那么,法治化深入的关键,不仅在于对一般市场经济中的私人主体行为建立和健全法律约束,而且更重要的在于对公权行为主体行为形成有效的法律约束。否则,以行政手段为主,在政府与企业间只是垂直的行政性管制,而不能形成互动机制,供给管理政策的实施便可能导致管理体制的行政化。

2. 深化体制改革,为有效运用供给管理政策创造必要的市场体制基础

我国现阶段运用供给管理政策的一个突出体制特点在于,我们并不是在相对成熟、完备的市场经济体制下引入供给管理,而是在培育市场经济体制的改革过程中,同时逐渐引入供给管理,即在对供给管理政策进行系统改造和应用的同时,为市场经济条件下有效运用供给管理政策创造所需要的制度基础。这就要求我们必须认识到,越是强调供给管理越是要强调体制改革,供给管理政策运用的系统性必须与市场化进程的深入程度相适应。否则便可能使供给管理政策的运用与以市场化为目标导向的经济改革严重对立起来,既增大了体制转轨的成本,又降低了供给管理政策的有效性。

为此,必须清醒地把握我国经济改革的历史进程以及现阶段中国市场经济培育的历史性特征。目前,至少三个方面的特征是突出的:(1)改革的核心命题是否由企业改革、尤其是国有企业改革转变为政府改革,尤其是中央政府职能的转变? 改革开放伊始,我们强调以企业(国有)改革为核心,有着极为重大的革命性意义,但经过 30 年的改

革,真正决定中国市场化深入的关键命题,事实上已经由企业改革转变为政府改革,包括政府职能朝着适应市场经济方向的转变,政府经济调控方式的转变以及经济政策制定和传导机制的转变,政府行为的法治化、规范化进程等。没有这些方面的根本变化,供给管理政策的运用就难以取得市场竞争性效率。(2)改革的主要困难是否由构建社会主义市场经济体系转变为完善市场经济秩序? 改革的目的是以市场经济体制替代计划经济体制并使之成为配置资源的基本力量,以价格信号替代数量信号成为配置资源的主要信号。经过近30年的改革,就资源配置方式而言,在市场机制的作用范围上,可以说市场已取代了计划机制的支配地位,我国市场化进程已由拓展市场作用空间为主,即以市场机制的数量建设为主,转为以市场机制的质量建设为主,即不断完善市场机制的秩序。其中包括市场竞争的主体秩序,即企业产权制度和市场的准入制度等;市场竞争的交易秩序,即市场价格制度和其他保证竞争公平性的制度安排。主体秩序回答的是"谁在竞争",交易秩序回答的是"怎样竞争",这两方面制度的统一,构成市场经济的内在竞争机制。与内在竞争机制相对应,市场经济社会的法治秩序和市场经济道德秩序的统一,构成市场经济外在社会环境秩序,即在法治上和道德上对市场内在竞争秩序的承认和弘扬。显然,市场经济的内在与外在秩序的建设是漫长的、需要不断深入的历史进程。但没有市场秩序的建设和完善,就无法提高市场的有效性和公平性。在市场经济秩序混乱,因而市场竞争的有效性和公平性受到严重破坏的条件下,政府也就难以通过运用市场机制以实现其供给管理政策,因为适应市场经济要求的供给管理,实际上就是通过政策调节生产者所面临的市场竞争条件,以在公平竞争的前提下提高生产者的积极性,进而提高效率。(3)改革的基本任务是否由产品市场化转变为要素市场化? 经过30年的改革,包括消费品和投资品在内的商品市场化进展较为迅速,从如何定价上看,至少90%以上的商品价格已由市场定价,而不再由政府行政性定价。问题的根本在于,市场化更为重要的命题是实现要素的市场化,包括劳动、资本、土地、技术以及其他资源等的市场化,而相对于商品市场化而言,我国要素市场化严重滞后,尤其是资本市场化和土地等资源的市场化极为迟缓,这就使得系统运用供给管理政策面临较严重的体制性局限,因为供给管理政策是在政府不直接影响要素禀赋,或者说是在市场充分支配要素配置的前提下,对生产者,即对运用要素的厂商和劳动者面临的激励条件加以调节,从而实现市场经济条件下的供给管理政策目标。显然,我国市场化进程的上述三方面历史特点,既为我们运用供给管理创造着市场经济制度可能,同时也形成重要的制约。在我国系统运用供给管理政策,实现其符合市场经济要求的政策目标,必须以改革作为制度变迁的动力,以市场化的深入作为有效运用供给管理政策的制度基础,必须防止脱离市场化深入的制度前提而简单地强调政府供给管理,否则便有可能导致体制行政性复归。

3.不断提高政府对宏观经济失衡方向和程度的判断力,为提高供给管理政策的科学性创造宏观经济分析基础及有效决策的机制

提高供给管理政策运用的有效性和科学性,重要的基础在于对宏观经济失衡能够做出准确的判断。面对一定的宏观经济失衡,政府可以采用需求管理政策,也可以采用供给管理政策,并使之组合为政策有机整体。但在什么时候、针对哪些问题应当选择需求管理政策?什么时候、针对哪些问题应当选择供给管理政策?其基本原则应当根据经济失衡的原因,用需求管理政策对付需求冲击产生的失衡,用供给管理政策对付供给冲击形成的失衡。这样可以最大限度地缓和经济波动,同时较小程度地支付政策成本。

首先,假定经济开始时处于充分就业状态,但负的需求冲击导致均衡产出和物价水平下降。这时采取需求管理政策和供给管理政策都能

使经济恢复到均衡状态,但二者的后果是不同的。如果在这时采取供给管理政策,也能够恢复均衡产出和充分就业,但同时价格水平会进一步下降,这意味着形成通货紧缩,对市场的(私人部门)总需求可能产生负面影响,从而使经济面临陷入不景气的恶性循环。如果这时采取需求管理政策,在促使均衡产出和充分就业得以恢复的同时,需求的扩张将使价格同时也恢复到原来均衡状态时的水平,这样政策作用前后,即从先前的均衡到失衡再到均衡的恢复过程中,前后价格水平没有变化,能够避免经济进入通货紧缩的风险。因而,在这种情况下,更多地选择需求管理政策就更有效且风险低。

其次,假定经济开始时处于均衡状态,但负的供给冲击导致均衡产出下降和物价水平上升,即滞胀。同样既可以采取扩张性的需求管理政策,也可以采用扩张性的供给管理政策,从而使经济恢复充分就业状态,但二者的后果也是不同的。在这种情况下,扩张性需求管理政策将使价格水平进一步上升,这意味着在失业逐渐缓解的同时,通货膨胀率提高;而若运用扩张性供给管理政策,则在使失业逐渐缓解的同时,使价格恢复到原来均衡时的水平,因而经济可以在不经受或少经受通货膨胀压力的情况下恢复充分就业。因而,在这种条件下,更多地选择供给管理政策就更有效且风险更低(刘伟、苏剑,2007)。

## 四、可供选择的适合市场经济的供给管理政策主要有哪些[*]

1.作为供给管理政策的政府监管

(1)政府对价格的监管

价格监管的方式包括对价格水平和上涨率的监管。一般包括对原

---

[*] 这里讨论的是对经济进行短期调节所运用的主要供给管理政策。

材料、能源、土地、资金、劳动以及其他一些重要商品和要素价格的监管。这种监管在我国传统计划经济体制下是极为普遍和严厉的。改革开放以来,大部分商品的定价权已转移为市场定价,但仍有一些商品,尤其是重要的要素,包括资本(利率)、土地(地租)以及能源、电力和其他一些重要原材料的价格,还在很大程度上是政府控制。伴随着要素市场化的深入,这种政府直接控制要素价格的状况需要根本转变。

在管制价格方面,最为极端的措施是工资-价格冻结,即政府通过强制命令的方式要求企业不得调整工资和价格。这种政策即使在市场经济的现实中也曾被运用过,不过往往运用的效果与初衷相反。例如,美国在20世纪70年代石油危机的冲击下,出现了滞胀,此时,如果经济通过市场自动调整,工资水平应当下降,从而使得总供给回到原来的状态。因而,若想通过调节工资来促使经济恢复充分就业的话,美国政府本应促进工资的调整,但美国政府当时选择的却是冻结工资,结果使得经济波动加剧,衰退时间进一步延长。

工资冻结政策一般来说适用于工会力量或其他非经济因素使得工资增长过快的情形。在其他因素不变的情况下,工资增长过快在短期内将导致滞胀,长期内随着企业利润下降、投资减少,竞争力减弱,最终会减缓经济增长速度。此时,如果政府出面进行工资冻结,从而抑制生产成本的上升,企业的生产积极性得到保护和维持,失业率和通货膨胀率就都可以得到控制。

在现代经济中,除工资报酬外,企业往往还以其他形式给工人支付一定的报酬,比如住房公积金、社会保障费用等。如果以法律形式取消或降低这些支出,就可以降低企业的实际负担,从而使得总供给曲线右移。而对工人来说,这些收入的使用方式或方向往往受到一定限制,因而这些收入的降低对工人现期消费影响不大。1997年亚洲金融危机期间,新加坡政府就曾采取过这样的政策。在新加坡,企业在支付工人工资外,还须向工人的公积金账户支付相当于工资的 10%,亚洲金融危机时,新加坡政府宣布暂时取消这一要求,从而使企业的实际工资成本同比例下降。

(2)政府对资源配置等其他经济监管

除价格(包括工资)监管外,政府对经济还有其他多方面监管,主要包括:第一,对资源的使用方向的监管,即政府对资源使用方向加以调控。比如政府规定的专项贷款、专项资金、政府对土地的使用方向和使用条件的规定,以及政府的产业政策、区域经济政策所规定的其他资源的使用方向性调控等。在我国,这些政策被经常用到,比如我国对土地使用方向的规定非常严格。对资源使用方向的监管措施往往出于长远和全局考虑的,但在短期内,往往会对总供给产生不利影响。第二,对企业市场行为的监管,即政府的反不正当竞争措施,这些措施会产生供给效应。监管企业经营的经济政策会影响供给,通过监管企业对资源或产品市场的垄断行为,政府可以提高效率。这种监管政策也可以通过约束企业限制竞争、开发和创新的行为而实现更快的产出增长(Tatom,1983)。第三,对要素流动性的管制及对这种管制的放松。从理论上来说,在市场经济中,对于要素流动性的任何管制都会导致资源配置效率的降低,从而使经济的生产可能性边界内移。在世界范围内,最常见的是对资金流动的限制和对劳动力流动的限制。这些管制在我国都是极为严格的,即使经过近 30 年的改革,在管制方面有了相当大程度的放松,但我国要素市场化(特别是资本市场化,包括间接融资市场化进展和直接融资市场化程度)严重滞后;劳动力市场化虽有较大进展,但其中包含着深刻的制度性歧视和行政性限制。所有这些限制都严重影响了我国要素配置的效率。对这些管制的放松显然有助于扩大我国经济的生产可能性边界。第四,我国政府今后可能采取的其他监管措施的供给效应。我国是一个经济发展中国家,也是一个转轨国家,在这一过程中,各个方面的监管措施将随着市场经济体制的进一步完善和社会经济发展水平的逐步提高而相应的逐渐发展和完善。比如,伴随人们生活水平的提高,对产品质量、环境质量、生产安全以及国家经济安全和生活品质等方面的要求也将提高,而这些要求的提高往往会增加企业生产成本,而这种企业生产成本的增加,在很大程度上需要借助政府的强制措施。

2. 作为供给管理政策运用的财政政策

财政政策通常被看作需求管理政策。实际上,大多数财政政策同时也是供给管理政策,至少对总供给有影响。一般来说,一项财政政策是需求管理政策还是供给管理政策,须看它针对的主要是消费者还是生产者,针对消费者的财政政策一般是需求管理政策,而针对生产者(企业)的财政政策一般是供给管理政策。作为供给管理政策的财政政策工具针对的是企业的实际生产成本(或有效生产成本),而企业的实际生产成本一般包括四个方面,即税收、工资成本、利息成本、原料成本。

作为供给管理的财政政策主要工具包括:(1)税收政策。调节企业缴纳的各种税收,如增值税、企业所得税、营业税等可以影响企业的实际生产成本,出口退税也是常用的对出口企业减税手段。减税时,在同一价格水平下,企业实际生产成本下降,因而总供给曲线右移。调节个人所得税也能对总供给产生影响,其影响途径有两条。以减税为例,首先,个人所得税降低将导致私人储蓄增加、利率下降,从而使生产者平均成本下降;其次,个人所得税降低会导致工人劳动积极性提高,生产效率上升,从而使生产者平均成本下降。可见,对企业和个人的税收政策,既有需求管理政策效应,比如减税可以刺激投资支出和消费支出,同时也有供给管理政策效应,如减税同样可以降低企业生产成本。问题在于,同一财政税收政策,比如减税,到底是对需求的刺激更大还是对供给的刺激更大？这一问题自从供给学派产生以来就没有完全解决。尽管对税收政策的需求效应和供给效应作用程度高低，存在理论上的分歧，但税收政策同时具有供给效应和需求效应，则是客观的，也是人们普遍承认的。（2）生产补贴政策。包括针对企业生产的产出进行补贴，或者针对企业使用的特定生产要素投入进行补贴。比如，工资补贴、利息补贴、科研开发补贴、出口补贴等。补贴相当于降低了企业的生产成本，其作用机理与作为供给管理政策的减税一样。其中出口补贴，研发补贴等是较为常见的政策。（3）再分配政策。如转移支付、食品券、社保福利政策等都会影响工人的劳动积极性和储蓄率，因而会对总供给产生影响。

上述作为供给管理政策的财政政策手段在近10年来，我国政府都不同程度地采用过。如1998—2003年，为扩大内需，采取的一系列财政政策，其中既有需求效应，也有供给效应。如1998年2月，将纺织品出口退税率从9%提高到11%，以减税促进纺织品出口增长；1998年7月，将通信设备等七大类机电产品和五类轻工产品增值税退税率从9%提高到11%，以减税支持相关产业发展，促进经济增长；1998年10月，取消20项行政事业收费，以减轻企业负担，降低成本；1999年7月进一步提高出口退税率（全年退税622亿元），降低出口企业成本，促进出口；1999年8月，对涉及房地产的营业税、契税、土地增值税予以一定的减免，扶持房地产业增长；减轻企业负担，降低企业成本；2000年6月，对软件、集成电路等产业实行优惠税收政策，鼓励高新技术发展和产业结构升级；2003年2月，对航空、旅游等行业实行阶段性减税，以消除"非典"对这些行业的负面影响，等等（宏观组，2005）。

2004年进入新一轮宏观调控以来，以减税进而降低企业生产成本为基调的财政收入政策始终未间断过，其供给管理政策效应也是显著的。比如,自2004年1月起开始实行新的出口退税办法,提高并加快了对出口企业退税的水平和速度,进一步支持出口企业发展;在2004年以来新一轮税制调整中,自2005年8月在东北地区试行增值税转型,由生产型增值税转为消费型增值税,增大企业增值税抵扣额度,减轻企业负担;上调个人所得税起征点,降低个人所得税水平,刺激劳动者积极性;酝酿降低内资企业所得税,努力统一内外资企业所得税,使内资企业所得税率有望自33%降至24%,并经一定的过渡期后逐渐普遍开始实施;尤其是自2006年起全国普遍取消农业税,各地先后对广大农业生产者予以普遍的税赋减免,包括在此前几年大量取消对农户的各类摊派等,降低农户生产成本,扶持农业生产发展;此外,针对某些行业过快发展的势头,在税收政策上也采取了一定的抑制,比如2007年开始对房地产行业征收土地增值税等。

3. 作为供给管理政策运用的货币政策

在传统的宏观经济学理论中,货币政策是被看作需求管理政策的。实际上,货币政策同时也是供给管理政策,因为它不仅影响总需求,而且也影响总供给。所以,货币政策工具既是需求管理的政策工具,也是供给管理的政策工具。那么,货币政策的需求效应和供给效应哪个大呢? 我们知道,利率是货币政策发挥作用的主渠道,因此,货币政策的需求效应和供给效应哪个大就取决于总需求和总供给哪个对利率更敏感。在发达的市场经济国家如美国,投资者和消费者置身于一个健全、庞大、便捷的金融体系之中,而且其信用体系也很完整,因此他们的投资需求和消费需求对金融体系的依赖更大一些,因而这些国家的总需求对利率就比较敏感。而在我国这样的发展中国家,金融体系尚不完善,而且信用体系也不健全,金融服务程序烦琐、成本较大,再加上企业产权制度仍然在一定程度上存在界区不清的含混,因而利率对企业的约束尚不充分,这样,投资者和消费者对利率就不如发达国家那么敏感,货币政策的需求效应相应在发展中国家就要小一些。因此,对于发达国家而言,货币政策的需求效应很可能大于供给效应;而对于我国这样的发展中国家而言,货币政策的需求效应很可能小于供给效应,我国1997年到2003年尤其是2002年到2003年上半年,货币供给大幅增加但物价水平不升反降或是近乎零通胀,而且经济持续高速增长的现象就是一个明确的证据。

作为供给管理政策,货币政策主要通过三条途径产生作用:一是货币政策影响资本的使用成本;二是货币政策影响企业和工人的实际税负;三是货币政策影响企业对经济形势的判断。

(1)货币政策对资本的使用成本的影响

货币政策的重要手段是调节利率,而利率变动对经济有两方面影响,即需求效应和供给效应。以降低利率为例:一方面,降低利率可以使投资需求增加,从而扩大总需求,这属于需求管理政策,相应的效应是利率变动产生的总需求效应;另一方面,利率同时也是决定资本使用成本的主要因素,因而利率的降低也使生产的要素成本降低,从而使总供给曲线右移。这属于供给管理政策,这种效应是利率变动的总供给效应。利率的降低影响的是现有资本使用的成本,而现有资本又是多年累积起来的存量,因此利率降低对成本的降低作用是巨大的。

利率变动的总需求效应和总供给效应都使得均衡产出增加,但在这一过程中,对价格水平的影响则是不同的,总供给效应在增大产出的同时使价格水平下降,而总需求效应则使价格水平上升。在实际中,价格水平最终是上升还是下降,取决于这两种效应的相对大小。从货币政策的实际作用效果看,总需求效应一般大于总供给效应,因而总体来说松的货币政策通常会导致价格水平上升。

那么,货币政策的总供给效应的大小到底由什么因素决定? 货币政策对总供给的影响分为三个环节:货币的变动影响利率→利率的变动影响生产成本→生产成本的变动使得总供给增加。因而,货币政策的总供给效应就相应地取决于三个环节:第一,货币政策对利率的影响有多大? 在其他因素不变的情况下,货币政策对利率的影响越大,货币政策的总供给效应就越大。而货币政策对利率的影响又取决于货币需求对利率的敏感程度,货币需求对利率越敏感,货币政策对利率的影响就越小,进而货币政策的总供给效应就越小。第二,利率变动对生产成本的影响有多大? 这取决于国民经济中的总资本存量,资本的使用成本等于资本总量乘以利率。① 因而,国民经济中的总资本存量越大,利率的变动对生产成本的影响就越大。第三,生产成本的变动对总供给的影响有多大? 这取决于总供给的价格弹性,总供给的价格弹性越大(反映在图形上,即为总供给曲线越平坦),给定的生产成本的变动对总供给的影响就越大,因而,货币政策的总供给效应就越大(刘伟、苏剑,2007)。

(2)货币政策对企业和工人税负的影响

首先,货币发行本身就是一种税收。其次,各国的税率大都是累进的,而且税收是根据名义收入征收的,因此,当实施松的货币政策时,企业和工人名义收入一般会增加。而伴随名义收入的增加,企业和工人的名义收入将更可能进入更高收入区,从而使其边际税率上升。这样就会影响到企业和工人的生产积极性,因而会影响总供给。反之,当采取紧的货币政策时,同样会影响企业和工人实际税负,进而影响总供给(Tatom,1983)。

(3)货币政策对企业判断经济形势及相应的企业决策的影响

当货币供给增加时,企业产品价格就会上升。企业的信息不如政府充分,因而不知道自己产品价格上升是由于市场对自己产品的需求

---

① 为便于讨论,本章忽略了折旧和资本价格的变动对资本使用成本的影响。

上升,还是由于总价格水平上升,所以不好做出决策。这样,当货币增长率上升时,企业面临的不确定性就上升,从而增大企业的价格信号提取的复杂性,企业为缓和不确定性上升的影响,就可能采取保守措施,从而降低总供给。

# 第三篇　中国社会主义市场化进程中结构变化和增长的效率

　　本篇共设六章(第十二章至第十七章)。本篇的核心命题是在上一篇讨论体制改革与经济增长和总量之间的相互关系基础上,进一步讨论体制变迁是否带来了要素效率的提升,经济总量扩张的同时是否取得了实质性经济发展,即经济结构是否发生了深刻的变化,并且这种结构变化是否以技术创新和制度创新为依托,进而带来了增长的效率改善。事实上,对中国改革开放以来经济实现的数量增长,人们并无多少怀疑,存在质疑的原因主要在于,这种数量扩张是否同时伴随着国民经济质态的改进,是否有真正意义上的发展,而不是单纯的增长,此外,更重要的在于,实现这种增长是否或者说在多大程度上依靠效率提升,而不是单纯依靠要素投入量的扩大。总之,在体制变迁过程中实现高速增长的效率基础如何? 以及为增长付出的代价怎样? 本篇首先分析了改革开放以来产业结构演变的特征及制约因素(第十二章)。然后,讨论了现阶段中国产业结构达到的高度(第十三章)。接着,分别从产业结构、所有制结构、地区结构等几个方面的结构变化及相互作用中,考察结构变化对中国经济增长产生的效应(第十四、十五章)。在此基础上,重点考察结构变化对全要素效率提升的作用(第十六章)。最后考察了结构变化对国民经济中间消耗的影响(第十七章),从而从体制变迁、经济增长、经济结构演进、经济效率提升等几个方面的统一上,论证我国社会主义市场化的历史必要性和价值。

# 第十二章 市场化进程中的结构高度化、经济效率与经济增长

  中国作为一个处于工业化进程中的国家,其经济增长的本质特征就是工业化的深入。工业化的基本内涵就是指产业结构的变化及其伴随而来的经济效率提升。这其中包含两个方面的含义:一是各产业之间的比例关系的转变,主要是工业部门的产值份额迅速提高,这是量的层面的变化;二是经济效率的提升,即所有产业部门的劳动生产率和全要素生产率的全面提升,这是质的层面的变化。只有量和质两个层面的同步推进,才是真正意义上的经济发展

  如果用"产业结构高度"来衡量经济发展这两个层面的变化,它应该既是各产业的份额和比例关系的一种度量,同时也是各产业的经济效率的衡量。若仅仅是一种份额和比例关系的度量,则有可能在一定时期发生"虚高度",即通过有悖经济成长逻辑的方式超越经济发展的客观约束,以严重损害资源配置效率为代价,提升所谓产业结构高度(虚高度)。因此产业结构高度的度量本质上必须归结为劳动生产率的衡量。只有一个国家或地区的劳动生产率较高的产业所占的份额较大,才能表明这个国家或地区的产业结构高度提升的真实性。

  产业结构的转变方式可以分为市场导向和政府导向两种基本类型,对于落后的发展中国家而言,实现产业结构升级的体制关键在于在推进市场化的同时,把产业结构变迁统一于市场导向和政府导向的有机结合中。对于由传统计划经济向社会主义市场经济体制转型的我国

而言,产业结构高度的推进,关键在于如何在深入改革和完善竞争性市场机制的基础上,使政府的宏观调控有效地通过市场机制来实现其产业结构发展目标。也就是说,只有市场机制和政府宏观调控的有机结合,才能使得产业结构既产生量的变化,也产生质的变迁,实现真正意义上的经济发展。

## 一、改革开放以来中国产业结构变迁的历史轨迹

1978—2007 年的中国高速经济增长,根据体制改革的阶段性特征和经济增长的周期性特征,可以分成四个阶段:1978—1983 年为第一阶段,是我国经济改革和高速增长的启动阶段,中共十一届三中全会召开,使经济建设成为我国发展的重点,而农村经济体制改革的开展和深入,对我国后来改革和经济建设奠定了基础;经济增长的第二阶段为1984—1991 年,中共十二届三中全会上,我国经济体制改革的重点从农村转到城市,带动了我国经济增长进入改革开放后的第二个发展周期;经济增长第三阶段为 1992—2002 年,我国明确了把建立社会主义市场经济作为经济体制改革的目标,使我国进入经济增长的第三个周期;经济增长的第四个阶段为 2003—2008 年,这是以加速工业化为特征的中国经济增长的第四个周期。

从整体上看,改革开放后中国经济长期处于高速增长的状态下,年均 GDP 增长率达到了9.8%。虽然各个年度的增长率有一定起伏,但是各个阶段的平均增长率都很高,而且呈逐渐加速趋势。四个阶段的平均增长率分别为:8.7%、9.6%、10.2% 和 10.8%。长期的高速经济增长使中国的经济总量明显扩张,和 1978 年相比,按可比价格计以GDP 反映的 2007 年经济总量已经达到了当年的 14.96 倍,第一产业为3.65 倍,第二产业为 23.15 倍,第三产业为 18.96 倍(国家统计局,

2008）。中国 2008 年一个月创造的 GDP,比 1978 年全年的还要多。

在第一阶段,由于农村的经济体制改革,中国的农业生产首先得到了启动,并且带动了相关产业的发展。虽然中国第一产业的生产效率尤其是劳动生产率一直是各个产业中较低的,但是在当时的背景下,由于人民公社的体制极大地束缚了农民的生产积极性,体制创新能够把农业劳动生产率迅速提高,这也是在那个阶段农村经济成为中国生产力中最活跃部分的基本原因。1981 年到 1984 年,第一产业连续 4 年保持了 7%以上的高速增长,从而使第一产业在国民经济中所占的比重迅速提高,从 1978 年的 28.2%迅速提高到 1983 年的 33.2%,提高了 5个百分点。而进入经济增长第二阶段以后,第一产业的增长率开始下降,以后一直保持着相对较低的增长率,从 1978—2008 年改革开放的 30 年来,第一产业的年均增长率为 4.6%,明显地低于中国经济的整体增长率和第二、第三产业的增长率(国家统计局,2008)。这种增长率较低的现象是由农业生产本身的特点所决定的,但无论和世界农业的一般增长率还是和中国历史上的农业增长率而言,4.6%的年均增长率已经相当高。从这个意义上看,中国的农业在经济起飞前的发展对中国后来的经济增长做出了重大贡献。

在改革开放后的第二个增长周期中,第二产业的增长率开始提高,1984 年到 1991 年,第二产业增加值的年均增长率为 11.4%,远远高于启动阶段的 2.4%(国家统计局,2008)。在这一阶段,和人民生活密切相关的轻工业、纺织工业等得到迅速发展,以电视机、洗衣机、电冰箱为代表的新型家电工业的发展,使中国的消费结构发生了明显的升级。轻纺工业的发展扩大了中国的对外贸易,增加了国家的外汇收入,反过来又促进了投资和经济发展。如果从加速工业化时期产业升级的角度来看,在改革开放后经济增长的第二阶段,中国开始进行第一次产业结构升级,即从农业为主导的经济增长转为以轻纺工业为主导的经济增长。

在改革开放后的第三个经济增长周期中,第二产业和第三产业的这一扩张趋势继续延续。第二产业的增长率继续提高,年均增长率达到12.7%,第三产业仍然保持高增长,年均增长率为10.3%。而第一产业的增长率则回落到3.8%。第二个经济增长周期是中国由第一次产业升级向第二次产业升级的过渡。这一阶段初期,轻工业仍然是工业化的主流,但具体的主导行业有所变化,消费产品的升级带动了工业产品的升级,科技含量较高的工业产品如电脑、通信产品、电子产品、空调等发展了起来。第三产业的发展也有了新的特点,在传统第三产业发展的同时,现代第三产业(金融、通信、房地产、航空与高速公路运输等)也发展了起来。到这一阶段的后期,也就是在世纪之交前后,由于宏观调控、亚洲金融危机和产业调整等因素,中国的经济增长开始减缓,从10%以上(1996年以前)下降到10%以下,从1992年开始的通货膨胀也转为通货紧缩。在这种情况下,国家通过加大基础设施投资的力度和加强国有企业的股份制改造,对经济结构加以调整,推动了新一轮的产业升级或者说是第二次产业升级,即主导行业由轻纺工业开始向重化工业转型。新一轮的转型仍然是在新的消费升级的背景下发生的,汽车、住房等更高级的需求,以及国际市场上对中国工业产品扩大的需求,对中国的重化工业的发展起了重大的拉动作用,而改革开放后到当时中国长达20年的经济增长造成的综合国力的提高也为这一次产业升级提供了坚实的物质基础。

从2002年下半年起,中国经济开始进入了第四个增长周期。不仅增长率在加速,其主导产业也和上一周期开始时完全不同,钢铁、水泥、建材等原材料和技术装备的产量迅速上升,许多产品的产量都跃居世界前列,重化工业获得了前所未有的大发展,中国作为新的国际制造业中心的地位开始确立,这标志着中国实现了第二次产业结构的升级。

这种升级的原因,从需求方面看,在于国内外投资和消费的持续拉动,而从供给方面看,是长期增长积累的生产能力和不断提高的技术水平已经使中国能够在较高的水平上发展自己的工业。第二次产业结构的升级使中国的综合国力、人民生活水平和国际地位都迅速提高,中国开始真正成为一个在国际上有经济影响力的大国。

## 二、改革开放以来中国产业结构高度的演进

1978 年中国的第一、第二和第三产业之比为 28.2：47.9：23.9,从数字上看,以工业为主的第二产业似乎已经在国民经济中占较大比例,但是从某种意义上可以说,中国的工业化实质进展的程度并不大。由此可以看到,改革开放以前中国产业结构的比例关系中第二产业虽然已经达到工业化完成时的标准,但实际上此时中国的经济发展水平和劳动生产率还十分落后。这表明产业结构量的变化只是一种表象,不一定代表经济效率和真实的经济发展水平。

如果我们用"产业结构高度"来衡量产业结构的变化,那么产业结构高度应该既是各产业的份额和比例关系的一种度量,同时也是各产业的经济效率的衡量。一个经济体的产业结构高度较高,表明这个经济体中劳动生产率较高的产业所占的份额较大。只有当产业结构的演进能使得各个产业的劳动生产率都提高至更高的水平,同时,劳动生产率水平越高、提升速度越快的产业和部门,在国民经济中所占比重以及比重提升的速度越快,这样的产业结构演进才是有意义的,也就是所谓"结构效益"的提升。否则,我们只能将其称为产业结构倒退或者说是"虚高度"。对经济发展有长远意义的产业结构高度演进应该是这样一个过程:原有要素和资源从劳动生产率较低的产业部门向劳动生产率较高的产业部门转移,新增的要素和资源也被配置到劳动生产率较

高的产业部门,导致劳动生产率较高的产业部门的份额不断上升,使得不同产业部门的劳动生产率共同提高。因此,产业结构高度的演进实际上包含了两个内涵:一是比例关系的演进,二是劳动生产率的提高。前者是产业结构高度演进的量的内涵,后者才是产业结构高度演进的质的内涵。

产业结构高度化量的内涵服从于质的内涵。长期来看,量的内涵绝不会违背质的内涵;在短期内即使人为地违背质的要求以"虚高度"的方式提升产业结构的高度,最终也会被经济发展强制纠正过来,当然这种纠正会伴随着巨大的成本。

为此,我们设立了一种既可用于横截面数据比较、也可用于时间序列比较的产业结构高度指标。这个指标的数值越接近1,表明其离完成工业化的终点越近。测算产业结构高度的指标,并进行横向和纵向数据的比较,我们得到以下几个有意义的结论(刘伟、张辉、黄泽华,2008)。

首先,对产业结构高度的国际比较发现,产业结构高度的演进和经济发展水平的提升呈现明显的相关性,发达经济的产业结构高度显著地大于1,发展中国家的产业结构高度则显著地低于1。从产业结构高度的视角来看,至2006年,中国的工业化进程已经走完了1/3多点。但是,产业之间并不是均衡的,第三产业的现代化进程明显快于第一、第二产业,第一产业和第二、第三产业之间的距离正在拉大。

其次,对产业结构高度进行时序比较发现,从1985年开始,中国开始真正进入工业化时期。除了1989—1991年出现短暂的波动以外,产业结构高度一直稳步推进。从1998年开始,产业结构高度进入加速提升阶段,中国经济也逐渐走入优化产业结构、转变增长方式的良性发展轨道。以1998年为界,1978—1998年产业结构高度年均增长0.5个百分点,1998年之后进入加速工业化时期,年均增长3.5个百分点,以这个速度继续发展,中国经济的产业结构高度将在2024年达到1,也就是完成工业化。与此相对应,1978—1998 年,我国城镇化率由 17.9%提升至 30.4%,年均提升 0.625 个百分点,而 2007 年则提升至 44.9%,1998—2007 年我国城镇化进入纳瑟姆城市化曲线中的加速增长阶段,年均提升 1.61 个百分点[①]。按此进度,我国城镇化加速阶段将于2023 年结束。由此可见,按照目前发展态势,我国无论是工业化还是城镇化,都将在 2024 年左右完成,而国家总体战略目标则锁定在2030 年,这也进一步表明国家发展战略的制定是充分考虑到各种不利因素的。

最后,对国内各地区的产业结构高度的研究发现,根据产业结构高度的水平值,各省市可以分为三个阶梯:上海、北京、天津三个直辖市的产业结构高度大于 1,处于第一阶梯;广东、江苏、浙江、山东、辽宁等东部沿海地区的产业结构高度在 0.5 和 1 之间,处于第二阶梯;河北、河南、湖北、陕西、四川、贵州等中西部地区的产业结构高度则在 0 和 0.5之间,处于第三阶梯。从平均的视角来看,上海、北京、天津三个直辖市已经完成了工业化,但是,这主要是由城市化和第三产业的非均衡增长造成的,除了上海较接近以外,北京、天津距离完成工业化尚有一段距离。中国各省区市的数据普遍显示,第三产业的增长对产业结构高度的带动很大,第一、第二产业距离完成工业化还有相当一段距离。

## 三、改革开放后中国产业结构变化的影响因素

那么,改革开放后有哪些因素促进了中国产业结构的优化,为中国长期持续的高速增长创造了条件呢? 概括地说,至少可以归结为以下

---

① 到 2008 年则提升至 45.7%,1998—2008 年我国城镇化进入纳瑟姆城市化曲线中的加速增长阶段,年均提升 1.53 个百分点。参见国家统计局(2008)和 http://news.sohu.com/20090615/n264533280.shtml。

几个方面:

第一,以需求拉动的经济发展促进了产品结构、产业结构的合理化并逐渐得到提升。

从新中国成立以后到改革开放前的 30 年间,中国并非没有取得经济增长,按照国家统计局现在估算的数据,这一期间中国经济的年均增长率达到了 6%以上,这一速度虽远低于中国改革开放后的经济增长率,但和世界大多数国家(无论是发达国家还是发展中国家相比),仍然属于较高的经济增长率。但是我们看到,中国在这一初期获得的实际发展并没有数据上表现得那么明显。从国民经济核算的角度上考察,原因主要在两个方面:一是国民经济发展中形成的存量存在着大量的浪费,例如三线建设中形成的许多基础设施和固定资产并不能为长期的经济发展提供服务,最后都废弃了;二是每年经济活动中产生的流量,并不一定为经济建设和人民生活形成了实际的贡献,例如 1958 年"大跃进"中形成的 GDP,相当大的一个部分是无效的成果,反而因为生产过程中的过度投入,对未来的经济增长形成拖累。改革开放初期,中国虽然还处在计划体制下,但对人民生活的改善有了更大的关注。与之相适应,和人民生活相关的农业、轻工业和服务业在这一阶段得到了迅速的发展,但由于那些不适应社会需求的企业发展放慢,许多在计划体制下生存得很好的国营企业甚至进入了困境,第二产业的发展速度和在 GDP 中所占的比重都下降了。这一阶段中国经济发展出现了转型,它主要表现在两个方面:一是从供给决定的计划经济向需求拉动的市场经济转型,二是由传统的农业社会向工业社会转型。从表面上看这一时期的产业结构高度仿佛是下降的,即第一产业的比重在增加而第二产业的比重在下降,第一产业产值从 1978 年的 28.2%上升至 1983 年的 33.2%,但由于这种结构适应了社会本身的需求,它反而是一种进步,促进了产业结构的合理化。从这个意义上说,改革开放后农村经济体制改革导致的农业增长以及后来的轻纺工业及第三产业的加速增长,一方面,反映了中国的经济增长由供给导向型向需求导向型的转化,在另一方面,实际上也是真正意义上的中国工业化进程中的第一次产业升级,是对以往背离经济发展内在逻辑的"虚高度"的强行纠正。

第二,以提高效率为目标的制度创新和技术创新,鼓励了生产效率较高或改善较快的部门和企业得到较快的发展从而影响了国民经济的产业结构。

经济发展的基础是效率的提升。效率反映了生产过程中的投入产出关系,即用较小的投入获得较大的产出。我们可以把国民经济活动中的投入划分为三个大的类别,即时间的投入、劳动的投入以及其他生产要素(如资本、土地和自然资源等)的投入,那么国民经济的效率就按不同层次分为经济活动的时间效率、劳动效率和技术效率。在经济起飞或经济加速的初期:(1)要强调的当然是时间效率,即在单位时间里获得较高的增长率,同时还要保证在各个连续的单位时间里保持持续的增长。(2)要提高劳动效率即提高劳动生产率,如果没有劳动生产率的提高,就不可能保证经济增长的时间效率。经济增长的成果也是由创造这些成果的劳动者及其他们周边的人所分享的。整个国民经济的劳动生产率可以用人均 GDP 来衡量,而人均 GDP 的提高可以有两个途径,一个途径是提高各个部门、各个企业的单位劳动力所创造的增加值,另一途径是提高那些劳动生产率较高的部门和企业在国民经济中的生产份额。这就必须进行制度创新和技术创新。而在制度创新和技术创新中,制度创新更为根本,因为技术创新归根结底还是要通过制度创新来提供保障;另一方面,和制度创新一样,技术创新也要经过一个渐进的过程,要有一定的制度、经济发展水平和科学技术发展的积累作为基础。劳动生产率越高,越要强调技术进步对经济增长的促进作用。(3)提高技术效率,即资本、土地和能源、自然资源的利用效率。

在经济起步的初级阶段,人们更加重视的是经济活动的时间效率和劳动效率,而随着经济发展水平的提高和经济规模的扩张,资源稀缺的矛盾会更加突出地表现出来,技术效率就会引起人们更多的重视。那么,如何提高中国经济的这三方面效率呢? 在传统体制束缚中国生产力发展的情况下,就必须进行体制创新并带动包括技术创新、管理创新等一系列相关领域的改革,这也是中国经济体制改革对于经济增长为什么产生如此巨大的推动的原因。

第三,市场化进程加强了市场在配置资源中的主导作用,从而使产业结构演变更加合理,更加遵循效益原则。

改革开放以前,中国长期实行着价格管制政策,商品、服务和生产要素的价格并不能反映现实中的供求关系。改革开放后的经济体制改革,大大改善了中国的市场化程度,而价格因素对产业结构的影响,实际上反映了在市场化进程中,市场经济对于各个部门发展和利益分配的调节作用。

从 1978 年至 2007 年,以 GDP 平减指数反映的价格总水平的年均上涨幅度为 5.39%,这对于一个经济处于常态运行中的国家来看是相对偏高的,如在发达市场经济国家,GDP 平减指数经常保持在 3% 以下。但对于一个处于转轨过程中新兴工业化国家而言,这种上涨幅度则不算高。在大多数国家的工业化进程初期,两位数的价格上涨幅度是常见的,随着体制变革趋于稳定,经济增长中的波动减小,物价的波动幅度也会降低,中国的情况也是类似的(世界银行,1989)。分部门看,1978—2007 年第一产业的价格年均上涨幅度最高,为 7.14%,第三产业次之,为 6.30%,都超过了整体经济价格上涨水平,分别高出1.76%和0.91%;而第二产业则相反,比整个经济的价格上涨水平低了1.52%(国家统计局,2008)。我们可以发现,各个部门的价格的长期变化,恰好和它们的增长率及劳动生产率成反比,也就是说,增长率越高的部门,其价格长期变动的幅度也就越小,反之亦反。在现代经济条件下,一个产业部门的较快增长,其主要动力在于生产率的提高。而生产率提高较快的生产部门,其产品单位价格的上涨幅度必然要低于生产率较低的部门,这在中国过去近30年经济增长的实践中得到证明。在其他国家的长期增长中,也存在着这种现象。这说明市场经济一旦建立,价格杠杆就会发挥作用。如果说在改革开放以前,中国的工农业产品价格之间形成了扭曲,那么,由于市场经济的作用,这种扭曲在改革开放后的长期增长中已经得到了有效的改善。因此,以现价反映的产业结构,从动态上看,是各个部门总量增长和价格变化共同作用的结果。在量和价的共同作用下,中国的 GDP 部门构成的发展趋势是:第一产业比重明显下降,第二产业保持了稳定,而第三产业有了较大的发展。这和世界各国工业化进程中的共同趋势是一致的。

## 四、产业结构变迁对经济效率的影响

正如前文所述,产业之间比例关系的变化并不一定意味着经济效率的提升。从 1998 年开始,产业结构高度进入加速增长阶段,中国经济也逐渐步入优化产业结构、转变增长方式的良性发展轨道。这表明不同发展阶段,产业结构变迁对经济效率提升和经济增长的贡献是不同的。

### (一)从投入产出分析看产业结构变迁对经济效率的影响

直接消耗系数矩阵研究的是中间投入和总投入间的技术关系,而中间需求系则是衡量各个部门总需求中的中间需求和最终需求之间的比例关系。这两者都在一定程度上表明经济效率的变化。直接消耗系数矩阵主要反映的是国民经济中的技术关系,它的变动需要通过长期的技术进步而逐渐反映出来,而中间需求系数矩阵则反映了生产活动中各个部门间的经济关系,对它的改善的时效性相对较强。

我们用历年的投入产出数据,对中国 1992 年以来直接消耗系数和中间需求系数的变化趋势进行了分析,通过三大产业部门直接消耗系数矩阵和中间需求消耗矩阵时间序列研究了技术进步、产业结构变迁及价格变化对整个国民经济中间消耗水平的影响(刘伟、蔡志洲,2008)。

研究表明,在这一时期,技术进步对降低国民经济中间消耗的水平和改善经济增长效率做出了贡献,但由于价格关系的改变和中间消耗水平较高的部门比重增加,用现行价格反映的整个国民经济的中间消耗率反而是上升的。要改变这一趋势,保持我国的可持续发展,提高各部门的投入产出效率要和产业结构升级结合起来。

1. 如果用现行价格编制的投入产出表进行动态分析比较,1992—2005 年的国民经济的中间消耗水平整体上是上升的。中间消耗率由 0.6060 上升为 0.6223,其中,技术因素使中间消耗因素提高了 0.38%,而部门结构因素使中间消耗系数提高了 1.25%,二者共同作用的结果使整个国民经济的中间消耗系数提高了 1.63%。这说明,在包含价格变动在内国民经济投入产出价值量分析中,结构变动对于中间消耗水平的影响大于技术因素。

2. 按可比价格计算,1992 年至 2005 年整个国民经济的中间消耗率即直接消耗系数由 0.6060 下降到 0.5745,这反映了在消除了价格变动因素之后,技术进步对降低经济增长过程中的中间消耗的贡献。其中,技术进步使国民经济的中间消耗水平降低了 4.56%,由产业结构变动所形成的影响为-1.41%(即使中间消耗水平提高了 1.41%),二者共同作用的结果,使整个国民经济的中间消耗率降低了 3.15%。这说明技术进步对提高这一阶段中国经济增长的效率做出了贡献。

3. 对比按照不变价格和现行价格分别进行的分析,我们看到,对于技术进步,不仅要从技术角度考察投入产出关系,还要从经济角度考察产品价格和成本的关系。即使在技术进步的条件下,由于市场原因,还是可能出现一个部门单位产品的中间消耗比率上升的现象。我国近些年的发展就反映出了这一点,这就需要通过更大的技术进步,来抵消这种市场条件的变化造成的中间消耗的提高。

4. 第二产业是改革开放以来在国民经济中所占比重最大、同时又是增长最快的生产部门。由于第二产业本身的生产性质,无论从现行价格还是从可比价格来看,它的中间消耗率都是国民经济各部门中最高的。从新兴工业化国家和地区的经验看,在工业化进程中,国民经济中间消耗水平会随着轻纺工业替代农业成为主导产业的第一次产业升级、制造业替代轻纺工业成为主导产业的第二次产业升级而有所提高,但是随着第三次产业升级即中间消耗水平较低的高新技术产业和第三产业逐渐成为经济增长的主导产业,整个国民经济的中间消耗水平会逐渐下降。中国目前正在进入这一阶段。在改善各个部门中间消耗水平的同时,注重新兴产业的发展和部门结构的优化,是降低整个国民经济中间消耗水平,实现可持续发展的重要途径。

### (二) 从要素生产率的分解看产业结构变迁对经济效率的贡献

如果将技术进步和产业结构变迁从要素生产率中分解出来,我们可以将产业结构变迁对中国经济效率的贡献与技术进步的贡献相比较。研究表明,改革开放以来,产业结构变迁对中国经济增长的影响一度十分显著,但是,随着我国市场化程度的提高,产业结构变迁对经济增长的推动作用正在不断减弱(刘伟、张辉,2008)。20 世纪 80 年代,结构变迁效应的贡献率一直大于 50%,产业结构变迁对经济增长的贡献甚至超过了技术进步的贡献;20 世纪 90 年代初期和中期,产业结构变迁对经济增长的贡献和技术进步的贡献基本持平;1998 年以后,产业结构变迁对经济增长的贡献变得越来越不显著,逐渐让位于技术进步,即产业结构变迁所代表的市场化的力量已经逐步让位于技术进步的力量。这样,克鲁格曼(Krugman,1994)所指出的不可持续的东亚增长模式与我国1998年之前经济增长模式是比较类似的。不过1998年之后我国经济增长过程中:一方面,要素投入增长的贡献率逐步降低而全要素生产率增长的贡献率则不断提升;另一方面,在全要素生产率内部,产业结构变迁效应和净技术进步效应也呈现出了此消彼长的关系。由此可见,1998年之后我国经济增长模式已经越来越体现出了其自身的可持续性。

1. 劳动生产率的分解

我们利用劳动生产率的分解式实证研究了改革开放以来结构效应(产业结构变迁对要素生产率提高的贡献度被称为结构效应)的趋势以及结构效应对劳动生产率增长的贡献度及其趋势。这些研究得出了以下几个结论:

(1)在28年(1978—2006年)的改革开放历程中,三次产业的结构效应对总体劳动生产率增长的累积贡献度为38.5%。第一产业的结构效应是负值,但第一产业的产业内增长效应更显著,因为第一产业有内生的技术进步和技术效率提升。第二产业的结构变迁起到正面效应,但低于第二产业的产业内增长效应,说明第二产业的劳动生产率提高更大程度上取决于产业内的技术效率提升和技术进步。在三次产业中,第三产业的结构效应最显著。第三产业极大地解放了农村剩余劳动力的劳动生产力,提高了经济总体的劳动生产率,但第三产业的结构效应大于产业内增长效应,表明第三产业的劳动生产率的增长主要依赖于结构效应导致的资源配置效率的改善,而不是技术效率变化和技术进步。

(2)结构效应受到宏观经济和有效需求的影响而呈现波动性。当经济处于繁荣时期,结构效应进一步放大了劳动生产率的增长;当经济处于低迷时期,结构效应呈现负值。结构效应的波动性表明产业结构的变迁是由需求结构的变化而推动的,这一特征对于二元经济特征明显的发展中国家尤其明显。

(3)在1978—2006年,第二、第三产业的结构效应的贡献度是逐渐降低的。1991年之前,第二、第三产业的结构效应的贡献度都大于50%。从1991年开始,第二产业的劳动生产率的增长开始摆脱依赖结构效应的状态,资本积累、技术进步和组织效率提高等导致的产业内增长效应开始在第二产业的劳动生产率增长中占据主导地位。1998年之前,第三产业依赖于粗放式的增长,1998—2002年的通货紧缩对第三产业则是因祸得福,有效需求的萎缩和供过于求的状况促进优胜劣汰,逼迫企业在剧烈的市场竞争中降低生产成本、提高技术效率、加快技术进步,因此1998年是中国第三产业提高产业内技术效率、加快技术进步、转变经济增长方式的起点。

(4)结构效应的贡献度呈现下降的趋势,主要是因为资源非效率配置和资源有效率配置之间的落差(不同产业的劳动生产率的差距)在不断减少。不过,结构效应并不会趋向于零,它仍会持续存在,仍将是未来中国经济增长中不可或缺的一个因素。

2. 全要素生产率的分解

通过全要素生产率的分解,我们将技术进步和产业结构变迁从全要素生产率中分解出来,对产业结构变迁和技术进步对经济增长的推动作用进行横向和纵向的对比分析。通过全要素生产率的分解,我们不仅度量了结构变迁的作用,及其在经济增长中的相对重要性,而且还分析了资本和劳动要素在三次产业之间的结构变迁,可以得出以下结论:

(1)改革开放以来,产业结构变迁对中国经济增长的影响一度十分显著,结构变迁对全要素生产率的贡献度为43.5%。但是,随着我国市场化程度的提高,产业结构变迁对经济增长的推动作用正在不断减弱。1998年以后,产业结构变迁对经济增长的贡献变得越来越不显著,逐渐让位于技术进步,即产业结构变迁所代表的市场化的力量已经逐步让位于技术进步的力量。

(2)资本要素的结构变化的分析表明中国经济出现资本深化过快的现象,资本劳动比增长远快于资本产出比,但更致命的是,资本边际报酬呈现下降的趋势,这对于依赖投资推动经济增长的中国经济而言是一个危险信号,因为投资增速一旦下降,经济增长则会减速。劳动要素的结构变化的分析显示单位资本所能带动的劳动正在减少,这从另外一个角度说明了资本正在迅速地替代劳动。这一方面可能导致资本边际报酬的下降,另一方面则限制了劳动就业规模的进一步扩大和农村剩余劳动力的转移,同时也加大了城市的第二、第三产业与农村的第一产业的劳动收入差距。

(3)对三次产业的比较研究发现,第一产业的资本和劳动边际报酬上升很慢,中国的工业化和城市化的道路仍很漫长。第二产业的高速的资本存量积累是出现资本深化过快和资本边际报酬递减的恶劣后果的主要原因。工业部门(第二产业的主体)资本深化速度过快,一方面导致资本边际报酬递减过快以及投资需求的增长趋缓,产出增长率可能会下降;另一方面,随之而来的是工业化所能带动的劳动就业增长率正在下降,这不利于劳动工资水平和人均收入水平的提高。与第二产业相比,第三产业的资本深化速度比较合理,资本和劳动要素的组合比例也在一个合理的范围内,而且第三产业创造就业的能力远大于第二产业,约为第二产业的4倍。尽管如此,第三产业的技术效率并不高,依然以外延式的增长为主,提高经济效率仍然任重而道远。

# 第十三章　中国经济产业结构
## 高度的测度[*]

## 一、引言：产业结构高度的内涵

如果说经济结构变迁是工业化的基本内涵，那么产业结构高度化则是工业化进程中供给结构转变的基本要素[①]。在分析工业化和经济增长的关系之前，我们必须建构一套准确、合适的度量工业化进程和产业结构高度的指标体系，本章的任务就在于夯实产业结构高度的基本内涵，并在此基础之上建立一种指标，这种指标既可以用于横向的横截面数据之间的比较，也可以用于纵向的时间序列数据之间的比较。

研究产业结构的历史和发展经济学的历史一样悠久，从费希尔的三次产业分类、克拉克的"（配第）克拉克定理"，到库兹涅茨的产业联系理论、霍夫曼的工业化经验法则，再到钱纳里的结构转变的标准模型、罗斯托的主导产业理论，这些理论从经济史的角度探索了长期经济发展过程中产业结构转变的历史性和规律性，它们无不透露出这样一

---

　　* 本章写作的基本时间立足点为 2006 年，本章基本内容，刘伟、张辉、黄泽华以《中国产业结构高度与工业化进程和地区差异的考察》为题作为项目的阶段性成果，发表于《经济学动态》2008 年第 11 期。
　　① 与之相对应的是，工业化的结构转变还包含需求结构的变迁。

个共识:在工业化的进程中,三次产业的结构随着经济的发展呈现出一种历史性、规律性的变迁。

这种历史性和规律性大致表现为:第一产业的产值、就业比重显著下降,第三产业的产值、就业比重显著上升,而第二产业的产值、就业比重的变化呈现不稳定性。当一国工业化由初级阶段进入加速阶段(从不发达到中等收入)时,第二产业产值、就业比重上升迅速而明显,当工业化进入成熟阶段(从上中等收入到发达阶段)时,第二产业的产值比重出现波动,而其就业比重则缓慢上升。

更深入的研究发现,产业结构高度化是根据经济发展的历史和逻辑序列顺向演进的过程,它包括三个方面的内容:(1)在整个产业结构中,由第一产业占优势逐渐向第二产业、第三产业占优势演进;(2)由劳动密集型产业占优势逐渐向资本密集型、技术(知识)密集型产业占优势演进;(3)由制造初级产品的产业占优势逐渐向制造中间产品、最终产品的产业占优势演进(周林、杨云龙、刘伟,1987)。而郭克莎(1990)则认为,产业结构高度化至少应该包括四个方面:即产值结构高度化、资产结构高度化、技术结构高度化和就业结构高度化。

但遗憾的是,已有的研究已经深入地拓展了"产业结构高度化"的内涵和外在表征,却没有很好地回答什么是"产业结构高度"。产业结构高度化是工业化进程中一种定向的、有规律的份额变化,那么产业结构高度是不是就是一种用份额来度量的指标?国内的相关研究大多是将几种份额——比如就业份额、资本份额、霍夫曼比值等——按照某种主观设定的权重加总所得之和作为产业结构高度的度量指标。不能否认这样的指标有一定的参考价值,但是,这样的指标适用性并不强,它们并不适用于工业化进程中的农业经济和城市经济。农业经济以新西兰为例,在其经济发展过程中工业的产值比重没有显著的上升,因为农业在其经济中一直占有显著的比重。城市经济以香港为例,在其经济发展过程中,第三产业一直占有绝对的比重①。这两种经济没有呈现显著的、定向的份额变化。如果单纯用份额度量产业结构高度,以份额变化模拟产业结构高度化,我们将发现,在从不发达到发达的经济发展过程中,这些经济的产业结构高度几乎没有显著提升,甚至是下降的。显然,三次产业的份额的转变并不是产业结构高度化的本质。

我们认为,只有当产业结构的演进能使得各个产业的劳动生产率都提高至更高的水平时,这样的产业结构演进才是有意义的,否则,我们只能将这样的产业结构演进称为产业结构倒退。产业结构高度化则是这样一个过程:原有要素和资源从劳动生产率较低的产业部门向劳动生产率较高的产业部门转移,新增的要素和资源也被配置到劳动生产率较高的产业部门,导致劳动生产率较高的产业部门的份额不断上升,使得不同产业部门的劳动生产率共同提高。因此,产业结构高度化实际上包含了两个内涵:一是比例关系的演进,二是劳动生产率的提高。前者是产业结构高度化的量的内涵,后者则是产业结构高度化的质的内涵。经济学家对经济史的探索和研究已经表明这样一个铁的规律:产业之间的比例关系呈现一种规律性的变化,这种规律性的变化实际上伴随着不同产业的劳动生产率的共同提高,因此,产业结构高度化的量的内涵是服从于质的内涵,长期来看,量的内涵绝不会违背质的内涵。

在界定清楚产业结构高度化的内涵之后,产业结构高度的含义就十分清楚了。产业结构高度表面上是不同产业的份额和比例关系的一种度量,本质上是一种劳动生产率的衡量。因此,一个经济的产业结构高度较高,表明这个经济中劳动生产率较高的产业所占的份额较大。有人可能会怀疑,劳动生产率是不是涵盖了产业结构高度的全部内涵,

---

① 我国的北京和上海等大城市也呈现这样的特征,第三产业的比重一直居高不下,但这并不表明工业化的完成。

产业结构高度是不是还应该包括资本积累的高度（人均资本）、技术进步的高度。新增长理论对技术进步的研究表明①，资本积累和技术进步的成果完全可以体现在劳动生产率的增长之上。产业结构高度是产业结构演进成果的体现，只需将这样的成果的指标抽象出来即可。

　　本章在深入探讨产业结构高度基本内涵的基础上，设立了一种既可用于横截面数据比较，也可用于时间序列比较的产业结构高度指标。笔者认为，产业结构高度表面上是不同产业的份额和比例关系的一种度量，本质上是一种劳动生产率的衡量。一个国家或地区的劳动生产率较高的产业所占的份额较大，表明这个国家或地区的产业结构高度较高。将本章的指标用于实证研究发现：（1）从产业结构高度的视角来看，2005年中国的工业化进程大约走完了1/3；（2）各省区市的产业结构高度呈现明显的层次性，东部沿海地区的产业结构高度显著地大于中西部地区；（3）从1998年开始，产业结构高度呈现超乎寻常的高速增长，中国经济正在步入优化产业结构、转变增长方式的良性轨道。

　　下文将在此产业结构高度内涵的基础之上建构一种既可以用于国内各地区比较也可以用于跨国比较，既可以用于横截面数据比较也可以用于时间序列数据比较的产业结构高度的指标。

## 二、产业结构高度的指标

### （一）标准结构法和相似判别法

　　现有的测度产业结构高度的方法主要有三类：

①　库尔玛和拉塞尔（Kumar and Russell，2002）认为劳动生产率的增长可以分解为技术效率的增长、技术进步的增长和资本积累的增长。

（1）静态直观比较方法。这一方法是指将所考察经济的产业比例关系与发达国家的产业结构，或者是所谓"标准结构"的产业比例关系相比较，判定所考察经济的产业结构所处的高度。库兹涅茨、钱纳里、赛尔奎因等人通过研究多国产业结构演进的经验事实，利用投入产出分析法和计量实证方法，总结出工业化进程中不同阶段的产业结构高度的典型特征。他们都提出了不同人均收入下产业结构高度的标准，这些"标准"常常被用来衡量所考察经济的产业结构高度。

（2）动态比较判别方法①。这一方法通过建构某些特定的量化指标，用另一个经济的产业结构系统作为参照系对所考察经济的产业结构高度进行判别。这一方法和第一种方法相似，仍用比较的方法测度所考察经济的产业结构高度，区别在于动态比较判别方法运用统计方法能够动态地判定两个经济的产业结构高度的相似性（离差）。这一类方法以结构相似性系数和结构变化值最为典型，分别代表着动态比较判别方法的两种类型：一种是相似判别法，即比较两个产业结构系统的相似程度，根据两者的"接近程度"衡量所考察经济的产业结构高度，包括结构相似性系数（又叫夹角余弦法）、相关系数法②；另一种是距离判别法，即度量两个产业结构之间的差距，根据两者的"离差程度"判定所考察经济的产业结构高度，包括结构变化值（海明距离法）、欧式距离法和兰氏距离法。

（3）指标法。这一类方法通过建构一种或多种指标判定一个经济的产业结构高度。前两种方法都是比较的（相对的）、定性的、离散的，只能用于定性的、离散的判断。指标法恰恰纠正了前两者的缺点，它可

---

①　对于前两种测度产业结构高度的方法，龚仰军（2002）做了一个很好的综述，他将现有的产业结构高度的测度方法分为两类：一类是"标准结构"法，另一类是相对比较判别方法。本书对其分类进行了改进。

②　即为统计学中的相关系数。

被用于横截面数据和时间序列的连续的、定量的分析①。潘文卿、陈水源(1994)将结构关联经济技术矩阵的最大特征根的倒数作为产业结构高度的测算指标,白雪梅、赵松山(1995)利用修正后的范数构造了一种描述地区产业结构高度的指标。宋锦剑(2000)和程如轩、卢二坡(2001)开始尝试建立测评产业结构高度化的指标体系,但他们只是提出了许多理论上可测的指标,没有进行实际估算。伦蕊(2005)建构了一套包含三个方面、16个指标的产业结构高度指标体系,并进行了测算,是相关研究中一个有益的尝试。周昌林、魏建良(2007)将各产业劳动生产率的平方根的加权平均值作为测度产业结构水平的指标。

指标法适用性较强,既可用于截面数据和时间序列的连续分析,也可作为计量实证研究的基础数据,因此它是未来研究的方向。

### (二)产业结构高度指标

为了和前文所阐释的产业结构高度的内涵保持一致,本章的产业结构高度指标至少要包括两个部分:比例关系和劳动生产率。因此,我们将比例关系和劳动生产率的乘积作为产业结构高度的测度指标,即产业结构高度 $H$ 为:

$$H = \sum v_{it} LP_{it} \tag{13.1}$$

这里 $i$ 处于一个开放的集合中,它可以为 1,2,3,代表第一、第二、第三产业,也可以为 $1,2,\cdots,m$,即随着产业门类不断被细分(细分至 $m$ 种产业),$i$ 的集合可以不断增大。其中,$v_{it}$ 是 $t$ 时间内产业 $i$ 的产值在 GDP 中所占的比重,$LP_{it}$ 是 $t$ 时间内产业 $i$ 的劳动生产率。显然这一公

---

① 霍夫曼比值也可以被归为这一类,因为它提供了一种测度工业内部结构的指标——消费品工业产值和资本品工业产值的比值,这一比值既有时间序列上的延承(从5降至小于1的数),也可以用于横向比较。

式符合前文所阐释的产业结构高度的内涵：一个经济中劳动生产率较高的产业所占的份额较大，它的产业结构高度值 $H$ 较大。

但是，一般说来，劳动生产率是一个有量纲的数值，而产业的产值比重则是一个没有量纲的数值。因此，我们必须将"劳动生产率"指标标准化。为了使得我们的产业结构高度指标不仅可用于判断工业化的进程，还可用于国际比较，劳动生产率的标准化公式为：

$$LP_{it}^{N} = \frac{LP_{it} - LP_{ib}}{LP_{if} - LP_{ib}} \tag{13.2}$$

其中，$LP_{it}^{N}$ 是标准化的产业 $i$ 的劳动生产率，$LP_{if}$ 是工业化完成时产业 $i$ 的劳动生产率，$LP_{ib}$ 是工业化开始时产业 $i$ 的劳动生产率，$LP_{it}$ 是原始的、直接计算的产业 $i$ 的劳动生产率，其公式为 $LP_{it} = VA_i / L_i$，即产业 $i$ 的增加值与就业人数的比值。

在这里，我们将钱纳里（Chenery, Robinson and Syrquin, 1986）的标准结构模型中的人均收入 706 美元作为工业化的起点，而将人均收入10 584 美元[1]作为工业化的终点，在这一时点之后，经济将跨入发达经济阶段[2]，见表 13-1。

产业 $i$ 标准化的劳动生产率表明产业 $i$ 的劳动生产率与发达经济产业 $i$ 的劳动生产率的趋近程度，将各个产业标准化的劳动生产率加权平均求和所得之产业结构高度，就是表明了产业结构与工业化完成状态的产业结构高度的离差，成为一种既可用于横向比较也可用于纵向比较的指标。如果将发达国家的产业基础数据代入公式（13.1），由

---

[1]　钱纳里（Chenery, Robinson and Syrquin, 1986）的书中以 1970 年美元计算，原文的起点是 140 美元，而终点是 2 100 美元。这里将它折算成 2005 年美元。通过美国的 CPI 数据可知，1970 年美元换算成 2005 年美元的换算因子为 5.04，本章中所有其他美元数据都以 2005 年美元计算。

[2]　世界银行 2005 年划分的发达和不发达国家的人均收入的标准是 10 725 美元，与10 584 美元的差异可以忽略。

于美国已经处于后工业化时代,其各个产业的劳动生产率都显著高于工业化完成时各产业的劳动生产率,我们将发现发达经济的产业结构高度值 $H$ 显著地大于1。

表 13-1 中国工业化进程中劳动生产率的标准

| | 劳动生产率<br>(1970 年美元) | 劳动生产率<br>(2005 年美元) | 劳动生产率*<br>(2005 年人民币) |
|---|---|---|---|
| 工业化起点(人均收入为 706 美元) | | | |
| 第一产业 | 70 | 352 | 2 570 |
| 第二产业 | 292 | 1 473 | 10 755 |
| 第三产业 | 340 | 1 714 | 12 509 |
| 工业化终点(人均收入为 10 584 美元) | | | |
| 第一产业 | 1 442 | 7 268 | 53 058 |
| 第二产业 | 3 833 | 19 320 | 141 036 |
| 第三产业 | 1 344 | 6 773 | 49 441 |

注:*以当前人民币美元汇率(1 美元=7.3 元人民币)换算而得。

## 三、横截面数据下产业结构高度的比较——国际和国内比较

1.国际比较

我们运用公式(13.1)和公式(13.2)计算 2005 年世界各国的产业结构高度,结果见表 13-2:

表 13-2 2005 年世界各国的产业结构高度

| 国家 | 第一产业的 $LP_{1t}^N$ | 第二产业的 $LP_{2t}^N$ | 第三产业的 $LP_{3t}^N$ | 产业结构高度 $H$ |
|---|---|---|---|---|
| 中国 | 0.084 | 0.288 | 0.498 | 0.346 |
| 德国 | 0.202 | 3.905 | 16.094 | 12.372 |
| 法国 | 0.578 | 4.171 | 16.922 | 13.746 |
| 英国 | 0.180 | 4.827 | 14.661 | 11.929 |
| 美国 | 0.265 | 5.092 | 17.480 | 14.511 |
| 新加坡 | -0.036 | 3.954 | 8.565 | 6.994 |
| 日本 | 0.222 | 4.142 | 14.291 | 11.013 |

（续表）

| 国家 | 第一产业的 $LP_{1t}^N$ | 第二产业的 $LP_{2t}^N$ | 第三产业的 $LP_{3t}^N$ | 产业结构高度 $H$ |
|---|---|---|---|---|
| 韩国 | 0.330 | 2.810 | 5.693 | 4.318 |
| 泰国 | 0.096 | 0.529 | 0.946 | 0.679 |
| 巴西 | 0.168 | 0.658 | 0.860 | 0.707 |
| 印度尼西亚 | 0.088 | 0.486 | 0.274 | 0.343 |

表 13－2 显示，英国、美国、德国、法国等发达国家的产业结构高度显著地大于 1，而中国、泰国、巴西、印度尼西亚等发展中国家的产业结构高度则显著地低于 1。表 13－2 对各国产业结构高度的测度验证了效率意义上的产业结构高度和经济发展阶段和发展水平的一致性。从产业结构高度的视角来看，中国的工业化进程大约走完了 1/3。但是，产业之间并不是均衡的，第三产业的现代化进程快于第二产业，更快于第一产业，第一产业和第二、第三产业之间的距离正在拉大。

2. 国内比较

我们将 2005 年中国各地区的产业数据代入公式（13.1）和公式（13.2），结果见表 13－3①：

**表 13－3　2005 年中国各地区的产业结构高度**

| 地区 | 第一产业的 $LP_{1t}^N$ | 第二产业的 $LP_{2t}^N$ | 第三产业的 $LP_{3t}^N$ | 产业结构高度 $H$ |
|---|---|---|---|---|
| 上海 | 0.210 | 0.949 | 2.361 | 1.655 |
| 北京 | 0.261 | 0.605 | 1.702 | 1.359 |
| 天津 | 0.226 | 0.826 | 2.062 | 1.320 |
| 广东 | 0.132 | 0.521 | 1.181 | 0.779 |
| 江苏 | 0.218 | 0.450 | 1.005 | 0.628 |
| 浙江 | 0.173 | 0.328 | 1.020 | 0.595 |
| 辽宁 | 0.192 | 0.519 | 0.799 | 0.594 |
| 福建 | 0.186 | 0.339 | 0.834 | 0.510 |

---

① 我们选取了一些典型地区的结果。

（续表）

| 地区 | 第一产业的 $LP_{1t}^{N}$ | 第二产业的 $LP_{2t}^{N}$ | 第三产业的 $LP_{3t}^{N}$ | 产业结构高度 $H$ |
|------|------|------|------|------|
| 山东 | 0.138 | 0.441 | 0.734 | 0.503 |
| 河北 | 0.140 | 0.301 | 0.724 | 0.417 |
| 湖北 | 0.138 | 0.331 | 0.359 | 0.310 |
| 青海 | 0.047 | 0.354 | 0.306 | 0.299 |
| 陕西 | 0.039 | 0.325 | 0.313 | 0.286 |
| 河南 | 0.068 | 0.256 | 0.339 | 0.247 |
| 四川 | 0.075 | 0.196 | 0.199 | 0.173 |
| 贵州 | 0.007 | 0.195 | −0.042 | 0.066 |

　　表13－3的结果显示,各省区市的产业结构高度呈现明显的层次性。中国各地区的产业结构高度和经济发展水平基本相一致,和GDP水平并不完全一致,和人均GDP的水平相关性较高,东部地区的产业结构高度显著地大于中西部地区。上海、北京、天津三个直辖市的产业结构高度大于1,广东、江苏、浙江、山东、辽宁等东部沿海地区的产业结构高度在0.5和1之间,河北、河南、湖北、陕西、四川、贵州等中西部地区的产业结构高度则在0和0.5之间。根据上文对产业结构高度的定义,一个经济的产业结构高度值和1越接近,表明其越接近工业化完成时期的产业结构高度。从平均的视角来看,上海、北京、天津三个直辖市已经完成了工业化,但是,这主要是由城市化和第三产业的非均衡增长造成的,除了上海以外,北京、天津的第二产业(北京:0.605,天津:0.826)距离完成工业化仍有一段距离,而第一产业的劳动生产率距离完成工业化更是遥遥无期。因此,需慎言北京、上海和天津已完成工业化①。中国各省区市的数据普遍显示,第三产业的增长对产业结构高度的带动很大,除了个别地区以外,从效率意义上来说,第一、第二产业距离完成工业化还有相当一段距离。

---

　　① 陈佳贵等(2007)认为,2005年北京、上海已经进入后工业化阶段,天津、广东则到了工业化的后半阶段。

## 四、时间序列下产业结构高度的比较

我们将 1978—2005 年全国的宏观数据代入公式(13.1)和公式(13.2),结果见表 13 - 4①:

**表 13 - 4　1978—2005 年中国的产业结构高度演进**

| 年份 | 第一产业的 $LP_{1t}^{N}$ | 第二产业的 $LP_{2t}^{N}$ | 第三产业的 $LP_{3t}^{N}$ | 产业结构高度 $H$ |
|------|------|------|------|------|
| 1978 | -0.015 | 0.015 | -0.095 | -0.020 |
| 1979 | -0.007 | 0.018 | -0.112 | -0.018 |
| 1980 | -0.008 | 0.018 | -0.118 | -0.019 |
| 1981 | -0.004 | 0.014 | -0.119 | -0.021 |
| 1982 | -0.001 | 0.014 | -0.111 | -0.018 |
| 1983 | 0.003 | 0.018 | -0.102 | -0.014 |
| 1984 | 0.011 | 0.022 | -0.076 | -0.006 |
| 1985 | 0.010 | 0.025 | -0.025 | 0.006 |
| 1986 | 0.011 | 0.025 | -0.016 | 0.009 |
| 1987 | 0.014 | 0.028 | -0.007 | 0.014 |
| 1988 | 0.012 | 0.029 | -0.005 | 0.014 |
| 1989 | 0.007 | 0.025 | -0.004 | 0.011 |
| 1990 | 0.007 | 0.014 | -0.037 | -0.004 |
| 1991 | 0.007 | 0.025 | 0.007 | 0.015 |
| 1992 | 0.009 | 0.042 | 0.045 | 0.036 |
| 1993 | 0.012 | 0.062 | 0.051 | 0.048 |
| 1994 | 0.020 | 0.071 | 0.048 | 0.053 |
| 1995 | 0.028 | 0.082 | 0.037 | 0.056 |
| 1996 | 0.035 | 0.090 | 0.041 | 0.063 |
| 1997 | 0.035 | 0.099 | 0.075 | 0.079 |
| 1998 | 0.037 | 0.107 | 0.122 | 0.100 |
| 1999 | 0.036 | 0.122 | 0.170 | 0.126 |
| 2000 | 0.036 | 0.145 | 0.220 | 0.158 |

---

① 以 2005 年不变价格计算。

（续表）

| 年份 | 第一产业的 $LP_{1t}^N$ | 第二产业的 $LP_{2t}^N$ | 第三产业的 $LP_{3t}^N$ | 产业结构高度 $H$ |
|------|------|------|------|------|
| 2001 | 0.039 | 0.162 | 0.284 | 0.194 |
| 2002 | 0.043 | 0.195 | 0.340 | 0.234 |
| 2003 | 0.048 | 0.230 | 0.391 | 0.273 |
| 2004 | 0.071 | 0.258 | 0.433 | 0.304 |
| 2005 | 0.084 | 0.288 | 0.498 | 0.346 |

　　从产业结构高度的视角来审视中国的改革开放的历程和工业化的进程是十分有意义的。表13-4的最后一列显示,1985年之前,中国的产业结构高度一直在徘徊,尽管第二产业的劳动生产率一直显著提升,但是经济总体明显表现出工业化起飞阶段的特征。我们可以认为,从1985年开始,中国开始真正进入工业化加速时期。除了1989—1991年出现短暂的波动以外,产业结构高度一直稳步推进。从1998年开始,产业结构高度出现高速增长(年均约为0.03,此前年均增长约为0.003),表明中国经济走入健康、稳态的发展阶段。但这种增长主要是由第三产业的劳动生产率提升所推动的,第三产业不仅劳动生产率增速显著较大,而且它在总产值中的份额不断增长,这种趋势仍在持续。

## 五、结论

　　本章在深入探讨产业结构高度基本内涵的基础上,设立了一种既可用于横截面数据比较,也可用于时间序列比较的产业结构高度指标。笔者认为,产业结构高度表面上是不同产业的份额和比例关系的一种度量,本质上是一种劳动生产率的衡量。一个国家或地区的劳动生产率较高的产业所占的份额较大,表明这个国家或地区的产业结构高度较高。本章通过国际比较、国内各地区比较、全国数据时序比较发现:

1. 对产业结构高度的国际比较发现,产业结构高度的演进和经济发展水平的提升呈现明显的相关性,发达经济的产业结构高度显著地大于 1,发展中国家的产业结构高度则显著地低于 1。一个经济的产业结构高度值越接近 1,表明其离完成工业化的终点越近。从产业结构高度的视角来看,至 2005 年,中国的工业化进程大约走完了 1/3。但是,产业之间并不是均衡的,第三产业的现代化进程明显快于第一、第二产业,第一产业和第二、第三产业之间的距离正在拉大。

2. 对国内各地区的产业结构高度的研究发现,根据产业结构高度的水平值,各省市可以分为三个阶梯,上海、北京、天津三个直辖市的产业结构高度大于 1,处于第一阶梯;广东、江苏、浙江、山东、辽宁等东部沿海地区的产业结构高度在 0.5 和 1 之间,处于第二阶梯;河北、河南、湖北、陕西、四川、贵州等中西部地区的产业结构高度则 0 和 0.5 之间,处于第三阶梯。从平均的视角来看,上海、北京、天津三个直辖市已经完成了工业化,但是,这主要是由城市化和第三产业的非均衡增长造成的,除了上海较接近以外,北京、天津距离完成工业化尚有一段距离。中国各省区市的数据普遍显示,第三产业的增长对产业结构高度的带动很大,第一、第二产业距离完成工业化还有相当一段距离。

3. 对产业结构高度进行时序比较发现,从 1985 年开始,中国开始真正进入工业化加速时期。除了 1989—1991 年出现短暂的波动以外,产业结构高度一直稳步推进。从 1998 年开始,产业结构高度出现超乎寻常的高速增长,中国经济正在走入优化产业结构、转变增长方式的良性发展轨道。在此过程中,第三产业的推动作用最大。

# 第十四章　产业结构、所有制结构和中国经济增长[*]

本章运用中国改革开放以来的经验数据,实证地考察以市场制度为体制变迁目标的改革对资源配置起到了怎样的作用。试图说明,在现有的生产技术条件下,市场制度应体现什么样的价值取向,才能通过市场调整出合理的经济结构。通过模型对中国经济的产业结构、所有制结构以及产业结构和所有制结构之间的互动影响进行实证分析,发现从产业结构或所有制结构单方面地对经济结构进行调整,都无法使经济结构达到一种合理的状态。并且通过市场调整经济结构时,市场制度的价值取向将起到关键的作用。比较分析不同的市场制度价值取向下市场对经济结构的调整发现,只有当经济中形成一种国有经济不与民(资本和劳动)争利的制度环境,并且制度的价值取向侧重于保护资本利益,但同时兼顾劳动利益时,市场才能调整出合理的经济结构。

## 一、引言:方法和数据的说明

经济结构主要指一个经济体中的所有制结构和产业结构。在一定的技术条件下,生产要素的所有者通过市场上的逐利行为,将要素投入

---

[*] 本章写作的基本时间立足点为 2003 年,本章的基本内容,刘伟、李绍荣曾以《市场制度的价值取向与经济结构的市场调整》为题,作为项目的阶段性成果,发表于《中国工业经济》2004 年第 6 期。

不同的产业之中从而形成一定的产业结构,要素所有者的不同,如国有或私人所有,决定了市场上的逐利行为、要素的投向以及要素的组织形式都不一样,这从另一个角度也说明所有制结构对产业结构有很强的影响作用。另外,产业结构在一定意义上又决定了经济的生产方式,生产方式的不同会影响到要素的生产效率和要素的市场交换,因而在一定程度上产业结构又影响着经济的所有制结构。人们在研究经济结构的调整时,更多地讨论应由政府主导结构调整还是应由市场推动,理论界一般主张经济结构调整应由市场推动。然而在现实经济中,市场制度的价值取向也不一样,比如更倾向效率还是更倾向公平? 等等。因此市场制度的不同经济结构也不同。本章基于现有的生产技术条件,试图说明怎样的市场制度的价值取向才能使市场调整出合理的经济结构。

市场发展程度的不同市场制度表现的价值取向也会不同,比如在初级市场经济中,市场制度几乎只保护资本在市场上追逐利润,整个市场制度都围绕怎样使资本获得最大利益来安排,劳动成为资本雇用,整个市场制度极少考虑劳动的利益,在这样的市场制度中,制度所表现的价值取向完全倾向于保护资本的利益。随着市场经济的发展,劳动要素在市场经济中形成了保护自身利益的组织和群体,比如工会等,这些组织和群体作为市场制度的一个部分,对要素的交换和配置也起到一定的作用,在这样的市场经济中,市场制度本身不可能完全只保护资本的利益,它同时还部分地顾及劳动的利益。因此在这种层次相对高一点的市场经济中,市场制度在保护资本利益的同时还兼顾劳动的利益。市场制度的价值取向不同,会导致市场运作机制的不同,运作机制不同的市场所选择的经济结构也将不同,本章将在市场制度的价值取向不同的情形下,讨论市场对经济结构的调整,并对调整的经济结构进行比较研究。

本章试图从一个全新角度,对中国经济中产业结构的变动、所有制结构的变动以及产业结构和所有制结构之间的互动关系进行研究,并利用这种互动关系说明在不同的市场制度之下,通过对产业结构和所有制结构的优化调整,会形成不同的经济结构,由此说明市场制度的价值取向对经济结构调整的影响作用。并对不同价值取向下的市场选择形成的经济结构进行比较分析,说明只有资本和劳动要素的利益得到保护,并且只有在资本利益的保护略高于劳动要素利益保护的市场制度里,通过市场机制调整的经济结构才是符合工业化的产业结构和高层次市场经济需要的所有制结构。

### 1. 模型设定

罗默(Romer,2000)在计算经济增长时发现:技术进步(含经济制度的变迁)决定了经济的长期增长,而资本和劳动等生产要素所做的贡献只决定经济的短期增长。这一发现的逻辑结论是:一定的经济制度把资本和劳动等要素组织起来进行生产。从短期来看,在经济制度不变的条件下,资本和劳动等要素的改变,会改变经济的总产出,导致经济的短期变化;但从长期的角度讲,经济制度会随着技术的变化而发生改变,因此从长时期看,经济制度必然发生变化,在发生变化的经济制度下,资本和劳动等生产要素的生产效率,如产出弹性将发生变化。经济结构包括所有制结构和产业结构,表征了一定的经济制度,或换句话说,是经济制度的特征,这说明经济结构的改变,意味着经济制度发生改变,也就意味着资本和劳动等要素的生产效率在不同的经济结构下是不同的。这一经济思考是支持我们分析经济结构对经济增长影响的经济学基础(见刘伟、李绍荣,2001、2002;刘伟、李绍荣、黄桂田、盖文启,2003[a]、2003[b])。现在考虑反映经济结构的互动对生产要素效率产生影响作用的生产函数:

$$Y = K^{\alpha_0 + \sum_{i=1}^{k} \alpha_i x_i + \sum_{j=1}^{k} \sum_{i=j}^{k} \alpha_{ji} x_j x_i} L^{\beta_0 + \sum_{i=1}^{k} \beta_i x_i + \sum_{j=1}^{k} \sum_{i=j}^{k} \beta_{ji} x_j x_i} e^{\gamma_0 + \sum_{i=1}^{k} \gamma_i x_i + \sum_{j=1}^{k} \sum_{i=j}^{k} \gamma_{ji} x_j x_i + \varepsilon} \tag{14.1}$$

其中 $Y$ 表示经济的总产出;$K$ 表示资本投入的使用量;$L$ 表示劳动

的投入量,$x_i(i=1,2,\cdots,k)$ 表示各种经济结构的比重。公式(14.1)两端同时取对数可得到计量经济结构互动对生产规模和要素效率有影响作用的经济计量模型,于是有:

$$
\begin{aligned}
\ln(Y) &= \Big(\alpha_0 + \sum_{i=1}^{k} \alpha_i x_i + \sum_{j=1}^{k} \sum_{i=j+1}^{k} \alpha_{ji} x_j x_i\Big) \ln(K) \\
&+ \Big(\beta_0 + \sum_{i=1}^{k} \beta_i x_i + \sum_{j=1}^{k} \sum_{i=j+1}^{k} \beta_{ji} x_j x_i\Big) \ln(L) \\
&+ \gamma_0 + \sum_{i=1}^{k} \gamma_i x_i + \sum_{j=1}^{k} \sum_{i=j+1}^{k} \gamma_{ji} x_j x_i + \varepsilon
\end{aligned} \tag{14.2}
$$

文中的余下部分将根据中国经济的总量数据对方程(14.2)进行计量分析,实证说明所有制结构之间、产业结构之间、所有制结构和产业结构之间的互动关系对经济总量的影响,并根据这种影响关系比较分析,在不同的市场制度的价值取向下,市场对经济结构的调整,并由此提出我国的产业结构调整和所有制结构改革的政策建议。

2. 数据说明

本章研究市场经济体制下,中国经济的结构对经济增长的主要影响,因此研究的对象主要是 20 世纪 90 年代之后的中国经济,主要研究 1992 年之后的中国经济。根据《中国统计年鉴》的"各地区国内生产总值""各地区支出法国内生产总值""各地区资本形成总额及构成""各地区按三次产业分的年底从业人员数""国有单位分行业年底职工人数""各地区私营企业年底从业人员数",以及"各地区个体年底从业人员数"等表格,可得出各地区 2001 年至 1993 年国内生产总值(支出法计量的)$Y$、固定资本形成 $K$、从业人员 $L$、第一产业的产出量 $X_1$、第二产业的产出量 $X_2$、第三产业的产出量 $X_3$,国有单位职工人数 $L_1$、私营企业从业人员数 $L_2$,以及个体从业人员数 $L_3$ 的样本观测值。

利用各地区的样本观测值研究经济结构与经济增长之间的互动关系,其原因与我们在过去研究产业结构和经济增长之间的关系时所持的理由一样,主要是因为我国形成市场经济的时间不长,如果利用国家总量样本观测值进行研究会出现样本容量和自由度过小的问题,并且会忽视地区间经济结构的差异对经济增长的影响。而利用各地区的样本观测值进行研究,不仅能够考虑到一种经济结构随时间变化对经济增长的影响,同时还能够考虑到同一总体中其他经济结构随时间的变化对经济增长的影响。基于这些理由我们采用各地区的样本观测数据来研究中国的经济结构的互动变化对经济增长的影响。

## 二、产业结构、所有制结构以及经济结构的 互动对经济影响的实证分析

1. 产业结构的互动对经济的影响

在这一部分我们只考虑产业结构之间对经济增长的互动影响,而省去所有制结构对经济增长的影响。根据各地区国内生产总值,第一、第二、第三产业在 1993 年至 2001 年的样本观测值,用 Eviews4.0 的经济计量软件对方程(14.2)进行回归估计,剔除第一产业与第二产业和第三产业的互动影响变量与其他影响变量之间出现了共线性现象,得到修正后的回归估计模型[①]:

$$\ln(Y) = 1.99x_1\ln K - 1.14x_2\ln K - 2.20x_3\ln K + 11.36x_2x_3\ln K$$

$$\quad\quad (8.41) \quad\quad (-2.95) \quad\quad (-4.19) \quad\quad (5.95)$$

$$\quad\quad + 2.06x_3\ln L - 3.41x_2x_3\ln L - 7.59x_1 + 18.06x_2$$

$$\quad\quad (5.43) \quad\quad (-3.99) \quad\quad\quad (-4.30) \quad (6.04)$$

$$\quad\quad + 10.46x_3 - 63.44x_2x_3$$

$$\quad\quad (4.61) \quad (-5.83)$$

$$(14.3)$$

---

① 回归模型中估计参数下面括号内的数是相应参数的 t 统计量。

该方程的判决系数 $R^2 = 0.983531$, 调整后的判决系数 $\bar{R}^2 = 0.982808$, D-W 统计量[①]为 1.48。由方程可知, 三个产业对资本的产出弹性都有影响, 从直接影响的角度看, 第一产业的影响是正的, 第二产业和第三产业的影响是负的, 如果只看到这一点, 似乎会得出一个荒谬的结论, 即在中国经济中, 增加第一产业的份额, 同时减少第二产业和第三产业的份额将提高资本的产出效率。换句话说, 中国经济的非农业化将降低资本的产出效率, 但是方程(14.3)的第四项表明, 第二产业和第三产业的互动对资本的产出弹性有一个正的作用, 即第二产业和第三产业同时增加将对资本的产出弹性产生一个非常大(相对于第二产业和第三产业分别对资本产出弹性的影响)影响, 并且第二产业和第三产业所增加的份额不同, 那么两个产业对资本产出弹性互动影响的作用也不同, 这样就引出本章所关心的主要问题, 即在中国经济的非农业化, 或通俗地讲, 中国经济的工业化过程中存在的怎样协调第二产业和第三产业的问题, 本章后面将在不同的市场制度的价值取向条件下, 说明市场解决这个问题时所做的选择; 影响劳动产出弹性的主要是第三产业, 而且这种影响会因为第二产业份额的增加而减弱; 三个产业对生产的规模都有直接的影响, 其中第一产业产生负的影响, 第二产业和第三产业都产生正影响, 但第二产业和第三产业的互动影响却是负的, 这意味着第二产业和第三产业同时增加会极大地减弱两个产业对经济规模的直接正影响, 这说明在当前的生产技术条件下, 要极大地提高要素的生产效率和扩大经济的规模, 就必须协调发展三个产业。

2. 所有制结构的互动对经济的影响

在此我们省去产业结构对经济增长的影响, 而单纯地考虑所有制

---

① 详见刘伟、李绍荣(2002)的方程(11)。在该方程中, 判决系数 $R^2 = 0.978460$, 修正的判决系数 $\bar{R}^2 = 0.976686$, 均低于上述的方程(14.3)。

结构之间对经济增长的互动影响。根据国有单位职工、私营单位职工和个体户的人数在 2001 年至 1993 年的样本观测值,可以计算出三种所有制单位中就业的人数比例 $l_1$、$l_2$ 和 $l_3$,这三个比例的和为 1,但分母不是从业人数 $L$,因此这三个比例只表示在既定产业结构和就业规模之下,三种所有制所吸收的就业人数,并用这三个比例表示三种所有制经济的相对规模。再加之各地区国内生产总值、资本形成总额和就业总人数在 2001 年至 1993 年的样本观测值,利用 Eviews4.0 的经济计量软件对方程(14.2)进行回归估计,并省去一些不重要的且出现共线性现象的变量,得修正的估计模型:

$$\ln(Y) = \begin{array}{c} 0.85l_1\ln K + 1.03l_2\ln K + 0.82l_3\ln K + 1.43l_1l_2\ln K + 0.33l_1\ln L \\ (20.66) \quad\quad (18.41) \quad\quad (6.79) \quad\quad\quad (4.8) \quad\quad\quad (7.15) \end{array}$$

$$\begin{array}{c} - 0.34l_3\ln L - 0.58l_1 + 5.32l_3 - 9.04l_1l_2 \quad\quad\quad (14.4)\\ (-2.37) \quad\quad (-2.2) \quad (6.86) \quad (-5.3) \end{array}$$

该方程的判决系数 $R^2 = 0.985403$,调整后的判决系数 $\bar{R}^2 = 0.984836$,D-W 统计量为 1.72。由方程可以看出,生产要素的产出弹性受各种形式的所有制经济的影响,即受国有经济、私营经济以及个体经济的影响。就资本产出弹性而言,不考虑所有制的互动影响,各种经济份额的增加会增加资本的产出弹性。从互动的角度看,国有经济和私营经济的共同发展对资本产出弹性也产生正的效应,再加之个体经济对资本产出的正效应小于国有经济和私营经济,因此在中国经济中,减少个体经济在所有制结构中的份额,同时增加国有经济和私营经济的份额,将提高经济中资本的产出效率。

对于劳动的产出弹性,不存在所有制结构的互动影响,但出现所有制结构间的替代影响,从方程反映的经济变量关系看,增加国有经济的份额,同时减少个体经济的份额,将提高劳动产出弹性。但方程中,如

果我们用 $l_1$ 和 $l_2$ 替换 $l_3$，则可看出国有经济对劳动产出弹性的正效应为 0.67（ = 0.33+0.34），而私营经济对劳动产出弹性的正效应为 0.34，由此可知国有经济对劳动效率的正效应是私营经济的 2 倍，也就是说，如果个体经济的减少主要是由国有经济和私营经济来吸收，那么国有经济对劳动效率的提高是私营经济的近 2 倍。从这一角度看，国有经济对资本的产出弹性的正影响为 0.03（ = 0.85 - 0.82），而私营经济对资本产出弹性的正影响为 0.21（ = 1.03 - 0.82），因此私营经济对资本的正效应是国有经济的 7 倍。在市场经济条件下，这意味着私营经济的发展使资本收益的增加是国有经济的 7 倍，但对劳动收益的增加却只是国有经济的 1/2，如果市场制度的价值取向侧重于资本利益，即市场制度保证资本在市场上占主导并追逐利润，那么资本，无论是国有资本还是私营资本，从自身利益的角度出发，都将鼓励私营经济的发展，同时辅之以一定的国有经济协调发展，由此可以看出在未来的中国经济中，从资本的利益出发，在市场推动下最好的所有制调整方式就是国有资本民营，这样既大力发展了私营经济，同时也协调发展了国有经济，使资本的收益增值最大，但是这样的改革方式将使劳动要素收入的增加减少了近 100%，这势必增大资本所有者和劳动所有者的收入差距。

　　从经济规模的角度看，国有经济对经济的总量规模产生负的效应，而个体经济却产生正的效应，如果用国有经济和私营经济替代个体经济，那么国有经济和私营经济都对经济规模产生负的效应，并且国有经济和私营经济之间的互动还将对经济规模产生一种负的效应，即国有经济和私营经济的共同发展会减小经济的总量规模，因此从扩大经济总量规模的角度看，国有经济和私营经济之间存在一种相互替代的关系，即只有增加国有经济份额的同时减少私营经济的份额，或增加私营经济份额的同时减少国有经济的份额才能扩大经济的总量规模。

### 3. 经济结构的互动对经济的影响

在此我们将实证分析经济结构之间的互动对经济增长的这种影响
关系。利用各地区国内生产总值、资本形成、从业人员、各产业的份额，
以及各所有制经济份额的样本观测值对方程(14.2)进行回归，并剔除
方程中存在共线性关系的相关变量，得修整的回归模型：

$$\ln Y = 0.67l_1\ln K - 1.71x_2\ln K - 2.89x_3\ln K + 6.2l_2x_2\ln K - 1.65l_3x_2\ln K$$
$$\quad (2.99) \qquad (-2.91) \qquad (-3.74) \qquad (9.22) \qquad (-4.59)$$

$$+ 5.48l_1l_3\ln K + 1.37l_2l_3\ln K + 8.84x_2x_3\ln K + 0.68l_1\ln L$$
$$\quad (6.77) \qquad (4.03) \qquad (4.27) \qquad (4.17)$$

$$- 1.76l_2\ln L + 1.55l_3\ln L + 2.32x_3\ln L - 5.44l_1l_3\ln L$$
$$\quad (-3.91) \qquad (8.74) \qquad (4.01) \qquad (-7)$$

$$- 3.7x_2x_3\ln L + 18.59x_2 + 10.78x_3 - 6.78l_1 + 14.1l_2$$
$$\quad (-3.6) \qquad (4.14) \qquad (2.9) \qquad (-4.56) \qquad (5.75)$$

$$- 44.8l_2x_2 - 14.69l_3x_3 + 8.44l_1l_3 - 41.82x_2x_3$$
$$\quad (-7.99) \qquad (-3.94) \qquad (2.11) \qquad (-3.46) \qquad\qquad (14.5)$$

该方程的判决系数 $R^2 = 0.990129$，修正的判决系数 $\bar{R}^2 =
0.989055$，D-W 统计量为 1.87。从方程(14.5)可以看出，产业结构和
所有制结构之间的互动以及两种结构自身之间互动对经济的要素效率
和总量规模都有很高的影响作用，但是这种影响对资本要素效率、劳动
要素效率以及经济规模的作用是不一样的。从资本的产出弹性看，第
二产业和第三产业份额的增加对资本产出弹性会产生一种负的影响，
但是第二产业和第三产业的互动对资本的产出弹性有一个很大的正效
应，即第二产业和第三产业同时增加将对资本的产出弹性产生一个非
常大(相对于第二产业和第三产业分别对资本产出弹性的影响)影响，
并且第二产业和第三产业所增加的份额不同，那么两个产业对资本产
出弹性互动影响的作用会不一样。第二产业与私营经济的互动对资本

的产出效率有一个正的作用,而与个体经济的互动有一个负的作用,因此从增加资本产出弹性的角度看,增加第二产业份额的倾向大于增加第三产业份额的倾向,并且有增加私营经济份额和减少个体经济份额的倾向。尽管增加国有经济的份额能够直接提高资本产出弹性,但是所有制结构之间的互动表明,国有经济和个体经济的互动相对于私营经济和个体经济之间的互动对资本产出弹性有一个很大的正效应,因此个体经济的份额的减少,从增加资本产出效率的角度看,会导致国有经济份额的减少。由上述的分析简单说明,在市场主导的经济结构调整过程中,产业结构会倾向于增加第二产业的份额,所有制结构会倾向于增加私营经济的份额。

对于劳动要素的产出效率,第三产业对劳动的产出弹性有正的效应,而第二产业和第三产业的互动对劳动的产出弹性的效应是负的,这意味着增加第三产业的份额,同时减少第二产业的份额将提高劳动的产出弹性。从所有制结构方面看,私营经济对劳动产出弹性的效应是负的,因此提高劳动产出效率和增加劳动收益的要求会倾向于降低私营经济的份额,同时国有经济和个体经济都有提高劳动产出弹性的正效应,而两者的互动却产生一个负的效应,也就是两者同时增加或减少会降低劳动的产出弹性。国有经济对劳动效率产生的正效应(0.68)远远小于个体经济对劳动效率的正效应(1.55),因此国有经济和个体经济的互动所产生的负效应会致使增加劳动产出效率时选择减少国有经济的份额增加个体经济的份额。所以从提高劳动产出弹性的角度看,有增加第三产业和个体经济份额的倾向。

对于经济的总量规模,第二产业和第三产业都有一个正的效应,但是二者的互动却有一个负的效应,第二产业的正效应(18.59)大于第三产业的正效应(10.78),因此从产业互动的角度看,要增加经济的总量规模会倾向于提高第二产业的份额,同时降低第三产业的份额;从所有制互动角度看,国有经济对规模产生一个负效应,而私营经济产生一个正效应,同时国有经济和个体经济的互动产生一个正效应,因此扩大经济总量规模的可行选择是,增加私营经济的份额同时降低国有和个体经济的份额;从产业结构和所有制结构之间的互动看,第二产业和私营经济的互动以及第三产业和个体经济的互动对经济规模产生的都是负效应,因此结构间的互动并不支持各个结构自身互动的结构选择,要说明扩大经济规模的结构选择需做进一步的优化分析。

## 三、最优经济结构的比较分析

前面实证分析了经济结构的互动对经济总量的影响,在此我们将在这种实证分析的基础上比较研究各种条件下市场选择的最优的经济结构。比较研究是基于以下的理论认识:在一个资本占据绝对地位(相对劳动而言)的市场经济中,生产的组织和确定是由资本决定的,而资本在市场上的目的就是追逐利润,并使资本的收益最大化。要素在市场上所获得的收入是由要素的产出效率决定的,因此,市场选择的生产方式和组织形式就是使资本要素的产出效率最大化的生产方式和组织形式。在这样的市场经济中市场制度完全倾向于保护资本的利益,在这样的市场制度价值取向之下,我们把市场所选择的最优经济结构称为使资本产出效率最大化的经济结构。资本在市场上对利润的追逐是有条件的,不兼顾劳动利益的利润追逐不可能持久,从市场经济的长期发展看,市场制度不仅保护资本的利益同时还需要保护劳动利益。在一种市场制度中,如果劳动利益和资本利益受到同等保护,那么市场选择的经济结构则称兼顾劳动利益的最优经济结构,因此这样的最优经济结构是指使资本要素效率和劳动效率之和最大化的经济结构。经济的规模是由要素的专业化和社会的劳动分工程度所决定的,专业化和劳动分工的程度又决定于市场的规模和范围,因此最大市场规模的经济结构是指使经济总量规模最大化的经济结构。做了上述的概念界定之后,下面我们将对不同市场制度的价值取向下的最优经济结构做比较分析。

### (一)所有制结构不变的最优产业结构

方程(14.3)表示所有制结构不变时,产业结构的互动对经济总量的影响。因此市场选择的是资本产出效率最大化的产业结构由下列优化问题确定:

$$\max \alpha = 1.99x_1 - 1.14x_2 - 2.20x_3 + 11.36x_2x_3$$
$$s.t. \quad x_1 + x_2 + x_3 = 1$$

求解上述的问题得,$x_1 = 35.57\%$、$x_2 = 36.88\%$和 $x_3 = 27.55\%$。由此可知,在现有所有制结构不变的条件下,以资本追逐利润为动力做出的市场选择,最优产业结构为第一产业份额 35.57%、第二产业份额 36.88%以及第三产业份额 27.55%。但从长期来看,市场选择的兼顾劳动利益的最优产业结构应由下面的优化问题确定:

$$\max(\alpha + \beta) = 1.99x_1 - 1.14x_2 - 0.14x_3 + 7.95x_2x_3$$
$$s.t. \quad x_1 + x_2 + x_3 = 1$$

求解上述的问题得,$x_1 = 33.84\%$、$x_2 = 26.79\%$和 $x_3 = 39.37\%$。由此可知,在现有所有制结构不变的条件下,通过要素利益的长期权衡,市场所选择的最优产业结构为第一产业份额 33.84%、第二产业份额 26.79%以及第三产业份额 39.37%。因此,在现有的所有制结构下,无论从长时段或短时期看,中国经济都无法通过市场调节实现工业化。要实现与市场相协调的工业化经济,就必须调整现有的所有制结构。

从市场规模的角度看,使市场规模最大的产业结构为下列方程的解:

$$\max\gamma = -7.59x_1 + 18.06x_2 + 10.46x_3 - 63.44x_2x_3$$
$$s.t. \qquad x_1 + x_2 + x_3 = 1$$

上述优化问题的最优解为 $x_1 = 0$、$x_2 = 1$ 和 $x_3 = 0$。这说明只有工业化才能扩大经济的市场规模,然而在现有的所有制结构下,无论市场制度的价值取向只保护资本利益或同时兼顾劳动利益,经济都无法通过市场选择的产业结构使经济总量规模或市场规模最大,因此要扩大经济的市场规模只有两种选择:一是通过非市场化方式,在现有的所有制结构下,扩大第二产业的份额,这样形成的产业结构将与市场不相协调;二是调整现有的所有制结构,通过市场选择扩大第二产业在经济中所占的份额,使经济工业化同时增大经济的市场规模。

### (二)产业结构不变的最优所有制结构

方程(14.4)描述了产业结构不变时,所有制结构互动对经济总量的影响。因此在产业结构不变的条件下,市场选择的是资本产出效率最大的所有制结构由下列优化问题确定:

$$\max\alpha = 0.85l_1 + 1.03l_2 + 0.82l_3 + 1.43l_1l_2$$
$$s.t. \qquad l_1 + l_2 + l_3 = 1$$

问题的解为 $l_1 = 43.71\%$、$l_2 = 56.29\%$ 和 $l_3 = 0$。因此,在现有产业结构不变的条件下,市场选择的最优所有制结构为国有经济份额为 $43.71\%$、私营经济的份额为 $56.29\%$,而个体经济的份额为 0。但从长时段看,在兼顾劳动利益的条件下,市场选择的最优产业结构应由下面的优化问题确定:

$$\max\alpha + \beta = 1.19l_1 + 1.03l_2 + 0.48l_3 + 1.43l_1l_2$$
$$s.t. \qquad l_1 + l_2 + l_3 = 1$$

问题的解为 $l_1 = 55.59\%$、$l_2 = 44.41\%$ 和 $l_3 = 0$。因此,在现有产业结构不变的条件下,市场在长时段上所选择的最优所有制结构为国有经济份额为 55.59%、私营经济的份额为 44.41%，而个体经济的份额为 0。由此可以看出，在现有的产业结构下，如果市场制度的价值取向只顾及资本利益时，通过资本对利润的追逐市场会将所有制结构调整到国有经济占 40% 略强、私营经济占 50% 强，而个体经济不到 10% 的所有制结构。如果从长时段看，市场中出现维护劳动利益的组织或行为，也就是资本在市场上追逐利润时还兼顾劳动者利益，那么市场将会选择国有经济占 50% 略强、私营经济占 40% 略强，而个体经济占 10% 左右。

从扩大市场规模的角度看，在产业结构不变的情形下，最优的所有制结构为下列方程的解：

$$\max \gamma = -0.58l_1 + 5.32l_3 - 9.04l_1l_2$$
$$s.t. \qquad x_1 + x_2 + x_3 = 1$$

上述的最优解为 $l_1 = 0$、$l_2 = 0$ 和 $l_3 = 1$。这说明在现在产业结构条件下，无论市场制度的价值取向仅仅保护资本利益或同时兼顾劳动利益，经济都无法通过市场选择的所有制结构使经济总量规模或市场规模最大，因此有必要对经济的所有制结构和产业结构同时进行调整方可通过市场达到最优的经济结构。

### (三)最优经济结构

方程(14.5)描述了产业结构之间、所有制结构之间以及产业结构和所有制结构之间互动对经济总量的影响。因此，市场选择的资本产出效率最大的经济结构由下列优化问题确定：

$$\max \alpha = 0.67l_1 - 1.71x_2 - 2.89x_3 + 6.2l_2x_2 - 1.65l_3x_2$$
$$+ 5.48l_1l_3 + 1.37l_2l_3 + 8.84x_2x_3$$
$$s.t. \qquad x_1 + x_2 + x_3 = 1, l_1 + l_2 + l_3 = 1$$

上述问题的最优解为 $l_1 = 0$、$l_2 = 1$ 和 $l_3 = 0$；$x_1 = 0$、$x_2 = 87.85\%$ 和 $x_3 = 12.15\%$。从最优结构可以看出，在市场制度的价值取向仅体现资

本利益时,虽然市场通过所有制结构和产业结构的调整使经济工业化,但考虑实证分析存在的误差,在这样的制度基础上市场调节的产业结构应为第一产业不到10%,第二产业占到80%强,而第三产业为10%略强,很明显这样的产业结构不是合理的产业结构,这说明只保护资本利益的市场制度必然导致不合理的经济结构。因此从长时段看,市场制度本身也要保护劳动者利益。现在我们分析劳动者利益也与资本利益同等重要的市场中,市场选择的最优经济结构,这种结构是下列问题的解:

$$\max\alpha = 1.35l_1 - 1.76l_2 + 1.55l_3 - 1.71x_2 - 0.57x_3 + 6.2l_2x_2$$
$$- 1.65l_3x_2 + 0.04l_1l_3 + 1.37l_2l_3 + 5.14x_2x_3$$

$$s.t. \quad x_1 + x_2 + x_3 = 1, \ l_1 + l_2 + l_3 = 1$$

该优化问题解为 $l_1 = 0$、$l_2 = 0$ 和 $l_3 = 1$;$x_1 = 0$、$x_2 = 46.4\%$ 和 $x_3 = 53.6\%$。这说明在劳动利益和资本利益同等重要的市场制度环境,市场能够通过所有制的调整使经济在市场的调节下工业化,考虑实证分析存在的误差,在这样的制度基础上市场调节的产业结构应为第一产业不到10%,第二产业占到40%强,而第三产业为50%略强,显然这是一个相对合理的产业结构,这说明市场制度是否体现对劳动者利益的保护关乎市场是否能有效调节产业结构的问题。但是从所有制结构看,当劳动利益和资本利益同等重要时,市场选择的所有制是组织层次极低的绝对私有化的个体经济形式,尽管在这样的市场制度下经济能够实现工业化,但这也是专业化和劳动分工程度极低的工业化。因此,市场制度必须保护劳动者利益,但是不能把劳动的利益提高到与资本等同的地位或高于资本利益,因为在这样的市场制度中通过市场无法形成组织程度高的生产形式,这从一个方面说明在市场经济中资本的利益占主导地位但必须兼顾劳动利益。下面我们分析使市场规模最大的经济结构,这样的经济结构是下列问题的解:

$$\max\gamma = 18.59x_2 + 10.78x_3 - 6.78l_1 + 14.1l_2 - 44.8l_2x_2$$
$$- 14.69l_3x_3 + 8.44l_1l_3 - 41.82x_2x_3$$

$s.t.$ 　　$x_1 + x_2 + x_3 = 1, l_1 + l_2 + l_3 = 1$

该问题的解为 $l_1 = 65.5\%$、$l_2 = 0$ 和 $l_3 = 34.5\%$；$x_1 = 0$、$x_2 = 43.85\%$ 和 $x_3 = 56.15\%$。这说明最大化市场规模所要求的产业结构也是第二产业占到40%略强，第三产业占到50%强，而第一产业不到10%，也就是市场规模的扩大要求经济必须工业化。但是最大化市场规模的所有制结构却要求很大份额的国有经济比例以及近三层的个体经济份额，这说明国有经济在增大市场规模中起到重要的作用。这点不难理解，市场规模衡量的是市场组织制度的产出效率，在市场组织制度中，国有经济和个体经济都将起重要作用，其中国有经济将占主导地位。

综上分析可知，通过市场调节经济结构最终经济将实现工业化，即第二产业占40%强一点，第三产业占到50%，第一产业不到10%，而所有制结构基本是私营经济或个体经济，这其中如果市场制度的价值取向偏重于劳动，或对劳动利益的保护大于或等于资本的利益，那么市场将选择完全绝对私有化的个体经济形式，因此在用市场调节经济结构时市场制度的价值取向应侧重于保护资本的利益，但同时兼顾劳动利益。同时国有经济对市场组织制度的建设起到非常重要的作用，所以在利用市场调节经济结构时，可利用国有经济建设能扩大市场规模的市场组织制度，在所形成的市场经济中，市场制度的价值取向应侧重于资本的利益，但必须同时兼顾劳动的利益，这样通过市场的调节经济会实现工业化，并形成与市场相适应的产业结构，此时产业结构为第二产业占40%强一点，第三产业占到50%，第一产业不到10%。

# 四、结论

在现阶段的生产技术条件下，通过模型实证分析中国经济中产业结构、所有制结构以及产业结构和所有制结构互动对经济的影响,并对这种互动影响进行优化分析发现,在现有所有制结构不变的条件之下,无论在怎样的市场制度下,中国经济都无法通过市场调节实现工业化,同时也无法扩大市场规模。而在现有产业结构不变的条件之下,通过市场调节所有制结构,如果市场制度的价值取向仅只保护资本的利益,那么市场将选择更大份额的非国有经济份额;当市场制度体现出对劳动利益的保护时,市场选择的国有经济份额将超过非国有经济份额,但此时无论市场制度的价值取向仅是保护资本利益或同时兼顾劳动利益,经济都无法通过市场选择的所有制结构使经济总量规模或市场规模最大。分析同时表明,在现有产业结构不变的情形下,私营经济的增加虽然比国有经济能使资本利益提高 7 倍,但使劳动利益的提高只是国有经济的1/2,因此在市场制度侧重于资本利益,并鼓励资本在市场上追逐利润,那么资本,无论是国有资本还是私营资本,从自身利益的角度出发都将选择私营,此时市场选择的所有制调整方式就是国有资本民营,这样既大力发展了私营经济,同时也协调发展了国有经济,使资本的收益增值最大,但是这种调整方式将使劳动要素收入的增加减少了近100%,这势必增大资本所有者和劳动所有者的收入差距。总而言之,只从产业结构或所有制结构单方面地进行经济结构调整,无法使经济结构达到一种合理的状态,因此对经济结构的调整需要通过所有制结构和产业结构共同的协调调整方能达到一种合理经济结构状态。

通过市场调整经济结构时,市场制度的价值取向将起到关键的作用。当市场制度的价值取向偏重于劳动,或对劳动利益的保护大于或等于资本的利益,那么通过市场所选择的所有制结构主要是完全绝对私有化但组织程度很低的个体经济;当市场制度的价值取向侧重于保护资本的利益,但同时兼顾劳动利益时,那么通过市场所选择的所有制结构主要由有一定组织程度的私营经济构成。这说明单纯地从要素利益的角度出发,市场都不会选择国有经济,但是考虑到经济的规模时国有经济在市场组织形式(也包括经济的基础设施)建设中起到非常重要的作用,所以在利用市场调节所有制结构时,需要发挥国有经济在市场组织形式中的作用。

# 第十五章　地区结构和中国经济增长

## 一、区域差异的结构性特征与我国经济的持续增长[*]

　　一国经济区域之间存在显著的发展差异,通常被作为经济二元性的重要体现和不发达的重要标志。但对于我国现阶段经济成长来说,这种区域差异的存在,进而产生的梯度式推进的可能,从一定意义上恰恰是我国实现持续高速增长的重要资源和特有的发展禀赋。1978—2003年,我国经济保持了25年之久的高速增长,GDP年均增速保持在9%以上。到2003年,我国GDP总量已超过11.6万亿元人民币,折算成美元,约1.4万亿美元,排在世界第六位;人均水平从1978年的不足200美元,达到2003年的人均1 094美元,真正实现了从低收入穷国向下中等收入的发展中国家的历史阶段性转变。从经济史上看,从来没有一个新兴工业化国家能够持续保持25年的高速增长。也正是基于这种经验,西方学者针对亚洲新兴工业国高速增长曾提出"增长的22年极限论"。我们现在的目标是,在2000年的基础上,到2020年使我国GDP总量再翻两番,实现由下中等收入的发展中国家向上中等收入发展中国家的转变,人均GDP水平超过3 000美元,总量达到36万亿

---

　　[*] 本节写作的基本时间立足点为2003年,这部分内容,刘伟、蔡志洲曾以《区域差异:我国经济持续高速增长的重要资源》为题,作为项目阶段性成果发表于《中国党政干部论坛》2004年第3期、第4期。

元人民币。实现这一增长目标,意味着直到 2020 年之前,我国平均每年 GDP 增长速度将保持在 7.2% 以上,也就是说,我国在持续 20 多年高速增长后,仍要再保持 20 年左右的高速增长。连续 40 多年的高速增长,这在世界经济史上是前所未有的奇迹。这一奇迹能否实现? 除去自然、军事、政治与国际环境等方面的因素外,就我国自身的经济增长而言,关键在于经济体制性因素和经济发展性因素。体制性因素即深入完善市场经济体制,这是提高各方面生产要素效率的根本体制保障,同时也是遏制腐败、遏制特权经济、遏制权钱交易的寻租的重要经济体制条件。发展性因素即由各方面经济条件规定的潜在的自然增长率。这种自然增长率既受总需求变化的影响,又受总供给特征的制约,但更为重要的在于,大国优势和区域差异为我国保持一个相对更长时期的高速增长提供了独特的条件。经过 1978—2003 年二十多年的改革开放和经济增长,我国欠发达地区的经济也发生了深刻的变化,在经济体制改革、基础设施建设等许多方面也都取得了进展。虽然这些地区的发展仍明显落后于全国发达水平,甚至落后于全国平均水平,但如果这些地区能够进一步加强人力资源等方面的开发和基础设施建设,同时又有在劳动力成本、自然资源等方面的优势,它们就有可能成为今后新一轮高速经济增长的新的动力。如果说此前 20 多年我国经济的高速增长,主要来自于东部沿海相对发达的区域增长带动,如果说一个不存在区域显著差异的小国,一个经济发展呈现均质状态的地区,保持高速增长 20 多年后,可能会出现增长速度的递减甚至停滞,那么,我国作为一个非均质、非均衡的区域差异显著的发展中大国,区域间客观存在的发展落差,却极可能形成梯度或高速推进的动力,从而使中国经济具有更长期高速增长的发展可能。这是我国在持续高速增长上优于许多新兴工业化国家之处。这一优势的存在,源于我国客观上存在的区域差异这一发展资源和禀赋。

### （一）区域发展水平及增长速度的差异与梯度式推进

一般来说，人均 GDP 是一个地区经济发展水平的重要标志，GDP 的年均增长速度则反映一个地区的经济活力，二者分别从静态和动态上反映一个地区的经济发展水平。静态水平是动态增长的结果，动态增长则又以静态水平为基础。根据我国现阶段各地区人均 GDP 水平以及近年来的年均增长速度，从动态和静态水平上可以把各地区划分为以下几类：

1. 静态的人均 GDP 水平最高，动态的增长速度最快的经济发达地区，即以上海、广东、北京为顶点的经济大三角，包括：长江三角洲地区（上海、浙江、江苏）；珠江三角洲地区（广东、福建）；京津地区。从静态上看，这些区域在国内人均 GDP 水平排位最高；从动态上看，这些区域也是近年来发展最快的，1997—2002 年，平均增长速度除福建省与全国平均速度（7.3%）相等外，这一类地区的其他区域年平均经济增长速度都在 8% 以上。①

2. 静态的人均 GDP 水平较高，动态的增长速度也较高，并且都明显高于全国平均水平的经济较发达地区，包括山东、河北等在内的环渤海湾地区，由于处于沿海地区，又靠近京津地区，同时具有较好的工业基础，在未来的经济发展和对外开放中具有很强的区位优势。现阶段的人均 GDP 水平虽不如经济发达地区但却明显高于全国平均水平，近几年的年均增长速度也同样明显高于全国同期的平均增长速度。

3. 静态的人均 GDP 水平较高，明显超出全国平均水平，但动态地

---

① 考虑到人口因素，北京、上海、广东的年平均人口增长分别为 2.59%、2.11% 和 1.93%，大大高于同期全国平均水平（0.65%）。这其中包括大量不发达地区劳动力的流入，因而在一定程度上降低了这些地区人均 GDP 的增长速度。如果假定人口不变，事实上，这些地区人均 GDP 增长速度会更快。

看,近些年的增长速度却大体接近全国平均水平的东北地区。东北三省具有丰富的资源和较好的工业基础,人均 GDP 水平一直处于较高水平上,但近几年的经济增长速度并不高,其中辽宁(7.66%)和吉林(7.86%)略高于全国平均水平(7.3%),黑龙江(6.05%)还低于全国平均水平。最近国家开始特别强调振兴东北老工业基地,从而为这个地区未来加速增长提供了条件。

4.静态的人均 GDP 水平和动态的增长速度均处于中等水平的华中内陆地区,包括河南、山西、湖南、湖北、江西、安徽等地区。

5.人均 GDP 水平较低,但近些年来增长速度特别迅速的少数民族聚集地区,包括西藏、宁夏、青海和内蒙古等。由于种种历史的和现实的、自然的和社会的原因,这些地区长期以来是我国经济较贫困的地区,人均 GDP 水平比较低,但近些年来由于国家对这些少数民族地区的大力扶持,这些地区的经济发展速度特别快,都高于全国同期平均水平。其中西藏近 5 年 GDP 年均增速为 15.36%,成为全国增速最快的省区,高出全国(7.3%)平均速度近 1 倍。其他省区,如内蒙古年均增速为 8.53%,青海为 8.47%,宁夏为 7.62%,也都高于全国平均增速。但由于这些地区的人均 GDP 绝对水平基础差,要赶上全国平均水平,仍需一个较长的过程。

6.人均 GDP 水平和 GDP 增长速度都处于全国最低水平的边远地区。包括贵州、云南、甘肃、广西等。从近 5 年来的 GDP 平均增速看,广西只有 3.33%,云南 4.66%,属于全国增速最慢的省区。贵州 6.27%,甘肃 6.66%,也显著低于同期全国平均水平(7.3%)。从人均 GDP 水平看,到 2002 年,贵州人均水平只有 2 791 元,甘肃只有 4 064 元,排在全国倒数前 2 位。

根据上述分类,可以看出,我国现阶段作为工业化加速时期的发展中国家,地区之间在静态的 GDP 人均水平与动态的 GDP 增速之间存在这样的内在联系:其一,除去西藏、青海、宁夏和内蒙古等具有特殊民族因素和政策因素作用的省区外,我国不同地区的人均 GDP 水平与 GDP 增长率之间的等级相关系数较高($R^2 = 0.7283$)表明,现阶段我国越是人均 GDP 水平高的地区,其经济增长速度一般也就越快,截至 2002 年,我国人均 GDP 排序的前 9 个省区市除福建省增长速度等于全国平均增长率外,其余 8 个省区市的 GDP 增长速度都高于全国平均增长率。而人均 GDP 水平低的省区市,一般其增长速度也相应较低。这说明我国经济发达地区与其他不发达省区市的差距仍在扩大。其二,可以说近二三十年来,中国持续高速增长主要是依靠发达和较发达地区拉动的,这两类地区的人均 GDP 水平高,同时增长速度又最快,而且这两类地区 GDP 占全国 GDP 总量绝大比重,因而其高速增长拉动着全国经济持续增长。这种人均 GDP 水平高,同时 GDP 增速也相应越高的状况,是工业化加速时期经济发展的重要特征。在工业化加速时期,一些具备一定发展基础,人均 GDP 已达到一定水平的地区,但同时比发达国家和地区又有不够发达的差距,正是这种差距的存在使得这些地区在经济地理、劳动力素质和成本、投资环境等方面具有更多的后发优势,从而成为投资、技术转移和吸引劳动力的经济增长热点。只有在经历一定时期高速增长,GDP 水平超过一定的水平之后,这些地区才会逐渐失去后发优势,尤其是失去劳动力成本低廉的优势,从而改变劳动力、资金、技术在地区间流动的格局,改变各地区在竞争中的地位。从中国现阶段的区域格局来看,至少到 2010 年之前,即我国 GDP 总量较 2000 年再翻一番的过程中,发达和较发达地区 GDP 增速领先,同时成为拉动中国经济持续高速增长的局面不可能改变。到 2020 年之前,即我国 GDP 总量较 2000 年再翻两番的过程中,人均达到 3 000 美元以上时,发达和较发达地区 GDP 增长速度领先全国平均水平的程度可能会降低,但仍会保持领先,同时仍是拉动中国经济持续增长的主要动力。其三,长远地看,发达和较发达地区的比较增长优势不可能一直保持下去,事实上一些产业已经开始从发达地区转移,这种变化同时也就是欠发达和不发达地区逐渐加速发展并且逐渐成为经济增长主要动力的过程。从我国目前的现实来看,伴随发达和较发达地区人均 GDP 水平的提高而逐渐放慢经济增长速度的同时,首先可能在增长速度显著超越并领先的,同时又越来越成为拉动全国经济增长重要动力的区域应当是在现阶段基础较好,人均 GDP 水平较高,但增长速度较低的区域,如东北地区。预计 2010 年以后,东北地区增长速度将可能明显提高,2020 年前后东北地区与目前国内发达地区的差距会显著缩小,其在国民经济增长中的地位和作用将显著上升。2020 年之后发达和较发达地区增长速度可能会出现持续下降,东北地区的增长势头也极可能有所放慢,到 2030 年前后,即中国 GDP 总量较 2000 年增长 10 倍,人均超过 8 000 美元,国民经济达到高收入的发展中国家平均水平,完成以工业化为内容的现代化的过程中,华中内陆地区,即现在人均 GDP 水平和增长速度均在全国平均水平附近的省区市的增长速度可能会出现超越,并逐渐提升其在整个国民经济中的比重,逐渐提高其对经济增长的拉动作用,极大地缩小与发达地区的差距。至于现阶段经济发展水平最落后,增长速度最快的边远省区,其增长速度持续超越全国平均水平,同时其发展上与发达地区的差距实质性地显著缩小,应当是在 2030 年之后才可能出现,成为 2030 年之后中国经济持续高速增长的新兴力量。虽然若干少数民族地区现阶段已显现超越全国平均增长速度的势头,并且在中央有关对少数民族地区特别扶持政策的支持下,这种势头仍将保持下去,但由于这些省区目前已有的人均 GDP 水平太低,即使加速发展,也尚需时间才可能真正达到全国平均水平。

我国不同经济区域之间现存的发展水平和发展速度上的差异,一方面的确是中国经济非均质二元性的重要体现,但另一方面也由此形成了在未来几十年里中国经济梯度推进的可能,从而使我国具有持续高速增长的可能。

### (二)区域之间产业结构高度的差异与持续发展

产业结构高度,或称产业结构高级化进展程度,即一国产业间的结构关系按照经济发展的内在逻辑顺向地达到的阶段,比如第一产业、第二产业、第三产业在国民经济中占优势比重的依次替代程度,劳动、资本、技术不同密集型的部门在国民经济中依次占优势比重的替代程度,初级产品、中间产品和最终产品在国民经济中依次占优势比重的替代程度。一般来说,产业结构高度是与经济发展水平相适应的,不同经济发展水平具有不同的产业结构特征。如果说,人均 GDP 从量上表明经济发展达到的水平,那么,产业结构高度则从质上表明经济发展达到的阶段。因此,一国经济高速增长能够持续多久,十分重要的因素在于其产业结构达到了怎样的高度,产业结构是否处于急剧变化的加速演变期。根据对我国近些年经济增长和产业结构相互关系的分析,产业结构的演变深刻影响我国经济的生产规模,即影响经济的生产可能性曲线,比如第一产业比重缩小,则整个经济的生产规模会随之扩大(刘伟、李绍荣,2002)。不同地区产业结构高度不同,其发展水平所达到的阶段不同,因而相应的产业结构变化的速度及特征也就不同,对经济总量增长的影响作用程度便存在差异。这是我国作为区域间发展非均衡的大国经济之所以能够保持更长时期的高速增长的重要的结构性发展原因。

从我国现阶段的情况看,全国总体的产业结构呈现出新兴工业化国家的特征,即属于较为典型的工业化加速期的经济结构,无论是与当代各国相比较,还是与发达国家经济史相比较,我国现阶段的产业结构

与当代新兴工业国和历史上发达国家工业化加速期的结构最为相似
（刘伟，1995）。第一产业的产值比重已经降到15%以下，第二产业比
重接近50%，第三产业则接近40%。从经济增长与各产业增长的相互
关系来看，相关系数的测算表明，经济增长和第一产业增长速度之间的
关系不明显，与第二产业增长速度的关系程度最密切，其次是第三产
业。也就是说，从全国总体上看，我国现阶段属于工业化加速的发展阶
段，在这一阶段产业结构变化速度明显加快，同时这种结构变化会极大
地刺激经济总量增长，经济高速增长的重要原因在于产业结构的迅速
变化，而这一时期的产业结构变化对经济增长的拉动，最突出的在于第
二产业增长速度的加快，所以大力发展第二产业是工业化加速时期经
济高速增长的重要内容。在发达国家经济发展史上，工业化加速时期
无论是拉动经济增长，还是提高技术进步速度，无论是吸纳就业，还是
提高资本效率，第二产业的作用和贡献程度均是排在首位。从我国目
前不同地区的产业结构高度来看，除去北京、上海两个直辖市外，其他
经济发达的地区，包括广东、福建、天津、浙江、江苏等省市，第三产业的
比重都还低于第二产业。这也从区域产业结构上表明，我国现阶段的
经济增长最主要的还是依靠大力发展第二产业。但从各产业增长速度
上看，则近些年来第三产业的增长速度最快，年均接近12%，第二产业
年均增速为9%。这表明，虽然我国作为工业化加速的国家，现阶段经
济中比重最大、对经济增长拉动作用最强的是第二产业，不同地区比较
中经济最为发达省市的产业结构中也是第二产业比重最高，但就总体
的速度而言，第三产业的增速已开始加速并超出第二产业，这种加速和
超出累积到一定时期，即到中国完成工业化目标时，第三产业比重便将
超出第二产业，从而使整个经济开始具有"后工业化"时代的结构特
征。按照我国的增长目标及战略步骤，大体上在2030年前后能够完成
以工业化为内容的现代化。也就是说在2030年之前，中国作为工业化

加速过程中的国家,总体上第二产业的发展始终是经济持续高速增长的最重要的动力,但同时第三产业将在增长速度上领先,为中国经济进入后工业化积累条件。

但是,从不同地区的结构来看是存在不同的。从我国目前(2003年)的情况看,可以分为以下五类:(1)由于发展水平较高和特殊的政治、经济、文化条件,在第二产业发展取得相当进展的基础上,第三产业的比重已经超过第二产业占据首要位置的省市,如北京、上海。(2)经济发达,但在结构上第二次产业仍占首位,第三产业只是在增速上超出,而在比重上仍远远低于第二产业的省市,如天津、广东、江苏、浙江、福建、山东,其第二产业的比重大都在50%以上。(3)受资源等条件和以往的传统基础影响,第二产业比重较高,明显超出第三产业比重,工业基础较好,但经济发展水平相对不太高的省份,如山西、河北、辽宁、黑龙江、湖北等省,第二产业比重也都接近或超过50%。(4)第一产业还占有较大比重,虽然第二产业所占比重排在首位,但总的来看工业化率水平并不够高,第三产业发展也较落后,第二产业所占比重只有40%左右,甚至不足40%的工业欠发达省份,如内蒙古、吉林、河南、四川、贵州、云南、陕西、甘肃、青海、宁夏、新疆等省区。(5)经济发展水平较低,但由于种种原因,第三产业比重却已超过第二产业的省区市,包括江西、湖南、广西、海南、重庆、西藏等。这些省区第三产业比重的超出并不是在第二产业充分发展基础上实现的,而是在工业化并未有实质性进展的同时,主要依靠减少第一产业的比重实现的,因而不仅这些省区的人均GDP水平低于全国平均水平,而且其年均增长速度(除西藏外)也低于全国平均增长速度。这也从一定意义上说明,一定地区除具有特殊条件和机遇外,在工业化未完成的工业化加速时期,在产业结构上首要依赖第三产业而不是第二产业拉动增长是远远不够的。

我国不同地区之间产业结构上的差异,表明在经济发展过程中,不同地区间的产业结构升级的内涵和周期是不同的;从结构上看,不同地区工业化进程是不同的。产业结构高度化进程在地区之间的差异,既可能促成不同的产业中心在地区之间的转移,也可能为结构不断升级从而促使经济高速增长持续更久创造条件。当然,地区之间产业中心的转移和不同发展水平的地区产业结构不断地升级过程,一定要符合地区经济发展的特点和可能,在体制上必须尊重市场导向。从经济史上看,以造船业为例,半个世纪以来,其中心就经历了由欧美到日本,再到韩国,又到中国的过程。在我国,上海原来是最重要的轻工业基地,但现在它已不再具有电视机、电冰箱等轻工产业优势,它在新的产业支持下获得了进一步的发展。而在上海之外形成了四川长虹、青岛海尔等具有世界竞争力的电视机、冰箱生产基地。发展中的大国区域间产业结构高度上的落差,为其在国内形成区域间结构性转移和升级提供了可能,这对于其实现持续增长来说是极为重要的。

### (三)区域需求水平差异与增长动力的持续旺盛

从供给方面看,经济体现为国民经济各个部门的增长;从需求方面看,经济增长则表现为居民现期消费的增长和作为长期投入的投资的增长,经济增长的动力有多大,其相当大的程度上直接取决于消费需求和投资需求增长的能力。

从我国目前(2003年)区域之间的消费需求水平及变动情况来看参照国家统计局(1998—2003)的数据,具有以下主要特点:(1)从全国总体上看,我国现阶段属于下中等收入发展中国家的水平,到2002年末,全国人均GDP水平为8 368元(支出法计算),其中居民消费所占比重为45.26%,人均约为3 765元。在这种总体人均消费水平不高的基础上,各地区之间的差异较为显著,其中最高的上海人均年消费支出已超过13 699元,比全国最低的贵州省人均消费支出水平(1 748

元)高出 8 倍左右。(2)根据近些年变化的数据(1997—2002 年),我国居民消费与人均 GDP 水平之间存在负相关。也就是说,人均 GDP 水平越高,居民消费占 GDP 的比重也就越少(这一关系,利用其他年份的资料也得到印证)。(3)除西藏、内蒙古、宁夏、青海等少数民族聚集地区外,从总体上看,我国各地区人均消费水平的增长是与其原有的人均消费水平相关的,原有的消费水平越高,增长速度也就越快。这表明在现阶段,我国各地区间消费水平的差距在扩大。(4)发达地区消费支出增速虽然仍在全国处于领先地位,但其本身的速度伴随经济发展水平的提升开始放慢。特别是前些年经济率先改革开放、相应发展水平和居民消费支出增长较快的广东、福建地区,近年来(1997—2002 年),虽然人均消费水平仍排在全国前 5 位,但人均消费支出速度已减慢,年均增速排序已跌出前 10 名,而北京、上海、浙江、天津、辽宁、山东、河北的人均消费增长速度近年来始终居前 10 名之列,均高于全国居民消费的年均增长速度(6.02%)。(5)少数民族聚集省区近些年来人均消费支出增长速度领先于全国平均水平,西藏年人均消费支出增长速度超过 11%,内蒙古超过 10%,宁夏超过 8%,在排序上,分别列全国第 2 位、第 4 位和第 7 位,但其绝对水平较低,除内蒙古人均水平超过 3 600 元外,其他人均水平尚不足 3 000 元。(6)相当一批省区,经济发展水平在全国居中等或下中等水平,同时消费支出水平增长速度也落后于全国平均水平,如湖南、海南、安徽、重庆、广西、四川、山西、云南、陕西、江西、甘肃、贵州等,近些年居民消费支出增长速度都低于全国平均增长率(6.02%),大都在 4%—5%,有的甚至不到 2%。

从以上地区之间消费需求及其变动速度来看,各地区之间发展水平的差异,直接导致地区间客观上存在消费水平差距,而这种消费水平的差异又与消费支出的递增速度变化密切相关:作为工业化加速期的发展中国家,我国从总体上看经济发展水平越是提升,消费支出占

GDP 的比重也越是提升,但还未到发达国家伴随经济增长而消费支出比重相对稳定的状态。这表明,现阶段消费需求对于我国经济增长的拉动作用程度,伴随经济增长还在不断提高。从地区上看,人均 GDP 水平高的地区,消费支出水平也就越高,同时,消费支出水平越高的地区,消费支出增长的速度总体上也越快,但伴随发展水平的提高,消费需求增速虽仍领先,但速度本身也开始减慢。这表明,现阶段我国地区之间消费水平差距仍在扩大,但扩大的幅度开始出现降低的迹象;就拉动地区增长而言,现阶段我国国内发达地区增长中消费需求的贡献程度和拉动作用仍在不断提高,但提高的速度有所减缓。少数民族地区的消费需求增长速度领先,但由于其绝对水平较低,对经济增长的拉动作用程度虽在提高,但其作用程度本身十分有限。广大中等发展水平的省区市,虽然从目前看受其发展水平的限制,其消费水平处于中等甚至更低些的水准,消费需求的速度也较低,因此,消费需求对其地区经济增长的拉动作用仍有限,同时消费需求对其经济增长拉动作用的提高速度也较迟缓,但伴随着经济发展水平的上升,这种状况会逐渐改变。比如在 20 世纪 90 年代中期之前,山东、河北、辽宁,甚至包括天津,居民消费支出的年均增长速度并不十分突出,至少低于广东、福建,但近些年伴随经济发展,特别是京津对环渤海地区的经济及消费的带动,这些省市年均消费需求增长速度显著提高,均已排进全国前 10 名。消费对这些地区的经济增长的作用程度迅速提升。

因此,作为消费水平区域差异显著的发展中大国,不仅消费对于经济增长的作用程度不断提高,而且区域间的差距恰恰形成消费需求拉动增长作用程度不断地保持旺盛的重要根源。这是我国保持经济持续高速增长的重要的地区消费需求结构上的原因。

就总需求中的投资需求而言,我国区域之间的固定资本形成总额增长变动的突出特点是:从总体上看,一定地区的人均 GDP 水平越低,固定资本形成总额的增长速度越快,二者间存在负相关关系。在我国1997—2002 年的地区固定资本形成总额增长速度的排序中,排在前 8 位的依次是:宁夏、西藏、青海、贵州、重庆、内蒙古、陕西、甘肃,都是经济相对落后地区。而京、津、沪和沿海较发达地区的固定资本形成增长速度不再领先,上海甚至列全国最后一名,1997—2002 年固定资本形成年均增长速度仅为 4.46%,远远低于同期全国平均 10.72%的水平。而一些中等发展水平的省区市,在固定资本形成的增长速度上开始显示加快势头。

固定资本形成的增长速度,是经济增长中的一个领先指标,也就是说,GDP 增长的加速往往是以固定资本形成增长加速为先行条件。如果说我国前二十多年的高速增长主要靠沿海发达地区高速增长所拉动,如果说前二十多年高速增长在需求结构上重要的是依靠投资需求的加速提升,那么,发达地区的固定资本形成规模和速度的提高,便是促使经济高速增长的重要原因。从现阶段的情况看,发达地区的固定资本形成,投资增长速度,除个别省区市(如北京)外,大都开始放慢,并且经济发展水平越高,这种固定资本形成增长速度相应也越慢,这不仅可能会影响未来这些地区的经济发展速度,而且会影响全国经济增长速度。然而,作为一个发展中的大国,不同地区发展水平的不同阶段的差距,恰恰可能弥补这种发达地区伴随发展水平的提升而形成的投资需求增速放慢的损失。从我国现阶段的现实来看:一方面,经济水平相对落后的地区固定资本形成增长速度最快,尽管其固定资本形成总额的绝对水平并不高,因而可能拉动的经济增长规模有限,但其固定资本形成增长速度的领先,累积起来便是未来 GDP 增长速度领先的物质基础,虽然这些地区的经济规模在整个国民经济中比重不大,但这些地区投资增长速度的领先,保证了在未来相当长的时间里他们只能成为全国经济增长加速的促进者,而不可能成为减速者。另一方面,我国大量的中等水平省区市的固定资本形成速度开始加快,并且已超过经济发达地区,这表明在未来的中国经济增长中,这些地区的投资需求高速增长将成为支持这些地区整个经济高速增长的重要动力,同时,这些地区在未来的增长加速,将是对整个国民经济高速增长的重要支持。这种投资需求增长速度变化的区域差异,为我国经济持续高速增长创造了重要的投资需求条件。

当然,在这种总体趋势下,也有一些值得重视的特殊情况,有些发达省区市或许是因为特殊的机遇,伴随经济发展水平的提高,投资增长速度并未放慢,而在加速(如北京),这极可能延续它们在经济增长过程中领先的优势,这在很大程度上可能是申奥成功所导致,因而这就需要考虑北京奥运之后投资需求的增速会不会如其他相对发达省区市一样开始放慢的问题。更应特别注意的是,有的省区市经济发展水平低,但同时投资增长速度也较慢,并未像其他落后地区开始显示固定资本形成速度的加快趋势,这就意味着,这些省区市不仅现在经济增长速度慢,而且未来也难以提升,如云南、海南等。云南的人均 GDP 水平列第 28 位,同时近 5 年来固定资本形成增长速度列全国第 26 位;海南的人均 GDP 水平虽列中游,居第 15 位,但其固定资本形成增长速度却列第 30 位,居倒数第 2 位。

总之,无论是从经济发展水平和经济增长速度的地区差异上,还是从区域间产业结构高度的落差上,或是从地区间投资和消费需求变动的特点上,我国作为一个处在工业化加速期的发展中大国,区域间发展的非均衡既是我国实现现代化的巨大难题,但同时,也是支持我国经济不同于发达国家、不同于一般发展中的小国、保持更长时期高速增长的重要发展性条件和资源。问题在于我们能否从发展战略、经济体制、经济政策等各方面,使这种发展性的资源和非均衡的潜在持续发展优势真正转变为财富,转变为现实的发展奇迹。

# 二、中国的地区经济结构与平衡发展[*]

本节实证分析了中国东部、中部和西部三个经济区的经济结构对经济的影响，说明东部经济区已经出现了有利于吸纳资本要素和劳动要素的初级市场经济结构，中部经济区的经济结构表现出很强的非工业化特征，而西部经济区则表现出农业化的经济结构特征。实证分析说明这些经济结构特征并不利于各个地区的经济总体规模的扩大，即不利于促进各个地区的专业化和社会分工的深化，以及高层次市场经济制度的形成。针对各个地区存在的经济结构差异，文中指出要促进各个地区的经济平衡发展，不能只依靠市场的调节力量，政府必须发挥指导性干预作用。并且政府在指导各个地区的经济结构调整时，要强调混合所有制经济和个体经济的发展，同时在东部地区要强调第三产业的发展，特别是商业和金融性的第三产业发展；在中部地区要强调第二产业的发展，特别是工业化发展；在西部地区要强调第三产业的发展，特别是与生态环境保护、旅游、文化和科技以及军事相关的第三产业的发展。并且这样的经济结构调整还必须配套性地从西部经济区向东部经济区和中部经济区进行有计划或有规划的劳动力转移。

## （一）引言

经济增长与收入分配或平衡发展常常被经济学家以"效率与公平"的论题进行讨论，然而如果脱离一定的经济发展水平，而单纯地分析经济中的效率与公平是没有意义的，因为效率与公平谁优先的问题，

---

[*] 本节写作的基本时间立足点为 2004 年。这部分内容，刘伟、李绍荣以《中国的地区经济结构与平衡发展》为题发表于《中国工业经济》2005 年第 4 期。

将随着经济发展水平的不同而不同。雷伯托·佩罗蒂(Perotti,1993)通过经济分析说明,不公平的程度与收入水平之间存在着倒 U 形的关系,他指出,在现实经济中,一个贫困落后的国家,如果实行平均主义的政策,将很难启动经济发展的步伐;相反,如果实行不平等的收入分配政策,经济则更容易在初始阶段实现高速增长,但是当一个国家的经济发展到一定(或较高)水平时,不平等的收入分配方式或不平衡的经济发展将不利于经济的进一步发展。当前我国的经济发展水平已经达到人均 1 000 美元的年收入水平,下一个目标是向人均 3 000 美元的小康目标迈进,地区间的平衡发展和缩小要素间收入差距的问题越来越重要。可是对中国全面实现平衡地区间的经济发展确实不是一件容易之事,原因很简单,因为这种经济水平的发展差异不是一种简单的总量问题,其基础是经济结构和资源条件的差异,因而要认识和理解地区间经济的平衡发展就必须首先分析和说明地区间的这种经济结构差异的基础。

在一定的技术和资源条件下,一个国民经济体在一定的要素所有制环境中,通过专业化和社会分工会形成一定的产业结构。库兹涅茨(Kuznets,1949)认为产业结构在一定意义上又决定了经济的增长方式,早在 1949 年论述国民收入的度量问题时,库兹涅茨就指出,一个国家国民收入的度量必须从产业结构的角度去衡量,而一个经济的产业结构又是由其生产方式所决定的。为此,库兹涅茨(Kuznets,1957)用 50 个国家的经验数据进行比较后发现,制造业部门的增加将伴随着人均国民收入的增长。因此,人们认为有必要从产业结构的角度去研究和分析经济增长。为此,钱纳里(Chenery,1960)从分析部门增长的决定要素出发,并利用 51 个国家的经验数据说明,当一个国家处于工业化过程中的经济规模发生变化时,服务行业和农业变化最小,而制造业增长最大,由此提出产业增长的模式,并认为这种工业化模式能使资源得到最优配置。由此许多经济学家通过国别的经验数据从不同角度纷纷说明经济增长的工业化模式,但有些经济学家(Gregory and Griffin,1974)发现存在着大量经济事实与钱纳里的经济增长模式相反,他们通过经验数据说明在人均收入水平很高时,服务行业的快速增长会降低制造业的规模弹性。然而这些研究都忽视一个非常重要的影响因素,即不同的要素所有制在一定的技术条件和产业结构下,对经济的增长方式也将产生重要影响,我们(刘伟、李绍荣,2004)对中国经济结构中产业结构和所有制结构之间的互动影响关系进行了实证分析,说明在市场化转型的中国经济中,只单方面地从产业结构或要素所有制结构进行结构调整,都不会使经济结构达到一种能合理满足良好经济增长的状态,这也说明为何当前我国的经济结构中无论是要素所有制结构还是产业结构都与目前的生产技术发展水平不相适应,因此只有对经济结构中的所有制结构和产业结构进行相互协调,才能使经济结构调整到一种对经济增长最有利的状态。这从另一个角度说明在分析中国的经济增长时,忽视所有制结构和产业结构之间的协调性都将导致认识的偏差,因此只有把所有制结构和产业结构都作为控制变量才能正确地认识经济结构对中国经济增长的影响。

本节试图通过地区经济结构特别是产业结构和要素所有制结构对地区经济增长的贡献,说明各地区间经济结构存在的差异,并由此说明平衡地区间经济发展和缩小要素间收入差距的发展战略,特别是西部经济发展战略。

### (二)模型设定

技术进步(含经济制度的变迁)决定了经济的长期增长,而短期经济增长主要是靠资本和劳动等生产要素所做的贡献。原因是一定的国民经济体主要依靠经济制度把资本和劳动等生产要素组织起来进行生产,并在一定经济制度之下进行消费。因此从短时期来看,在经济制度不变的条件下,资本和劳动等要素的改变,会改变经济的总产出,导致经济的短期变化;可是从长时期看,经济制度会随着技术的变化而发生改变,特别是表征一定经济制度的经济结构会发生改变。当经济结构发生变化时,代表资本和劳动等生产要素的生产效率的产出弹性就会发生变化,也就是说经济的结构变量是生产要素弹性的函数。经济的结构变量包括所有制结构和产业结构,因此反映这种函数关系的柯布-道格拉斯生产函数可表示为:

$$Y = K^{\sum_{i=1}^{k} \alpha_i x_i} L^{\sum_{i=1}^{k} \beta_i x_i} \mathrm{e}^{\sum_{i=1}^{k} \gamma_i x_i + \varepsilon} \tag{15.1}$$

其中 $Y$ 表示经济的总产出;$K$ 表示资本投入的使用量;$L$ 表示劳动的投入量,$x_i, i = 1, 2, \cdots, k$ 表示各种经济结构的比重,包括产业结构和所有制结构的比重或份额。(15.1)式两端同时取对数可得到计量经济结构对生产规模和要素弹性产生影响的经济计量模型,于是有:

$$\ln(Y) = \Big( \sum_{i=1}^{k} \alpha_i x_i \Big) \ln(K) + \Big( \sum_{i=1}^{k} \beta_i x_i \Big) \ln(L) + \sum_{i=1}^{k} \gamma_i x_i + \varepsilon \tag{15.2}$$

在方程(15.2)表示的经济计量模型中,$\gamma_i$ 表示在资本要素和劳动要素不变的情形下,剔除对资本产出弹性和劳动产出弹性的影响之后,经济结构变量 $x_i$ 的变化对经济生产规模的影响,如果这种影响是正的,就意味着剔除资本和劳动的贡献外,在资本和劳动要素量不变的条件下,经济的生产规模扩大了。也就是说,资本和劳动要素的组合形式发生变化,生产规模越高,意味着资本和劳动的组合形式越有利于规模的扩大,这在一定程度上表明,此时资本和劳动要素的组合形式是提高专业化和社会分工的组合形式。相反地,如果经济结构变量 $x_i$ 的变化对经济生产规模产生的是负影响,就意味着决定生产规模的资本和劳动要素的组合形式是降低专业化和社会分工程度的组合形式。后面我们将把中国按地域分为东部、中部和西部三个地区,并根据各个地区中各省区市的经济总量数据对方程(15.2)进行计量分析,实证说明要素所有制结构和产业结构对经济总量的影响,并根据这种影响关系比较分析,提出我国地区间平衡发展,特别是西部大发展的政策建议。

### (三)数据说明与经济区域划分

本节主要研究市场转型过程中,中国地区的经济结构对经济增长的主要影响,因此研究的对象主要是 20 世纪 90 年代之后的中国地区经济,也就是研究 1992 年之后的中国地区经济。根据《中国统计年鉴》的"各地区国内生产总值""各地区支出法国内生产总值""各地区资本形成总额及构成""各地区按三次产业分的年底从业人员数""国有单位分行业年底职工人数""各地区私营企业年底从业人员数",以及"各地区个体年底从业人员数"等表格,可得出各省、自治区和直辖市 1993—2001 年国内生产总值(支出法计量的)$Y$、固定资本形成 $K$、从业人员 $L$、第一产业的产出量 $X_1$、第二产业的产出量 $X_2$、第三产业的产出量 $X_3$,国有单位职工人数 $L_1$、私营企业从业人员数 $L_2$,以及个体从业人员数 $L_3$ 的样本观测值。从方程(15.2)可以看出,利用这些样本观测值可以研究经济结构对经济增长的影响关系,但是在研究经济结构对经济增长的这种影响关系时,一般要求各省、自治区和直辖市中经济结构对经济增长的影响平均而言应表现出某种相似性,而中国经济中地区经济结构往往出现地域上的相似性,如人们耳熟能详的珠江三角洲经济、长江三角洲经济等,并且就经济改革或市场化发展层次、经济发展水平看,也呈现一种由东部地域向西部地域扩散或传递的发展趋势,由于这些原因,我们以地域和民族分布将中国的省、自治区和直辖市划分为三个大的经济区,东部经济区包括上海、江苏、浙江、福建、山东、广东和海南;中部经济区包括北京、天津、河北、山西、辽宁、吉林、黑龙江、安徽、江西、河南、湖北和湖南;西部经济区包括重庆、四川、贵州、云南、西藏、内蒙古、广西、陕西、甘肃、青海、宁夏和新疆。另外,如此划分经济区域的另一个原因是,如果完全按经济结构的相似性来划分经济区将会使经济区域划分过小,在实证分析时会出现样本观测值容量和自由度过小的问题,比如东北地区作为新中国成立以来的老工业基地,市场化转型以来也面临相似的经济和结构问题,从经济结构相似性,应当划为一个独立的经济区,但是如果这样做,会出现自由度过小问题,使研究的结果缺乏一定的统计意义,因而将东北地区归入在经济结构上与其有一定相似性的中部地区,并且从地域联系的角度考虑,把北京和天津也划入中部。下面我们将按三个经济区分别研究经济结构对经济增长的影响,并比较分析三个经济区域的经济结构差异和相应的经济发展战略。

### (四)中国经济的地区经济结构与经济增长的实证分析

根据各地区国内生产总值,第一、第二、第三产业和国有单位职工、私营单位职工和个体户的人数在1993—2001年的样本观测值,按东部、中部和西部三个经济区的划分,利用Eviews4.0的经济计量软件对方程(15.2)分别进行回归估计,可得出反映三个地区经济结构与经济增长关系的经济计量模型,分别用表15-1、表15-2和表15-3表示。

表15-1　东部地区经济结构对经济的影响方程表

| 被解释变量:$\ln(Y)$(样本数=186) | | |
|---|---|---|
| 解释变量 | 方程(15.3) | 方程(15.4) |
| 常数 C | 6.916127<br>(17.820310) | 7.101293<br>(23.171320) |
| $X_1$ | −5.866209<br>(−1.648582) | −8.890066<br>(−3.232841) |
| $X_2$ | 0.000597<br>(0.892752) | — |
| $X_3$ | 13.244350<br>(2.631560) | 15.147950<br>(3.591025) |

（续表）

| 被解释变量:$\ln(Y)$（样本数=186） | | |
|---|---|---|
| 解释变量 | 方程(15.3) | 方程(15.4) |
| $Gyr$ | -32.101250<br>(-5.354420) | -32.110040<br>(-7.012390) |
| $Syr$ | -55.907540<br>(-3.575886) | -55.114320<br>(-4.394530) |
| $Gtr$ | 27.993870<br>(1.670606) | 28.736970<br>(2.461364) |
| $X_1 \ln(K)$ | 1.751129<br>(2.232019) | 1.050641<br>(2.383184) |
| $X_2 \ln(K)$ | -0.000222<br>(-3.484283) | -0.000234<br>(-3.821728) |
| $X_3 \ln(K)$ | 2.110231<br>(2.389197) | 2.008182<br>(7.472703) |
| $Gyr \ln(K)$ | -0.337652<br>(-0.428754) | — |
| $Syr \ln(K)$ | 4.408405<br>(2.451495) | 4.260755<br>(3.316830) |
| $Gtr \ln(K)$ | -5.975927<br>(-2.393450) | -3.575095<br>(-2.344073) |
| $X_1 \ln(L)$ | -1.028044<br>(-1.138929) | — |
| $X_2 \ln(L)$ | 0.000176<br>(1.819459) | 0.000257<br>(4.161783) |
| $X_3 \ln(L)$ | -3.558815<br>(-3.499348) | -3.704455<br>(-7.464285) |
| $Gyr \ln(L)$ | 4.792253<br>(3.748243) | 4.397588<br>(6.662034) |
| $Syr \ln(L)$ | 2.979690<br>(2.687553) | 3.008801<br>(3.567907) |
| $Gtr \ln(L)$ | 2.350629<br>(0.911974) | — |
| $R^2$ | 0.997483 | 0.997210 |
| 调整后的 $R^2$ | 0.995972 | 0.996061 |

表 15 - 2　中部地区经济结构对经济的影响方程

| 被解释变量：ln($Y$)（样本数 = 186） | | |
|---|---|---|
| 解释变量 | 方程（15.5） | 方程（15.6） |
| 常数 C | 7.338917<br>(14.940270) | 7.201236<br>(15.339670) |
| $X_1$ | −20.388540<br>(−5.284067) | −16.614690<br>(−7.219845) |
| $X_2$ | −0.794308<br>(−0.394637) | — |
| $X_3$ | −12.566790<br>(−3.589190) | −17.708110<br>(−8.783915) |
| $Gyr$ | −6.635675<br>(−2.743110) | −4.250747<br>(−2.422224) |
| $Syr$ | −29.258680<br>(−1.378079) | — |
| $Gtr$ | 33.444400<br>(6.451321) | 28.043060<br>(7.586962) |
| $X_1 \ln(K)$ | 1.499404<br>(4.062653) | 1.139934<br>(4.866467) |
| $X_2 \ln(K)$ | 0.863457<br>(3.690875) | 0.716133<br>(4.298752) |
| $X_3 \ln(K)$ | 0.954431<br>(2.856908) | 1.357818<br>(7.038570) |
| $Gyr \ln(K)$ | 0.198486<br>(0.765004) | — |
| $Syr \ln(K)$ | 3.498858<br>(1.056269) | 0.526507<br>(3.740971) |
| $Gtr \ln(K)$ | −2.994979<br>(−3.185885) | −1.861316<br>(−2.632719) |
| $X_1 \ln(L)$ | 1.465606<br>(3.873310) | 1.280183<br>(5.221168) |
| $X_2 \ln(L)$ | −0.702619<br>(−2.926619) | −0.675252<br>(−4.367678) |
| $X_3 \ln(L)$ | 0.854507<br>(2.767698) | 1.220362<br>(6.382711) |

（续表）

| 被解释变量:ln($Y$)（样本数＝186） | | |
|---|---|---|
| 解释变量 | 方程(15.5) | 方程(15.6) |
| $Gyr\ln(L)$ | 0.832148<br>(2.489599) | 0.699995<br>(2.911702) |
| $Syr\ln(L)$ | 1.306263<br>(1.002612) | — |
| $Gtr\ln(L)$ | −1.628291<br>(−2.491594) | −1.892858<br>(−2.997778) |
| $R^2$ | 0.987359 | 0.986494 |
| 调整后的 $R^2$ | 0.983859 | 0.983753 |

表 15－3　西部地区经济结构对经济的影响方程

| 被解释变量:ln($Y$)（样本数＝186） | | |
|---|---|---|
| 解释变量 | 方程(15.7) | 方程(15.8) |
| 常数 C | 3.124853<br>(4.574395) | 2.882866<br>(5.882909) |
| $X_1$ | −6.462208<br>(−1.843624) | −4.298888<br>(−4.833933) |
| $X_2$ | −1.541536<br>(−0.713871) | — |
| $X_3$ | 0.488739<br>(0.238279) | — |
| $Gyr$ | −4.076216<br>(−1.228942) | −6.140145<br>(−4.279937) |
| $Syr$ | −78.701720<br>(−3.564304) | −75.762320<br>(−6.091104) |
| $Gtr$ | 31.297510<br>(2.148529) | 25.436710<br>(2.451744) |
| $X_1\ln(K)$ | 0.963026<br>(1.575919) | 1.562193<br>(9.047768) |
| $X_2\ln(K)$ | 0.291520<br>(0.314298) | — |
| $X_3\ln(K)$ | 1.912990<br>(1.660936) | 1.754387<br>(5.778653) |

（续表）

| 被解释变量:ln($Y$)（样本数=186） | | |
|---|---|---|
| 解释变量 | 方程(15.7) | 方程(15.8) |
| $Gyr\ln(K)$ | 0.850922<br>(1.520771) | 0.837373<br>(3.331649) |
| $Syr\ln(K)$ | 9.629588<br>(2.017179) | 11.414600<br>(5.120076) |
| $Gtr\ln(K)$ | −8.166671<br>(−2.822632) | −7.482899<br>(−4.018216) |
| $X_1\ln(L)$ | 0.711183<br>(0.885751) | — |
| $X_2\ln(L)$ | 0.550630<br>(0.587347) | 0.612432<br>(7.623836) |
| $X_3\ln(L)$ | −1.239974<br>(−1.236207) | −1.017296<br>(−3.775397) |
| $Gyr\ln(L)$ | −0.286290<br>(−0.397547) | — |
| $Syr\ln(L)$ | 1.887767<br>(0.507491) | — |
| $Gtr\ln(L)$ | 3.201313<br>(1.186300) | 3.365298<br>(2.091047) |
| $R^2$ | 0.991006 | 0.990736 |
| 调整后的 $R^2$ | 0.988437 | 0.989125 |

## 1. 东部地区经济结构对经济的影响

在表 15-1 中 $X_1$、$X_2$ 和 $X_3$ 分别表示第一、第二和第三产业的产出量在总产出量中的份额,而 $Gyr$、$Syr$ 和 $Gtr$ 分别表示国有企业职工、私营企业职工和个体从业人员在总劳动人口中的比例,显然 $X_1+X_2+X_3=1$,但是 $Gyr+Syr+Gtr\neq1$。由表 15-1 中的估计方程(15.3)可以看出,从定性的角度讲,中国东部的经济地区在既定的要素所有制结构条件下,第一产业份额的增加会缩小经济的总体规模,提高资本的产出效率,但同时减少劳动的产出效率,只是对劳动产出效率的影响在统计上不显著;第二产业份额的增加会扩大经济的总体规模,减少资本产出效率,并同时增加劳动的产出效率,只是对规模影响在统计上不显著;第三产业份额的增加会扩大经济总体规模,增加资本的产出效率,但同时减少劳动的产出效率。在产业结构既定的条件下,东部地区国有企业职工在总劳动人口中比例的增加会缩小经济的总体规模,降低资本的产出效率,但同时又能增加劳动的产出效率,只是对资本产出效率的影响在统计上不显著;私营企业职工在总劳动人口中的比例增加会缩小经济的总体规模,但能提高资本和劳动的产出效率;个体从业人员在总劳动人数中的比例增加会扩大经济的总体规模,同时会降低资本的产出效率,并提高劳动产出效率,只是对劳动的影响在统计上不显著;在方程中,常数项表示未进入方程的混合所有制经济份额对经济总体规模的影响,由方程可知,在东部的经济中,产业结构既定的情形下,增加混合所有制企业职工在总劳动人数中的份额会扩大经济的总体规模。

在方程(15.3)中剔除统计上不显著的参数估计值对应的解释变量,再回归得表15-1中的方程(15.4)。从表15-1中可以看出,方程(15.4)调整后的判决系数 $R^2$ 比方程(15.3)中有所提高,并且方程(15.4)中每个解释变量的参数估计值均能够通过 t 检验,这说明从方程(15.3)到方程(15.4)的修改无论是从经济变量的个体还是整体角度看都是有统计意义的,我们就以方程(15.4)表示东部地区经济结构对经济的影响方程,从数量说明东部地区经济结构对经济的影响。

从方程(15.4)可以看出,剔除要素所有制结构的影响之后,在中国的东部经济区,第一产业份额每增加 1% 会使经济的总体规模缩小到原规模的 $e^{-8.890066\%} = 0.914936$,资本的产出效率将提高 1.050641%,而劳动的产出效率没有显著性影响;第二产业份额每增加 1% 会使资本产出效率减少 0.000234%,并同时使劳动的产出效率增加 0.000257%,对经济的总体规模没有显著性影响;第三产业份额每增加 1% 会使经济总体规模扩大到 $e^{15.14795\%} = 1.163554$,使资本的产出效率增加

2.008182%,但同时使劳动的产出效率减少 -3.704455%。剔除产业结构的影响,在中国的东部经济区国有企业职工人数在总劳动人口中的比例每增加 1% 会使经济的总体规模缩小到原来规模的 $e^{-32.11004\%}=$ 0.72535,但却能使劳动的产出效率增加 4.397588%,只是对资本产出效率没有显著性影响;私营企业职工在总劳动人口中的比例每增加 1% 会使经济的总体规模缩小到原来规模的 $e^{-55.11432\%}=0.576291$,但却能使资本和劳动的产出效率分别提高 4.260755% 和 3.008801%;个体从业人员在总劳动人数中的比例每增加 1% 会使经济的总体规模扩大 $e^{28.73697\%}=1.332917$,同时会使资本的产出效率降低 3.575095%,只是对劳动的产出效率没有显著性影响。

从中国东部经济区的经济结构对经济的影响所做的上述分析来看,在现行的经济结构中,提高第三产业在产业结构中的份额,并同时增加混合所有制企业职工和个体从业人员在总劳动人口中的比例能够深化经济区的专业化和社会分工的深度,极大地提高经济的总体规模,可是在当前的要素所有制结构之下,第三产业份额的增加会提高资本的产出效率而减少劳动的产出效率,而市场化的要素分配是按要素的产出效率进行的,这意味着在市场经济条件下,第三产业份额的增加会增加资本的要素收入而减少劳动的要素收入。在当前的产业结构下,个体从业人员在总劳动人口中的比例增加却会降低资本的产出效率,进而会减少资本的市场收入。因此,在市场化条件下,如果完全靠资本要素所有者和劳动要素所有者的市场逐利行为来调整经济结构,那么在东部经济区不会出现对提高社会专业化和劳动分工有利的经济结构调整,即增加混合所有制职工和个体从业人员的劳动比例以及第三产业的份额。然而由于私营企业职工人数在总劳动人口的比例增加能够同时增加资本要素和劳动要素的市场收入,如果完全通过要素所有者的市场行为来调节东部地区的经济结构,经济中会出现私有化的倾向,并且在经济私有化的同时还伴随着资本要素和劳动要素的大量投入，也就是东部地区的私有化有助于吸引地区外资金和劳动而推动经济增长，但是这种私有化并不利于社会专业化和劳动分工的深化，即不能提高经济的总体规模，因此东部地区的经济私有化并不像人们所想象的那样，会提高和完善市场制度，恰好相反，它会阻碍深层次社会专业化和劳动分工所表示的更高层次的市场制度的形成，而市场对经济结构调整所实现的也只是能够吸引资本要素和劳动要素大量投入的低层次和简单的市场组织形式。

2. 中部地区经济结构对经济的影响

从表 15-2 的估计方程(15.5)可以看出，从定性的角度讲，中部经济区在既定的要素所有制结构条件下，第一产业份额的增加会缩小经济的总体规模，但同时提高资本和劳动的产出效率；第二产业份额的增加会缩小经济的总体规模，同时增加资本产出效率，但会减少劳动的产出效率，只是对规模影响在统计上不显著；第三产业份额的增加会缩小经济的总体规模，但会同时提高资本和劳动的产出效率。而在产业结构既定的条件下，中部地区国有企业职工在总劳动人口中比例的增加会缩小经济的总体规模，但同时会提高资本和劳动的产出效率，只是对资本产出效率的影响在统计上不显著；私营企业职工在总劳动人口中的比例增加会缩小经济的总体规模，但能够提高资本和劳动的产出效率，只是对经济的总体规模和劳动产出效率的影响在统计上不显著；个体从业人员在总劳动人数中的比例增加会扩大经济的总体规模，同时会降低资本和劳动的产出效率。而东部的经济区中，在当前既定的产业结构下，增加混合所有制企业职工在总劳动人数中的份额会扩大经济的总体规模。

在方程(15.5)中剔除统计上不显著的参数估计值对应的解释变量，再回归得表 15-2 中的方程(15.6)。从表 15-2 中可以看出，方程

(15.6)调整后的判决系数 $R^2$ 比方程(15.5)中有所提高,并且方程(15.6)中每个解释变量的参数估计值均能够通过 t 检验,这说明从方程(15.5)到方程(15.6)的修改从变量的个体和整体角度都有一定的统计意义,我们现以方程(15.6)说明中部地区经济结构对经济的影响。

从方程(15.6)可以看出,剔除要素所有制结构的影响之后,在中国的中部经济区,第一产业份额每增加 1% 会使经济的总体规模缩小到原规模的 $e^{-16.61469\%} = 0.846922$,并使资本和劳动的产出效率分别提高 1.139934% 和 1.280183%;第二产业份额每增加 1% 会使资本产出效率增加 0.716133%,并同时使劳动的产出效率减少 0.675252%,并对经济的总体规模没有显著性影响;第三产业份额每增加 1% 会使经济总体规模缩小到原规模的 $e^{-17.70811\%} = 0.837712$,并使资本和劳动的产出效率分别增加 1.357818% 和 1.220362%。排除产业结构对经济的影响,在中部经济区国有企业职工人数在总劳动人口中的比例每增加 1% 会使经济的总体规模缩小到原规模的 $e^{-4.250747\%} = 0.958383$,但却能使劳动的产出效率增加 0.699995%,只是对资本产出效率没有显著性影响;私营企业职工在总劳动人口中的比例每增加 1% 会使资本的产出效率提高 0.526507%,只是对经济的总体规模和劳动产出效率没有显著影响;个体从业人员在总劳动人数中的比例每增加 1% 会使经济的总体规模扩大 $e^{28.04306\%} = 1.3237$,并且会使资本的产出效率减少 1.861316%,但同时会使劳动的产出效率降低 1.892858%。

从中部经济区的经济结构对经济的影响所做的上述分析可以看出,在现行的经济结构中,降低第一产业或第三产业在产业结构中的份额,并且同时增加混合所有制企业职工和个体从业人员在总劳动人口中的比例可以加深中部经济区的专业化和社会分工的深度,从而极大地提高经济的总体规模,可是在目前的要素所有结构之下,中部地区的第一产业和第三产业在产业结构中份额的增加都会提高资本和劳动的产出效率,进而提高资本要素和劳动要素的市场收入。而在当前的产业结构下,个体从业人员在总劳动人口中的比例虽然会减少资本的产出效率,也会降低劳动的产出效率,也就是增加资本的市场收入,同时减少劳动的市场收入。因此,在市场化条件下,如果完全靠资本要素所有者和劳动要素所有者的市场逐利行为来调整经济结构,那么在中部经济区不会出现能够深化社会专业化和劳动分工的经济结构调整,即降低第一产业或第三产业在产业结构中的份额,同时增加混合所有制企业职工和个体经营者在总劳动人数中的比例。并由方程(15.6)可以看出,中部经济区的经济结构实际上还带有明显的非工业化特征,即还没有形成能够通过市场调节使该经济区形成工业化的经济结构,其中主要是目前的要素所有制结构还无法形成能够使市场中资本要素所有者和劳动要素所有者都实现帕累托改进的工业化过程,从表 15-2中的方程(15.6)可以看出,在目前的要素所有制结构下,增加第二产业在产业结构中的份额会提高资本的市场收入,但同时会降低劳动要素的市场收入。

3. 西部地区经济结构对经济的影响

从表 15-3 的估计方程(15.7)可以看出,从定性的角度看,西部经济区在既定的要素所有制结构条件下,第一产业份额的增加会缩小经济的总体规模,但同时提高资本和劳动的产出效率,只是对劳动产出效率的影响在统计上并不显著;第二产业份额的增加会缩小经济的总体规模,同时增加资本和劳动的产出效率,只是对经济总体规模和资本产出的影响在统计上不显著;第三产业份额的增加会增大经济的总体规模,并同时提高资本的产出效率,但会降低劳动的产出效率,并且对经济总体规模的影响在统计上不显著。而在产业结构既定的条件下,西部地区国有企业职工在总劳动人口中比例的增加会缩小经济的总体规模,同时会降低劳动的产出效率,但会提高资本的产出效率,只是对劳动产出效率的影响在统计上不显著;私营企业职工在总劳动人口中的比例增加会缩小经济的总体规模,但能够提高资本和劳动的产出效率,只是对劳动产出效率的影响在统计上不显著;个体从业人员在总劳动人数中的比例增加会扩大经济的总体规模,同时会降低资本产出效率和增加劳动的产出效率。并且和东部、西部经济区一样,西部的经济区中,在当前既定的产业结构下,增加混合所有制企业职工在总劳动人数中的份额同样会扩大经济的总体规模。

　　剔除方程(15.7)中在统计上不显著的参数估计值对应的解释变量,再回归得表15-3中的方程(15.8)。从表15-3中可以看出,方程(15.8)调整后的判决系数 $R^2$ 比方程(15.7)中有所提高,并且方程(15.8)中每个解释变量的参数估计值均能够通过 t 检验,这说明从方程(15.7)到方程(15.8)的修改从变量的个体和整体角度都有一定的统计意义,现就方程(15.6)说明西部地区经济结构对经济的影响。

　　从方程(15.8)可以看出,剔除要素所有制结构的影响之后,在中国的西部经济区,第一产业份额每增加 1%会使经济的总体规模缩小到原规模的 $e^{-4.298888\%}=0.957922$,并使资本的产出效率提高 1.562193%;第二产业份额每增加 1%会使劳动产出效率增加 0.612432%,而对经济的总体规模和资本的产出效率都没有产生显著性影响;第三产业份额每增加 1%会使资本的产出效率增加 1.754387%,同时又会使劳动的产出效率降低 1.017296%。扣除产业结构对经济的影响,在中部经济区国有企业职工人数在总劳动人口中的比例每增加 1%会使经济的总体规模缩小到原规模的 $e^{-6.140145\%}=0.940446$,但却能使资本的产出效率增加 0.837373%,只是对劳动的产出效率没有显著性影响;私营企业职工在总劳动人口中的比例每增加 1%会使经济的总体规模缩小到原规模的 $e^{-75.76232\%}=0.468779$,但会使资本的产出效率提高 11.41460%,只是对劳动产出效率没有显著影响;个体从业人员在总劳动人数中的比例每增加 1% 会使经济的总体规模扩大 $e^{25.43671\%} = 1.289645$，但同时会使资本的产出效率降低 7.482899%，劳动的产出效率提高 3.365298%。

从对西部经济区经济结构的上述分析可以看出，在现行的经济结构中，降低第一产业在产业结构中的份额，并且同时减低国有企业和私营企业职工人数在总劳动人口中的比例，以及增加混合所有制职工和个体从业人员在总劳动人口中的比例可以加深西部经济区的专业化和社会分工的深度，从而极大地提高经济的总体规模，可是在目前的要素所有制结构之下，西部地区的第一产业在产业结构中份额的增加会提高资本和劳动的产出效率，进而提高资本要素和劳动要素的市场收入，只是劳动收入的影响在统计上不显著。而在当前的产业结构下，降低西部经济中国有企业职工和私营企业职工在劳动总人口中的比例虽然对劳动产出效率没有显著影响，但会明显地降低资本的产出效率，进而减少资本的市场收入，而个体从业人员在总劳动人口中的比例上升虽然会增加劳动的产出效率，同时却会降低资本的产出效率，也就是增加劳动的市场收入，同时减少资本的市场收入。因此，在市场化条件下，如果完全靠资本要素所有者和劳动要素所有者的市场逐利行为来调整经济结构，那么在西部经济区不会出现能够深化社会专业化和劳动分工的经济结构调整，即降低第一产业在产业结构中的份额，并且同时降低国有企业和私营企业职工人数在总劳动人口中的比例，以及增加混合所有制企业职工和个体从业人员在总劳动人口中的比例。由方程 (15.8) 可以看出，西部经济区的经济结构实际上还带有明显的农业化特征，即在还没有形成能够通过市场调节使该经济区非农业化的经济结构，其中主要是目前的要素所有制结构还无法形成能够使市场中资本要素所有者和劳动要素所有者都实现帕累托改进的非农业化过程，从表 15-3 中的方程 (15.8) 可以看出，在目前的要素所有制结构下，西部地区的非农业化过程,即增加第二产业和第三产业在产业结构中份额的过程中,增加第二产业和增加第三产业的经济意义是不同的。从经济规模的角度看,二者对经济规模都没有显著性影响,但是第二产业对规模的潜在影响是负的,而第三产业的影响是正的,因此从扩大经济规模的角度讲,西部地区非农业化的过程应当侧重于第三产业份额的增加;而从要素效率的角度看,增加第二产业的份额似乎会同时提高西部地区资本要素和劳动要素的产出效率,进而提高要素的市场收入,使西部地区出现帕累托改进的市场化过程,这也就是当人们想到西部大发展自然会想到发展西部工业的一个重要原因之一。可是从数量看,这种效率的提高非常微小,对资本没有明显的影响,而对劳动从数量看也很小。可是增加第三产业在产业结构中的份额,对要素的影响非常明显,只是对资本产出效率产生正影响的同时,对劳动的产出效率产生的是负影响,但是这种负影响是劳动要素投入增加时产生的负效应,如果劳动投入要素减少,那么这种负影响就会变为正效应。因此,在西部地区只要同时伴随劳动要素的转移,那么增加第三产业的份额会明显地提高资本和劳动的产出效率,也就是提高资本和劳动的市场收入,使西部地区出现帕累托改进的市场化经济结构调整。

## (五)结论

通过对中国东部、中部和西部经济区的经济结构分析,我们发现通过改革开放的市场经济转型,在东部经济区现行的经济结构中,提高第三产业在产业结构中的份额,并同时增加混合所有制企业职工和个体从业人员在总劳动人口中的比例会极大地提高经济的总体规模,但是只通过市场行为无法实现这样的经济结构调整。而且在东部的经济结构中,私有化会同时提高资本和劳动的产出弹性,进而通过市场吸引资本要素和劳动要素的大量投入东部地区,并增加资本要素和劳动要素的市场收入,推动经济增长。但是这种私有化并不利于社会专业化和劳动分工的深化,即不能提高经济的总体规模,反而会阻碍市场制度向更高层次发展。

在中部经济区的现行经济结构中,降低第一产业或第三产业在产业结构中的份额,并且同时增加混合所有制企业职工和个体从业人员在总劳动人口中的比例会极大地提高经济的总体规模,可是只通过市场的调节,在中部经济区无法实现这样的经济结构调整。并且中部经济区的经济结构实际上还带有明显的非工业化特征,即非工业化会通过市场实现资本要素所有者和劳动要素所有者的帕累托改进,而工业化只会提高资本的市场收入,但同时又降低劳动要素的市场收入。

在西部经济区的现行经济结构中,降低第一产业在产业结构中的份额,并且同时减低国有企业和私营企业职工人数在总劳动人口中的比例,以及增加混合所有制企业职工和个体从业人员在总劳动人口中的比例会极大地提高经济的总体规模,可是只通过市场无法做出这样的经济结构调整,并且西部经济区的经济结构实际上还带有明显的农业化特征,即在现行的经济结构下,如果只靠市场调节经济,那么经济会趋向于农业化,也就是形成典型的农业经济。

通过上述分析说明,中国的东部、中部和西部三个经济区的经济结构存在较大的差异,主要体现在:在东部经济区,出现了通过要素私有化能够大量吸纳资本要素和劳动要素的初级市场经济结构特征;在中部经济区,经济结构表现出很强的非工业化特征;而在西部经济中则表现出农业化的经济结构特征。然而各个经济区的这些经济结构特征并不利于各个地区的经济总体规模的扩大,即不利于促进各个地区的专业化和社会分工的深化,以及高层次市场经济制度的形成。因此,要促进各个地区的经济平衡发展,只依靠市场的调节力量是无法实现的,并且市场的调节会倾向于向不利于各个地区经济进一步发展的经济结构转变,因而在协调各个地区的经济发展时,政府的指导性干预起到关键性的作用。政府在指导各个地区的经济结构调整时,要强调混合所有制经济和个体经济的发展,同时在东部地区要强调第三产业的发展,特别是商业和金融性的第三产业发展;而在中部地区要强调第二产业的发展,特别是工业化发展;在西部地区要强调第三产业的发展,特别是与生态环境保护、旅游、文化和科技以及军事相关的第三产业的发展。而且这样的经济结构调整还必须配套性地、有计划或有规划地把西部经济区的劳动力向东部经济区和中部经济区转移。

# 第十六章　中国经济增长中的
## 结构效率和技术进步[*]

改革开放以来,中国经济已经保持了30年9%以上的持续增长,那么未来中国经济能否保持这一持续高速增长趋势以及这一趋势还能持续多久就值得我们深刻探讨了。克鲁格曼(Krugman,1994)在他的著名文章《亚洲奇迹的神话》中就指出,大部分东亚国家和地区的经济增长主要依靠要素投入的增加,技术进步没有发挥显著作用,因此,他认为东亚经济的增长是不可持续的。克鲁格曼的观点引起了学术界的热烈讨论,国内外众多学者用他的观点来引证1997年亚洲金融危机的必然性,并认为东亚经济需要调整增长路径,通过提高要素生产率来推动经济增长。具体而言,他们认为,在新古典经济学的视角下,一个国家的长期经济增长可以归结为两个方面:一是要素投入的增加,二是要素生产率[①],即劳动生产率或全要素生产率的提高。单纯依靠要素投入扩张的经济增长以粗放式消耗要素和资源为代价,从长期来看是不可持续的,只有提高全要素生产率才能保证经济增长的可持续性。从本章研究结果来看,克鲁格曼(Krugman,1994)所指出的不可持续的东亚增长模式与我国1998年之前经济增长模式是比较相似的,不过

---

[*] 本章写作的基本时间立足点为2008年。本章内容,刘伟、张辉以《中国经济增长中的产业结构变迁和技术进步》作为项目阶段性成果发表于《经济研究》,2008年第11期。

[①] 经济学中,早期人们主要研究单要素生产率,即劳动生产率,后期则主要关注全要素生产率。

1998 年之后我国经济增长模式已经越来越体现出了其自身的可持续性。

　　当然很多学者也认为全要素生产率并不等于技术进步,它只是核算中的残差,用全要素生产率代表技术进步是一个相当大的误解。更重要的是,对于中国这样的发展中国家而言,在改革和发展的最初阶段,纯粹的技术进步对经济增长的贡献可能要逊色于市场化改革所带来的产业结构变迁对经济增长的贡献。随着市场化改革的推进,改革所带来的收益可能会逐步减少,而技术进步对经济增长的作用则会慢慢凸显出来。本章正是致力于论证上面这些假设。

　　本章试图将技术进步和产业结构变迁从要素生产率(劳动生产率和全要素生产率)中分解出来,对产业结构变迁和技术进步对经济增长的推动作用进行横向和纵向的对比分析。通过这样的分析,本章希望研究这样一些问题:改革开放三十年以来,产业结构变迁对中国经济增长的推动作用究竟有多大? 与技术进步等其他因素对经济增长的影响相比,这种推动作用占据多大的份额? 或者说,是市场化改革的推动作用大,还是技术进步的推动作用大? 产业结构变迁对经济推动作用的波动趋势是怎样的? 能否做出预测,中国未来的经济增长更多的是要依靠更深入的市场化改革还是依靠技术进步来推动?

# 一、引言

　　在新古典生产函数的视角下,一个国家的长期经济增长可以归结为两个方面:一是要素投入的增加,二是劳动生产率和全要素生产率[1]

------

　　[1]　经济学中,早期人们主要研究单要素生产率,即劳动生产率,后期则主要关注全要素生产率。

的提高。众所周知,单纯依靠要素投入扩张的经济增长以粗放式地消耗要素和资源为代价,从长期来看是不可持续的,全要素生产率才是长期经济增长中更重要的因素。其中,产业结构变迁和技术进步分别是推动劳动生产率和全要素生产率提高的两个重要因素。

如果把劳动生产率和全要素生产率的提高分解成技术进步①和资源配置效率提升两个因素,产业结构变迁就是通过改善资源配置效率提高劳动生产率和全要素生产率,它和技术进步一起成为推动经济长期增长的两股不可或缺的力量。

产业结构之所以会发生变迁,是因为经济发展存在持续的非均衡现象,某些产业的要素边际报酬高于另一些产业,而劳动、资本等要素在利益最大化目标的驱动下,从要素边际报酬较低的产业流向要素边际报酬较高的产业。因此,产业结构发生变迁表明市场这只"看不见的手"真实存在,产业结构变迁对经济增长的推动作用实际上就是市场制度对于经济增长的贡献。技术进步则更多地取决于微观企业自身的创新能力。

在现实经济中,不但产业结构变迁和技术进步之间相互影响,而且它们对经济增长的推动作用也是相互交织、相互重叠的。本章希望通过分解劳动生产率和全要素生产率,对产业结构变迁和技术进步对经济增长的推动作用进行横向和纵向的对比分析。简而言之,本章主要希望研究这样一些问题:改革开放三十年以来,产业结构变迁对中国经济增长的推动作用究竟有多大? 与技术进步等其他因素对经济增长的影响相比,这种推动作用占据多大的份额? 或者说,是市场化改革的推

---

① 全要素生产率可以分解成技术效率(Technical Efficiency)、技术进步(Technical Advance)和资源配置效率。本文将技术效率的变化和技术进步都归为"技术进步"。生产效率是指处于生产可能性边界内的情形,表示当前产出和最大可能产出的距离,技术进步是指生产可能性边界往外推进,而资源配置效率是指资源在部门间的再配置导致的资源效率提高。

动作用大,还是技术进步的推动作用大? 产业结构变迁对经济推动作用的波动趋势是怎样的? 能否做出预测,中国未来的经济增长更多的是要依靠更深入的市场化改革还是依靠技术进步来推动?

有关产业结构变迁对经济增长影响的研究由来已久,卷帙浩繁,最早可以追溯至 20 世纪 30 年代,如费希尔(Fisher,1939)、克拉克(Clark,1940)等,而库兹涅茨(Kuznets,1957)则较早地从实证角度分析和度量三次产业的产值结构和劳动力结构对经济增长的影响。当代最著名的关于结构变迁和经济增长之间关系的研究主要来自发展经济学家,尤其是钱纳里(Chenery,Elkington and World Bank,1979;Chenery,Robinson and Syrquin,1986;Chenery,1977)、赛尔奎因(Syrquin,1984)等结构主义学派,钱纳里、赛尔奎因等用计量实证方法和投入产出分析方法建构了工业化进程中经济结构变迁的标准模型,为后来的研究者分析和度量结构变迁和经济增长的相互关系提供了可度量的尺度。他们在 20 世纪 70、80 年代从发达国家的工业化和经济成长历史中挖掘出很多关于经济结构和经济发展之间相互关系的有用研究;20 世纪 90 年代以及 21 世纪初叶的最新研究则主要出自对转型经济(中国、俄罗斯、东欧等)、新兴工业国家和地区(新加坡、韩国、中国台湾地区等)和不发达经济感兴趣的经济学家。例如,皮拉特(Pilat,1993)、费格伯格(Fagerberg,2000)、蒂梅尔和西尔毛伊(Timmer and Szirmai,2000)、派尼德尔(Peneder,2003)等都尝试了用新的方法测度在东亚经济的发展过程中结构变迁究竟在多大程度上推动了要素生产率的提升。

国内的相关研究文献也已经相当丰富,这些文献主要用投入产出方法和经济计量方法研究产业结构对经济增长的影响,最新的研究中以计量方法为主。刘伟、李绍荣(2002),朱慧明、韩玉启(2003)和陈华(2005)先后用经典最小二乘法、格兰杰因果检验和协整检验等静态和动态计量方法研究了中国的产业结构对经济增长的影响。虽然研究方法不同,但研究结论基本一致:产业结构变迁确实推动了经济增长。然而由于计量方法和数据的局限性,这些文献没有对产业结构变迁的相对贡献进行深入研究。樊胜根、张晓波(2002)最早量化地测度产业结构变迁对经济增长中的相对贡献,他们通过构造一个动态规划模型(约束条件为各部门的边际产出相等)求解一个具有理论意义的指标——有效配置的GDP,实际GDP和有效配置GDP的比值就可以表示产业结构变迁引致的配置效率提升。

本章利用劳动生产率分解式和全要素生产率分解式,实证度量了产业结构变迁对中国经济增长的贡献,并将其与技术进步的贡献相比较。研究表明,在改革开放以来的三十年中,虽然产业结构变迁对中国经济增长的贡献一度十分显著,但是随着市场化程度的提高,产业结构变迁对经济增长的贡献呈现不断降低的趋势,逐渐让位于技术进步,即产业结构变迁所体现的市场化的力量将逐步让位于技术进步的力量。此外,研究也发现,结构变迁效应的减弱并不表明市场化改革的收益将会消失,某些发展和体制的因素仍然阻碍着资源配置效率进一步提高,从这个层面来看,我国完善市场机制的工作仍然任重而道远。

## 二、理论假设

我们首先要从理论上界定产业结构变迁和技术进步在经济转轨中的不同角色和定位。本节利用图16-1来演示产业结构变迁和技术进步在中国经济转型中所处的位置。图16-1为生产可能性边界曲线,商品A表示农业产品,商品I表示工业产品,我们用商品A和商品I分别表示两种产业。从计划经济向市场经济转轨过程中的经济增长可分为下述4个步骤。

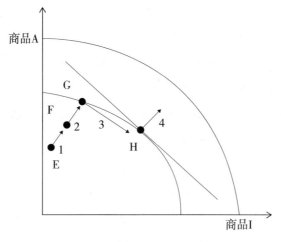

图 16 - 1

第 1 步:图 16 - 1 中从点 E 到点 F,这表示经济转轨的初期,由于计划经济时代的闲置要素被利用起来,生产效率提高,经济增长恢复,实际生产点向生产可能性边界更靠近。

第 2 步:从点 F 到点 G。这表示劳动要素和资本要素在企业内部按照最优市场价格比例进行配置,而不再按照计划经济体制下扭曲的价格配置资源。这在图 16 - 1 表现为向生产可能性边界更加靠近。

第 3 步:从点 G 到点 H。这表示资源在不同产业部门之间的再配置,这一步骤即为产业结构变迁。在市场这只看不见的手的指引下,资源从一种产业转移至另一种产业,使得生产符合最优转换比率。

第 4 步:从点 H 向右上方移动。这是指当经济已经位于最优均衡点 H 之上时,如果假定要素和资源总量是既定的,长期经济增长只能依靠技术进步,即生产可能性边界向外推进。如果假定资源总量是不断增长的,要素投入的增加和技术进步可能同时推动长期经济增长。

在新古典的理论模型中,只有当经济处于非均衡状态,资源才会在不同产业之间进行重新再配置。如果我们将现有的资源配置效率状态和最佳的资源配置效率状态之间的差距称为资源配置效率的落差,那么这种落差将随着市场化改革的深入而不断缩小。

将上文的理论演示用于中国的现实,我们很容易得出这样的结论:中国经济从改革开放初期的非均衡(厉以宁,1998)逐步演进至目前较为接近均衡的状态。当经济逐渐趋近均衡的时候,产业结构变迁对经济增长的贡献可能会不断降低,未来中国经济的增长可能更需要技术层面的变革。下文将从实证角度验证这样的理论假设。我们将分别利用劳动生产率分解式和全要素生产率分解式,将"结构变迁效应"从所有推动经济增长的因素中分解出来,以便分析产业结构变迁对经济增长的相对贡献,并将它与技术进步的贡献相比较。

# 三、中国(1978—2006 年)结构变迁对劳动生产率增长的贡献

## 1. 劳动生产率分解式

本章将使用"转换份额分析"(Shift-Share Analysis)的方法,把结构变迁效应从劳动生产率增长中分解出来。最近将这一方法应用于新兴工业经济和转型经济的结构变迁效应的研究主要有费格伯格(Fagerberg,2000)、蒂梅尔和西尔毛伊(Timmer and Szimai,2000)、派尼德尔(Peneder,2003)等。

令经济总体的劳动生产率为 $LP^t$,其中 $LP_i^t$ 是指各个产业部门的劳动生产率,上标 $t$ 表示时期,下标 $i$ 表示不同的产业部门,$i=1,2,3$,分别代表第一产业、第二产业和第三产业,$LP_i^t$ 表示产业 $i$ 的 $t$ 期的劳动生产率,$S_i^t$ 是 $t$ 期产业 $i$ 的劳动所占份额。

总体劳动生产率可以表示成:

$$LP^t = \frac{Y^t}{L^t} = \sum_{i=1}^n \frac{Y_i^t L_i^T}{L_i^T L^T} = \sum_{i=1}^n LP_i^t S_i^t \qquad (16.1)$$

根据公式(16.1),可以推知 $t$ 期的总体劳动生产率相对于 0 期的增长率为:

$$\frac{LP^t - LP^0}{LP^0} =$$

$$\frac{\sum_{i=1}^n (S_i^t - S_i^0) LP_i^0 + \sum_{i=1}^n (LP_i^t - LP_i^0)(S_i^t - S_i^0) + \sum_{i=1}^n (LP_i^t - LP_i^0) S_i^0}{LP^0}$$

$$(16.2)$$

公式(16.2)分解成如下三项:

Ⅰ:公式(16.2)右边第一项被称为静态结构变迁效应,它度量的是劳动要素从劳动生产率较低的产业流向劳动生产率较高的产业所引起的总体劳动生产率的净提升。如果劳动要素流向相对劳动生产率较高的产业 $i$ ,则该产业在 $t$ 期内的份额变化值大于 0,我们对其赋予的权重也较大,因此产业 $i$ 的静态结构变迁效应较大。

Ⅱ:公式(16.2)右边第二项被称为动态结构变迁效应,它和第一项有所不同,它表现了劳动要素移动引起的动态效应,度量的是从劳动生产率增长较慢的产业流向劳动生产率增长较快的产业所引起的总体劳动生产率的净提升。如果劳动要素流向劳动生产率较高的产业 $i$ ,则该产业在 $t$ 期内的份额变化值大于 0,我们对其赋予的权重也较大,因此产业 $i$ 的动态结构变迁效应也较大。

Ⅲ:公式(16.2)右边第三项被称为生产率增长效应,它是由各个产业内部的技术效率变化和技术进步等因素导致的各个产业内劳动生产率的增长。

2.结构变迁效应的计算

我们根据公式(16.2)计算出我国经济总体和三次产业的静态结构变迁效应、动态结构变迁效应和生产率增长效应(见表16-1)。

表 16-1　应用转换份额分析的结构变迁效应矩阵

| 1978—2006 年 | 列加总 | | I 静态结构变迁效应 | II 动态结构变迁效应 | III 产业内增长效应 |
|---|---|---|---|---|---|
| 行加总 | 4.98 | = | 0.50 | 1.42 | 3.06 |
| | | | = | = | = |
| 第一产业 | 0.42 | | −0.11 | −0.35 | 0.88 |
| 第二产业 | 2.45 | | 0.22 | 0.70 | 1.53 |
| 第三产业 | 2.11 | | 0.39 | 1.07 | 0.65 |

表 16-1 中的数值只具有相对意义,我们将表 16-1 换算成百分比形式(分母都是总体的劳动生产率增长率),就更易于理解了(见表 16-2)。

表 16-2　应用转换份额分析的结构变迁效应矩阵(百分比形式)

| 1978—2006 年 | 列加总 | | I 静态结构变迁效应 | II 动态结构变迁效应 | III 产业内增长效应 |
|---|---|---|---|---|---|
| 行加总 | 100.0 | = | $10.0(e_1)$ | $28.5(e_2)$ | $61.5(e_3)$ |
| | | | = | = | = |
| 第一产业 | $8.4(p_1)$ | | $-2.2(x_{11})$ | $-7.0(x_{12})$ | $17.6(x_{13})$ |
| 第二产业 | $49.2(p_2)$ | | $4.4(x_{21})$ | $14.1(x_{22})$ | $30.7(x_{23})$ |
| 第三产业 | $42.4(p_3)$ | | $7.8(x_{31})$ | $21.5(x_{32})$ | $13.1(x_{33})$ |

注:数值后括号内的变量是用以指代该数值的矩阵变量。

结论是显而易见的,从表 16-2 中可以看到,结构变迁效应之和在劳动生产率增长率中占到 38.5%,但分别从三次产业来看,则又各不相同。

第一产业的结构变迁效应是负值,因为农村劳动力不断从农业部门迁移出来,劳动份额呈现负向变化。不过,与结构变迁效应相比,第一产业的生产率增长效应更显著($x_{13}>|x_{11}+x_{12}|$),即第一产业的劳动份额下降 1%,而导致整体经济的劳动生产率的增长则大于 1%。这说明第一产业内部制度变革和技术进步共同推动了劳动生产率的提升。

第二产业的结构变迁效应是正值,但低于第二产业生产率增长效应($x_{23}>x_{21}+x_{22}$),这说明第二产业的劳动生产率增长更大程度上取决于产业内技术效率变化和技术进步等因素,而不是产业间要素优化配置。换句话说,对于第二产业而言,产业内的技术效率变化、技术进步导致的劳动生产率的增长大于因为结构变迁导致资源配置效率提高而引起的劳动生产率的提升。

第三产业的结构变迁效应最显著。因为,第三产业吸纳了大量从农村和农业流出的剩余劳动力,从 1978 年的约 0.5 亿的就业人口增加到 2006 年约 2.5 亿的就业人口,劳动人口份额也从 12% 上升到 32%。农村剩余劳动力从劳动生产率较低、人均产值较低的农业部门流向城市中的第三产业,这种劳动力产业间迁移极大地解放了生产力。相对于剩余劳动力滞留于农村而言,农村剩余劳动力与第三产业的结合极大地提升和优化了我国资源配置效率,农村剩余劳动力劳动生产率的提高也连锁地引起了经济总体劳动生产率的提升。从第三产业的三种效应的横向对比来看,生产率增长效应低于结构变迁效应,这表明在 28 年(1978—2006 年)的改革开放历程中,第三产业劳动生产率增长主要依赖于结构变迁效应导致的资源配置效率的提高,而不是依靠各产业的技术效率变化和技术进步。

3. 结构变迁效应的贡献率①及其趋势

为了分析结构变迁效应的贡献率,需要平滑结构变迁效应的波动,我们使用的方法是将 1978—2006 年分割成 1978—1985 年、1985—1988 年、1988—1991 年、1991—1998 年、1998—2002 年、2002—2006 年等六个时段②,这些时段表示若干个经济波动周期,本文在每一个经济

---

①　我们把贡献率定义为,当结构变迁效应和劳动生产率都为正数时,结构变迁效应占劳动生产率增长率的比例。当结构变迁效应为负值时,或与劳动生产率增长率正负号相反的时候,结构变迁效应的数值与劳动生产率增长率之比则成为没有意义的数字。当结构变迁效应为显著的负值时,我们假定结构变迁效应的贡献率为零。

②　之所以要划分成这样的六个时间间隔,是基于我们对 1978—2006 年中国经济周期性波动的判断,我们尽量把经济周期包含于这些时间段之内,以便我们分析结构变迁效应和生产率增长效应的相对贡献率。

波动周期内计算结构变迁效应的贡献率。在经济波动周期之内计算结构变迁效应平滑了结构变迁效应的波动性,使得结构变迁效应的贡献率可以被度量。我们不仅计算了经济总体的结构变迁效应的贡献率,还分别计算了第一产业、第二产业和第三产业结构变迁效应的贡献率。

(1)经济总体和第一产业的结构变迁效应的贡献率

图 16-2 展示了经济总体结构变迁效应贡献率的波动趋势。尽管结构变迁效应的贡献率受到宏观经济的影响而呈现明显的波动性,但从长期来看,经济总体结构变迁效应的贡献率呈现下降的趋势。1988年之前,结构变迁效应的贡献率为 35%—50%;1990 年以后,结构变迁效应的贡献率则低于 30%。在第五个时段(1998—2002 年)中,结构变迁效应甚至趋向于零。

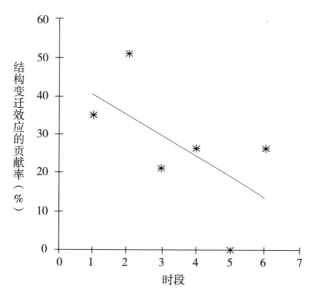

**图 16-2　经济总体结构变迁效应贡献率的趋势**

表 16-3 显示了六个时段中第一产业的结构变迁效应和生产率增长效应的数据。表 16-3 显示,20 世纪 80 年代,第一产业的劳动生产

率的增长主要是由于1978—1985年农业的制度变革(家庭联产承包责任制)将农业的劳动生产力在原有计划经济体制的藩篱中充分地释放出来,生产率增长效应达到0.195。在1985—1988年和1988—1991年两个时段中,第一产业的劳动生产率在原有制度变革导致增长的基础之上没有进一步的增长,生产率增长效应分别只有0.010和-0.020。在整个20世纪80年代中后期,第一产业结构变迁效应的负值表明了工业化进程中,第一产业部门就业份额的降低,农业剩余劳动力持续地向第二产业和第三产业转移。

表16-3　第一产业的结构变迁效应的长期趋势

| 年份 | 劳动生产率增长率 | 结构变迁效应 | 生产率增长效应 |
|------|----------------|------------|--------------|
| 1978—1985 | 0.140 | -0.055 | 0.195 |
| 1985—1988 | -0.004 | -0.014 | 0.010 |
| 1988—1991 | -0.019 | 0.001 | -0.020 |
| 1991—1998 | 0.062 | -0.061 | 0.123 |
| 1998—2002 | 0.014 | 0.001 | 0.013 |
| 2002—2006 | 0.047 | -0.032 | 0.079 |

在经济的低迷期1988—1991年和1998—2002年中,第一产业结构变迁效应是正数,表明了第一产业的就业份额非但没有下降,而且在上升。所幸的是,1991年以后,第一产业内部的劳动生产率仍然是显著增长的。尤其是1991—1998年和2002—2006年,第一产业的生产率增长效应基本达到甚至超过了经济总体的增长率水平。

由于第一产业的结构变迁效应和生产率增长效应的正负号不相同,我们难以计算第一产业的结构变迁效应和生产率增长效应的贡献率。在正常经济增长的情形(1978—1985年,1991—1998年,2002—2006年)中,第一产业的劳动生产率增长率大于零,结构变迁效应为负,生产率增长效应为正,这表明对于第一产业而言,由技术进步引起的劳动生产率增长大于结构变迁导致的劳动生产率的降低。和第二产业、第三产业不同,如果第一产业的劳动生产率大于零,就表明了生产率增长效应大于结构变迁效应,也表明第一产业内出现技术进步和技术效率的变化。

(2)第二产业、第三产业的结构变迁效应贡献率的趋势

同样地,我们分别计算了1978—1985年、1985—1988年、1988—1991年、1991—1998年、1998—2002年、2002—2006年的六个时段中第二产业、第三产业的结构变迁效应和生产率增长效应,以及它们对劳动生产率增长的贡献率,并绘成柱状图。图16-3是第二产业结构变迁效应的贡献率,图16-4是第三产业结构变迁效应的贡献率。

图16-3和图16-4显示,在1978—2006年,第二产业、第三产业的结构变迁效应的贡献率都是逐渐降低的。

图16-3展示了第二产业的结构变迁效应贡献率的波动。如果一个产业的结构变迁效应的贡献率大于50%,表明这个产业内的劳动生产率增长主要不是由产业内技术进步和技术效率变化导致的,主要是由资源的优化配置所导致的。1991年之前(1978—1985年,1985—1988年,1988—1991年),第二产业的结构变迁效应贡献率大于50%,这表明改革开放的前期,我国市场刚刚放开,劳动生产率由于制度变革引致资源优化配置出现快速增长,加之我国正处于短缺经济时代,因此此时的经济增长基本上就是典型的短缺经济下由需求驱动的粗放式增长。当中国经济步入20世纪90年代以后,结构变迁效应贡献率明显下降,第二产业尤其是工业的资本积累、技术研发、产业升级被提上日程,这主要是供不应求的经济状况有所改变,最终,需求逐渐被满足,而市场竞争则越来越激烈,使得企业在原有的完全粗放的增长中不再有广阔的利润空间,企业不得不另谋发展路径。这种情形最典型的例子就出现在1998—2002年的通货紧缩期间,第二产业的结构变迁效应几

乎为零,而产业内生产率增长效应占据几乎全部份额。这表明,在此期间受到有效需求萎缩的影响,第二产业的劳动生产率增长几乎完全依赖于产业内的生产率提升。

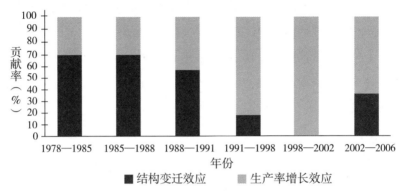

图 16 - 3　第二产业的结构变迁效应的贡献率

注:结构变迁效应(黑色柱)和生产率增长效应(灰色柱)之和就是劳动生产率的
　　增长率,黑色柱在柱形中所占比例表示了结构变迁效应的相对重要性。

1991—1998 年和 2002—2006 年相比,其结构变迁效应贡献率较低,这和我们的直觉可能并不相符。如果不受经济周期的影响,那么结构变迁效应的贡献率应该是递减的。对此,我们有两点解释:首先,1991—1998 年是第二产业尤其是工业的资本积累和技术创新的基础时段,资本积累和技术创新的边际报酬是递减的,因此 1991—1998 年,第二产业的生产率增长效应贡献率为 82%,而 2002—2006 年,第二产业的生产率增长效应贡献率为 64%,前者比后者高 18 个百分点;其次,结构变迁效应可能受到需求波动的影响,1991—1998 年的经济波动性较大,如 1994 年出现通货膨胀,1998 年则已经出现通货紧缩的苗头,而 2002—2006 年则被认为是相对平稳而健康的增长,因此 2002—2006 年的结构变迁效应贡献率较高。

图 16 - 4 展示了第三产业结构变迁效应的贡献率的波动情况。第

三产业的结构变迁效应的贡献率的波动和第二产业类似。在 1991 年之前,除了 1988—1991 年,结构变迁效应和生产率增长效应几乎相等以外,其他时段中第三产业的结构变迁效应大于 60%。与第二产业不同的是,1991—1998 年,第二产业的结构变迁效应小于生产率增长效应,而第三产业结构变迁效应大于生产率增长效应。我们可以推断,第三产业增长方式的转变是从 1998 年开始的,在 1998 年之前第三产业主要处于粗放式增长阶段,而 1998 年之后则进入以生产率增长为主的增长阶段。

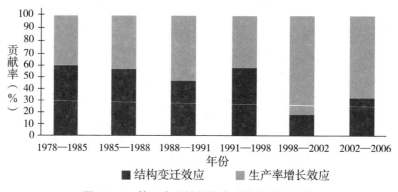

图 16-4　第三产业的结构变迁效应的贡献率

从 1998—2002 年的情形来看,通货紧缩对于经济增长的影响并不都是负面的。有效需求的萎缩和供过于求的状况,使得企业只有降低生产成本、提高技术效率、加速技术进步才能在激烈的市场竞争中生存下来。因此,1998 年可能是第三产业提高产业内技术效率、加快技术进步、转变经济增长方式的起点。根据表 16-4 计算,1998—2002 年,第三产业的生产率增长效应贡献率为 81.82%,这是 1978—2006 年的六个时段中生产率增长效应贡献率最大的一个值,它表明了 1998—2002 年是 28 年中(1978—2006 年)第三产业生产率增长最快的时段(见表 16-4)。

表 16 - 4　第三产业的生产率增长效应和结构变迁效应

| 年份 | 劳动生产率增长率 | 生产率增长效应 | 结构变迁效应 |
|------|------|------|------|
| 1978—1985 | 0.186 | 0.070 | 0.116 |
| 1985—1988 | 0.046 | 0.018 | 0.028 |
| 1988—1991 | 0.022 | 0.011 | 0.011 |
| 1991—1998 | 0.297 | 0.112 | 0.185 |
| 1998—2002 | 0.209 | 0.171 | 0.038 |
| 2002—2006 | 0.204 | 0.135 | 0.070 |

# 四、中国(1986—2002 年)结构变迁对<br>全要素生产率增长的贡献

## 1. 全要素生产率的分解式

在一个非均衡(非均衡是指不同产业部门的要素边际产出不相等)的经济中,不同产业部门的要素边际生产率不相等,要素和资源在不同部门之间的流动促进经济总体的全要素生产率(TFP)的提升,这就是产业结构变迁对提升资源配置效率、推动经济增长的作用。经济总体的总产出增长在扣除要素投入增长之后的部分可以分成两个部分:各个产业部门的平均全要素生产率增长和结构变迁导致的增长。

因此,计算结构变迁效应的基本方法就是对照总量水平(Aggregate Level)的 TFP 增长率和部门水平(Sectoral Level)的 TFP 增长率的差异[①]。假定生产函数是规模报酬不变和技术进步中性的可微函数:

$$Y_i = f(K_i, L_i, t) \tag{16.3}$$

其中 $i = 1, 2, 3$,分别表示第一、第二、第三产业,则各个产业部门的总产出增长率可以分解为:

---

① 这里参考了 Syrquin(1984)使用的全要素生产率分解式。

$$G(Y_i) = \alpha_i G(K_i) + \beta_i G(L_i) + G(A_i) \qquad (16.4)$$

其中 $G(X) = (dX/dt)/X = \dot{X}/X$，$G(A_i)$ 就是 $i$ 产业的全要素生产率 TFP 的增长率，$\alpha_i = f(K_i)K_i/Y_i$ 是 $i$ 产业的资本产出弹性，$\beta_i = f(L_i)L_i/Y_i$ 是 $i$ 产业的劳动产出弹性。因此，用部门变量表示的总产出增长率 $G(Y)$ 表示为：

$$G(Y) = \frac{d\left(\sum_i Y_i\right)}{Y} = \sum \rho_i G(Y_i)$$

$$= \sum \rho_i \alpha_i G(K_i) + \sum \rho_i \beta_i G(L_i) + \sum \rho_i G(A_i) \qquad (16.5)$$

其中 $\rho_i = Y_i/Y$，表示各个产业产值在总产值中所占的份额。然而，经济总量 $Y$ 的增长率也可以用经济总体变量来表示：

$$G(Y) = \alpha G(K) + \beta G(L) + G(A) \qquad (16.6)$$

其中 $Y = \sum Y_i$，$K = \sum K_i$，$L = \sum L_i$，$\alpha = \sum \rho_i \alpha_i$，$\beta = \sum \rho_i \beta_i$，而 $G(A)$ 就是总量水平的 TFP 的增长率。总量水平的 TFP 增长率 $G(A)$ 和部门水平的 TFP 增长率加权平均值 $\sum \rho_i G(A_i)$ 之间的差异就是结构变迁对经济增长的贡献——结构变迁效应。因此，结构总效应 TSE(Total Structural Effect)等于：

$$tse = G(A) - \sum \rho_i G(A_i) = \sum \rho_i \alpha_i G(k_i) + \sum \rho_i \beta_i G(l_i) \qquad (16.7)$$

其中 $k_i = K_i/K$，$l_i = L_i/L$ 分别表示各产业部门的资本、劳动在资本、劳动投入总量中所占的份额。公式(16.7)中右边第一项表明各产业部门的资本要素的结构变迁对全要素生产率的贡献，第二项表明各产业部门的劳动要素的结构变迁对全要素生产率的贡献。在非均衡的经济中，结构变迁对全要素生产率的贡献可以表示为：

$$tse = \frac{1}{Y} \sum \dot{K}_i [f(K_i) - f(K)] + \frac{1}{Y} \sum \dot{L}_i [f(L_i)]$$

$$-f(L)] = A(f_K) + A(f_L) \tag{16.8}$$

其中 $f(K_i)$ 和 $f(L_i)$ 分别表示 $i$ 产业部门的资本和劳动的边际产出,而 $f(K)$ 和 $f(L)$ 分别表示经济总体的资本和劳动的边际产出。

公式(16.8)中的 $A(f_K)$ 和 $A(f_L)$ 分别表示资本和劳动要素市场的产业结构变迁效应,即它们分别表示资本和劳动在不同部门之间流动带来的全要素生产率增加。公式(16.8)的含义简单明了:如果资本(劳动)要素在那些可以取得高于平均水平的边际报酬($f(K_i)-f(K)>0$ 或 $f(L_i)-f(L)>0$)的产业中的份额增长较快,则资本(劳动)的结构变迁效应较大,反之,资本(劳动)要素在那些取得低于平均水平的边际报酬($f(K_i)-f(K)<0$ 或 $f(L_i)-f(L)<0$)的产业中的份额增长较快,资本(劳动)的结构变迁效应较小。

当一个经济中不同产业部门的资本和劳动要素的边际产出都趋同时,$A(f_K)$ 和 $A(f_L)$ 才会同时趋向于零,结构总效应 TSE 才会消失。此时,如公式(16.5)和(16.6)所示,总量视角下投入的贡献和不同产业部门投入的加权平均的贡献才会相等,而总量视角下的 TFP 增长率 $G(A)$ 和各产业的 TFP 增长率的加权平均值 $\sum \rho_i G(A_i)$ 才会相等。而当不同产业的要素边际报酬不相等,那些要素边际报酬高于平均水平的产业提高了资本(劳动)要素的份额,则用公式(16.5)估计各个产业的全要素生产率的贡献就会出现低估,公式(16.6)和公式(16.5)之间的差异就是结构变迁效应 TSE。

2. 数据说明

为了计算结构变迁效应在 TFP 增长率中的贡献率,不仅要计算结构变迁效应的数值,即根据公式(16.8)计算 TSE,而且要计算 TFP 增长率,即根据公式(16.6)计算 $G(A)$。公式(16.8)和公式(16.6)的意义是简单明了的,但由于数据的局限性,计算结构变迁效应的贡献率并

不那么容易。前者要求我们知道经济总体和各个产业的资本、劳动的
存量变化量以及它们的边际报酬,后者要求我们知道经济总体和各个
产业的资本、劳动的存量增长率以及它们的产出弹性。因此我们面临
三个任务:①计算经济总体和各产业的资本和劳动的边际报酬,②计算
经济总体和各个产业的资本和劳动的产出弹性,③计算总体和各个产
业的资本和劳动的存量及其变化。资本和劳动的产出弹性可以通过统
计回归的方法直接估算,也可以通过产出弹性的公式( $\alpha_i = f(K_i) K_i/Y_i$
是资本的产出弹性, $\beta_i = f(L_i) L_i/Y_i$ 是劳动的产出弹性)计算得到①。
要素产出弹性两种方法各有利弊,本文为了保持方法和数据的一致性,
使用弹性公式直接计算要素产出弹性。因此,三个任务就变成两个任
务:①计算经济总体和各产业的资本和劳动的边际报酬,②计算总体和
各个产业的资本和劳动的存量及其变化。

(1)我们可以在收入法国内生产总值中找到资本和劳动的报酬。
其中"劳动者报酬"就是收入法国内生产总值中劳动的总报酬,"劳动
者报酬"在收入法国内生产总值中所占的比例就是劳动的产出弹性;
"生产税净额""营业盈余"和"固定资产折旧"三项之和就是收入法国
内生产总值中的资本总所得,"生产税净额""营业盈余"和"固定资产
折旧"三项之和在收入法国内生产总值中所占的比例就是资本的产出
弹性。值得注意的是,中国统计年鉴中只有地区生产总值收入法构成
项目的数据表,没有全国收入法国内生产总值的表项,也没有全国分行
业的收入法国内生产总值。唯一的数据来源是国家统计局公布的全
国投入产出表(共有 1987 年、1990 年、1992 年、1995 年、1997 年、
2002 年六张表)。我们可以在这些投入产出表上找到分析所需的绝

---

① 如果知道资本的边际报酬 $f(K_i)$ 和资本存量 $K_i$,我们就可以计算出资本的产出
弹性。

大部分数据。

（2）分析中仍缺少两项数据：劳动的存量及增量、资本的存量及增量。其中劳动的存量、劳动的增量、资本的增量（资本形成总额）很容易在中国统计年鉴上找到，或者通过简单演算得到。但是，资本存量的计算却是一个很大的问题。在这里，我们引用薛俊波、王铮（2007）的结论，该文在投入产出表的基础上估算资本存量，与本书所用的数据口径一致①。

3.结构变迁效应的求解和分析

为了分析产业结构变迁对经济增长中的相对贡献，结合公式（16.4）和公式（16.5），可以把公式（16.8）重新表述为：

$$G(Y) = \alpha G(K) + \beta G(L) + \sum \rho_i G(A_i) + tse \qquad (16.9)$$

在公式（16.9）中，GDP 增长被分成四个部分：①资本投入增长的贡献 $\alpha G(K)$；②劳动投入增长的贡献 $\beta G(L)$；③各产业的技术进步的贡献的加权平均值 $\sum \rho_i G(A_i)$，我们称之为"净技术进步效应"；④产业结构变迁效应 $tse$。其中全要素生产率被分成技术进步效应和产业结构变迁效应两个部分。全国投入产出表的"流量表"中有"劳动者报酬""生产税净额""营业盈余"和"固定资产折旧"四项。其中第一项就是劳动的总报酬 $f(L_i)L_i$，而后三项之和就是资本的总报酬 $f(K_i)K_i$，再引入资本存量 $K_i$ 和劳动力存量 $L_i$ 的数据，我们就能计算得出资本边际报酬 $f(K_i)$ 和劳动的边际报酬 $f(L_i)$。利用这些数据，可以计算出如表 16-5 所示的各项结果。

————————————

① 薛俊波、王铮（2007）估算资本存量至 2000 年，在他们的基础上，我们通过永续盘存法计算了 2001 年和 2002 年的资本存量。

表 16 - 5　各个因素对经济增长率的贡献率

（%）

| 年份 | 劳动增长的贡献率 | 资本增长的贡献率 | 全要素生产率增长的贡献率 | 其中 | |
|---|---|---|---|---|---|
| | | | | 产业结构变迁效应 | 净技术进步效应 |
| 1986—1990* | 10.7 | 84.2 | 5.1 | — | — |
| 1990—1992 | 9.1 | 79.5 | 11.4 | 58.2 | 41.8 |
| 1992—1995 | 5.9 | 80.4 | 13.7 | 42.3 | 57.7 |
| 1995—1997 | 5.6 | 74.3 | 20.1 | 34.9 | 65.1 |
| 1997—2002 | 3.5 | 68.0 | 28.5 | 11.3 | 88.7 |

注：* 由于数据缺乏，我们没有利用 1987 年的投入产出表，只计算了 1990—2002 年的结构效应。1986—1990 年的结果，我们借用张军扩（1991）的结论，放在这里作为参照。但张军扩的文章中没有计算产业结构变迁效应和净技术进步效应。

表 16 - 5 清楚地表明了经济增长的各个因素的贡献。正如克鲁格曼（Krugman，1994）在他文章《亚洲奇迹的神话》中所说的，大部分东亚国家和地区的经济增长主要依靠增加投资。不少学者对克鲁格曼的研究提出了质疑，我们认为在跨国数据比较中，虽然传统的全要素生产率计算方法不能充分地度量资源配置效率提升和技术进步，但是在时序数据对比中，仍然能表现出要素投入增长和全要素生产率增长对一国经济增长贡献份额的波动规律，也不妨碍我们解释产业结构变迁和技术进步对经济增长的影响规律。刘伟、蔡志洲（2008）通过对中国投入产出表中直接消耗系数矩阵的动态对比分析，研究了 1992—2005 年技术进步和产业结构对以中间消耗率反映的经济增长效率的影响，研究结论表明，20 世纪 90 年代中期以后，产业结构变化对以中间消耗率反映的经济增长效率没有做出显著贡献。这也从另外一个角度佐证本文的观点：包括中国在内的许多亚洲新兴市场国家一般都处于这样一个较多地依赖要素投入增加和人均资本存量增长的工业化早期发展阶段。随着工业化的深入，中国经济的增长将更多地依赖于全要素生产

效率的提高,表 16-5 中我国经济增长中劳动、资本增长的贡献率总体呈现下降趋势和全要素生产率增长的贡献率总体呈现上升趋势的动态变化过程也有力地显现了我国经济持续高速增长的内在根源。只要在未来的经济增长中能够在新技术和新产业占领一席之地,新兴市场化国家的经济增长仍然是可持续的。

1990—2002 年,我们可以看到两个趋势:(1)要素投入增长的贡献率和全要素生产率增长的贡献率呈现此消彼长的趋势(虽然资本投入的贡献不是一直上升的);(2)在全要素生产率内部,产业结构变迁效应和净技术进步效应呈现此消彼长的关系。前者和钱纳里(Chenery, Robinson and Syrquin,1986)对所有工业化国家的研究有着相似的结论;后者则得出了与劳动生产率分解式分析中相似的结论,也是本章最重要的一个结论:产业结构变迁所代表的市场化的力量对我国长期经济增长的贡献正在逐渐地让位于技术进步的力量。

## 五、结构效率对经济增长贡献的趋势分析

产业结构变迁对经济增长的推动作用为什么正在减弱,结构变迁效应的贡献率为什么正在下降呢? 如果把结构变迁效应比作资源非效率配置和资源有效率配置之间的落差①形成的势能,势能的做功主体就是市场这只"看不见的手"。随着资源配置效率的落差不断缩小,产业结构变迁过程中释放的势能(结构变迁效应)也将逐渐减小。

下文的分析将表明,资源配置效率的落差确实正在缩小——不同产业的要素边际报酬正在趋同。但是,由于某些历史原因,某些层面的

---

①　这种落差可能是体制原因造成的,比如计划经济体制下重工业和轻工业比例的失调,也可能是发展原因造成的,比如发达国家工业革命之前农业劳动生产率和工业劳动生产率的差距。

要素配置效率的落差短时间内难以弥合；由于某些制度的因素，要素出现"反效率配置"的现象：第二产业存在资本过度配置现象，资本正在"挤出"劳动，第三产业存在劳动过度配置现象，劳动生产率偏低。这些反效率的资源配置不仅使得已有的资源配置效率的落差没有很好地被利用，反而扩大了资源配置效率的落差。

这一结论一方面表明，中国经济现实中的资源配置效率的落差并没有消失，未来中国经济增长的潜力仍然是十分巨大的，另一方面也表明消除反市场的因素、完善市场机制的工作仍然任重而道远。

### （一）资源配置效率落差持续存在的发展和体制原因

资源配置效率的落差将持续存在的发展和体制原因主要有：

1. 城乡二元结构的差异是产生资源配置效率落差的重要原因。由于城乡二元经济结构的持续存在，一方面，农村剩余劳动力呈现"无限供给"的状态，劳动价格保持在较低的水平上；另一方面，社会需求受到人均收入增长的限制而缓慢增长，在一个较低的劳动价格水平上消化几乎无限量的农村剩余劳动力尚需一个漫长的过程，因此就业结构的变迁会持续存在，这对于所有正处于城市化和工业化进程中的国家而言都是相同的。

2. 我国的市场化改革是渐进式改革，这使得市场机制逐渐释放它的巨大作用。在改革开放的进程中，先放开了产品市场，再放开要素市场，这使得市场机制的优化配置功能是分阶段、逐步发挥作用的。即便是市场完全放开了，但完全充分有效的市场也只是在理论上存在，现实中的市场总有各种缺陷和障碍。

### （二）要素的反效率配置及其原因

我们利用1992年和2002年的投入产出表，计算各个产业的资本和劳动所占份额、各个产业的资本和劳动的边际报酬,以及各个产业的资本劳动比和劳动生产率。表16-6、表16-7和表16-8的结果大致显示了各个产业的资源反配置效率的状态。这些反效率的资源配置不仅使得已有的资源配置效率的落差没有被很好地利用,反而扩大了资源配置效率的落差。

表16-6显示,从资本份额的变化来看,第一产业、第三产业的资本份额都在下降,而第二产业的资本投入份额在上升(第3列和第4列),这表明资本都向第二产业(主要是工业)集中,新增资本主要在第二产业中形成,甚至一部分旧有资本也在向第二产业转移。另外,经济总体和三大产业的资本边际报酬普遍都在下降,由于这里资本的边际报酬近似于毛利润率,可以认为资本的毛利润率普遍在下降,这和一些研究的结论①是一致的。其中,第二产业的毛利润率下降最迅速,而且从1992年的毛利润率的第一名降至第二名,第一产业的资本边际报酬也有显著下降,但相对较慢,而第三产业的毛利润率下降幅度最小,几乎持平,但一直低于第一、第二产业的毛利润率。

表16-6　资本要素的结构变迁

| | 资本投入变化(亿元) | 1992年资本投入所占份额(%) | 2002年资本投入所占份额(%) | 1992年资本边际报酬(元/1元资本) | 2002年资本边际报酬(元/1元资本) |
|---|---|---|---|---|---|
| 经济总体 | 91780.1 | 100.0 | 100.0 | 0.3359 | 0.2449 |
| 第一产业 | 3073.4 | 5.1 | 3.9 | 0.4131 | 0.3309 |
| 第二产业 | 45215.0 | 38.9 | 46.1 | 0.4975 | 0.2753 |
| 第三产业 | 43491.6 | 56.0 | 50.0 | 0.2166 | 0.2102 |

从资本边际报酬的变化来看,第二产业尤其是工业的资本深化加

①　唐志宏(1999)研究发现,中国的平均利润率的增长率为-0.5%,即资本的平均利润率不断下降。虽然唐志宏(1999)计算的是净利润率,但如果折旧率和税率没有显著变化,毛利润率也是下降的。

速,资本产出比提高过快,导致资本的边际报酬递减过快。这一现象导致两个结果:①资本的边际报酬递减过快,造成投资需求的增长将会趋缓,产出增长率可能会下降[①];②如果工业部门的资本深化过快,在新增的产出中每单位资本只能带动更少的劳动,这将导致第二产业所能带动的就业份额不断下降(见表16-7)。

表16-7　劳动要素的结构变迁

| | 劳动投入变化(万人) | 1992年劳动投入所占份额(%) | 2002年劳动投入所占份额(%) | 1992年劳动边际报酬(元/人) | 2002年劳动边际报酬(元/人) |
|---|---|---|---|---|---|
| 经济总体 | 7 588 | 100.0 | 100.0 | 1 712 | 4 127 |
| 第一产业 | -1 829 | 58.5 | 50.0 | 1 197 | 1 865 |
| 第二产业 | 1 425 | 21.7 | 21.4 | 2 462 | 7 367 |
| 第三产业 | 7 992 | 19.8 | 28.6 | 2 412 | 5 659 |

　　表16-7显示,第一产业的劳动份额显著下降,这表明劳动要素正在从农村流向城市的第二、第三产业部门,这自然是中国城市化和工业化的结果。但是,第二产业的劳动份额略有下降,这也印证了表16-6的结论:第二产业的吸纳劳动的速度正在下降,资本可能正在挤出劳动。

　　从劳动的边际报酬看,不同产业劳动边际报酬的差距在扩大,其中第二产业的劳动边际报酬增长至原来的3倍,第三产业的劳动边际报酬也翻了一番,而第一产业的劳动边际报酬上升幅度很小。

　　表16-8显示,1992—2002年,第三产业的资本劳动比大幅上升,但仍不及第二产业上升幅度,从高于第二产业变为低于第二产业,表明第三产业吸纳劳动的能力很强。如果说第二产业的资本挤出了劳动,那么第三产业劳动相对地"挤出"了资本。

---

　　① 张军(2002)认为,资本深化过快导致资本的边际报酬下降加速,是20世纪90年代中后期的GDP增长率下降的主要原因。

表 16 - 8　资本劳动比和劳动生产率

| | 资本劳动比率(万元/人) | | 劳动生产率(元/人) | |
|---|---|---|---|---|
| | 1992 年 | 2002 年 | 1992 年 | 2002 年 |
| 经济总体 | 0.62 | 1.80 | 3 786 | 8 532 |
| 第一产业 | 0.05 | 0.14 | 1 421 | 2 329 |
| 第二产业 | 1.11 | 3.87 | 7 964 | 18 027 |
| 第三产业 | 1.74 | 3.15 | 6 191 | 12 271 |

另外,表 16 - 8 显示第三产业的劳动生产率增长速度较低,其增长速度只有第二产业的 2/3。结合第三部分的分析可知,第三产业的劳动生产率增长过多地依赖于规模扩张,其技术密集度和资本密集度都有待提高。

当然,出现要素的反效率配置的原因十分复杂,主要是因为我国的市场制度还有待完善。首先,从宏观层面来看,尽管普通商品的价格可以自由定价,但是资本和劳动要素的自由定价目前还受到相当程度的限制;其次,从微观层面来看,产权改革还在深化过程中。

# 六、结论

本章利用劳动生产率分解式和全要素生产率分解式,实证度量了产业结构变迁对经济增长的贡献,并将其与技术进步对经济增长的贡献相比较。研究表明,改革开放以来,产业结构变迁对中国经济增长的影响十分显著,但是,随着我国市场化程度的提高,产业结构变迁对经济增长的推动作用正在不断减弱。20 世纪 80 年代,结构变迁效应的贡献率大于 50%,产业结构变迁对经济增长的贡献甚至超过了技术进步的贡献;20 世纪 90 年代初期和中期,产业结构变迁对经济增长的贡献和技术进步的贡献基本持平;1998 年以后,产业结构变迁对经济增长的贡献变得越来越不显著,逐渐让位于技术进步,即产业结构变迁所代表的市场化的力量已经逐步让位于技术进步的力量。这样,克鲁格曼(Krugman,1994)不可持续的东亚增长模式与我国1998年之前经济增长模式是比较相似的。不过1998年之后我国经济增长过程中,一方面,要素投入增长的贡献率逐步降低,而全要素生产率增长的贡献率则不断提升;另一方面,在全要素生产率内部,产业结构变迁效应和净技术进步效应也呈现出了此消彼长的关系。由此可见,1998年之后我国经济增长模式已经越来越体现出其自身的可持续性。当然,从1998年开始,落实科学发展观,转变增长方式,提升技术创新能力对于中国而言已经越来越不再是一个简单的口号,而是实现中国长期经济持续增长的必由之路。

本章研究也发现,产业结构变迁对中国经济增长贡献的减弱并不表明市场化改革带来的收益将会归零。若干发展和制度的因素还会导致市场机制难以充分有效地发挥作用,这些发展和体制的因素既表明未来中国经济增长的潜力仍然是十分巨大的,也表明中国完善市场机制的工作仍然会持续下去。

# 第十七章　结构升级与改善
# 国民经济中间消耗[*]
## ——从投入产出分析看实现
## 可持续增长的途径

投入产出表及其基本分析方法是诺贝尔经济学奖获得者沃西里·列昂惕夫提出的,此后在部门结构关联分析和研究中得到广泛应用。后来,联合国把投入产出表结合进传统的国民收入统计,使它成为完整的国民经济核算体系中的一个重要组成部分(联合国经济和社会事务部统计处,1982)。在列昂惕夫建立的投入产出分析模型中,直接消耗系数矩阵研究的是中间投入和总投入间的技术关系,而钱纳里等人(Chenery and Clark,1959;Chenery and Syrquin,1975)则通过对中间需求率的分析,观察在各个部门总需求中的中间需求和最终需求之间的比例关系,并研究不同部门之间的需求结构对经济增长的影响。

1987 年,中国开始编制全国规模的投入产出表。到现在为止,中国已经有了 1987 年、1992 年、1997 年和 2002 年 4 份在大规模投入产出调查基础上编制的投入产出表。此外,每隔 3 年,国家统计局还将通过对基准年份的数据的调整,发布了延长的投入产出表,现在已经发布了 1990 年、1995 年、2000 年 3 份投入产出表。这样,中国目前公布的

---

[*] 本章写作的基本时间立足点为 2008 年。本章内容,刘伟、蔡志洲以《技术进步、结构变动与改善国民经济中间消耗》发表于《经济研究》2008 年第 4 期。

投入产出表已经达到 7 份。这些投入产出表形成的时间序列,连续地记录了改革开放以来中国强劲的经济增长中部门间投入产出结构的变化。在此基础上,我们又根据新公布的生产法和支出法 GDP 核算数据,在历年投入产出表的基础上进行平衡调整,推算了 2005 年三部门的投入产出表。本章的分析就是以这 8 个表为数据基础进行的。本章利用中国投入产出表的动态资料,对中国市场化改革后(20世纪 90 年代以后)的国民经济的中间消耗水平的长期发展变化趋势进行了定量分析,考察了各方面因素对国民经济中间投入和中间需求水平所可能产生的影响,并探讨了降低国民经济中间消耗率的主要途径。

## 一、从直接消耗系数矩阵看中间消耗变化的结构特征

首先,我们通过分析以现行价格计算的投入产出系数矩阵时间序列,研究中国经济增长过程中直接消耗变化的结构特征。以现行价格反映的投入产出分析是有现实意义的,直接消耗系数反映的是每生产一个单位的某一部门的总产品所需要的相应生产部门所做的中间投入。在市场经济条件下,用现行价格计算的单位总产品中所使用的中间投入越多,所得到的增加值也就越少。从投入产出分析的观点看,降低在单位总产品中对各部门产品的中间消耗,就意味着提高增加值(固定资本损耗、劳动者报酬、间接税净额和营业盈余)所占的比率,因此也就提高了生产效率。

将各年的投入产出表归并为三个部门并直接消耗系数矩阵,得到表 17-1 的计算结果。

表 17-1　1987—2005 年中国三次产业直接消耗系数矩阵变化

| | 第一产业 | 第二产业 | 第三产业 | 全部部门 | | 第一产业 | 第二产业 | 第三产业 | 全部部门 |
|---|---|---|---|---|---|---|---|---|---|
| 1987年 | 0.1473 | 0.0848 | 0.0241 | 0.0849 | 1997年 | 0.1606 | 0.0655 | 0.0177 | 0.0640 |
| | 0.1314 | 0.4972 | 0.2442 | 0.3838 | | 0.1889 | 0.5400 | 0.2893 | 0.4324 |
| | 0.0365 | 0.0843 | 0.1413 | 0.0861 | | 0.0531 | 0.0960 | 0.1899 | 0.1159 |
| 合计 | 0.3152 | 0.6663 | 0.4096 | 0.5548 | 合计 | 0.4026 | 0.7015 | 0.4969 | 0.6123 |
| 1990年 | 0.1788 | 0.0955 | 0.0226 | 0.0975 | 2000年 | 0.1526 | 0.0509 | 0.0198 | 0.0513 |
| | 0.1277 | 0.5208 | 0.2587 | 0.4023 | | 0.2069 | 0.5662 | 0.2840 | 0.4484 |
| | 0.0363 | 0.0812 | 0.1463 | 0.0848 | | 0.0622 | 0.1028 | 0.2044 | 0.1290 |
| 合计 | 0.3428 | 0.6975 | 0.4276 | 0.5846 | 合计 | 0.4217 | 0.7199 | 0.5082 | 0.6287 |
| 1992年 | 0.1393 | 0.0694 | 0.0147 | 0.0638 | 2002年 | 0.1622 | 0.0534 | 0.0163 | 0.0521 |
| | 0.1568 | 0.5112 | 0.2775 | 0.4012 | | 0.1764 | 0.5280 | 0.2492 | 0.4120 |
| | 0.0597 | 0.1326 | 0.1992 | 0.1411 | | 0.0794 | 0.1295 | 0.2030 | 0.1470 |
| 合计 | 0.3558 | 0.7132 | 0.4914 | 0.6060 | 合计 | 0.4180 | 0.7109 | 0.4685 | 0.6112 |
| 1995年 | 0.1723 | 0.0675 | 0.0148 | 0.0687 | 2005年 | 0.1655 | 0.0516 | 0.0149 | 0.0513 |
| | 0.1728 | 0.5406 | 0.2602 | 0.4280 | | 0.1891 | 0.5369 | 0.2399 | 0.4261 |
| | 0.0572 | 0.1047 | 0.1736 | 0.1146 | | 0.0849 | 0.1315 | 0.1952 | 0.1450 |
| 合计 | 0.4023 | 0.7128 | 0.4486 | 0.6113 | 合计 | 0.4395 | 0.7200 | 0.4500 | 0.6223 |

注：本表中的直接消耗系数矩阵根据相应年份的按三次产业部门分类的投入产出表计算，其中，1987—2002 年投入产出表数据源自于国家统计局网站投入产出表数据库。2005 年投入产出表数据根据历年投入产出表趋势及 GDP 核算数据平衡推算而得到，正式数据公布后应以国家统计局公布数据为准。参见北京大学中国国民经济核算与经济增长研究中心（2008）。

在表 17-1 的各个年份中，都包含一个 4×4 的扩展了的直接消耗系数矩阵 $A$：

$$A = \begin{pmatrix} a_{11} & a_{12} & a_{13} & a_{14} \\ a_{21} & a_{22} & a_{23} & a_{24} \\ a_{31} & a_{32} & a_{33} & a_{34} \\ a_{41} & a_{42} & a_{43} & a_{44} \end{pmatrix}$$

其中，$a_{11}, a_{21}, a_{31}$ 分别表示第一产业部门每生产一个单位的总产品,分别需要多少的第一产业、第二产业和第三产业产品作为中间消耗,而 $a_{41}$ 则表示第一产业部门每生产一个单位的产品,需要各个生产部门所做的总的中间投入,即 $a_{11}+a_{21}+a_{31}=a_{41}$。第 2 列、第 3 列则分别说明了第二产业和第三产业的中间消耗的情况。第 4 列表示的是整个国民经济中间消耗系数的情况,它表示在整个国民经济活动中,每提供一个单位的货物或服务,需要全部产业部门投入多少货物或服务作为中间消耗。

从表 17-1 中可以看出,1987—1992 年,大多数消耗系数都有一个跳跃性的变化,在此之后的变动则比较平稳。这是因为 20 世纪 80 年代后期的价格体制改革,使原先扭曲的价格体系发生了很大的变化,而到 1992 年以后价格关系的变动开始趋向平稳。以 1992 年的直接消耗系数矩阵作为对比基础,能够较好地反映目前的价格体系下投入产出关系的变化。通过对各个直接消耗系数时间序列的比较分析,可以看出它们有以下特征:

第一,在 16 个直接消耗系数时间序列中,如果将 1992 年数据和 2005 年相比,有 6 个数列是减小的,其余 10 个是增大的。

减少的数列首先发生在第一产业,如 $a_{12}$ 和 $a_{14}$,这说明整个国民经济的发展对农业的依赖也在降低。然后发生在第三产业部门,第三产业要求第一产业的中间投入 $a_{13}$ 是增加的,但要求的第二产业、第三产业以及全部产业的中间投入 $a_{23}$、$a_{33}$ 和 $a_{43}$ 都是减少的。由此得出的分析结论是,从 20 世纪 90 年代初到现在,中间消耗的减少主要体现在两个方面:一是国民经济对农业的依赖在减少;二是第三产业部门对其他生产部门要求的中间投入在减少,扩大第三产业的发展,有助于降低整个国民经济的中间消耗。

第二,按部门看,第二产业对各个部门产品的中间消耗要求最大,

2005 年为 0.7200,第三产业次之,为 0.4500,第一产业最小,为 0.4395。而从动态上看,第一产业和第二产业的总的直接消耗系数的数值在增加,第一产业的中间消耗 $a_{41}$ 由 1992 年的 0.3558 增加到 2005 年的 0.4395,第二产业中间消耗 $a_{42}$ 由 1992 年的 0.7132 上升为 2005 年的 0.7200,第三产业的中间消耗 $a_{43}$ 由 1992 年的 0.4914 下降为 2005 年的 0.4500。可以看出,第一产业对各个部门的中间消耗的依赖明显增加,第二产业对各个部门中间消耗的依赖略有增加,而第三产业对各个部门中间消耗的依赖则有明显下降。

　　第三,如果总产出或总投入保持 1992 年的结构不变,仅仅是各个直接消耗系数发生了变化,那么,按照 1992 年的总投入或总产出构成,2005 年整个国民经济的中间消耗系数将会从 0.6060 变化为 0.6098,只有很微小的变化,或者说,按现行价格反映的整个国民经济的生产效率略有降低。

　　第四,如果再考虑结构变化,那么,2005 年整个国民经济的中间消耗系数 $a_{44}$ 上升到了 0.6223,其中 1.25% 的增量是由结构性变化带来的。综合来看,从 1992 年到 2005 年,整个国民经济的中间消耗系数从 0.6060 上升为 0.6223,其中,技术因素使中间消耗因素提高了 0.38%,而部门结构因素使中间消耗系数提高了 1.25%,二者共同作用的结果使整个国民经济的中间消耗系数提高了 1.63%。这表明在包含了价格变动在内国民经济投入产出价值量分析中,结构变动对于中间消耗水平的影响大于技术因素。从表 17-2 中可以看到,从 1992 年到 2005 年,第三产业总产值占整个国民经济总产出的比重基本上没有变化,但第二产业的比重增加了 4.43% 左右,与第一产业减少的比重(4.68%)大体相当,由于第二产业的直接消耗系数明显高于其他部门,这就提升了整个国民经济中的直接消耗水平。

表 17－2　1992 年与 2005 年直接消耗系数变化分析

| | 指标 | 第一产业 | 第二产业 | 第三产业 | 合计 |
|---|---|---|---|---|---|
| 1992 年 | 总产值比重(%) | 13.18 | 59.70 | 27.12 | 100.00 |
| | 对各部门直接消耗系数合计 | 0.3558 | 0.7132 | 0.4914 | — |
| | 国民经济对本部门中间消耗 | 0.0469 | 0.4258 | 0.1333 | 0.6060 |
| 2005 年 | 总产值比重(%) | 8.49 | 64.14 | 27.37 | 100.00 |
| | 对各部门直接消耗系数合计 | 0.4395 | 0.7200 | 0.4500 | — |
| | 国民经济对本部门中间消耗 | 0.0373 | 0.4618 | 0.1232 | 0.6223 |
| 2005 年比 1992 年增加 | 总产值比重(%) | -4.68 | 4.43 | 0.25 | |
| | 对各部门直接消耗系数合计 | 0.0837 | 0.0068 | -0.0414 | — |
| | 国民经济对本部门中间消耗 | -0.0096 | 0.0360 | -0.0101 | 0.0163 |

## 二、技术进步与结构变化对投入产出效率的影响

1957 年,索洛使用总量生产函数对影响经济增长的因素进行分解,分别估计资本、劳动和技术进步(Technical Change)对经济增长的贡献程度。在他之后,技术进步的概念被广泛地运用于经济增长分析。一般地说,技术进步指的是在同样投入的情况下,通过技术创新获得的产出的增加。肯德里克(Kendrick,1961)、乔根森(Jorgenson and Griliches,1967)和丹尼森(Denison,1974)等人则对技术进步等进行了更加深入的研究。他们通过全要素生产率等领域的研究,对各种生产要素及技术进步等影响经济增长的要素投入做进一步分解。改革开放以来,技术进步对于经济增长的作用一直是经济学界关心的问题。史清琪等(1985)最早开展了这一领域的研究。林毅夫、任若恩(2007)在最

近发表的质疑克鲁格曼(Krugman,1994)对东亚经济奇迹的批评的文章中指出,对于一个国家经济的长期可持续发展来说,重要的是技术的不断创新,而不在于全要素生产率的高低。

技术进步对于经济增长具有积极的意义,可以从多个方面进行考察和研究,如分别研究它对劳动生产率、单位固定资本产出率及单位产品中间消耗率的影响。这里,我们通过按可比价格计算的直接消耗系数矩阵,考察技术进步和结构变动对于中国经济增长中的中间消耗水平的影响。在分析中,我们把各部门直接消耗系数的变动归结为技术进步的影响,再在整个国民经济的部门结构关系不变的假定下,计算整个国民经济的中间消耗率,并把由此得到的中间消耗率的降低,定义为技术进步对于国民经济的中间消耗率的贡献。而扣除了技术进步因素之后的中间消耗率的变化,就反映了结构变动的影响。按照可比价格计算 2005 年①的直接消耗系数矩阵,得到表 17-3 的数据结果。

表 17-3　1992—2005 年直接消耗系数矩阵比较

| 系数 | 1992 年 | 2005 年 | 2005 年比 1992 年增加 |
|---|---|---|---|
| $a_{11}$ | 0.1393 | 0.1445 | 0.0052 |
| $a_{21}$ | 0.1568 | 0.2012 | 0.0444 |
| $a_{31}$ | 0.0597 | 0.0815 | 0.0218 |
| $a_{41}$ | 0.3558 | 0.4271 | 0.0713 |
| $a_{12}$# | 0.0694 | 0.0395 | −0.0299 |
| $a_{22}$# | 0.5112 | 0.5000 | −0.0112 |
| $a_{32}$# | 0.1326 | 0.1104 | −0.0222 |
| $a_{42}$# | 0.7132 | 0.6499 | −0.0633 |
| $a_{13}$# | 0.0147 | 0.0122 | −0.0025 |
| $a_{23}$# | 0.2775 | 0.2399 | −0.0376 |

① 第一产业的中间产品的价格变化以原材料、燃料、动力购进价格指数中的农副产品类指数进行调整(以 1992 年为基期的 2005 年定基指数),第二产业直接以原材料、燃料、动力购进价格指数调整,第三产业则参照第一、第二产业价格变化和第三产业增加值平减指数调整而得。各个产业的增加值则以相应产业的平减指数加以调整。

（续表）

| 系数 | 1992 年 | 2005 年 | 2005 年比 1992 年增加 |
|---|---|---|---|
| $a_{33}$# | 0.1992 | 0.1759 | −0.0233 |
| $a_{43}$# | 0.4914 | 0.4280 | −0.0634 |
| $a_{14}$# | 0.0638 | 0.0404 | −0.0234 |
| $a_{24}$ | 0.4012 | 0.4088 | 0.0076 |
| $a_{34}$# | 0.1411 | 0.1254 | −0.0157 |
| $a_{44}$# | 0.6060 | 0.5745 | −0.0315 |

注:#表示 2005 年直接消耗系数小于 1992 年。

从整体上看,以固定价格或可比价格计算的投入产出系数在 1992—2005 年的变化,反映出以下特征:

第一,在三次产业中,第一产业的中间消耗的比率是增加的,而第二和第三产业中间消耗的比率是下降的,第三产业中间消耗比率的下降数值略高于第二产业。从技术进步的角度看,第三产业改善最大(变化的比率较高),第二产业也在改善,但第一产业退步了。

第二,从静态比较上看,第二产业对各个部门产品的中间消耗要求最大,2005 年为 0.6499,第三产业次之,为 0.4280,第一产业较小,为 0.4271。

第三,如果总产出或总投入保持 1992 年的结构不变,仅仅是各个直接消耗系数发生了变化,那么,按照 1992 年的总投入或总产出构成(见表 17 - 2),整个国民经济的中间消耗系数 $a_{44}$ 将会从 0.6060 变化为 0.5603,降低 4.56%。这说明在这一期间,技术进步对于降低整个国民经济的中间消耗水平做出了贡献。

第四,实际结果是,整个国民经济的中间消耗系数 $a_{44}$ 只下降到了 0.5745,和在部门结构不变的假定下得到的计算结果(0.5603)之间的差额为−1.42%(=0.5603−0.5745),这就是结构变化对整个国民经济中间消耗的影响。从这个角度看,1992—2005 年,由于中国的加速工业化过程,部门结构变动对降低整个国民经济的中间消耗没有做出贡献,或者说只有负面影响。而技术进步和部门结构因素对整个国民经济的中间消耗水平的综合影响为 4.56%−1.42% = 3.14%。技术进步在这一综合影响中为主导因素,但是从长期发展看,这种变化的幅度仍然偏小,由此可以得出的结论是,在这一期间,从经济增长与中间消耗的关系看,促进中国经济高速增长的主要因素是投入规模的扩大而不是技术进步。

分别按不变价格和现行价格计算的扩展的直接消耗系数矩阵,我们所得到的分析结论略有差异:按可比价格计算,技术进步对经济增长的贡献是明显的(中间消耗率下降了 4.56%),而整个国民经济的中间消耗水平也是改善的(中间消耗率下降了 3.14%)。但按现行价格计算,如果不考虑结构因素,整个国民经济的中间消耗水平反而提高了 0.38%,再加上结构的影响,国民经济的中间消耗水平提高了 1.63%。

因此,对于技术进步,不仅要从技术角度考察投入产出关系,还要从经济角度考察产品价格和成本的关系。如果在生产过程中,某一部门按固定价格计算的单位产品的中间消耗在减少,但由于市场的原因,产品的价格上涨幅度低于中间消耗品,单位产品中增加值的比重反而降低,生产过程的经济效率就没有提高。这就需要通过更多的技术进步,抵消由市场条件变化造成的中间消耗的提高。

同时,我们还要看到,这一时期中国产业结构的变化,尤其是工业化进程中所出现的直接消耗系数较高的第二产业的较快增长,提升了整个国民经济的单位产品中间消耗的比率。这一方面说明加速工业化时期社会对第二产业的需求在加大,另一方面则说明产业结构的进一步调整对降低中间消耗,提高整个国民经济的投入产出比具有重要意义。

## 三、对第二产业部门直接消耗情况的进一步分析

第二产业是中间消耗最大,按总产值计算比重最大的生产部门,那么,在第二产业内部,各个部门对整个产业有些什么影响呢? 考虑到技术和经济两方面因素综合分析的需要,我们仍然采用现行价格对有关变量进行分析。表 17 - 4 列出了 1992—2002 年各个产品部门的中间消耗、比重以及相互间的对比。

表 17 - 4　1992 年与 2002 年第二产业各部门直接消耗情况比较

| | 部门 | 直接消耗系数合计 | | 部门总产值占国民经济的比重(%) | |
|---|---|---|---|---|---|
| | | 1992 年 | 2002 年 | 1992 年 | 2002 年 |
| 1 | #煤炭开采和洗选业 | 0.5613 | 0.4315 | 1.71 | 2.10 |
| 2 | #石油和天然气开采业 | 0.3781 | 0.2888 | 1.44 | 1.71 |
| 3 | #金属矿采选业 | 0.6066 | 0.5695 | 0.54 | 0.76 |
| 4 | # * 非金属矿采选业 | 0.5585 | 0.5347 | 1.51 | 0.83 |
| | #采掘业合计 | 0.5145 | 0.4216 | 5.20 | 5.40 |
| 5 | # * 食品制造及烟草加工业 | 0.7430 | 0.6894 | 9.58 | 7.60 |
| 6 | # * 纺织业 | 0.7940 | 0.7522 | 8.96 | 4.73 |
| 7 | # * 服装皮革羽绒及其制品业 | 0.7879 | 0.7542 | 3.57 | 3.48 |
| 8 | #木材加工及家具制造业 | 0.7467 | 0.7271 | 1.15 | 2.07 |
| 9 | # * 造纸印刷及文教用品制造业 | 0.7300 | 0.6634 | 4.16 | 3.70 |
| 10 | 石油加工、炼焦及核燃料加工业 | 0.7282 | 0.8280 | 2.38 | 3.19 |
| 11 | * 化学工业 | 0.7214 | 0.7307 | 11.45 | 11.32 |
| 12 | * 非金属矿物制品业 | 0.6532 | 0.6712 | 5.98 | 3.05 |
| 13 | 金属冶炼及压延加工业 | 0.7155 | 0.7560 | 7.48 | 8.06 |
| 14 | * 金属制品业 | 0.7604 | 0.7633 | 3.37 | 3.15 |
| 15 | * 通用、专用设备制造业 | 0.7172 | 0.7192 | 8.93 | 6.82 |
| 16 | 交通运输设备制造业 | 0.7328 | 0.7378 | 3.63 | 5.06 |
| 17 | 电气、机械及器材制造业 | 0.7462 | 0.7586 | 3.63 | 3.74 |
| 18 | 通信设备、计算机及其他电子设备制造业 | 0.7503 | 0.7898 | 2.44 | 6.81 |

（续表）

| 部门 | | 直接消耗系数合计 | | 部门总产值占国民经济的比重(%) | |
|---|---|---|---|---|---|
| | | 1992 年 | 2002 年 | 1992 年 | 2002 年 |
| 19 | 仪器仪表及文化办公用机械制造业 | 0.6615 | 0.7427 | 0.48 | 0.89 |
| 20 | #电力及蒸汽、热水生产和供应业 | 0.5124 | 0.5114 | 2.78 | 4.64 |
| 21 | #＊其他制造业 | 0.7439 | 0.5096 | 2.58 | 1.52 |
| | #＊制造业合计 | 0.7271 | 0.7203 | 82.55 | 79.83 |
| 22 | 建筑业 | 0.7041 | 0.7656 | 12.27 | 14.76 |
| | 第二产业合计 | 0.7132 | 0.7108 | 100.00 | 100.00 |

注:#表示 2002 年中间消耗比 1992 年减少,＊表示用总产值反映的该部门占第二产业的比重减少。

第一,第二产业部门有较高的中间消耗率。从表中看到,除了采掘业的各个部门外,第二产业的各个部门的中间消耗率(即直接消耗系数的合计数)大多在 0.7 左右,这是由第二产业的性质所决定的。按照我国的三次产业分类标准,第二产业包括采掘业、制造业和建筑业(有些国家把采掘业列为第一产业),2002 年采掘业在第二产业总产值中所占的比重约为 5%,建筑业所占的比重不到 15%,这也就是说,制造业所占的比重达到 80%。

第二,从结构变动的长期趋势上看,采掘业的比重略有提高,制造业的比重有所下降,而建筑业的比重在提高。值得注意的是,建筑业在这一期间的较快扩张,在以增加值反映的部门增长率中,表现得并不明显,增长率要低于工业部门,但如果用总产值为比较基础,建筑业的增长反而快于工业部门。

第三,从制造业内部看,轻工业部门(如食品、纺织、服装、造纸等)的中间消耗率呈下降趋势,而重工业部门的中间消耗呈上升趋势,但主要重化工部门在 1992—2002 年的比重略有降低,即这些部门以总产值反映的增长率相对地低于其他部门,因此整个制造业部门的中间消耗率有所下降。但我们可以看到,制造业的中间消耗率虽然是下降的,但没有显著差异,这样,当重工业的发展速度重新加快时,制造业的中间消耗率就会重新提高。

第四,从新兴工业化国家和地区的经验看,在工业化进程中,国民经济中间消耗水平会随着轻纺工业替代农业成为主导产业的第一产业升级、制造业替代轻纺工业成为主导产业的第二产业升级而有所提高,但是随着第三产业升级即中间消耗水平较低的高新技术产业和第三产业逐渐成为经济增长的主导产业,整个国民经济的中间消耗水平会逐渐下降。从2003年到现在,中国经历了一轮第二产业重新加速发展的阶段,其产业特征为建筑业和重化工业的加速发展。从表17-4中可以看出,这种加速发展必然导致整个国民经济的中间消耗水平的提高。但另一方面,它也是新一轮产业升级的先导,即经济增长的主导部门将由制造业逐渐过渡为高新技术产业和第三产业,这将为中国下一步的可持续发展提供动力,也是降低整个国民经济中间消耗水平,实现可持续发展的重要途径。

## 四、中间需求结构的变化

如果从生产方看,对各个生产部门需求进行中间投入和最初投入,以得到这些部门的总产品,那么从使用上看,各个生产部门所提供的总产品将用于满足各个部门的中间需求和最终需求。中间需求率或中间需求系数是各个产业中间需求和总产出(或总需求)之比,它说明在产品部门单位总产出中,用于特定部门的中间需求的比例。这是钱纳里(Chenery and Clark,1959;Chenery and Syrquin,1977)在对各国产业结构进行比较研究时首先使用的方法。对于整个国民经济来说,其总产品用于中间需求的比例越大,用于最终需求的比例也就越小,其效率也就越低。对历年的投入产出数据按现行价格计算中间需求系数矩阵 $B$,得到表 17－5 的数据结果。

**表 17－5 1987—2005 年中国三次产业中间需求系数矩阵变化**

| | 第一产业 | 第二产业 | 第三产业 | 合计 | | 第一产业 | 第二产业 | 第三产业 | 合计 |
|---|---|---|---|---|---|---|---|---|---|
| 1987年 | 0.1473 | 0.2944 | 0.0244 | 0.4661 | 1995年 | 0.1723 | 0.3350 | 0.0268 | 0.5341 |
| | 0.0378 | 0.4972 | 0.0713 | 0.6063 | | 0.0348 | 0.5406 | 0.0950 | 0.6704 |
| | 0.0360 | 0.2887 | 0.1413 | 0.4660 | | 0.0315 | 0.2868 | 0.1736 | 0.4919 |
| 全部部门 | 0.0574 | 0.4217 | 0.0757 | 0.5548 | 全部部门 | 0.0517 | 0.4550 | 0.1045 | 0.6113 |
| 1990年 | 0.1788 | 0.3361 | 0.0223 | 0.5373 | 1997年 | 0.1606 | 0.3452 | 0.0400 | 0.5459 |
| | 0.0363 | 0.5208 | 0.0728 | 0.6298 | | 0.0359 | 0.5400 | 0.1241 | 0.7000 |
| | 0.0367 | 0.2889 | 0.1463 | 0.4719 | | 0.0235 | 0.2238 | 0.1899 | 0.4371 |
| 全部部门 | 0.0622 | 0.4456 | 0.0768 | 0.5846 | 全部部门 | 0.0472 | 0.4333 | 0.1317 | 0.6123 |
| 1992年 | 0.1393 | 0.3144 | 0.0302 | 0.4839 | 2000年 | 0.1526 | 0.3251 | 0.0615 | 0.5392 |
| | 0.0346 | 0.5112 | 0.1261 | 0.6719 | | 0.0324 | 0.5662 | 0.1382 | 0.7368 |
| | 0.0290 | 0.2918 | 0.1992 | 0.5201 | | 0.0200 | 0.2112 | 0.2044 | 0.4356 |
| 全部部门 | 0.0469 | 0.4258 | 0.1333 | 0.6060 | 全部部门 | 0.0401 | 0.4381 | 0.1505 | 0.6287 |
| 2002年 | 0.1622 | 0.3558 | 0.0537 | 0.5717 | 2005年 | 0.1655 | 0.3900 | 0.0481 | 0.6036 |
| | 0.0265 | 0.5280 | 0.1233 | 0.6777 | | 0.0250 | 0.5369 | 0.1024 | 0.6643 |
| | 0.0241 | 0.2617 | 0.2030 | 0.4887 | | 0.0264 | 0.3081 | 0.1952 | 0.5296 |
| 全部部门 | 0.0381 | 0.4322 | 0.1409 | 0.6112 | 全部部门 | 0.0373 | 0.4618 | 0.1232 | 0.6223 |

可以看出,表 17－5 中的 $b_{44}$ 与表 17－1 中 $a_{44}$ 是相等的,即国民经济的中间需求总额或总的中间需求率,与中间投入总额或总的直接消耗率是相等的。我们仍然以 1992 年的中间需求系数矩阵作为对比基础进行分析,从中可以看出这一时期中间需求变动的几个特征:

第一,第一产业的总产品用于各个部门中间需求的比例是扩大的。

其中,用于第一、第二和第三产业的中间需求的比例从 1992 年的 13.93%、31.44%和 3.02%,上升到 2005 年的 16.55%、39%和 4.81%,用于全部产业中间需求的比例则从 48.39%上升为 60.36%,上升了 11.97 个百分点,这说明随着产业链的延长和市场化程度的提高,第一产业和其他产业的关系更加密切了。

第二,第二、第三产业总产品用于全部产业部门的中间需求的比例没有显著变化。第二产业用于第一产业中间需求的比例,由 1992 年的 3.46%下降到 2005 年的 2.5%,用于第二产业本身的比例由 51.12%上升为 53.69%,用于第三产业的比例由 12.61%下降到 10.24%。而用于全部产业中间需求的比例则从 67.19%下降到 66.43%,虽然数值有所减少,但没有显著性变化。第三产业的情况也是类似的,用于全部产业中间需求的比例则由 52.01%上升为 52.96%,仅有微小变化。

第三,整个国民经济的总产品用于中间需求的比重在上升。分部门看,由于中间需求率和结构变化的共同影响,整个国民经济的总产品用于第一产业中间需求的比例由 1992 年的 4.69%下降到 2005 年的 3.73%,用于第二产业中间需求的比例由 42.58%上升到 46.18%,而第三产业的比例由 13.33%下降到 12.32%,由于第一和第三产业中间需求比例下降的幅度低于第二产业中间需求比例上升的幅度,整个国民经济的中间需求略有增加,从 60.6%上升到 62.23%,增加了 1.53 个百分点。

对比表 17-1 和表 17-5 可以看出,相对于直接消耗系数矩阵,中间需求系数矩阵的起伏的幅度更大。这是由两个矩阵所反映的内容不同而决定的,如果说直接消耗系数矩阵主要反映的是国民经济中的技术关系,它们的变动需求通过长期的技术进步而逐渐反映出来,那么中间需求系数矩阵则反映了生产活动中各个部门间的经济关系,对它的改善的时效性相对较强,我们可以通过实施各种政策,对国民经济的各种需求关系加以引导和调整,提高整个国民经济的投入产出效率。

# 五、对资源和能源产业的进一步分析

把 2002 年投入产出表中的 42 个产品部门归并成三大部门,分别为采掘业、能源和资源产品加工和供应业及一般生产部门。其中,采掘业包括 4 个大类一级的部门:煤炭开采和洗选业、石油和天然气开采业、金属矿采选业和非金属矿采选业;能源和资源产品加工和供应业也包括 4 个子部门:石油加工、炼焦及核燃料加工业,电力、热力的生产和供应业,燃气生产和供应业以及水的生产和供应业;一般生产部门则包括未包括在以上两个大分类在内的所有生产部门。按照这一分类,我们可以把 2002 年 42×42 产品部门的投入产出表归并为一个反映能源、资源产业和国民经济一般生产部门关系的投入产出表(见表 17-6)。

**表 17-6　2002 年采掘业、能源和资源工业以及一般生产部门的投入产出表**

单位:亿元

| 产品部门 | | 中间需求 | | | | 最终需求 | 总产出 |
|---|---|---|---|---|---|---|---|
| | | 采掘业 | 能源和资源工业 | 一般生产部门 | 合计 | | |
| 中间投入 | 采掘业 | 352.26 | 5 103.85 | 5 135.50 | 10 591.61 | −274.42 | 10 317.19 |
| | 能源和资源工业 | 934.94 | 1 220.90 | 11 566.91 | 13 722.74 | 1 203.81 | 14 926.55 |
| | 一般生产部门 | 3 063.39 | 3 235.34 | 160 958.51 | 167 257.24 | 120 929.52 | 288 186.76 |
| | 合计 | 4 350.59 | 9 560.08 | 177 660.92 | 191 571.60 | 121 858.91 | 313 430.50 |
| 增加值 | | 5 966.60 | 5 366.47 | 110 525.84 | 121 858.90 | | |
| 总投入 | | 10 317.19 | 14 926.55 | 288 186.76 | 313 430.50 | | |

注:按当年生产者价格计算。

从表 17-6 中看到,采掘业的最终需求为负数。它说明这个部门的净出口,小于最终消费和投资之和,或者说净进口大于国内需求。这说明 21 世纪以来,中国在经济增长中对国外能源和资源的依赖已经大大增加。

对于资源和能源产业对国民经济活动的影响,可以从两个大的方面观察:

先看国民经济对于采掘业、能源和资源工业的投入产出关系。表17-7列出的是三个部门的直接消耗系数扩展矩阵。

**表17-7  2002年采掘业、能源和资源工业以及**

**一般生产部门的直接消耗系数矩阵**

| 产品部门 | | 中间需求 | | | |
|---|---|---|---|---|---|
| | | 采掘业 | 能源和资源工业 | 一般生产部门 | 合计 |
| 中间投入 | 采掘业 | 0.0341 | 0.3419 | 0.0178 | 0.0338 |
| | 能源和资源工业 | 0.0906 | 0.0818 | 0.0401 | 0.0438 |
| | 一般生产部门 | 0.2969 | 0.2168 | 0.5585 | 0.5336 |
| | 合计 | 0.4217 | 0.6405 | 0.6165 | 0.6112 |

从表17-7中看出,能源和资源工业对于采掘业有较强的依赖,每生产1个单位的总产值,需要消耗0.3419的采掘业产品。而一般生产部门对于采掘业的直接消耗相对较小,只有0.0178,但对于能源和资源工业的消耗较大,每生产1个单位的总产值,需要消耗的能源和资源工业的产品为0.0401,二者合计为0.0579。这也就是说,一般生产部门的总产值中,对采掘业、能源和资源工业的中间消耗为5.79%。在采掘业、能源和资源工业的生产过程中也要发生相互消耗的情况,因此,从整个国民经济的角度观察,对这两个部门的消耗比例还要更大一些,从表17-7右边合计栏中可以看到,整个国民经济每生产一个单位的总产值,所需要消耗的采掘业、能源和资源工业的产品为0.0338+0.0438=0.0776,也就是说,在国民经济总产值中,采掘业、能源和资源工业的中间消耗所占的比例为7.76%。

对表17-7中的前3行和前3列的数据计算列昂惕夫逆阵,得表

17 - 8:

**表 17 - 8 对 2002 年采掘业、能源和资源工业以及一般生产部门计算的列昂惕夫逆阵**

| | 采掘业 | 能源和资源工业 | 一般生产部门 |
|---|---|---|---|
| 采掘业 | 1.101361 | 0.429855 | 0.083536 |
| 能源和资源工业 | 0.144169 | 1.169234 | 0.112120 |
| 一般生产部门 | 0.811513 | 0.863157 | 2.376346 |

从表 17 - 8 的计算结果中可以推算出,一般生产部门每增加 1 个单位的最终需求,需要采掘业提供 0.0835 的产品,需要能源和资源工业提供 0.1121 的产品。换句话说,一般生产部门生产的每一个单位的 GDP,需要这两个部门提供的产品为 8.36% 和 11.21%。这说明我国经济增长中对这两个部门的依赖是相当大的。

再看更加具体的部门对采掘业、能源和资源产品加工和供应业的需求。

从前面的分析中可以看出,我国目前每形成 1 元钱的最终需求(消费、投资或净出口),需要对采掘业、能源和资源工业的直接或间接消耗为 0.2 元左右(8.36% + 11.21% = 19.56%),但是不同的产业部门,对能源和资源消耗的程度是不一样的。表 17 - 9 分别列出了 2002 年对采掘业、能源和资源产品加工和供应业产品需求最大的 10 个部门。先看采掘业,采掘业的产品 50% 左右提供给能源和资源产品加工和供应业。然后是金属冶炼及压延加工业,所占的比重为 17.87%,再下来是化学工业,所占的比重为 9.35%。仅仅这三个部门的需求,就使用了采掘业超过 75% 的产品。再看能源和资源产品加工和供应业(如电力部门),这一产业首先是用采掘业提供的资源进行生产,然后再提供给其他部门。可以看出,交通运输及仓储部门是能源和资源产品加工和供应业最大的用户,所占的比重达到 13.39%,再下来是化学工业和金属冶炼及压延加工业,分别占 11.78% 和 9.23%。这三个部门对能源和资源加工和供应业的需求占的比重超过 30%。和采掘业情况不同的是,各个部门对这一产业的需求比例的集中度不那么高。

表 17 - 9　2002 年对采掘业、能源和资源产品加工和
供应业产品需求最大的 10 个部门

| | 部门 | 占采掘业总产品的比重(%) | 部门 | 占能源和资源产品加工和供应业总产品的比重(%) |
|---|---|---|---|---|
| 1 | 能源和资源产品加工和供应业 | 49.47 | 交通运输及仓储业 | 13.39 |
| 2 | 金属冶炼及压延加工业 | 17.87 | 化学工业 | 11.78 |
| 3 | 化学工业 | 9.35 | 金属冶炼及压延加工业 | 9.23 |
| 4 | 建筑业 | 6.81 | 能源和资源产品加工和供应业 | 8.18 |
| 5 | 非金属矿物制品业 | 5.44 | 建筑业 | 7.59 |
| 6 | 采掘业 | 3.41 | 采掘业 | 6.26 |
| 7 | 金属制品业 | 1.41 | 农业 | 4.10 |
| 8 | 通用、专用设备制造业 | 1.25 | 批发和零售贸易业 | 3.71 |
| 9 | 农业 | 0.95 | 非金属矿物制品业 | 3.57 |
| 10 | 交通运输及仓储业 | 0.74 | 通用、专用设备制造业 | 2.68 |
| | 合计 | 96.70 | 合计 | 70.49 |

交通运输及仓储业、化学工业、金属冶炼及压延加工业、建筑业,是影响我国能源和资源消耗的大部门。如果要降低整个国民经济对能源和自然资源的单位消耗水平:一是使这些能源和资源消耗较大的部门进一步降低单位消耗,如在交通运输部门,应该考虑如何通过更加有效地安排交通工具、实现人流和物流更有效率地移动;二是在经济增长中,能源和资源的消耗主要应该服从内需的要求,应该降低对能源和自然资源依赖较大的产品在出口产品中所占的比重;三是在经济增长中,促进那些对能源和资源依赖较低的产业的发展,通过产业结构的调整和升级,来逐步降低整个国民经济中单位产出中的能源和资源消耗。

# 六、结论

实现经济增长主要有两个途径：一是扩大生产要素的投入规模；二是提高要素的生产效率。本章通过对 1992—2005 年的投入产出资料，对影响国民经济中间消耗水平的主要影响因素进行了分析。

1. 如果用现行价格编制的投入产出表进行动态分析比较，1992—2005 年的国民经济的中间消耗水平整体上是上升的。中间消耗率由 0.6060 上升为 0.6223，其中，技术因素使中间消耗因素提高了 0.38%，而部门结构因素使中间消耗系数提高了 1.25%，二者共同作用的结果使整个国民经济的中间消耗系数提高了 1.63%。这说明，在包含价格变动在内的国民经济投入产出价值量分析中，结构变动对于中间消耗水平的影响大于技术因素。

2. 按可比价格计算，1992—2005 年整个国民经济的中间消耗率即直接消耗系数由 0.6060 下降到 0.5745，这反映了在消除了价格变动因素之后，技术进步对降低经济增长过程中的中间消耗的贡献。其中，技术进步使国民经济的中间消耗水平降低了 4.56%，由产业结构变动所形成的影响为-1.42%（即使中间消耗水平提高了 1.42%），二者共同作用的结果，使整个国民经济的中间消耗率降低了 3.14%。这说明技术进步对提高这一阶段中国经济增长的效率做出了贡献。

3. 对比按照不变价格和现行价格分别进行的分析，我们看到，对于技术进步，不仅要从技术角度考察投入产出关系，还要从经济角度考察产品价格和成本的关系。即使在技术进步的条件下，由于市场原因，还是可能出现一个部门单位产品的中间消耗比率上升的现象。我国近些年的发展就反映出了这一点，这就需要通过更大的技术进步，来抵消这种市场条件的变化造成的中间消耗的提高。

4.第二产业是改革开放以来在国民经济中所占比重最大,同时又是增长最快的生产部门。由于第二产业本身的生产性质,无论从现行价格还是可比价格来看,它的中间消耗率都是国民经济各部门中最高的。从新兴工业化国家和地区的经验看,在工业化进程中,国民经济中间消耗水平会随着轻纺工业替代农业成为主导产业的第一产业升级、制造业替代轻纺工业成为主导产业的第二产业升级而有所提高,但是随着第三产业升级即中间消耗水平较低的高新技术产业和第三产业逐渐成为经济增长的主导产业,整个国民经济的中间消耗水平会逐渐下降。中国目前正在进入这一阶段。在改善各个部门中间消耗水平的同时,注重新兴产业的发展和部门结构的优化,是降低整个国民经济中间消耗水平,实现可持续发展的重要途径。

5.直接消耗系数矩阵主要反映的是国民经济中的技术关系,它们的变动需求通过长期的技术进步而逐渐反映出来,而中间需求系数矩阵则反映了生产活动中各个部门间的经济关系,对它的改善的时效性相对较强。我们可以通过实施各种政策,对国民经济的各种需求关系加以引导和调整,提高整个国民经济的投入产出效率。

6.交通运输及仓储业、化学工业、金属冶炼及压延加工业、建筑业,是影响我国能源和资源消耗的几个大部门。改善整个国民经济的能源和自然资源的消耗,首先应该改善这些部门的中间消耗水平。

# 参 考 文 献

**第一章**

《第一次全国经济普查主要数据公报(第一号)》,《经济日报》2005 年 12 月 7 日。

北京大学中国国民经济核算与经济增长研究中心编著:《中国经济增长报告
(2006):对外开放中的经济增长》,中国经济出版社 2006 年版。

北京师范大学经济与资源管理研究所:《2003 中国市场经济发展报告》,中国对
外经济贸易出版社 2003 年版。

北京师范大学经济与资源管理研究所:《2005 中国市场经济发展报告》,中国商
务出版社 2005 年版。

北京师范大学经济与资源管理研究院:《2008 中国市场经济发展报告》,北京师
范大学出版社 2008 年版。

常修泽、高明华:《中国国民经济的市场化的推进程度及发展思路》,《经济研究》
1998 年第 11 期。

陈宗胜等:《中国经济体制市场化进程研究》,上海人民出版社 1999 年版。

樊纲等:《中国各地区市场化进程 2000 年报告》,《国家行政学院学报》2001 年
第 3 期。

顾海兵:《中国经济市场化程度的最新估计与预测》,《管理世界》1997 年第 2 期。

国家统计局编:《中国统计年鉴(2004)》,中国统计出版社 2004 年版。

国家统计局编:《中国统计年鉴(2005)》,中国统计出版社 2005 年版。

厉以宁:《非均衡的中国经济》,广东经济出版社 1998 年版。

刘国光主编:《中国经济体制改革的模式研究》,广东经济出版社 1998 年版。

刘伟:《收入分配的失衡根本在于发展的失衡》,《新财经》2005 年第 11 期。

刘伟:《我的市场经济文化观》,引自《我的市场经济观》编辑委员会编《我的市
场经济观》,江苏人民出版社 1993 年版。

刘伟:《应当以怎样的历史价值取向认识和推动改革》,《经济学动态》2006 年第 5 期。

刘伟、李绍荣:《所有制变化与经济增长和要素效率提升》,《经济研究》2001 年第 1 期。

卢中原等:《市场化改革对我国经济运行的影响》,《经济研究》1993 年第 12 期。

江晓薇等:《中国市场经济度的探索》,《管理世界》1995 年第 6 期。

吴敬琏等:《论竞争性市场体制》,广东经济出版社 1998 年版。

原国家计委课题组:《我国经济市场化程度的判断》,《宏观经济管理》1996 年第 2 期。

Kolodko, G. W. (1999), "Guest Article: Incomes Policy, Equity Issues, and Poverty Reduction in Transition Economies," *Finance & Development*, 36(3).

Soubbotina, T. P. (2004), *World Bank*, *Beyond Economic Growth: An Introduction to Sustainable Development*, *2nd Edition*, World Bank Publications.

Moriguchi, C., and E. Saez (2008), "The Evolution of Income Concentration in Japan, 1885 – 2002: Evidence from Income Tax Statistics," *The Review of Economics and Statistics*, 90(4).

## 第二章

陈岱孙等:《政治经济学说史》(上册),吉林人民出版社 1981 年版。

刘伟:《经济学为什么研究价值理论——兼论马克思劳动价值论面临的历史性挑战》,《经济理论与经济管理》2003 年第 5 期。

刘伟、平新乔:《经济体制改革三论:产权论·均衡论·市场论》,北京大学出版社 1990 年版。

马克思:《资本论》第一卷,人民出版社 1975 年版。

马克思:《资本论》第三卷,人民出版社 1975 年版。

晏智杰:《劳动价值学说新探》,北京大学出版社 2001 年版。

李斯特,弗里德里希:《政治经济学的国民体系》,陈万煦译、蔡受百校,商务印书馆 1961 年版。

萨伊:《政治经济学概论》,陈福生、陈振骅译,商务印书馆 1963 年版。

李嘉图:《政治经济学及赋税原理》,郭大力、王亚南译,商务印书馆 1962 年版。

斯密,亚当:《国民财富的性质和原因的研究》(上卷),郭大力、王亚南译,商务印书馆 1972 年版。

斯密,亚当:《国民财富的性质和原因的研究》(下卷),郭大力、王亚南译,商务印书馆 1974 年版。

穆勒,约翰:《政治经济学原理及其在社会哲学上的若干应用》(上卷),赵荣潜等译,商务印书馆 1991 年版。

## 第三章

北京大学中国国民经济核算与经济增长研究中心编著:《中国经济增长报告(2005):宏观调控下的经济增长》,中国经济出版社 2005 年版。

北京大学中国国民经济核算与经济增长研究中心编著:《中国经济增长报告(2006):对外开放中的经济增长》,中国经济出版社 2006 年版。

北京师范大学经济与资源管理研究所:《2003 中国市场经济发展报告》,中国对外经济贸易出版社 2003 年版。

国家统计局编:《中国统计年鉴(2002)》,中国统计出版社 2002 年版。

国家统计局编:《中国统计年鉴(2005)》,中国统计出版社 2005 年版。

国家统计局科学技术部编:《中国科技统计年鉴(2003)》,中国统计出版社 2003 年版。

刘伟:《解析我国宏观经济失衡的三大悖论》,《学术研究》2005 年第 9 期。

刘伟、李绍荣:《所有制变化与经济增长和要素效率提升》,《经济研究》2001 年第 1 期。

刘伟、李绍荣:《转轨中的经济增长与经济结构》,中国发展出版社 2005 年版。

刘伟、杨云龙:《工业化与市场化:中国第三次产业发展的双重历史使命》,《经济研究》1992 年第 12 期。

刘伟主笔:《工业化进程中的产业结构研究》,中国人民大学出版社 1995 年版。

世界银行主编:《1983 年世界发展报告》,中国财政经济出版社 1983 年版。

世界银行主编:《1985 年世界发展报告》,中国财政经济出版社 1985 年版。

世界银行主编:《1989 年世界发展报告》,中国财政经济出版社 1989 年版。

张卓元:《转变经济增长方式,保持经济平稳较快发展》,《财贸经济》2005 年第 11 期。

中华全国工商业联合会、中华民(私)营经济研究会编:《中国私营经济年鉴:二〇〇二年—二〇〇四年六月)》,中国致公出版社 2005 年版。

Solow, R. M. (1957), "Technical Change and the Aggregate Production Function," *The Review of Economics and Statistics*, 39(3).

## 第四章

宾国强:《实际利率、金融深化与中国的经济增长》,《经济科学》1999 年第 3 期。

何枫、陈荣、何林:《我国资本存量的估算及其相关分析》,《经济学家》2003 年第 5 期。

贺菊煌:《我国资产的估算》,《数量经济技术经济研究》1992 年第 8 期。

胡鞍钢:《从人口大国到人力资本大国:1980~2000 年》,《中国人口科学》2002 年第 5 期。

刘伟、李绍荣:《所有制变化与经济增长和要素效率提升》,《经济研究》2001 年第 1 期。

刘小玄:《中国工业企业的所有制结构对效率差异的影响》,《经济研究》2000 年第 2 期。

毛海峰:《西部中长期贷款激增蕴藏风险》,《中国城乡金融报》2004 年 9 月 13 日。

沈坤荣、汪建:《实际利率水平与中国经济增长》,《金融研究》2000 年第 8 期。

施发启:《我国投资效率研究》,北京大学经济学院 2005 年工作论文。

谈儒勇:《中国金融发展和经济增长关系的实证研究》,《经济研究》1999 年第 10 期。

姚洋:《非国有经济成分对我国工业企业技术效率的影响》,《经济研究》1998 年第 12 期。

袁志刚主编:《中国就业报告(1978—2000)》,经济科学出版社 2002 年版。

张军:《增长、资本形成与技术选择:解释中国经济增长下降的长期因素》,《经济学(季刊)》2002[a] 年第 1 期。

张军:《资本形成、工业化与中国的经济增长:中国的转轨特征》,《经济研究》2002[b] 年第 6 期。

张军、章元:《对中国资本存量 K 的再估计》,《经济研究》2003 年第 7 期。

Atje, R. , and B. Jovanovic(1993) , "Stock Markets and Development," *European Economics Review*, 37(2 – 3).

Chow, Gregory C. (1993) , "Capital Formation and Economic Growth in China," *The Quarterly Journal of Economics*, 108(3).

Demirgüç-Kunt, A. , and R. Levine(1996) , "Stock Markets, Corporate Finance, and Economic Growth: An Overview," *The World Bank Economic Review*, 10(2).

Harris, R. D. F. (1997) , "Stock Markets and Development: A Re-assessment," *Euro-

*pean Economics Review*,41(1).

Levine,R. ,and S. Zervos(1998),"Stock Markets,Banks,and Economic Growth," *American Economic Review*,88(3).

Mayer,C. (1988),"New Issues in Corporate Finance," *European Economics Review*, 32(5).

## 第五章

黄金老:《国际银行并购的成本收益分析》,《国际经济评论》1999 年第 Z2 期。

焦瑾璞:《中国银行业的市场竞争格局及其制度分析》,《宏观经济研究》2001 年第 6 期。

林毅夫、李永军:《中小金融机构发展与中小企业融资》,《经济研究》2001 年第 1 期。

王雪冰主编:《1999—2000 国际金融报告》,经济科学出版社 2000 年版。

易纲、赵先信:《中国的银行竞争:机构扩张、工具创新与产权改革》,《经济研究》 2001 年第 8 期。

于良春、鞠源:《垄断与竞争:中国银行业的改革和发展》,《经济研究》1999 年第 8 期。

威廉姆森,奥利弗·E.:《反托拉斯经济学——兼并、协约和策略行为》,张群群、 黄涛译,经济科学出版社 1999 年版。

Allen,F. ,and D. Gale(1991),"Arbitrage,Short Sales,and Financial Innovation," *Econometrica*,59(4).

Allen,F. ,and D. Gale(2001),*Comparing Financial Systems*,MIT Press.

Bain,J. S. (1956),*Barriers to New Competition*,Harvard University Press.

Bain J. S. (1959),*Industrial Organization*,John Wiley&Sons.

Berger,A. ,J. H. Leusner and J. J. Mingo(1997),"The Efficiency of Bank Branches," *Journal of Monetary Economics*,40(1).

Bertero,E. (1994),"The Banking System,Financial Markets,and Capital Structure: Some New Evidence From France," *Oxford Review of Economic Policy*,10(4).

Chamberlin,E. H. (1933),*The Theory of Monopolistic Competition*,Harvard University Press.

Fabozzi,F. J. (1998),*Handbook of Structured Financial Products*,John Wiley&Sons.

Gart,A. (1994),*Regulation,Deregulation,Reregulation:*:*The Future of the Bank-*

*ing*, *Insurance*, *and Securities Industries*, John Wiley&Sons.

Gilbert, R. A. (1984), "Bank Market Structure and Competition: A Survey," *Journal of Money*, *Credit and Banking*, 16(4).

Grossman, S. J., and O. D. Hart (1979), "A Theory of Competitive Equilibrium in Stock Market Economies," *Econometrica*, 47(2).

Hart, O. D. (1979), "Monopolistic Competition in a Large Economy with Differentiated Commodities," *Review of Economic Studies*, 46(1).

Keeley, M. C. (1990), "Deposit Insurance, Risk and Market Power in Banking," *American Economic Review*, 80(5).

Kohn, M. (1994), *Financial Institutions and Markets*, McGraw-Hill.

Magill, M. and M. Quinzii, *Theory of Incomplete Markets*, 1996, MIT Press.

Mayer, C. (1988), "New Issues in Corporate Finance," *European Economics Review*, 32(5).

Miller, R. L., and D. D. VanHoose(1993), *Modern Money and Banking*, $3^{rd}$ *Edition*, McGraw-Hill.

Neave, E. H. (1998), *Financial Systems: Principles and Organisation*, Routledge.

Ritter, L. S., and W. L. Silber(1991), *Principles of Money*, *Banking and Financial Markets*, $7^{th}$ *Edition*, Basic Books.

Saunders, A. (1994), *Financial Institutions Management: A Modern Perspective*, Richard D Irwin.

Scherer, F. M., *Industrial Market Structure and Economic Performance*, Rand McNally, 1970.

## 第六章

国家统计局编:《中国统计年鉴(2000)》,中国统计出版社 2000 年版。

国家统计局编:《中国统计年鉴(2003)》,中国统计出版社 2003 年版。

刘树成、张平等:《"新经济"透视》,社会科学文献出版社 2001 年版。

刘伟、黄桂田:《中国银行业改革的侧重点:产权结构还是市场结构》,《经济研究》2002 年第 8 期。

王元龙:《国际银行业发展的新潮流与我国的抉择》,《经济学动态》1999 年第 11 期。

中国金融学会编:《中国金融年鉴(2000)》,中国金融年鉴编辑部 2000 年版。

青木昌彦:《比较制度分析》,周黎安译,上海远东出版社 2001 年版。

Allen,F. ,and D. Gale(1991), "Arbitrage, Short Sales, and Financial Innovation," *Econometrica*,59(4).

Allen,F. ,and D. Gale(2001), *Comparing Financial Systems*,MIT Press.

Bain,J. S. (1956), *Barriers to New Competition*,Harvard University Press.

Berger,A. ,J. H. Leusner and J. J. Mingo(1997), "The Efficiency of Bank Branches," *Journal of Monetary Economics*,40(1).

Bertero,E. (1994), "The Banking System, Financial Markets, and Capital Structure: Some New Evidence From France," *Oxford Review of Economic Policy*,10(4).

Boot,A. W. A. ,and A. V. Thakor(1997), "Banking Scope and Financial Innovation," *Review of Financial Studies*,10(4).

Fabozzi,F. J. (1998), *Handbook of Structured Financial Products*,John Wiley&Sons.

Gart,A. (1994), *Regulation, Deregulation, Reregulation: The Future of the Banking, Insurance, and Securities Industries*,John Wiley&Sons.

Gilbert,R. A. (1984), "Bank Market Structure and Competition: A Survey," *Journal of Money, Credit and Banking*,16(4).

Grossman,S. J. ,and O. D. Hart(1979), "A Theory of Competitive Equilibrium in Stock Market Economies," *Econometrica*,47(2).

Hart,O. D. (1979), "Monopolistic Competition in a Large Economy with Differentiated Commodities," *Review of Economic Studies*,46(1).

Keeley,M. C. (1990), "Deposit Insurance, Risk and Market Power in Banking," *American Economic Review*,80(5).

Kohn,M. (1994), *Financial Institutions and Markets*,McGraw-Hill.

Magill,M. and M. Quinzii, *Theory of Incomplete Markets*,1996,MIT Press.

Mayer,C. (1988), "New Issues in Corporate Finance," *European Economics Review*,32(5).

Miller,R. L. ,and D. D. Vanhoose(1993), *Modern Money and Banking*,3 $^{rd}$ *Edition*,McGraw-Hill.

Mishkin,F. S. (1995), *The Economics of Money, Banking and Financial Markets*,HarperCollins Publishers.

Ritter,L. S. ,and W. L. Silber(1991), *Principles of Money, Banking and Financial Markets*,7 $^{th}$ *Edition*,Basic Books.

## 第七章

蔡志洲:《支出法国内生产总值全国与地区数据的衔接》,《经济科学》2003 年第 4 期。

郭道丽:《赶上美国需要多久?》,引自曹子坚编《复苏——中国经济年报(2001 年版)》,兰州大学出版社 2001 年版。

国家统计局编:《中国统计年鉴(2001)》,中国统计出版社 2001 年版。

国家统计局国际统计信息中心编:《国际经济信息》2001 年第 20 期。

国家统计局国际统计信息中心编:《国际经济信息》2002 年第 3 期。

李善文:《21 世纪中国经济发展预测与分析(2000~2050 年)》,引自张卓元主编《21 世纪中国经济问题专家谈》,河南人民出版社 2000 年版。

林毅夫:《展望新千年的中国经济》,引自张卓元主编《21 世纪中国经济问题专家谈》,河南人民出版社 2000 年版。

刘伟:《经济改革与发展的产权制度解释》,首都经济贸易大学出版社 2000 年版。

刘伟、李风圣:《产权通论》,北京出版社 1997 年版。

刘伟、许宪春、蔡志洲:《2003—2004 中国经济走势分析——中国经济过热了吗?》,《经济科学》2003 年第 6 期。

世界银行《1999/2000 年世界发展报告》编写组编著:《1999/2000 年世界发展报告:迈进 21 世纪》,《世界发展报告》翻译组译,中国财政经济出版社 2000 年版。

台湾地区行政机构主计处所:《台湾地区国民所得(2001)》,2001 年。

许宪春:《世界银行关于各国人均 GNP 的计算方法》,《经济学消息报》1999 年 12 月 17 日。

Krugman,P. (1994) ,"The Myth of Asia's Miracle:A Cautionary Fable," *Foreign Affairs*,73(6).

IMF(2001) ,"International Financial Statistics," November.

## 第八章

北京大学中国国民经济核算与经济增长研究中心编著:《中国经济增长报告(2004):进入新一轮经济增长周期的中国经济》,中国经济出版社 2004 年版。

北京大学中国国民经济核算与经济增长研究中心编著:《中国经济增长报告(2005):宏观调控下的经济增长》,中国经济出版社 2005 年版。

陈乐一:《西方传统经济周期理论述评》,《财经问题研究》1996 年第 2 期。

国家统计局编:《中国统计年鉴(2004)》,中国统计出版社 2004 年版。

国家统计局编:《中国统计年鉴(2005)》,中国统计出版社 2005 年版。

黄全权、齐中熙:《经济增长对促进就业作用明显弱化》,《中国青年报》2004 年 4 月 29 日。

刘伟、蔡志洲:《宏观调控中的周期与反周期力量:2004 年宏观经济分析夏季报告》,《经济科学》2004 年第 4 期。

刘伟、许宪春、蔡志洲:《从长期发展战略看中国经济增长》,《管理世界》2004 年第 7 期。

刘伟、张辉、黄泽华:《中国产业结构高度与工业化进程和地区差异的考察》,《经济学动态》2008 年第 11 期。

Chenery, H. B., S. Robinson, and M. Syrquin ( eds. ) ( 1986 ), *Industrialization and Growth:A Comparative Study*, Oxford University Press.

## 第九章

北京大学中国国民经济核算与经济增长研究中心编著:《中国经济增长报告(2007):和谐社会与可持续发展》,中国经济出版社 2007 年版。

国家统计局编:《中国统计年鉴(2006)》,中国统计出版社 2006 年版。

刘伟:《我国宏观经济失衡的新特征》,《中共中央党校学报》2007 年第 1 期。

刘伟、李绍荣、李笋雨:《货币扩张、经济增长与资本市场制度创新》,《经济研究》2002 年第 1 期。

刘伟、苏剑:《供给管理与我国现阶段的宏观调控》,《经济研究》2007 年第 2 期。

苏剑:《央行的组合拳还没打完》,《中国经济时报》2007 年 5 月 23 日。

谢平、廖强:《当代西方货币政策有效性理论述评》,《金融研究》1998 年第 4 期。

周天勇:《效率与供给经济学:中国经济的制度→行为→效率→供给分析》,经济科学出版社 1997 年版。

弗里德曼等编著:《货币数量论研究》,瞿强、杜丽群译,中国社会科学出版社 2001 年版。

Bartlett, B., and T. P. Roth ( 1983 ), "Introduction," in Bartlett, B., and T. P. Roth ( eds. ), *The Supply-Side Solution*, MacMillan Publishers.

Laffer, A. B. ( 1983 ), "Introduction," in Canto, V. A., D. H. Joines, and A. B. Laffer ( eds. ), *Foundations of Supply-Side Economics:Theory and Evidence*, Academic Press.

Tatom, J. A. (1983), "We are All Supply-Siders Now," in Bartlett, B., and T. P. Roth(eds.), *The Supply-Side Solution*, MacMillan Publishers.

## 第十章

北京大学中国国民经济核算与经济增长研究中心编著:《中国经济增长报告(2004):进入新一轮经济增长周期的中国经济》,中国经济出版社 2004 年版。

北京大学中国国民经济核算与经济增长研究中心编著:《中国经济增长报告(2005):宏观调控下的经济增长》,中国经济出版社 2005 年版。

北京大学中国国民经济核算与经济增长研究中心编著:《中国经济增长报告(2006):对外开放中的经济增长》,中国经济出版社 2006 年版。

北京大学中国经济研究中心宏观组:《货币政策乎? 财政政策乎? ——中国宏观经济政策评析及建议》,《经济研究》1998 年第 10 期。

北京大学中国经济研究中心宏观组编著:《预防通货紧缩和保持经济较快增长的研究》,北京大学出版社 2005 年版。

国家统计局:《国家统计局有关负责人就当前经济热点问题答记者问》,《中国信息报》2006[a] 年 9 月 4 日。

国家统计局编:《中国统计年鉴(2003)》,中国统计出版社 2003 年版。

国家统计局编:《中国统计年鉴(2004)》,中国统计出版社 2004 年版。

国家统计局编:《中国统计年鉴(2005)》,中国统计出版社 2005 年版。

国家统计局编:《中国统计年鉴(2006)》,中国统计出版社 2006[b] 年版。

刘伟主笔:《工业化进程中的产业结构研究》,中国人民大学出版社 1995 年版。

刘伟:《我国宏观经济失衡的新特征》,《中共中央党校学报》2007 年第 1 期。

刘伟、许宪春、蔡志洲:《从长期发展战略看中国经济增长》,《管理世界》2004 年第 7 期。

商务部:《2005 年上半年 300 种主要生产资料供求状况调查》,新华网 2006 年 2 月 14 日。

苏剑:《降低利率有助于解决我国的失业问题吗?》,《经济研究》1998 年第 10 期。

尹伯成、华桂宏:《供给学派》,武汉出版社 1996 年版。

凯恩斯:《就业、利息和货币通论》,徐毓枬译,商务印书馆 1983 年版。

Bartlett, B., and T. P. Roth(1983), "Introduction," in Bartlett, B., and T. P. Roth(eds.), *The Supply-Side Solution*, MacMillan Publishers.

Laffer, A. B. (1983), "Introduction," in Canto, V. A., D. H. Joines, and A. B. Laffer （eds. ）, *Foundations of Supply-Side Economics*：*Theory and Evidence*, Academic Press.

Tatom, J. A. （1983）, "We are All Supply-Siders Now," in Bartlett, B. , and T. P. Roth（eds. ）, *The Supply-Side Solution*, MacMillan Publishers.

## 第十一章

北京大学中国经济研究中心宏观组：《货币政策乎？财政政策乎？——中国宏观经济政策评析及建议》,《经济研究》1998 年第 10 期。

北京大学中国经济研究中心宏观组编著：《预防通货紧缩和保持经济较快增长的研究》,北京大学出版社 2005 年版。

刘伟：《我国宏观经济失衡的新特征》,《中共中央党校学报》2007 年第 1 期。

刘伟、苏剑：《供给管理与我国现阶段的宏观调控》,《经济研究》2007 年第 2 期。

尹伯成、华桂宏：《供给学派》,武汉出版社 1996 年版。

凯恩斯：《就业、利息和货币通论》,徐毓枬译,商务印书馆 1983 年版。

Laffer, A. B. （1983）, "Introduction," in Canto, V. A. , D. H. Joines, and A. B. Laffer （eds. ）, *Foundations of Supply-Side Economics*：*Theory and Evidence*, Academic Press.

Tatom, J. A. （1983）, "We are All Supply-Siders Now," in Bartlett, B. , and T. P. Roth（eds. ）, *The Supply-Side Solution*, MacMillan Publishers.

## 第十二章

国家统计局编：《中国统计年鉴（2008）》,中国统计出版社 2008 年版。

刘伟、张辉：《中国经济增长中的产业结构变迁和技术进步》,《经济研究》2008 年第 11 期。

刘伟、张辉、黄泽华：《中国产业结构高度与工业化进程和地区差异的考察》,《经济学动态》2008 年第 11 期。

世界银行主编：《1989 年世界发展报告》,中国财政经济出版社 1989 年版。

刘伟、蔡志洲：《技术进步、结构变动与改善国民经济中间消耗》,《经济研究》2008 年第 4 期。

Krugman, P. （1994）, "The Myth of Asia's Miracle：A Cautionary Fable," *Foreign Affairs*, 73（6）.

## 第十三章

白雪梅、赵松山:《浅议地区间产业结构差异的测度指标》,《江苏统计》1995 年第 12 期。

陈佳贵等:《中国工业化进程报告:1995—2005 年中国省域工业化水平评价与研究》,社会科学文献出版社 2007 年版。

程如轩、卢二坡:《产业结构优化升级 统计指标体系初探》,《中国统计》2001 年第 7 期。

龚仰军:《产业结构研究》,上海财经大学出版社 2002 年版。

郭克莎:《略论产业结构高度化的内容》,《中国工业经济研究》1990 年第 3 期。

刘伟主笔:《工业化进程中的产业结构研究》,中国人民大学出版社 1995 年版。

伦蕊:《工业产业结构高度化水平的基本测评》,《江苏社会科学》2005 年第 2 期。

潘文卿、陈水源:《产业结构高度化与合理化水平的定量测算:兼评甘肃产业结构优化程度》,《开发研究》1994 年第 1 期。

宋锦剑:《论产业结构优化升级的测度问题》,《当代经济科学》2000 年第 3 期。

周昌林、魏建良:《产业结构水平测度模型与实证分析——以上海、深圳、宁波为例》,《上海经济研究》2007 年第 6 期。

周林、杨云龙、刘伟:《用产业政策推进发展与改革——关于设计现阶段我国产业政策的研究报告》,《经济研究》1987 年第 3 期。

Chenery, H. B. , S. Robinson, and M. Syrquin ( eds. ) ( 1986) , *Industrialization and Growth : A Comparative Study* , Oxford University Press.

Chenery, H. B. , and M. Syrquin( 1977) , *Patterns of Development : 1955 – 1975* , Oxford University Press.

Kumar, S. , and R. R. Russell( 2002) , "Technological Change, Technological Catch-up and Capital Deepening : Relative Contributions to Growth and Convergence," *American Economic Review* , 92( 3) .

## 第十四章

刘伟主笔:《工业化进程中的产业结构研究》,中国人民大学出版社 1995 年版。

刘伟、黄桂田、李绍荣:《关于我国转轨期所有制变化的历史"合理性"考察》,《北京大学学报(哲学社会科学版)》2002 年第 1 期。

刘伟、李绍荣:《产业结构与经济增长》,《中国工业经济》2002 年第 5 期。

刘伟、李绍荣:《所有制变化与经济增长和要素效率提升》,《经济研究》2001 年第 1 期。

刘伟、李绍荣、黄桂田、盖文启:《北京市发展现代制造业的经济分析》,《中国工业经济》2003[a] 年第 3 期。

刘伟、李绍荣、黄桂田、盖文启:《北京市经济结构分析》,《中国工业经济》2003[b] 年第 1 期。

Baxter, M. (1992), "Fiscal Policy, Specialization, and Trade in the Two-Sector Model: The Return of Ricardo?" *Journal of Political Economy*, 100(4).

Dasgupta, P. , and J. Stiglitz(1980), "Uncertainty, Industrial Structure, and the Speed of R&D, " *Bell Journal of Economics*, 11(1).

Kwon, J. K. , and H. Paik(1995), "Factor Price Distortions, Resource Allocation, and Growth: A Computable General Equilibrium Analysis, " *The Review of Economics and Statistics*, 77(4).

Romer, D. (2000), *Advanced Macroeconomics*, McGraw-Hill.

## 第十五章

国家统计局编:《中国统计年鉴(1998)》,中国统计出版社 1998 年版。

国家统计局编:《中国统计年鉴(1999)》,中国统计出版社 1999 年版。

国家统计局编:《中国统计年鉴(2000)》,中国统计出版社 2000 年版。

国家统计局编:《中国统计年鉴(2001)》,中国统计出版社 2001 年版。

国家统计局编:《中国统计年鉴(2002)》,中国统计出版社 2002 年版。

国家统计局编:《中国统计年鉴(2003)》,中国统计出版社 2003 年版。

刘伟主笔:《工业化进程中的产业结构研究》,中国人民大学出版社 1995 年版。

刘伟、黄桂田、李绍荣:《关于我国转轨期所有制变化的历史"合理性"考察》,《北京大学学报(哲学社会科学版)》2002 年第 1 期。

刘伟、李绍荣:《产业结构与经济增长》,《中国工业经济》2002 年第 5 期。

刘伟、李绍荣:《市场制度的价值取向与经济结构的市场调整》,《中国工业经济》2004 年第 6 期。

刘伟、李绍荣:《所有制变化与经济增长和要素效率提升》,《经济研究》2001 年第 1 期。

刘伟、李绍荣、黄桂田、盖文启:《北京市发展现代制造业的经济分析》,《中国工业经济》2003[a] 年第 3 期。

刘伟、李绍荣、黄桂田、盖文启:《北京市经济结构分析》,《中国工业经济》2003[b]
年第1期。

Baxter, M. (1992), "Fiscal Policy, Specialization, and Trade in the Two-Sector Model: The Return of Ricardo?" *Journal of Political Economy*, 100(4).

Beason, R. and D. E. Weinstein (1996), "Growth, Economies of Scale, and Targeting in Japan(1955 – 1990)," *The Review of Economics and Statistics*, 78(2).

Chenery, H. B. (1960), "Patterns of Industrial Growth," *The American Economic Review*, 50(4).

Gabel, H. L. (1979), "A Simultaneous Equation Analysis of the Structure and Performance of the United States Petroleum Refining Industry," *The Journal of Industrial Economics*, 28(1).

Gregory, P., and J. M. Griffin (1974), "Secular and Cross-Section Industrialization Patterns: Some Further Evidence on the Kuznets-Chenery Controversy," *The Review of Economics and Statistics*, 56(3).

Kuznets, S. (1949), "National Income and Industrial Structure," *Econometrica*, 17 (Supplement: Report of the Washington Meeting).

Kuznets, S. (1957), "Quantitative Aspects of the Economic Growth of Nations: Industrial Distribution of National Product and Labor Force," *Economic Development and Culture Change*, 5(4).

Kwon, J. K., and H. Paik (1995), "Factor Price Distortions, Resource Allocation, and Growth: A Computable General Equilibrium Analysis," *The Review of Economics and Statistics*, 77(4).

Lee, C. H. (1981), "Regional Growth and Structural Change in Victorian Britain," *The Economic History Review*, 34(3).

Parker, W. N. (1954), "Entrepreneurship, Industrial Organization, and Economic Growth: A German Example," *The Journal of Economic History*, 14(4).

Perotti, R. (1993), "Political Equilibrium, Income Distribution, and Growth," *The Review of Economic Studies*, 60(4).

Ueno, H. (1972), "A Long-Term Model of Economic Growth of Japan, 1906 – 1968," *International Economic Review*, 13(3).

## 第十六章

陈华:《中国产业结构变动与经济增长》,《统计与决策》2005年第6期。

樊胜根、张晓波、谢尔曼·罗宾逊(Sherman Robinson):《中国经济增长和结构调整》,《经济学(季刊)》2002 年第 4 期。

厉以宁:《非均衡的中国经济》,广东经济出版社 1998 年版。

刘伟主笔:《工业化进程中的产业结构研究》,中国人民大学出版社 1995 年版。

刘伟、蔡志洲:《技术进步、结构变动与改善国民经济中间消耗》,《经济研究》2008 年第 4 期。

刘伟、李绍荣:《产业结构与经济增长》,《中国工业经济》2002 年第 5 期。

唐志宏:《中国平均利润率的估算》,《经济研究》1999 年第 5 期。

薛俊波、王铮:《中国 17 部门资本存量的核算研究》,《统计研究》2007 年第 7 期。

张军:《增长、资本形成与技术选择:解释中国经济增长下降的长期因素》,《经济学(季刊)》2002 年第 1 期。

张军扩:《"七五"期间经济效益的综合分析——各要素对经济增长贡献率测算》,《经济研究》1991 年第 4 期。

朱慧明、韩玉启:《产业结构与经济增长关系的实证分析》,《运筹与管理》2003 年第 2 期。

Chenery, H. B. (1977), "Transitional Growth and World Industrialization," World Bank Reprint Series, No. REP61.

Chenery, H. B. , H. Elkington and World Bank(1979), *Structural Change and Development Policy*, Oxford University Press.

Chenery, H. B. , S. Robinson, and M. Syrquin (eds.) (1986), *Industrialization and Growth: A Comparative Study*, Oxford University Press.

Chenery, H. B. , and M. Syrquin(1977), *Patterns of Development: 1955 − 1975*, Oxford University Press.

Clark, C. (1940), *The Conditions of Economic Progress*, MacMillan Publishers.

Fagerberg, J. (2000), "Technological Progress, Structural Change and Productivity Growth: A Comparative Study," *Structural Change and Economic Dynamics*, 11(4).

Fisher, A. G. B. (1939), "Production, Primary, Secondary and Tertiary," *Economic Record*, 15(1).

Johansen, L. (1961), "A Method for Separating the Effects of Capital Accumulation and Shifts in Production Functions upon Growth in Labor Productivity," *The Economic Journal*, 71(284).

Krugman, P. (1994), "The Myth of Asia's Miracle: A Cautionary Fable," *Foreign Affairs*, 73(6).

Kuznets, S. (1957), "Quantitative Aspects of the Economic Growth of Nations: Industrial Distribution of National Product and Labor Force," *Economic Development and Culture Change*, 5(4).

Massell, B. F. (1961), "A Disaggregated View of Technical Change," *Journal of Political Economy*, 69(6).

Paci, R., and F. Pigliaru (1997), "Structural Change and Convergence: An Italian Regional Perspective," *Structural Change and Economic Dynamics*, 8(3).

Peneder, M. (2003), "Industrial Structure and Aggregate Growth," *Structural Change and Economic Dynamics*, 14(4).

Pilat, D. (1993), "The Sectoral Productivity Performance of Japan and the U. S., 1885 – 1990," *Review of Income and Wealth*, 39(4).

Singh, L. (2004), "Technological Progress, Structural Change and Productivity Growth in Manufacturing Sector of South Korea," *World Review of Science, Technology and Sustainable Development*, 1(1).

Sonobe, T., and K. Otsuka (2001), "A New Decomposition Approach to Growth Accounting: Derivation of the Formula and its Application to Prewar Japan," *Japan and the World Economy*, 13(1).

Syrquin, M. (1984), "Resource Allocation and Productivity Growth," in Syrquin, M., L. Taylor, and L. E. Westphal (eds.), *Economic Structure and Performance: Essays in Honor of Hollis B. Chenery*, Academic Press.

Syrquin, M. (1986), "Productivity Growth and Factor Reallocation," in Chenery, H. B., S. Robinson, and M. Syrquin (eds.), *Industrialization and Growth: A Comparative Study*, Oxford University Press.

Timmer, M. P., and A. Szirmai (2000), "Productivity Growth in Asian Manufacturing: The Structural Bonus Hypothesis Examined," *Structural Change and Economic Dynamics*, 11(4).

## 第十七章

北京大学中国国民经济核算与经济增长研究中心编著:《中国经济增长报告(2008):经济结构与可持续发展》,中国经济出版社 2008 年版。

联合国经济和社会事务部统计处编:《国民经济核算体系》,闵庆全等译,中国财
　　政经济出版社 1982 年版。

林毅夫、任若恩:《东亚经济增长模式相关争论的再探讨》,《经济研究》2007 年
　　第 8 期。

史清琪等:《技术进步与经济增长》,科学技术文献出版社 1985 年版。

里昂惕夫,沃西里:《投入产出经济学》,崔书香等译,中国统计出版社 1990 年版。

Chenery, H. B., and P. G. Clark(1959), *Interindustry Economics*, John Wiley&Sons.

Chenery, H. B., and M. Syrquin(1975), *Patterns of Development:1950 − 1970*, Oxford
　　University Press.

Chenery, H. B., and M. Syrquin(1977), *Patterns of Development:1955 − 1975*, Oxford
　　University Press.

Denison, E. F. (1974), *Accounting for United States Economic Growth, 1929 − 1969*,
　　Brookings Inst Pr.

Jorgenson, D. W., and Z. Griliches (1967), "The Explanation of Productivity
　　Change," *The Review of Economic Studies*, 34(3).

Kendrick, J. W. (1961), *Productivity Trends in the United States*, Princeton University
　　Press.

Krugman, P. (1994), "The Myth of Asia's Miracle:A Cautionary Fable," *Foreign Af-
fairs*, 73(6).

Solow, R. M. (1957), "Technical Change and the Aggregate Production Function,"
　　*The Review of Economics and Statistics*, 39(3).